Anonymus

Osnabrücker Mitteilungen

Anonymus

Osnabrücker Mitteilungen

ISBN/EAN: 9783741168710

Hergestellt in Europa, USA, Kanada, Australien, Japan

Cover: Foto ©Andreas Hilbeck / pixelio.de

Manufactured and distributed by brebook publishing software (www.brebook.com)

Anonymus

Osnabrücker Mitteilungen

Mittheilungen

des

historischen Vereins

zu

Osnabrück.

Siebenter Band.
1864.

Osnabrück 1864.
Im Selbstverlage des Vereins.

Ringelmann, Chr., Kaufmann.
Ringelmann, Oberlehrer am Rathsgymnasium.
Rölker, C., Rector.
Ronning, Lehrer.
Roth, J., Weinhändler.
Rosenthal, Lehrer.
Schade, Seminar-Director.
Scharnhorst, Oberstlieutenant a. D.
Schieferdecker, J. H., Tuchhändler.
Schmeißer, Domprediger.
Schönbaum, Rentier.
Schulze, Fr., Kaufmann.
Schüren, Oberschulinspector.
Schwarze, W., Kaufmann.
Schwenger, Banquier.
Schwietering, Pastor.
Spiegel, Dr., Pastor.
Stolz, Hauptmann 7. Infanterie-Regiments.
Stüve, Dr., Ministerial-Vorstand a. D., Landrath und Bürgermeister.
Stüve, Gymnasial-Director.
Stüve, Collaborator.
Sulze, Pastor.
Swart, Gymnasiallehrer.
Thelssing, Kaufmann.
Thiele, Consistorialrath.
Thlemeyer, Kaufmann.
Tiemann, Conrector.
Thorbede, Organist.
Törner, L., Kaufmann.
Bezin, Regierungsrath.
Vorhauer, Amtmann.
Waldmann, F. A., Kaufmann.
Wendl, Sattler.
Westerkamp, Dr. jur., Kronanwalt.
Westerkamp, C., Banquier und Kirchrath.
Westphal, Hauptmann.
Wegmann, C., Fabrikant.
Winkelmann, Seminar-Oberlehrer.
Witle, Kaufmann.
v. Müllenweber, Freiherr, Major a. D.
Zuhorn, Obergerichtsanwalt.

Loblmann, Landrath.
Loblmann, Pastor a. D.
Loblmann, R., Kaufmann.
Lürbing, Landes Oekonomie-Commissair.
v. Lülcken, Geheimerath, Landdrost.
Luthmer, Obergerichtsrath.
Meese, Fabrikant.
Meinders, H., Buchhändler.
Meurer, Succentor.
Melchers, Dr., Bischof.
Menz, Lederhändler und Bürgervorsteher.
Meyer, Rector.
Meyer, R., Buchdruckerei-Besitzer.
Meyer, Fr., Apotheker.
Meyer, G. J., Senator.
Meyer, C. W., Kaufmann.
Meyer, Rud., Sattler.
Meyer, L. F., Kaufmann.
Mönnich, B., Fabrikant.
Mönker, R., Gastwirth und Posthalter.
Morjan, H. H., Kaufmann und Kirchrath.
Morjan, C., Kaufmann.
Müller, Obervogt.
Rieperl, Gymnasiallehrer.
Rölle, Handelsinstituts-Director.
Orlland, Rentier.
Overhues, Domvicar.
Pagenstecher, Obergerichts-Vicedirector.
Peterssen, Oberstlieutenant a. D.
Polthoff, Fabrikant.
Prenzler, Stabschirurg.
Prenzler, Schuhmacher.
Prüsmann, Ed., Kaufmann.
Quirll, Fabrikant.
Rackhorst, Fr., Buchhändler.
Rasch, C., Schornsteinfegermeister.
Rautenberg, Obergerichtsrath.
Reinecke, Amtsassessor.
Richard, Administrator a. D.
Richard, Stadtbaumeister.
Richter, R., Kaufmann.

Hagemann, C., Obergerichtsanwalt.
Hammerfen, C. H., Fabrikant.
Hartmann, Corrector.
Hartmann, Th., Kaufmann.
Hauß, Amtsrichter und Garnison-Auditeur.
Hellmann, Gust., Kaufmann.
Henning, Privatsecretair.
Hesemann, Premier-Lieutenant 7. Infanterie-Regiments.
Hilger, Kaufmann.
Hillenkamp, Fabrikant.
Hoberg, A. sen., Kaufmann.
Hoberg, A. jun., Weinhändler.
Hoffmann, Amts-Rentmeister.
Hoffmeister, H. R., Kaufmann.
Holstein, Fr., Juwelier.
Holstein, H. G., Goldarbeiter.
Hoppe, Fabrikant, Commerzrath.
Höting, Dr., Director des Gymnasii Carolini.
Hugo, Kirchrath.
v. Hugo II., Hauptmann.
Hübepohl, Gymnasiallehrer.
Japing, Kaufmann.
Industrie-Verein.
Kemper, J. W. sen., Kaufmann.
Kemper, Apotheker.
Kettler, Obergerichtsrath.
Klasen, Obergerichtsrath.
Klein, Musikdirector.
Klövekorn, Rentier.
Klusmann, Dr. jur.
Knapp, H., General-Agent.
v. Knyphausen, Graf.
Köster, Maschinen-Verwalter.
Kramer, Oberamtmann a. D.
Kranold, Pastor und Consistorialrath.
Kruse, Obergerichtsanwalt.
Lange, Rub., Kaufmann.
Lansing, Oberlehrer am Gymnasium Carolinum.
Lobemann, Oberstlieutenant a. D.
Lobtmann, Lotterie-Director.

Barlſcher, Landchirurgus.
Becker, Rentier.
Bergmann, Dr. theol.
Bergmann, F. W., Kaufmann.
Biſchoff, Paſtor.
Bobe, Dr. jur., Obergerichtsanwalt.
Bötiger, Fabrikant.
Brake, G., Leggemeiſter.
Breuſing, C., Banquier.
Brickwebbe I., Obergerichtsanwalt.
Brockſchmibt, Goldarbeiter.
v. Bülow, Major a. D.
Coppenrath, Domvicar.
Delkeslamp, Dr. med.
Detering, Senator.
Dierkes, Oberlehrer am Gymnaſium Carolinum.
v. Dincklage, Freiherr, Droſt.
Doelz, Oberlandbaumeiſter.
Dreinhöfer, C. L., Senator.
Droop, Dr., Amtsrichter.
Droop, Dr. med., Medicinalrath und Stabtphyſikus.
Droop, C., Chemiker, Fabrikant.
Dülting, C., Gaſtwirth.
Düllmann, Rector.
Eckelmann, Kaufmann.
Engeljohann, Lehrer.
Engelen, Conſiſtorialrath.
Finkenſtädt, Ph., Kaufmann.
Flohr, C. D., Kaufmann.
Fortlage, H., Senator und Banquier.
Franke, Haupt-Steueramts-Rendant.
Gerbes, Oberamtmann.
Gerig, Wegbau-Inſpector.
Gerſie, F. W., Uhrmacher, Bürgervorſteher.
Gorbian, Ingenieur.
Gosling, C., Senator.
Graff, Dr. jur., Amtsrichter.
Grewe, Hoffattler.
Grote, Freiherr, Oberſteuerdirector.
Gruner, Dr. theol., Superintendent.

Vorstand
des
historischen Vereins zu Osnabrück.

Präsident: Stüve, Dr., Ministerial-Vorstand a. D., Landrath und Bürgermeister von Osnabrück.
Vicepräsident: Windthorst, Dr., Staats- und Justiz-Minister zu Hannover.
Secretair: D. Meyer, Rector am Rathsgymnasium zu Osnabrück.
Schatzmeister: Richard, Stadtbaumeister zu Osnabrück.

Verzeichniß
der
Mitglieder des historischen Vereins.

A. Einheimische.

Abelen, Dr. th., Schulrath und Gymnasial-Director.
Altmeppen, General-Vicariats-Secretair.
André, Dr., Senator und Obergerichtsanwalt.
Balle, Domcapitular.
Balle, Dr. jur.

B. Auswärtige.

Abeken, Geheimer Legationsrath zu Berlin.
Abeken, Kaufmann zu Dresden.
Behnes, Amtsrichter zu Papenburg.
Benthe, Obergerichtsanwalt zu Aurich.
Bergmann, Obergerichts-Assessor zu Meppen.
Blod, Dr. med., Stabsarzt a. D. zu Northeim.
Blod, Apotheker zu Schapen.
Böbeler, Pastor und Senior ministerii zu Hannover.
Böger, Gutsbesitzer zu Meppenburg.
v. Böselager-Eggermühlen, Freiherr, Gutsbesitzer zu Eggermühlen.
Breusing, Navigationslehrer zu Bremen.
Brinkmeyer, Pastor zu Hunteburg.
Brüel, Geh. Regierungsrath und General-Secretair zu Hannover.
Brünjes, Vogt zu Quakenbrück.
Bubbenberg, Syndicus und Advocat zu Bersenbrück.
v. d. Bussche, Freiherr, Gutsbesitzer zu Hünnefeld.
v. d. Bussche-Kessel, Graf zu Ippenburg.
Brosin, Dr. in Wehdem, Kreis Lübbecke.
Biermann, Pastor zu Lintorf.
v. d. Bussche-Münch, Freiherr zu Rendhausen, Lübbecke.
Drees, Dr. jur. zu Bersenbrück.
Durlach, Superintendent zu Menslage.
Diepenbrock, Dechant zu Lingen.
Ehmck, Dr. zu Bremen.
v. Estorff, Kammerherr zu Jägersdorf bei Forchheim in Baiern.
Ewald, Fabrikant zu Bramsche.
Eymann, Dr. med. zu Alfhausen.
Fiebeler, Amtsrichter zu Hannover.
Fischer, Rath zu Hannover.
Goldschmidt, Pastor zu Riemsloh.
Grotefend, Dr., Archivrath zu Hannover.
Gruner, Obergerichtsrath zu Verden.
Hamberg, Pastor zu Laer.
Hartmann, Dr. med. zu Lintorf.
Hartmann, Dr. med. zu Ankum.
Hecker, Amtsvogt zu Bersenbrück.
Houlh-Weber, Finanzrath zu Hannover.
Huschke, Kronanwalt zu Hannover.
Imwalle, Dr. jur. zu Quakenbrück.

Jugler, Ober-Bergrath zu Hannover.
Kettler, Major zu Eimbeck.
Kistemaker, Dr. jur., Obergerichtsanwalt zu Meppen.
Klasen, Pastor zu Alfhausen.
Klopp, Dr. phil. zu Hannover.
Kohlrausch, Dr., General-Schuldirector zu Hannover.
Lanwer, Pastor zu Herbe.
v. Lebebur, Freiherr, Gutsbesitzer zu Arenshorst.
Lehners, Rector am Lyceum zu Hannover.
v. Langwerth, Gutsbesitzer.
Mauersberg, H., zu Lintorf.
v. Mebing, Oberforstmeister zu Hameln.
Meyer, Postspediteur und Bürgermeister a. D. zu Melle.
Meyer, Rendant des Georg-Marien-Bergwerks- und Hütten-Vereins zur Georgs-Marien-Hütte.
Meyer, Wegbau-Inspector zu Lingen.
Meyer, Apotheker zu Neuenkirchen b. V.
von und zu Münster, Graf, zu Langelage.
Pagenstecher, Bergmeister zu Lechtingen.
Piesbergen sen., Dr. med. zu Bramsche.
Rasch, Baumeister zu Bad Oeynhausen.
Rathof, Advocat, Rath zu Bentheim.
Raven, Oberappellations-Gerichtsanwalt zu Celle.
Reibstein, Rector zu Lingen.
Richard, Advocat zu Iburg.
Richard, Pastor zu Belm.
Richter, Oberpostmeister a. D. zu Münden.
Rubloff, Regierungsrath in Berlin.
Rump, Apotheker und Bürgermeister zu Fürstenau.
Rump, Dr. zu Münster.
v. Schele, Freiherr, Landrath, zu Schelenburg.
v. Schele, Freiherr, Staatsminister a. D., Fürstl. Thurn- u. Taxisch. General-Postdirector zu Frankfurt a. M.
Schlump, Hofbesitzer zu Lulle bei Fürstenau.
Schmidl, Dr., Gymnasial-Director zu Brilon.
Schönian, Oberamtmann zu Wittlage.
Schultze, Dr. phil. zu Leer.
Schütze, Rentier am Piesberg.
Schwertmann, Dr. med. zu Halle.
Sergel, Pastor zu Belm.
v. Sichart, General-Major zu Hannover.

Siebenbürgen, Pastor zu Melle.
Slupier, Ober-Kirchenrath und Pastor zu Lage, Grafschaft Bentheim.
Slüve, G., Amts-Assessor zu Hannover.
Slüve, C., Syndicus zu Uelzen.
Strid, Superintendent und Pastor zu Braunsche.
Struckmann, Obergerichtsassessor zu Hannover.
Struckmann, Auditor zu Hameln.
Subendorf, Dr. phil., Archiv-Secretair zu Hannover.
Subendorf, Amtsrichter zu Neuenhaus.
Schirmeyer, Dr. med. zu Essen b. Wittlage.
Schmidt, G., Dr., Collaborator zu Göttingen.
Twelbeck, O. R., zu Gehrde.
v. Belg-Jünglen, Freiherr und Kammerherr zu Hüffe bei Preuß. Oldendorf.
Bornholl, Hofbesitzer zu Aulle.
v. Wangenheim, Freiherr, Klosterkammer-Director a. D. zu Waake bei Göttingen.
Wehner, General-Lieutenant zu Hannover.
Windthorst, Staats- und Justiz-Minister zu Hannover.
Windthorst, Dr. med. zu Gehrde.
Wingerberg, Pastor zu Bersenbrück.
Wynelen, Oberamtmann zu Freudenberg.
Zacharia, Hauptmann zu Hannover.
Zebler, Pastor zu Bergsad.
Zurhorst, Hofbesitzer zu Epe.

Die
Bibliothek des historischen Vereins

ist seit der Ausgabe des sechsten Bandes der Mittheilungen bis zum 1. Juli 1863 vermehrt worden durch gewogentliche Zusendungen:

I. Von öffentlichen Behörden:

A. Vom Königl. Ministerio des Innern in Hannover:
 1. Topographische Karte von Lingen, Bentheim, Aremberg-Meppen. Lieferung VII.
 2. Zur Statistik des Königreichs Hannover. VII.
 3. Zeitschrift des Königl. Preuß. Statistischen Bureaus. VI.
 4. Uebersicht der Witterung im nördlichen Deutschland nach den Beobachtungen des meteorologischen Instituts zu Berlin.

B. Vom Königl. Ministerio der geistlichen und Unterrichtsangelegenheiten in Hannover:
 1. Sudendorf, Urkundenbuch zur Geschichte der Herzöge von Braunschweig und Lüneburg. Bd. II, III.
 2. Geschichte des Fürstenthums Grubenhagen von G. Max. I.

C. Von dem Magistrate der Stadt Braunschweig:
 Urkundenbuch der Stadt Braunschweig.

II. Von Vereinen und einzelnen Gelehrten:

1. Von der K. K. Geographischen Gesellschaft in Wien: Mittheilungen der K. K. Geogr. Gesellschaft III, Jahrgang IV. V.
2. Von Herrn C. von Moor in Chur:
 a. Archiv für die Geschichte der Republik Graubünden. Heft 31. 32. 33.
 b. Anhorns Püntner Aufruhr.

3. Von dem Voigtländischen Alterthumsforschenden Vereine zu Hohenlauben:
   a. Variscia V.
   b. Fortsetzung des Catalogs der Bibliothek des Vereins.
4. Von het Friesch Genootschap van Geschied-Oudheit en Taalkunde zu Leuuwarden:
   a. Het Leven van Menno van Coehorn.
   b. Handelingen 31. 32. 33.
   c. De Vrije Fries. VIII, 2, 4. IX, 1—4.
   d. Catalogus der Bibliothek.
5. Von der Gesellschaft für Pommersche Geschichte und Alterthumskunde in Stettin: Baltische Studien. XVIII, XIX, 1.
6. Vom Germanischen Museum in Nürnberg:
   a. Anzeiger 1860, 1861, 1862, 1863.
   b. Jahresbericht 7. 8.
   c. Michelsen, Geschichte der Landfrieden in Deutschland.
7. Von der Oberlausitzischen Gesellschaft der Wissenschaften in Görlitz: Neues Lausitzisches Magazin 37, 38, 39, 40, 1.
8. Von dem historischen Verein für Nassau in Wiesbaden:
   a. Annalen des Vereins VI, 3. VII, 1.
   b. Periodische Blätter. 12.
   c. Urkundenbuch der Abtei Eberbach I, 1—3.
   d. Mittheilungen 1. 2.
   e. Denkmäler aus Nassau. 3.
   f. Bücherverzeichniß.
   g. Neujahrsgabe.
9. Von dem Herrn Superintendenten Dr. Gruner:
   a. Petersen, die Pferdeköpfe auf den Bauerhäusern, besonders in Nordbdeutschland.
   b. Haßler, die Beziehungen Gustav Adolphs zu der Reichsstadt Ulm.
10. Von der K. Bayerschen Akademie der Wissenschaften in München:
    a. Sitzungsberichte, 1860. 1—5. 1861. I, II. 1862. I, II, 1. 2.
    b. v. Rudhart, Erinnerungen an J. G. von Lori. Eine Rede.
    c. Martius, Denkrede auf A. v. Humboldt.
    d. Abhandlungen der historischen Classe der K. B. Akademie VIII, 3. IX, 1.
    e. v. Rudhart, Rede auf Macaulay.
    f. Rede auf v. Rudhart.
    g. Rockinger, Briefsteller und Formelbücher in Deutschland während des Mittelalters.

h. Plath, Dauer und Entwickelung des chinesischen Reichs.
i. Verzeichniß der Mitglieder der Akademie. 1860, 1862.
11. Von dem Vereine für Lübeckische Geschichte und Alterthumskunde in Lübeck: Zeitschrift. B. 1, II, Heft 1.
12. Von dem tirolischen Ferdinandeum in Innsbruck:
   a. Bericht des Verwaltungsausschusses 28, 29.
   b. Zeitschrift. Dritte Folge. Heft 9, 10.
13. Von dem Vereine für mecklenburgische Geschichte und Alterthumskunde in Schwerin:
   a. Quartalberichte.
   b. Jahrbücher und Jahresbericht, Jahrgang XXV, XXVI, XXVII.
14. Von dem Vereine für Geschichte und Alterthum Schlesiens in Breslau:
   a. Codex diplomaticus Silesiae. Band I, II, III, V.
   b. Zeitschrift des Vereins. Band I, II, III, 1. 2. IV, 1. 2.
   c. Grünhagen, Breslau unter den Piasten.
   d. Wattenbach, Monumenta Lubensiae.
   e. Bericht des Vereins für schlesische Alterthümer.
15. Von dem historischen Verein für Niedersachsen in Hannover:
   a. Zeitschrift des Vereins. 1858, 1859, 1860, 1861.
   b. Urkundenbuch der Stadt Hannover.
   c. Die Entwicklung der Stadt Hannover bis zum Jahre 1369. Vortrag vom Dr. Grotefend.
   d. Vereinsnachricht 23, 24, 25.
16. Von dem altmärkischen Vereine für vaterländische Geschichte in Salzwedel:
   a. Jahresberichte 2 bis 12.
   b. v. b. Knesebeck, Rittermatrikeln der Altmark; desgleichen von Magdeburg, Halberstadt und Wernigerode.
17. Von dem Vereine für Geschichte und Alterthumskunde Westfalens zu Münster: Zeitschrift des Vereins XX. (Neue Folge X.)
18. Von Herrn C. F. Mooyer in Minden:
   a. Zur Feststellung der Reihenfolge der ältern Bischöfe des Hochstifts Basel, von Mooyer. Basel 1860.
   b. Derselbe: Kleine urkundliche Beiträge zur ältern Geschichte Ungarns. Ins Ungrische übersetzt. Pesth 1859.
   c. Zur Chronologie schleswigscher Bischöfe.
19. Von dem Vereine für hessische Geschichte und Landeskunde in Kassel:
   a. Periodische Blätter 13, 14, 15, 16.
   b. Zeitschrift des Vereins. B. VIII, IX, 1—4.
   c. Achtes Supplement. Kassel 1861.

d. Mittheilungen an die Mitglieder des Vereins. 1—8.
e. Verzeichniß der Mitglieder.
20. Von der schleswig-holstein-lauenburgischen Gesellschaft für vaterländische Geschichte in Kiel:
   a. Jahrbücher für die Landeskunde der Herzogthümer Sch. H. und L. Band II, Heft 2 und 3. Band III, IV, V, VI.
   b. Quellensammlung I. Chronicon Holtzatiae, ed. Lappenberg.
   c. Johansen, die nordfriesische Sprache.
21. Von dem Herrn Professor Dr. Ficker in Innsbruck: Ficker, Dr. Vom Reichsfürstenstande. Band I.
22. Von dem historischen Verein für den Niederrhein, insbesondere die alte Erzdiöcese Köln in Köln: Annalen des Vereins, Heft 7, 8, 9, 10, 11, 12.
23. Van de Maatschappij der Nederlandsche Letterkunde zu Leiden: Handelingen. 1860—62.
24. Von dem Vereine für thüringische Geschichte und Alterthumskunde in Jena: Zeitschrift des Vereins. B. IV, 3. 4. V, 1—3.
25. Von der Gesellschaft für Geschichte und Alterthumskunde der russischen Ostsee-Provinzen in Riga:
   a. Mittheilungen aus der livländischen Geschichte. B. IX, X, 1.
   b. Rußwurm, Besitzungen des deutschen Ordens in Schweden.
26. Von der gelehrten estnischen Gesellschaft in Dorpat:
   a. Verhandlungen. Band V, H. 1—3.
   b. Schirren, Verzeichniß livländischer Geschichts-Quellen in schwedischen Archiven und Bibliotheken. Band I, H. 1.
   c. Schriften der Gesellschaft. 2, 3.
   d. Sitzungsberichte.
27. Von dem Vereine für hamburgische Geschichte:
   a. Hamburgische Chroniken. ed. Lappenberg. Heft 3, 4.
   b. Zeitschrift. Neue Folge. II, 1.
28. Von dem Vereine für Geschichte und Alterthümer der Herzogthümer Bremen und Verden und des Landes Hadeln zu Stade:
   a. Statuten und Reglements des Vereins.
   b. Bericht über die Jahre 1859 und 1860.
   c. Archiv des Vereins. I.
29. Von dem historischen Vereine für Steiermark in Gratz: Mittheilungen. Heft 10.
30. Von dem Vereine für Geschichte und Alterthumskunde in Frankfurt a. M.:
   a. Mittheilungen. Bd. I, 1—4. Bd. II, 1.
   b. Battonn, Topographie der Stadt Frankfurt a. M. Heft 1.

c. Archiv für Frankfurts Geschichte und Kunst. Neue Folge. I, II.
d. Neujahrsblatt für 1859—1862.
31. Von dem Herrn Dr. Hartmann in Lintorf: Gedichte von H. Hartmann.
32. Von der antiquarischen Gesellschaft in Zürich:
   a. Berichte. 15, 16.
   b. Mittheilungen, vier Hefte. I, 3. III, 3. 6. XIII. 8, 4.
33. Von dem Herrn Dr. A. Buchholtz in Riga: E. Kruse, Wahrhafftiger Gegenbericht auf B. Russow's Liefflendische Chronica.
34. Von dem Herrn Kreisgerichtsrath Seibertz in Arnsberg: Landes- und Rechtsgeschichte des Herzogthums Westfalen. II.
35. Von dem Freiberger Alterthumsvereine in Freiberg i. S.: Mittheilungen. Heft 1.
36. Von dem Alterthumsvereine in Lüneburg:
   a. Mittheilungen des Vereins. Liefer. V.
   b. Volger, Ursprung und ältester Zustand der Stadt Lüneburg.
37. Von dem Akademischen Leseverein an der K. K. Universität in Wien: Jahresbericht über das Vereinsjahr 1861—62.
38. Von dem Herrn Professor Dr. Cornelius in München: Ueber die deutschen Einheitsbestrebungen im 16. Jahrhundert. Eine Rede.
39. Von der Königlichen Gesellschaft für Nordische Alterthumskunde in Kopenhagen: Mémoires des Antiquaires du Nord. 1850—1860.
40. Von der Geschichts- und Alterthumsforschenden Gesellschaft des Osterlandes in Altenburg: Mittheilungen, Band V, 1.

Inhalt.

	Seite
1. Reimchronik osnabrückischer Bischöfe	1
2. Gewerbswesen und Zünfte in Osnabrück	23
3. Kirchspiels-Beschreibungen	229
4. Goldene und silberne Kunstwerke bis zum Jahre 1633 im Dome zu Osnabrück	288
5. Zwei Nachrichten über Wittekind	297
6. Zur osnabrückschen Kirchen- und Schul-Historie. (Aus den nachgelassenen Sammlungen des sel. Amtsassessors Friderici.)	300
7. Osnabrückische Stammtafeln. Aus dem Fridericischen Nachlaß	307
8. Beschreibungen einiger festlicher Aufzüge und Gebräuche und Mittheilung einer Sage vom Bischof Pirmil. Von Dr. med. Hermann Hartmann	321
9. Die Babylonie. Vom Dr. H. Hartmann	329
10. Ein Volksfest. Mitgetheilt von Dr. Oscar Bösin in Wehdem, Kreis Lübbecke	341
11. Zur Topographie der Graffschaft Lingen	346
12. Erzählungen von Carl dem Großen. (Aus einem osnabrückschen Lagerbuche.)	353
13. Der Volksaberglaube im hannoverschen Westfalen (Landdrostei Osnabrück.) Beschrieben von H. Hartmann, Dr. med. zu Lintorf	372
14. Literatur	397

L.
Reimchronik osnabrückischer Bischöfe.

Das Rathsarchiv der Stadt Osnabrück besitzt einen ansehnlichen Quartband, welcher Urkunden-Abschriften von großer Erheblichkeit für die Geschichte von Osnabrück aus dem 14., 15. und 16. Jahrhundert enthält. Das erste Stück desselben ist die folgende Reimchronik der Bischöfe von Osnabrück, welche zwar keine erhebliche neue Aufschlüsse darbietet und deren letzte Abschnitte auch bereits in der Ausgabe der Lilienschen Uebersetzung der Erdmannschen Chronik (Osnabrück 1792) gedruckt sind, welche aber doch immer den Abdruck verdient. Die Handschrift ist der Abfassung der Chronik, welche in die Regierung des Bischofes Conrad von Diepholz (III) fallen wird, gleichzeitig.

Was aber diesem Denkmale des Alterthums ein besonderes Interesse gewährt, sind die lateinischen Anmerkungen, welche sich namentlich zu Anfang auf dem Rande der Handschrift vorfanden, und welche wir dem gegenwärtigen Abdrucke unter dem Texte hinzufügen. Dieselben sind nämlich von der aus andern Archivalien wohlbekannten — freilich etwas undeutlichen — Hand des Bürgermeisters Erdwin Erdmann geschrieben und enthalten wohl dessen erste Studien zu seiner

Osnabrückschen Chronik, welche später durch Urkunden=Aus=
züge, Abschriften von Grabschriften und ähnliche Notizen in
der ältern Zeit noch mehr erweitert ist. Leider sind Theile des
Randes abgeschabt und daraus die Lücken entstanden, welche
der Abdruck zeigt, welche aber, so weit thunlich, aus der Chro=
nik (jedoch in Klammern) restituirt sind. Einiges stimmt ge=
nau mit dem Inhalte der Erdmannschen Chronik selbst über=
ein und haben die Urkunden, welche bei dieser gebraucht sind,
wahrscheinlich auch schon zur Zeit der Abfassung dieser Noten
dem Verfasser vorgelegen. Hin und wieder tritt auch Erdmann
mit seiner Persönlichkeit hervor, indem er den Verfasser der
Chronik tadelt oder lobt, wie z. B. bei der Stelle über Cobbo.
Hin und wieder sind auch die Quellen angeführt, wie z. B.
gleich anfangs das C. J. Canonici (Decretum Gratiani
Dist. 63 c. 23.) und die Bemerkung zum Jahre 776 weiset
nach der Andeutung von Pertz ziemlich deutlich auf die Ann.
Lauresbamenses (Mon. Thl. I. p. 30) hin. Allein die wei=
teren Quellen, die Erdmann unverkennbar benutzt und deren
Inhalt er vielleicht wirklich hier eingetragen hat, sind doch
nicht mit Bestimmtheit anzugeben. Pertz, dem wir die Abschrift
mittheilten, äußert darüber Folgendes:

„Die Bemerkungen scheinen mir aus einem alten Buche
der Osnabrückischen oder vielleicht der Jburgischen Kirche ge=
nommen zu sein. Ich habe die Bruchstücke der Jburger An=
nalen damit verglichen, aber ohne Erfolg, da gerade keine
der Erdmannschen Bemerkungen in die Jahre fällt, deren
Angaben in den Jburger Bruchstücken erhalten sind. Es wäre
also wohl möglich, daß darin eine Ergänzung der Jburger
Annalen vorläge, d. h. Auszüge aus ihnen nebst Angaben
von Bischofsverzeichnissen oder einem Todtenbuch. Die An=
gaben über Abrian und Karl stimmen mit Erdmanns Chronik
überein, diese beruht also an diesen Stellen auf denselben

Quellen, den Osnabrückischen Urkunden und wahrscheinlich den Iburger Annalen. Die Stellen über Adrians Uebertragung an Karl den Großen findet sich außer dem Gratian auch in andern Handschriften, dem Deusdedit ꝛc."

Wir wollen dieser Mittheilung nur hinzufügen, daß die erwähnten wichtigen Bruchstücke der Iburger Annalen in der Zeitschrift für vaterländische Geschichte und Alterthumskunde Bd. 8 (Münster 1857) p. 276 mitgetheilt sind und daß mit ziemlicher Wahrscheinlichkeit die dem Erdmann eigenthümliche Nachricht über die Gewaltthaten des Grafen Friedrich v. Arnsberg (bei Thetharbs Leben) aus dieser Quelle herrühren wird. Im übrigen finden wir hier auch bereits die bekannten Verwirrungen in der Geschichte des 13. Jahrhunderts, die Verwechselung der beiden Gerharde von Bremen, den Irrthum über die Bischöfe Engelbert und Bruno von Isenburg und Conrad von Veltberg.

De leue, zoete ihesus crist,
De waer god und mensche ist,
Uns ladede al gelike
To zijnes vader ryke.
Do wy nicht komen wolden,
Als wy van rechte zolden,
Do koes he enen truwen knecht,
De eme to denste was gerecht,
Und gaf deme also grote macht,
Dat he to deme gelouen vacht
Wal vysteyn konynckryke,
De he dwanck kreftichlyke,

So dat eyn iuwelick leuede vort
Na warer kristeliker art.
Karolus, so was he genant,
Ein konynck to vranckrike bekant,
Daerto de hogelouede here
Was romesch keyser myt groter ere.¹)

Eyn datum zeget uns verwaer,
Do men screef zeuen hundert iaer,
In den twe und zeuentigesten iare vort
Van ihesus cristus unses heren gebort,
Do makede keyser karl van rom
Hijr dat erste bisschopdom,
Dat zassenlande horde to.
De eerste bisschop het *wyho*.²)   I.

---

¹) Adrianus primus pp. vir et p'clarissimus et nobilissimus genere atque potentissimus magnifice patrauit (?) ius Karolo magno Imperatori super ordinatione sedis apostolice et constitutione ep'orum abbatum etc. In generali consilio dedit propter violencias Tyrannorum ut p(atet) lxlij di. per to.

Karolus (Rex burchftrichen) Imperator Romanorum Anno dni septingentesimo septuagesimo secundo iiij Kls aprilis in saxoniam perrexit et pasca Osnabruge regia curte celebrato Wihonem eiusdem loci primum episcopum designauit.

Anno septingentesimo septuagesimo sexto xvij Kls maii Saxonia est conuersa et . . anno sequen. Iodovicus filius Karoli . . .

Septingentesimo lxxix iij ydus Aprilis Karolus reuertitur in Saxoniam . . . . . septingentesimo Octuagesimo quinto Karolus romam (?) perrexit (cruces in uestibus apparuerunt) et per almaniam venit ad fines bauarie.

Anno dni Octingentesimo quarto ij Kls aprilis (primus Epi burch-ftrichen) Wiho primus Epus Osnaburgen prout altissimo placuit diem clausit extremum.

²) Wiho primus Episcopus Osnaburgen. friso fuit natus designatus per Karolum sanctum dictum Magnum Romanorum Imperatorem

In eyner stad he nederzat,
De men do genomet hat
To deer tijd osnaburga;
Mer osenbrugge heyt ze daerna.
De bisschop lenede do verwaer
Euen twe und dertich iaer.
*Meyngardus*¹) de ander bisschop was   II.
Neghen und twyntich iaor, als ik las.
*Genewinus*²) de derde wast,   III.
De wart des stichtes gar eyn gast,

Regem francie et Longobardorum, sil. (similiter ?) et extunc dominatorem et Saxonum, prout claret in priuilegiis suis Ecclesie Osnab. concessis, presertim in quo nemus vel forestum infra hec loca farenewinkel Rutenstein Angaria (?) Osnig S(enetbe) Bergeshouet dreunnameri Egesterueit dumeri cum omni integritate porcis (uidelicet siluaticis cervis avibus et piscibus omnique) venacione sub banno usuali ad similitudinem foresti aquisgrani donauit ab n . . . . sueque ecclesie quam primam omnium in Saxonia . . . . sub pena vindicie ultionis regie et lx solidorum regii ponderis. Insuper concessit Epo Wihoni et suis successoribus perpetuam concessit libertatem et ab omni regali seruicio confirmauit absolucionem, nisi forte contingat ut Impr. Romanorum vel rex Grecorum coniugalia federa inter filios eorum contrahere disponant. tunc Ecclesie illius Epus omni sumptu a Rege vel Imperatore adbibito laborem simul et honorem illius legationis assumat. Et hoc ea de causa statuit quia in eodem loco Grecas et latinas scolas in perpetuum manere ordinauit et nunquam clericos utriusque lingwe gnaros ibi deesse in dei misericordia confidit. Datum xiiij Kls Januarii Anno iiij xpo propicio Impij ij, xxxvij regni in francia atque xxxi in italia. actum aquis in pallacio.

Karolus Impr. Augustus obiit Anno dni octingentesimo decimo quarto v Kls Februarii et lodewicus filius ejus successit.

¹) Alii habent Meingoz, successit.
Meymgo O9. secundus eps o. Octingentesimo xxxiij Idus Aprilis Geswinus successit,

²) hic Genevinus consilio quod filli lodewici eum in custodiam miserunt consensum dedit unde passus est etc.

Verdreeuen, vluchtich hen tovorn
Van eynen edelen, hoechgeborn,
De greue kobbe ¹) was ghenant,
Van tekeneborch eyn here bekant.
Wu id deme bisschope genge,
Dat weghe ick gar (nicht) ²) gheringe.
He leuede twe und dertich iaer,
Aldus zeghet dat datum my verwaer.
Gosbertus ³) de verdo was ghetalt.   IV.
De leuede der gheistliken gewalt
Neghen iaer und ock meer nicht,
Off ik den datum anze recht.
De vorghenomede greue
Brack deme stichte aue
Al dat werltlike recht.
Dezelue hoechgheborne knecht ⁴)
Vort eruede ⁵) (brachte) dat geringe
An zine nakomelinge.

¹) Male scribit cum peccatorem laudat in carmine. hic comes prout et ceteri descendentes sp (semper?) fuerunt infesti ecclesie Osnaburgn. sed ops deus sepe protegit ipsam ecclesiam et adhuc presens N. comes non cessat. Ille Cobbo Comes in Tekeneborch prout et ceteri qui laniant. Ecclam del, obijt Octingentesimo lxxxiiij. ij. Aprilis.

Obijt Octingentesimo lxvj ille Epus Geswinus et legi in vetustissima carta sic, Gozbertus sueonum Epus Cobbonis Comitis gratia subintrauit etc. quod verbum durum ymo factum durius fuit iniuriat.

²) nicht ist von anderer Hand übergeschrieben und gar eingeflammert.

³) Gosberius quem sic legi scriptum Gosbertus sueonum Eps obijt Octingentesimo lxxlii, nix maxima, iij ydus Aprilis, Eybertus Osnaburgn quartus Epus Osnaburge ordinatus est.

⁴) bene laudat   ⁵) brachte in . . . abbate insperatus (?) est Ideo ponitur brachte in locum.

Eybertus, ¹) daerna eyn bisschof, V.
Beleuede teyn iaer zijnen hoff.
Engelmarus ²) na zijn geueerde VI.
Dre und dertich iaer regeerde.
Dodo ³) daerna leuede VII.
Drutteyn iaer, eer he sueuede.
Drogo ⁴) acht und dertich iaer, VIII.
Ludolphus ⁵) neghen, dat is waer. IX.

¹) Iste Eybertus querulose scripsit Williberto Archiepo Colonien quo in iuribus sui Episcopii graueretur petens eius (sic) eius consilium scribens In fine quod magnus et admirabilis princeps Karolus qui gentem Saxonicam per strenua bellorum certamina deo adminiculante ad fidem xpianitatis conuertit in primo eius aduentu Rome ij. fer. pasce in (bas)ilica beati petri apli inter cetera que ad missam .... Adriani epatum in honorem principis aplorum (B Petri) ibidem se ordinaturum denouit. q. quinto regni eius Anno rome promisit ... primus reuersus fuit ad impleuit et ... more suo . . . .
²) als Egilmarus hunc Stephanus pp sanctum scribit. Et obijt iste Egilmarus quintus Epus Oss. nongentesimo xvjli in nonis Aprilis. Dodo successit.
Egilmarus deuotam scripsit Epistolam ad Stephanum ppem 8 conquerens de ablatione decimarum aduersus abbatem noue corbele et puellas heruorden. Inserens narrationem quomodo genewinus antecessor suus consilio et conspiratione dum tres filii Iodewici imperatoris patrem eorum in custodiam mitterent consensum prebuit cum uero Lodewicus ex custodia ad regnum cum honore remeasset ille eps genewinus sue perfidie et infidelitatis conscius ad cenobium fuldense habitum assumendo confugit et semel in anno latenter locum ipsius Epatus visere solebat ..... permissione Ludowici Imperatoris et Cobbonis Comitis. electus esset necessitate . . . .
³) Dodo o. noningentesimo xxx. xllij Kls majj. successit drogo
⁴) Iste Drogo o. noningentesimo lxix. ij ydus Aprilis. Ludolphus successit.
⁵) Iste Ludolphus o. noningentesimo octuagesimo tertio ij Kls Aprilis. Duodo successit.

Dodo ¹) achteyn iaer verdreef.   X.
Guntharius ²) twe iaer daerna bleef.   XI.
Wothelalphus daerna was eyn here   XII.
Dre iaer und ock nicht mere.
Nach eme so leuede detmar, ³)   XIII.
Eyn bisschop twe und twinthich iaer.
Men leset van dessen edelen heren,
Dat he in zunte iohannes eeren
Hijr bouwen leet eyn munster schoen. ⁴)
God geue eme weder dat ewyge loen.
Kan ick dat merken vaste,
Unde zunte reginen raste,
De hijr in deme dome steet verhauen,
Lycht dusse bisschop undergrauen.
Meyncherus ⁵) veer iaer tobrachte,   XIV.
Do quam he in des dodes achte.

¹) hie dodo obijt noningentesimo xcvj. ij ydus Aprilis, isto anno et o. Jo. ppa successit qui   bruno vocabatur.
²) Guntharius epus Osnab. obijt noningentesimo xc octauo xv Kls maij. successit Vuotllolfus hic wothuloifus obijt millesimo scdo in Nonis (Aprilis).
³) de isto Thiedmaro est quedam commendabilis scriptura de .. Epo et Gunlbario qui transfixus per Sanctos martires C .. et Crispinianom fulsse (?) scribitur et in lecto egritudinis fere ad (qoatuor) annos decubuit facit menclonem et istum venerabilem Epum Thiedmarum primum canonicum Magdeburgen. deinde pptum Aquen. et postremo ad dignitatem pontificalem per sanctum (?) henricum Imperatorem ij promotum digne gregem commissam   ppturam et collegium (?) eccle sancti Jo. osn. . . . . dantem et pene quinquaginta libros sua industria conscriptos bibliotece eccle Osn acquirentem . . . . .
⁴) Anno Mxj regnante henrico secundo xij anno Imperij ejus Anno epatus decimo obijt Mxxij xvi Kls maji. xxv. o. sc. henricus Imperator.
⁵) Melncherus o. M xxvij.

*G*osmarus ¹) teyn iaer daerna regeerde, XV.
Eer he des leuens hijr enbeerde.
*E*luerycus ²) vyfteyn iaer regeerde. XVI.
*W*erincherus daerna steruen leerde; XVII.
Vijfteyn iaer he na eme waerde.
*B*enno ³) eyn und twintich iaer zick spaerde, XVIII.
Do moste he keesen an den doet,
Do de nature dat geboet.
To yborch dat cloester bouwede he daer
In godes ere, dat is waer.
*M*arquardus ⁴) is noch ungetelt; XIX.
Ses iaer dat stichte he behelt.
*W*ydo ⁵) seuen iaer was vlugge, XX.
Do brande de doem to osenbrucge.
*I*ohannes ⁶) neghen iaer waerde. XXI.
So lange he zick vor den dode spaerde.
*G*odschalkus ⁷) van deepholte, XXII.
Ick mene, it were eyn edele stolte.

¹) obijt Mxxxvij IIIj ydus aprilis.
²) Alias Alfricus o. M I ij. xiij Kls et benno scribitur successisse et hic benno primus obijt M I x viij forte fuit binominus dictus Werincherus benno seu be(rnhardus?)
³) hic benno o. M l xxx vilj xvj Kls Aprilis de hoc . . .
⁴) M xclij est depositus et Wydo successit.
⁵) M c ecclesia Oss. exuritur M c j xl Kls majj obijt. Johs successit.
⁶) M cx obijt tempore henrici quarti (sic) qui pascalem ppm cum cardinalibus ad duos in vinculis tenuit.
⁷) hic Godescaicus Mynden pp+us Osnabruge Epus constituitur cum Rex henricus quartus (sic) de itinere a roma(na curia) reuerteretur nam extunc (contentio) super Inuestituras Eporum inter ppam pascalem et regem Romanorum fuit sedata com mcxl papa iniuriam ab Imperatore sibi illatam caussa dei remisit et ex aplis (?) et ecclesia beati petri rome papa coram rege . . . Et tempore quo fidelis populus

De leuede nicht dan neghen iaer,
Dus zeecht dal datum openbaer.
Dethardus ¹) noch by zijner tijt XXIII.
Wan myt kreften eynen ſtrijt.
Des wort zijn herte verurouwet gaer.
He blef eyn bisschop achteyn iaer.
Udo enleuede lenger nicht, XXIV.
Dan veer iaer, als dat datum spricht.
He makede der kueschen godesbruet
Eyn cloester zunte gertruet.
Daerto he ock bereyde
Des domes toerne beyde.
Philippus, edel van geboert, XXV.
De wort darna gekoren vort.
Twe und dertich iaer he was
Bisschop, als ick den datum las.

solet communicare dnus aplicus dato silencio et bils verbis alloquitur dictis (?) perceptio corporis et sanguinis dni noſtri Jhu xpi utrique nobis sit ad dampnationem si aut ego uel Ju a sentencils sanctorum patrum in bils que ad dei et ecclesie honorem exorbitanerimus et communicantes inuicem osculati sunt (Deinde anno) dni M c xlj Imperator goslariam venit.
Godescalcus mynden epus moritur el M c xlx Godescalcus Osn. moritur.

¹) de lsto Thethardo legitur quod post mortem Godescalci electus fult Os. In Epatum et Regl presentatus, qui prauorum usus consilio pro eo Conradum pptum hildesemensem subſtituit. Clerus vero et Ministeriales in sua electione perseuerarunt et Archiepo Colonie enm presentant qui ab Archiepo ill ydus Aprilis in die sancta palmarum solempniter consecratus cum honore remittitur et in Cathedra pontificali collocatur. de hac causa ecclesia Os. grauia discrimina per quinquenninm perpessa est a Comite Frederico eius complice et in du (l. incendia) rapinas (homicidia depraedationes bgl. Erbmanns Chronif.) . . . . . .

Brac holte und quernham
Stichtede de hoechgheborne stam.
Arnoldus leuede ock verwaer   XXVI.
Eyn bisschop twe und twyntich iaer.
Gerardus ¹) kleyne is van loue,   XXVII.
De licht up sunte vites houe,
In werken boso und dum,
Dat secht syn epytaphium.
Adolphus had ick byna vergheten; ²)   XXVIII.
Dat stichte heft he ock beseten
Nach wol eyn und twintich iaer.
Nu tred my to ghedanken gaer
Eyn bysschop *engelbertus*,   XXIX.
Van deme so stael gheschreuen dus.
Veer und twintich iaer he were
To osenbrucge ock eyn here.
In dusser vorghenomeden tijd
Beghan bijr twydracht und nijt.
De bisschop was der stad enteghen,
He wolde ere vryheit hebben eghen,
Dat se by eren leuende
Hard weren wederstreuende,
Und enwolden eme nicht hulden,
Dat quam van dussen schulden.

---

¹) Hic bene prouidendum quod quidam Gerhardus de] lippia Epus Osn. scribitur translatus ad ecclesiam Bremen. et pugnavit contra Stedingos hereticos, laudabilis vite fult et ecclam Bremensem bene rexit et habuit fratres herman c. de Lippia qui in conflictu contra Stedingos primum .... fult interfectus Anno m cc septem qu ....

²) cum deuotione et honore quoniam hic Aduocaciam bonorum de blankena que dependebat in feudum ab eo venerabili cpio dedit Thesaurariam et cantoriam instituit bn uendus (bene venerandus) est

Wat itlick sake were,
De vor sick nam de here,
Dat late ick um de korte staen.
Den krich beghunde entusschen ghaen
Capittel und ritterschaft
Mit erer wysen, ryken kraft,
Und hebben dat vermynnet,
Darto den heren innet,
Vyl manighe erentryke daet
Do osenbrucge ghewerket haet,
De an sick nemen manich leit
Al dorch der kerken vryheit,
Und hebben er bloet darvor ghestortet,
Aldus hebben se er leuen kortet.
Hyrumme bisschop engelbrecht
Do dede der ghansen warheit recht,
Und leit en al ere vryheit
Beholden ghans, is my gheseit,
Und heft endeel bezeghelt dat,
Dat capittel ock myt eme noch bat
Mit wetenheit der rytterschaft.
Dus bleuen se vort umbehaft,
Als dat wol kunt bethugen na
Deseluen priuilegia.
Vord eynen bisschop *bruno*¹) XXX.
Staet achte yaer gescreuen to.

---

¹) de lsto brunone legitur quod frater suus fredericus Comes de ysenborch Reverendum dominum Engelbertum de monte Archiepm Colonien. maligno spiritu instigante occidisset propter quod rotatus fuit. Ille bruno et frater suus Theodericus Mon. Epus quia fautores huius dicebantur et accusati per dom aplicum ab epali dignitate et officio ponttficali erant depositi. etiam Comites in sualenberch et in tekeneborgh sententiam banni Imperialis perpessi sunt.

*W*edekyn endede daerna sijn leuen XXXI.
In korten yaren, der is seuen.
*B*aldewijn ¹) van rusle, XXXII.
Teyn yaer ick eme gescreuen se.
*V*an retberch bisschop *conrad* XXXIII.
Achte und twyntich yaer, ock staet,
Dat he eyn vrom here
Stichtes und stades were.
*L*odewich ²) was zegehaft XXXIV.
Twelf yaer myt groter kraft,
De up dem hallervelde
Vacht synes geestes zelde,
Und up demesuluen anger do
Vele stolter heren nederto.
Mit eme vil gekroender helme glans
Verworuen dor des loues krans.
Van osenbrucge de borgere
Daer vochten rytterlyken zere,
Dat en er bloet ut den helmen dranck;
Nach solen se des hebben danck.
*E*yn *engelberd* van weye, XXXV.
Deme zanck hijrna to meye
De leue nachtegale
Teyn ziner yaertale.
He ock eyn bisschop rouwede,
De wytlage dat he bouwede.
*D*aerna de edele *godefrijt* XXXVI.
Van arnsberch. by syner tijd

---

¹) hic notandum de institutione canonicatuum in Widenbruge
et ue. quod de hoc actum tempore brunonis Epi.
²) Corpore sacheus animo Judas Machabeus.

De verstenouwe heft he gestichtet,
De hunteborch ock, des zijt berichtet,
Al umme des landes beste,
So makede he dusse veste.
Wol dortich yaer he bisschop bleff,
Eer ene de doet van hynnen dreff.
Nu wyl men ock, dat bisschop *hoed*, XXXVII.
Dorluchtich, were eyn pape gued.
Des enbrukede he nicht to lesten
Hijr to des landes besten.
Ile bloef eyn bisschop, dat is waer,
To osenbrucge sesteyn yaer.
Na eme do bisschop *melchior* quam, XXXVIII.
De hoge konyncklyke stam.
Ick moet zijn edeldom louen mer
Wan syn daet, dat ruwet my zeer.
He was to lande hijr en here
Achte yaer und ock nycht mere.
Daerna do reet he to swerijn
Und starf, dat dede eme fenijn.
Hijrna quam bisschop *dyderick*,¹) XXXIX.
Wol eynen guden heren gelijck,
De wederkreech lude und lant.
Stat und rydderschop zick do verbant

---

¹) Anno dnl M ccc lxx vj festo exaltationis sancte crucis fuit electus dns Theodericus de horne in epm . ejusdem ecclie confirmatus per Gregor. XI.
Anno dnl M cccc lj die xlx mens Januarij obijt dns T. Eps Osn. sit ei requles
Eodem anno quo supra die lune viz btl senerini dns henricus fuit inductus ad ecclesiam Osnaburgensem

To eme myt alle erer kraft;
Dat makede ene dycke zegehaft.
De sloete weren uns benomen
Und in vromeder heren walt gekomen.
We uns den schaden heft gedaen,
Den will ick ungenomet laen.
De vorgenomede weerde
Vijf und twyntich yaer regeerde.
Van osenbrucge de borgere
Arbeiden umme des landes eere;
Des se vil groten schaden nemen,
Up dat de sloete wederquemen;
Se deden we lijf und gud;
Bedachte dat der heren moed,
Se ensolen in hulpe nicht versagen,
War se myt rechte mochten clagen.
Darna mylde und louelick
Quam hijr de edel her *henrick*, XXXX.
To holsten greue geboren,
Und wort hijr here gekoren,
Tohant darna confirmeret;
Mer do he twe yaer regeret
Hadde, bleuen van strijdes noet
In dethmasch zine bröder doet.
Als dyt vernam de heer tohant,
Do toch he weder in zijn lant.
He hadde eyn erlich leuen,
Do he wolde ouergeuen
Umme reede desse kercken;
Schach myt wyllen, is tomercken.
Doch hadde he to leenrechte
Tovoren heren und knechte

Inuestierde openbar
Up eynen leendach, dat is war.
Na dessen quam ock in dyt lant
Ein hoyes heer, *otto* ¹) genant. XXXXI.
Administrator wort he hijr,
To monster bisschop was he schijr.
He heft ane yenigen waen
Desseme stichte gued gedaen,
De wytlage reformeret,
Eyn schone zal funderet,
Desgelijck he to den voerden.
Wat dael to den eren horden,
Hadde he löuelick an zick,
Menlick, Iewenmoedes gelijck.
Regeerde dyt sticht twyntich yaer
In eeren, doget, dat is waer.
Hijr worden buntlick gemaket
Somyge, darvan zick zaket
Vyantlick schach dessen lande
An manigen rouen brande,
Dat beter na hadde bleuen,
Und nu ock unghescreeuen.
Nu is he dotlyck verscheiden.
God moete zijn zel geleiden.
Tohant darna eyn edelmann,
Vrisch van staturen, her *iohan* ²) XXXXII.
Van depholte, wort uterwelt
Und hijr-mede ingetelt.

---

¹) O. de anno dnl M cccc xx IIIJ luce ewangeliste
²) O. anno dnl M cccc xxxvij in die sce parasceues

Eyn waer sponsus desser kercken
Bisscop wort; doch is tomercken,
In tijd zijne koeres groet twydracht
Wort hijr tusschen der geestliken acht
Unde leyen. waraf dat quam,
Ock wat wyse de ende nam,
Is nijn noet to vernyen.
Men late myt wysheit vlyen
Alle twist in dessen lande,
Bidde god vor laster, schande
Dyt lant eyndrachtich beware;
Dan is hijr eyn löuelick schare
Van geestliken guden heren
Und leyn vyl, de wal keeren
Kunnen gewalt und wederstaen,
Als se vaken hebben gedaen.
De twydracht word hengestalt,
So de heer solde werden alt
Unde zijn stichte vortgeghaen,
Quam eme leyt vyl zunder waen,
Wente zijn vader in vreesalant
Bleef doet darna altohant.
To monster do bisscop henrick
Rouede, brande vyantlyck.
Do dat ouer was gescheiden,
Ock nicht enwolden beiden
Her alberd, to mynden en heer,
Roflick dede schaden zeer,
Darto vele ruter, knechte.
We dyt wyl betrachten rechte,
De kan bekennen, groet verdret
Unde vyl desse here leet.

He was menlick und mylde;
Arn, lewen in deme schilde
Vorde he, betrachtet euen.
Men zede, eme weer vergeuen.
So lege he do lange kranck,
Went men de passe christi zanck.
Johannes bescrift do geschach
Up den hilgen stillen vrydach,
Do god dorch des menschen noet
Heft geleeden den bitteren doet.
Als desse here openbaer
Hadde regeret drutteyn yaer
Dyt stichte docgentliken,
Do moste he ock entwyken
Van desser werlt elendicheit.
God geue em dat edel cleid,
Dat de benedicti voren,
De tom ryke godes horen.
Do sulues de domdeken was,
So yck ut vyl geschicht las,
Was demsuluen heren gram,
Daerna vyl boses vor zick nam
Tegen capittel und kercken.
Van alsulken zinen wercken
Wort de myt rechte so entsat,
Gotlick gewroeken zijn olde hat.
Als dorch doet des edelen mans
Desse kercke, bisscop iohans,
Leediget was, wort gekoren
Eryck ¹) van der hoy geboren,   XXXXIII.

¹) priuatus de anno dni m ccccxlj ix mens. junii (burchſtrichen).

De domprouest to colne was,
So men uth sinen breuen las,
Administrator gegheuen.
Na willen mochte gebliuen
Des paueses hijr de here.
Syner broeder raet und mere
Volgede dan syner kercken
Capittels stades tomerken
Is he beschermen vor gewalt
Vorplichtet was wort so gestalt.
Nam en eer haue unde gud,
Daermyt nicht nogtet was zijn muet;
Mit vedigen, rouen, brande
Dede schaden dessen lande.
Capittel, stad do bedachten
Nicht lidelick weer towachten
Sulk verderf van enen heren,
De sulues sold gewalt keren.
Proueste hulpen kreegen in
De sloete stichtes; groeten wyn
Erworuen se myt goedes cracht
Tor vorstenouwe by mytnacht.
Van der hoye greue iohan
Geuangen word, en strijtbar man.
Do her erick walt, moetwillen
Ouer io nicht wolde stillen,
Noch richten den groeten schaden,
Wort he myt rechte geladen
Dat hijrum und andere reede
Up clage des landes leede.
Wort prieueret desser kercken
Van synen ouersten, to mercken.

As men zecht, he berue were,
Dan quaden raed volgede zere.
Des wort he by synes leuendes tijd
Der prouestie to colne quijt.
Vredelick was hijr en here
Veer yaer unde nicht mere,
Darto twe, eer he wort ensat,
Reekent; we wyl, de merke dat.
Do her erick was prieueret,
Wort na rechte postuleret.
De erwerdich edel here,
Des doget verbreedet veere,
Her *henrick* [1]) van morse geboren, XXXXIV.
De to munster was gekoeren,
Aldaer en bisscop is getelt,
Hijr administrator uterwelt.
Achte yaer dyt stichte vor gewalt
Beschermde, horde junck und alt,
Arm, ryke gherne er clage,
Eynes itliken wedersage.
In durer tijd gaf den armen,
Vyl kummers zick leet erbarmen.
De hunteborch had he bestalt,
Vor lubbeke gekaert gewalt,
To eyner öruede he ock dwanck
Den bysscop to mynden ane danck.
Dyt lant bracht in guden vreede.
Raste geue em god daermeede.
De kercke wedewe so dorch doet
Geworden was, quam noch in noet.

---

¹) O. anno dni M cccc l

Her eryck syner olden breeue
Vornam to bruken myt leue,
Stont na demesuluen stichte,
Zijn proces achtet to nichte
Is um reede vorgeschreeuen;
Anders were he wal gebleeuen.
Her *albert*¹) bisscop to mynden   XXXXV.
Postuleret wort, leed sijck vynden,
Administracien annam,
Darvan und merer sake quam,
Went her eryck zijn broeder was,
Als ick in paues breuen las,
De dcr kercken to munster voer
Wolde zijn, bouen capittels koer
Unde tegen paues ghebot.
De reede weeren sunder spot;
Den postulerde confirmeren
Is gnade des hilgen heren
Pauses, und gift nijn recht,
So uns zale des rechtes zecht,
Sus confirmacio em nicht
Konde weerden, des zijt bericht.
Doch was he also ses yare
To dessen stichte, zecge ick verware.
God gaff reedeliken vroede
Dorch gotlyker lude beede.
Darna um dogentlyke daet
Und eer, vaken begangen haet,

---

¹) Recusatus propter prouislonem factam dno Rudolpho de
Depte Epo trajectensi Anno Iquinto die ix mens. junii.

De edel walgeborn here,
Rolef van depholt, de vere XXXXVI.
Pryset in manigen landen,
Bisscop tutrecht, den wolbekanden
Vorsten, heren und cardinael
De paues to densuluen mael
Uterwelde unde vorsach,
Dorch wal to done, als he plach,
Hijr administratorem gaff
Doch wort eme dat leuen aff
Na gotlyken wyllen nomen,
Eer he an dyt besijt komen
Konde, al in den ersten yaer.
So wort leedich ouer verwaer
Dyt stichte dessulften heren,
Moest, dat clegelick is, enberen.
De sloete hadde he angestalt
To gebouwende vor gewalt.
Do men screef na goedes geboert
Dusent verhundert viue voert
Vyftich, unser leuen vrouwen
Auent, mocht men dötlick schouwen
Up annunciacionis
Den nompten heren, des zijt wijs.
Demsulften, menlich unde wijs,
Gheue god ewich paradijs.

II.
Gewerbswesen und Zünfte in Osnabrück.

Für das gesammte städtische Leben und so mit für den Charakter und die Geschichte der Städte überhaupt ist nichts von so großer und entscheidender Bedeutung, als die Zustände und die Leistungen desjenigen Theiles der Einwohnerschaft, welcher sich mit der Erzeugung der nicht unmittelbar dem Boden oder der Viehzucht entnommenen Lebensbedürfnisse beschäftigt. Denn eben diese Beschäftigung ist es, welche größere Menschenmassen in den Städten vereinigt hat; und wenn der Handel durch den Vertrieb dieser Erzeugnisse wesentlich die Zahl und den Wohlstand derer, die von der Erzeugung an einem Orte leben können, bestimmt: so ist doch nicht nur der Handel seinerseits durch Wohlfeilheit, Tüchtigkeit und Menge der Erzeugnisse bedingt, sondern es hängt der Zustand der Stadt überhaupt wesentlich davon ab, wie jene Arbeiter sich in ihrem Gewerbe benehmen und einrichten. Ein gedrückter, armseliger, oder entsittlichter und unredlicher, oder ungeschickter Arbeiterstand wird jederzeit der Stadt und ihrer Geschichte einen traurigen Charakter verleihen, während auf einen wohlhabenden, redlichen, geschickten, seine Verhältnisse mit Selbstgefühl und rechter Erkenntniß der eigenen Lage ordnenden

Arbeiterstand zunächst ein günstiger Zustand im Innern der Stadt sich gründen kann. Allein es ist leider sehr schwer, diese Verhältnisse richtig zu erkennen. Selbst in der Gegenwart entziehen dieselben sich vielfach dem Blicke, und es gehört sogar hier eine nicht geringe Aufmerksamkeit dazu, um sich ein deutliches Gesammtbild der Zustände zu verschaffen. Für eine längere Vergangenheit sind aber aus dürftigen Resten oft nur höchst mangelhafte Schlüsse zu ziehen. Um so nothwendiger ist, daß man diese Reste gewissenhaft sammle. Sie werden die Zustände vielfach in einem andern Lichte erscheinen lassen, als man anzunehmen gewohnt ist.

Fragen wir zunächst, welche Arten von Handwerk in Osnabrück betrieben wurden, so geben uns die Urkunden zwar mancherlei Nachrichten an die Hand; allein wir müssen hier sofort auf einen Grund der Dunkelheit hinführen. Sehr viele dieser Nachrichten bestehen nur darin, daß in den Urkunden Bürger mit Bezeichnung ihres Gewerbes aufgeführt werden. Finden wir diese Bezeichnung neben einem Familiennamen, so sind wir freilich sicher, daß sie das Gewerbe des Mannes andeuten; aber sehr oft setzen die Urkunden solche nur zu einem Taufnamen, und hier bleibt immer der Zweifel übrig, ob eine wirkliche Gewerbsbezeichnung oder ein bereits aus solcher erwachsener Familiennamen vorliege. In den ältern Zeiten ist zwar das erstere anzunehmen, allein schon ziemlich früh kommen doch auch Beispiele vor, daß Leute ein ganz anderes Gewerbe betreiben, als das, welches jene Bezeichnung vermuthen läßt. Inzwischen wird uns doch die Gewerbsbezeichnung selbst als Familiennamen genügen, um die Annahme zu begründen, daß das genannte Gewerbe der Stadt nicht fremd gewesen sei. Bis um das Jahr 1260 scheinen überhaupt bei den Bürgern von Osnabrück die Familiennamen noch etwas unwesentliches zu sein; denn hier finden wir noch die

Schöffen insgesammt mit bloßen Taufnamen angedeutet. Auch noch im 14. Jahrhundert wird die Gewerbsbezeichnung als Regel anzunehmen sein, während im 15. Jahrhundert der Familienname vorherrschen dürfte.

Ein Gewerbe nun, welches sehr früh und in großer Entwickelung bei uns vorkommt, ist das der Schmiede. Das Schmiedeamt befaßt aber so ziemlich alle Metallarbeit. Schon in dem alten Güterverzeichnisse des Domcapitels finden wir 200 Nägel als Abgabe eines wahrscheinlich an der Herrn= trichsstraße (uppendike) belegenen Hauses. Hermann der Schmied ist Zeuge in einer Urkunde von 1247; das Haus Hermanns des Schmiedes an der Freiheit wird 1265, Tile= mann der Platenmacher (Plate ist ein Harnisch) 1271, Ger= hard der Hufschmied 1306 erwähnt. Um 1274 finden wir Bernhard den Kupferschläger als Provisor des Hospitals zum heiligen Geist. Dann finden wir Gürtelmacher (1348), Messer= schmiede, Harnischmacher, Glockengießer, Potgießer, Grapen= gießer, Helmschläger, Schwertfeger, Kannengießer ebenfalls um die Mitte des 14. Jahrhunderts. Der erste Handwerker so= dann, dessen unsere Urkunden überhaupt Erwähnung thun, ist der Schilder (Clipeator, Schildmacher) Otbert im Jahre 1217, und diese Handwerksbezeichnung währt noch lange fort, während zugleich die mit derselben in einer Zunft vereinigten Maler (zuerst 1305), Glaser und Sattler häufig erwähnt werden. Schneider werden 1299 zuerst erwähnt, Schuhmacher erst 1326. Indeß wurde dieses Gewerbe in alter Zeit mit größerer Arbeitstheilung als später betrieben. Denn die ge= trennten Innungen der Corduaner und Rinderer traten erst 1360 in Eine einzige Zunft zusammen [1]), und daß man Som=

---

[1]) Urk. v. 1360. In Münster dauerte die Trennung noch 1490 und 1496, in Soest noch 1360 fort. In Bremen bestanden die Alutistees sive.

mer- und Winterschuh ausdrücklich unterscheidet¹), giebt ebenfalls den Beweis einer gewissen Verfeinerung der Arbeit. Außerdem kommen Sohlenmacher, Trippenmacher und Klossenmacher vor, welche letztern wohl jene hölzernen Ueberschuhe verfertigten, die wir auf alten Bildern häufig finden. Gleichwohl trugen auch die Kinder angesehener Leute Holzschuhe, wie denn der Domherr v. d. Brinke um 1400 solche für seine Bruderskinder kaufte²). Daß die Schuhmacher selbst zu gerben pflegten, dürfen wir annehmen; wenigstens besaß das Amt lange vor 1634 bis nach 1700 vermöge eines Vertrags mit dem Domcapitel eine Lohmühle an der Herrnteichsmühle; aber nichtsdestoweniger bildeten die Lohgerber schon früh ein angesehenes Gewerbe. Im Memorienbuche des Doms wird ein Lohgerber (lore)³) schon aus dem 13. Jahrhunderte erwähnt. 1343 finden wir den Gerber Wulfhard und 1344 den Gerber Rikebertold erwähnt, und daß der letztere den Zusatz des Reichen bei seinem Namen nicht ohne Grund geführt habe, ergiebt sich aus der Stellung, die seine Söhne einnahmen, deren zwei als Vicarien zu St. Johann und einer als Kreuzfahrer (crucesignatus)⁴) bezeichnet wird. Riemenschneider finden sich ebenfalls um die Mitte des 14. Jahrhunderts, eben so Erkmacher, Hammacher, Pergamentmacher

---

Cordewanarii schon 1240 und wurde ihnen die Stiftung des deutschen Hauses daselbst zugeschrieben. Caffel, Sammlung von Urkunden ic. p. 525.

¹) Urkunde des Klosters Gertrudenberg, wonach jede domina 8 ₰, jede Scolaris 4 ₰, ad calceos aestivales und eben so 12 ₰ und 6 ₰ ad calceos hiemales erhält. (f. 6 in Sept Pasche 1349.)

²) Nach Inhalt einer Vormundschaftsrechnung.

³) 26. Mai: 80 den. reditus de area in Campo quam Godefrid Lore quondam inhabitabat. Ein Lohgerber-Gildemeister Godele Lore kommt auch 1407 im Stadtbuche vor.

⁴) Urkunde v. 1866.

und Pelzer. Die Bedeutung dieser letzteren Zunft aber ergiebt sich aus der Sage, daß sie die fast verlorene Schlacht am Haserfelde wiederhergestellt und den Sieg errungen habe ¹). Von Hornarbeitern finden wir einen Kammmacher (pectenator). Dagegen scheint das Gewerbe der Holzarbeiter ungemein schwach entwickelt zu sein. Nur Zimmerleute werden erwähnt und neben diesen einmal ein Sargmacher und einmal ein Hobeler oder Böttcher (doleator); eigne gewerbliche Verbände haben diese Arbeiter erst im 16. und 17. Jahrhunderte errungen. Die Bildschnitzer zählten sich (1484) zum Schilderamte, das auch die Maler und Glaser enthielt. Man wird mit Recht von dieser geringen Bedeutung der Holzarbeit einen Schluß auf die dürftige Ausstattung der Haushaltungen mit Hausrath ziehen dürfen, die auch sonst nachgewiesen ist.

Bedeutend ist dagegen schon in früher Zeit die Weberei und zwar zunächst in Wolle. Außer den Tuchmachern finden wir schon 1307 einen Tuchscherer und 1311 einen Hutmacher, wie denn diese Gewerbe das ganze Mittelalter hindurch in Verbindung vorkommen und nicht selten genannt werden. Auch die Leinweber hatten schon früh eine zunftähnliche Verbindung, welche ihre Gelage hatte, dann Memorien stiftete, und auch den Tuchmachern die Arbeit in gemischter Waare abstritt. Außerdem gab es Weberinnen, die schon früh dem Handwerk etwas für die Erlaubniß zur Arbeit zahlten, das dieses mit der Stadtcasse theilte. —

Sehr früh und in sehr bedeutender Stellung finden wir Bäcker und Schlächter. Die ersten werden bereits früh im

---

¹) Münstersche Chroniken. Thl. I. p. 124. Auch das Kürschner-Amtsbuch enthält die Bedeutung der Sage in Reimm. Es heißt dem Amte sei für den Sieg die Krone im Wappen zugestanden; später aber sei die Krone für eine Tonne Bier dem Schmiedeamte überlassen.

13. Jahrhundert im Memorienbuche des Doms häufig erwähnt. Schon in früher Zeit scheint der Rath auch ähnlichen Normen, wie die zu Soest in so großer Ausführlichkeit festgesetzten¹), beabsichtigt zu haben, ihnen eine Taxe zu setzen, und es liegt nicht fern, daß der Streit mit den Gildemeistern der Bäcker, welcher im Jahre 1297 zu harten Beschlüssen Anlaß gab²), sich um diese Taxe bewegt haben möge. Auch später sind unter den Bäckern sehr angesehene Namen und Leute von erheblichem Wohlstande. Der Bäcker Ovenstake, welcher unter andern in den Kriegszügen der Jahre 1358 und 1383 die Gefangenen beköstigt, so wie die Familie von Dissen³), mag zum Zeugniß dienen. Die Schlächter aber sind die erste Zunft, welche vom Rathe dem Bischof gegenüber bei ihren Privilegien geschützt wurden. Sie besaßen die Zollfreiheit für ihr Schlachtvieh, das sie im Scharrn schlachteten und verkauften⁴), und es ist nicht zu verkennen, daß ein solches Vorrecht den Viehhandel eben so in ihre Hände bringen mußte, wie die Bäcker den Kornhandel sich zu eigen machten. So finden wir denn auch in dieser Zunft sehr angesehene Leute. 1350 war Johann v. Anchem Mitglied derselben und legte den Grund zu großem Wohlstande, wie denn noch bis 1435 Glieder der Familie der Zunft angehörten. Nicht minder gehörte Johann Smalepeper, der Stadtrichter und Lehnmann von Bentheim (1376), derselben Zunft an. Dürfen wir aber annehmen, daß die Familien in alter Zeit eben so sehr an

---

¹) Sriberg Urkundenbuch No. 268, in gleichzeitiger Abschrift im Osn. Stadtarchiv nebst dem unten mitgetheilten Schreiben von Soest.
²) Gesch. der Stadt. I. Urk. 49 am Ende.
³) Wessel v. Dissen war 1372 Herrenbäcker und kommen mehrere Bäcker aus der Familie vor.
⁴) Stüve, Gesch. des Hochstifts Osnabrück. Urk. D.

dieser Zunft festgehalten haben, als dies später der Fall war, so ist es nicht unwahrscheinlich, daß auch die Familie des Stadtrichters Giselbert von Essen (1237—46), welche sich in mehreren Zweigen bis gegen Ende des 13. Jahrhunderts fortzieht, demselben Gewerke angehört haben möge, da auch 1444 der Gildemeister Arnd von Essen erwähnt wird, und späterhin der Name sich in dieser Zunft unausgesetzt gehalten hat.

Außer diesen kommen aber auch andere Gewerbe schon früh vor. Eine Strumpfstrickerin (hosenstrickersche) finden wir schon um 1480. Eben so einen Uhrmacher (Hinrick de de urwerkte maket). Dann haben wir Steinhauer, die auch künstliche Arbeit verfertigen; Bildgießer (apengeter), Maurer, Kalkbrenner (cementarii), Ziegelmeister und vor allem Müller, die zu den angesehensten Leuten der Stadt gehören. Und diese sind theils Pächter der bischöflichen und der Domcapitels-Mühlen an der Hase, wie Sigmund oder Segelin von der Mühle zwischen 1309 und 1340, theils Eigenthümer der kleinen Wind- und Wassermühlen in der Nähe der Stadt, wie Werneke von der See, dem die Düvelsmühle zustand, Johann Twent, dem die Windmühle auf dem Westerberge gehörte ꝛc. Auch dürfen wir nicht vergessen, daß Aerzte (zunächst wohl Wundärzte) und Apotheker schon 1283[1]) und seitdem fortwährend vorkommen, während von Bartscheerern erst um 1350 die Rede ist. Ein Garkoch (herman cocus) findet sich auch bereits im Register der Domcapitular-Güter, gehört also ebenfalls spätestens dem 13. Jahrhunderte an. Garbrater kommen noch später vor (1482); eben so Armbruster (1485. 1508), Bildgießer (apengeter 1508), Flaschendreher (1489), Hand-

---

[1]) Im Calendarium kommt unter dem 1. September selbst eine Margaretha Medica aus dem 13. Jahrhundert vor.

Schuhmacher (1456), Posauner (1465). Von ganz besonderer Wichtigkeit ist aber schon früh das Gewerbe der Goldschmiede. Schon 1292 finden wir den Goldschmidt Thetmar im Rathe und durch das 14. und 15. Jahrhundert gehören dem Gewerbe Leute aus den ersten Familien, namentlich deren von Anchem, Brumzele u. s. w. an. Schon früh besaßen sie eine Zunftverfassung, welche 1483 vom Rathe bestätigt und in das Stadtbuch aufgenommen wurde; und es ist wohl nicht unwahrscheinlich, daß auch die Münzmeister (schon 1146 ist der Münzmeister Mangold als einer der ersten Wohlthäter des Klosters Gertrudenberg erwähnt) dieser Klasse von Gewerbetreibenden angehörten.

Eigenthümlich ist das Verhältniß der Brauerei. Die Bereitung des Biers, fast des einzigen Getränkes, das man genoß, hatte eben so wie der Handel mit dieser Waare im Mittelalter und noch bis zum 18. Jahrhundert hin eine Wichtigkeit und Ausdehnung, von der wir uns schwer einen Begriff zu machen im Stande sind. In den meisten norddeutschen Städten klebt das Recht zu Brauen den Häusern an, entweder allen oder doch den altberechtigten Bürgerhäusern. Daraus hat sich dann eine besondere Gesellschaftsverfassung gebildet. Die Eigenthümer dieser Brauhäuser pflegen in gemeinschaftlichen Gebäuden nach der Reihe zu brauen, und es ist vielfach dieses Brauwesen die Quelle nicht unerheblicher Einnahmen für die Berechtigten, zumal in früherer Zeit, gewesen. In Osnabrück findet sich davon keine Spur. Zwar ist die Sorge für dies Getränk auch in unsrer Gegend schon früh Gegenstand öffentlicher Einrichtungen geworden. Die Zahlung der Bierpfennige oder der Bierzise, wie sie auch genannt werden, ist auch auf dem platten Lande eine uralte Gerichtsabgabe derer, die zu feilem Verkauf brauen [1]).

---

[1]) Wir finden sie schon vor der Mitte des 14. Jahrhunderts.

Hier und da gehörte, wie zu Laer, die Braupfanne der Kirche und jeder, der brauen wollte, mußte solche von dieser miethen. In der Stadt Osnabrück war aber die Brauerei, so weit unsere Nachrichten reichen, ein völlig freies Gewerbe. Jeder wohlhabende Bürger pflegte zu eigenem Gebrauche noch bis tief ins 18., ja bis ins 19. Jahrhundert selbst zu brauen. Nur die Accise von dem zum feilen Verkauf gebrauten Bier stand der Stadt schon seit der Mitte des 14. Jahrhunderts und die Bereitung und der Verkauf der Grut, d. h. des Kräutergemisches, mit welchem der Grüsing, jenes noch zu Anfang des 30jährigen Krieges sehr beliebte und gesuchte Kräuterbier, bereitet wurde, ebenfalls zu[1]). Indeß war die Zahl dieser Grusingbrauer doch, wie es scheint, nicht so groß. In einem Verzeichniß der Brauer aus dem Ende des 15. Jahrhunderts wird allein Johann Lotemann als Grusingbrauer bezeichnet, während doch nicht weniger als 63 Brauer auf der Altstadt allein vorkommen. Außerdem wurden aber noch andere fremde Biere nachgemacht, namentlich das beliebte und kostbare Hamburger Bier[2]).

---

[1]) Die Grut besteht nach den Stadtrechnungen aus Porsen (Porsch), Dehsen, Scharpetangen (oder Sarmetangen), Lorber und Harz, welche Kräuter unter dem 2. und 3. Namen verstanden sind, ist unbekannt. Diese wurden in einem nicht mehr bekannten Verhältnisse gemengt und gemahlen. Das daraus bereitete Bier mag aber doch nicht jedem geschmeckt haben, wenn es wahr ist, daß der päpstliche Legat beim westphäl. Frieden von dem vorzüglichen Lengericher Grüsing sagte: Adde parum sulphuris, et erit potus infernalis. S. Hollscher, Gesch. der Grafschaft Tecklenburg, p. 89. Westph. Beiträge zum Nutzen und Vergnügen v. 1769. N. 38 und 39. — Um 1656 scheint die Grut schlecht gewesen zu sein. Man vernahm deshalb 7 Grüsingbrauer, welche solche theils selbst verbesserten, theils stärkeren Zusatz zum Malter Malz gaben.

[2]) Wenigstens verlangt eine Ordnung des Schuhmacheramts von 1478: „twe Hamborger tunne Beers so guet alse man dat to Osenbrügge brouwet vnn den Schefferen behaget."

Leider sind unsre Nachrichten über die Zahlen und die Bedeutung der Gewerbtreibenden sehr mangelhaft. Einzelne zerstreute Notizen sind wenig geeignet ein zutreffendes Bild zu gewähren. Aus dem Ende des 15. Jahrhunderts geben nur die hin und wieder aufbewahrten Accisregister eine Uebersicht über die Zahl der Bäcker und Brauer, die hier mit Namen aufgeführt sind, und von diesen ist dann wohl ein weiterer Schluß zu ziehen.

Wir finden hier nämlich auf der Altstadt etwa 63 Bäcker[1]) und eben so viele Brauer, von denen 9 bis 10 beide Gewerbe treiben. Auf die Neustadt werden wir jedenfalls 20 rechnen können; so daß wir mit Sicherheit die Zahl von 80 Bäckereien und Brauereien annehmen dürfen. Nun liegt uns ferner ein Beschluß der 11 Aemter vom Jahre 1566 vor über dasjenige, was in jedem Amte zu einem Gildemeister-Schmause verwendet werden durfte. Nach dem Verhältniß der hier bestimmten Quantitäten an Speise und Trank aber wäre das Schmiede- und Schuhmacher-Amt doppelt so groß gewesen als das Backamt; das Lohgerberamt um die Hälfte größer als letzteres; Schneider-, Riemenschneider- und Krameramt etwa dem Backamte gleich. Schilder-, Pelzer- und Knochenhaueramt mehr oder weniger halb so groß als jenes. Diese Rechnung würde nun auf etwa 160 Genossen des Schmiedeund Schuhmacheramts, 80 des Back-, Schneider-, Riemenschneider- und Krameramts, 40 des Schilder- und Knochenhauer- und 50 des Pelzeramts führen, so daß die Zahl sämmtlicher Amtsbrüder — Meister und bloße Amtsgenossen

---

[1]) In Johannis-Laischaft Bäcker 19, Brauer 22, davon treiben beides 2
in Butenborg .... „ 18 „ 15 „ „ „ 1
in Markt- u. Hase-Laischaft „ 26 „ 26 „ „ „ 6
　　　　　　　　　　　　　　63　　63　　　　　9

zusammen gerechnet — sich auf etwa 870 bis 80 beliefen. Diese Rechnung findet einen Anhaltspunkt darin, daß 1647 noch 850 Gildebrüder, darunter 675 wirkliche Meister, vorhanden gewesen sein sollen, daß aus dem Jahre 1575 bei Gelegenheit der Pest die Zahl von 70 Schuhmachermeistern als noch nicht die Hälfte des Amtes befassend angegeben wird. Zu dieser beträchtlichen Zahl der eigentlichen Gildegenossen war dann noch die der übrigen hinzuzuzählen, die theils ebenfalls zunftartige Verbindungen hatten, wie die Goldschmiede, deren doch nur wenige waren, die Leinweber, deren Zahl nicht unbedeutend gewesen zu sein scheint, vor allem die Tuchmacher, deren man um 1600 aus etwa dreihundert zählte. Dann find auch nach dem Obigen 60 bis 80 Brauer nicht zu übersehn. Dagegen wird die Zahl der Holzarbeiter, von denen die Tischler erst 1559, die Böttcher 1619 ein Zunftprivilegium erlangten, nicht erheblich gewesen sein, (der letzteren waren 1612 zwei und zwanzig) wie denn überhaupt von anderweiten Gewerbetreibenden wenige vorhanden waren.[1]

Diese Zahlen scheinen sich bis in das 17. Jahrhundert ziemlich gleich geblieben zu sein. Allein während des dreißigjährigen Krieges und nach demselben trat eine große Veränderung ein. Die Tuchmacher, deren um 1615 aus 300 gewesen waren und welche 1656 noch 189 zählten und 3156 Stücke Tuch verfertigten, sanken 1674 auf 130 Meister mit einer Production von 2270 Stück; 1679 verfertigten 104 Meister nur noch 1280; 1686 deren 60 noch 868 und 1693 deren 50 noch 544 Stück, und im folgenden Jahre verarbeiteten von diesen 50 nur noch 22. Diesem Sinken des großen Fabrikationsgewerbes folgten dann auch andre, wenn

---

[1] Doch kommt schon im 14. Jahrhundert mehrmals ein Sarkmaker und doleator (wohl Faßbinder von dolium) vor.

gleich später. 1708 hatte man noch 18, und 1727 noch 20 Pelzer gezählt. 1778 waren deren nur noch 3. Das Schilder= amt war schon im dreißigjährigen Kriege auf 22 Glieder zu= rückgekommen. Das Schmiedeamt, das 1727 noch über 100 Meister gehabt hatte, zählte 1778 kaum 50. So erklärt es sich, daß die Zahl der Handwerker in den 11 Aemtern, welche am Ende des großen Krieges 1647 noch 675 betragen hatte, im Jahre 1778 auf 325 geschwunden war.

Das Sinken der Stadt, welches zuerst bei den Tuch= machern bemerklich geworden war, schritt mächtig fort; nach= dem 1680 die Hofhaltung Ernst Augusts I. von Osnabrück wegverlegt war und Kriegsdruck und Last mit verdoppeltem Gewicht wirkten. Die Klagen beginnen 1688 zuerst laut zu werden. Eine arbeitslose Bevölkerung, die den Taglohn am Festungsbau gern verdiente, hatte man schon 1667, und 1676 ist die Rede davon, daß Einlieger (Hüsselten) den Bürgern die Lebensmittel vertheuern. Der Handel zog sich auf das Land und wurde dort von der Regierung begünstigt, die Zünfte in der Stadt aber zogen sich immer enger zusammen. Neue Gewerbsbetriebe zeigten sich zwar; Cattunbrucker 1694, Raschmacher 1695, Branntweinbrenner 1699. Allein es fehlte an Unternehmungsgeist. Zu dem letzten Gewerbe wollte nie= mand das Geld auslegen, ungeachtet des angebotenen Mono= pols. 1700 wollte man die Lehrgelder herabsetzen und geschickte Handwerker heranziehn; es half ebenso wenig. Unter der Re= gierung Carls von Lothringen gab die wechselnde Hofhaltung wieder einigen Erwerb. Ernst August II., der fortwährend in Osnabrück residirte, wollte ernstlich das Gewerbe heben; aber in der Weise wie es damals gewöhnlich war, nämlich durch eigene Fabrikunternehmungen. So legte er 1719 die Wachs= bleiche, 1727 die Porzellanfabrik an, trieb die Stadt, auch ihrerseits eine Fabrikation auf dem Armenhofe und in einem

rigenem Werkhause zu unternehmen, auch von Strumpfwir=
kerei war die Rede. Allein ohne Erfolg. Nach seinem Tode
sank alles nur um desto rascher. Man konnte 1734 in Bram=
sche bessere Waare haben, als in der Stadt. Der Rath fing
an Concessionen an Auswärtige und auf einzelne Handels=
artikel zu ertheilen, überhaupt die Freiheit gegen die Zünfte
zu vertreten (1720.) Aber bald gewann auch dabei die Rück=
sicht auf Concessionsgelder das Uebergewicht (1743). Der
1738 aufgestellte Grundsatz, daß Waare, die hier nicht in
gleicher Güte und Wohlfeilheit verfertigt werde, eingeführt
werden dürfe, drang freilich nicht durch. Aber schon 1733 klagte
man über verfallende Häuser, 1741 konnte man einen Theil der
französischen Einquartirung in leerstehenden Häusern kaserniren,
1743 erschrak man, als 5 Häuser auf einmal subhastirt werden
mußten. Eine Tuch= und Flanellfabrik konnte auch jetzt nicht
aufkommen (1746—47.) Um die Zeit des 7jährigen Krieges
war nicht die gewöhnlichste Tischlerarbeit in der Stadt zu
haben. Zu den wenigen Bauten brauchte man Landzimmerleute.

Um diese Zeit stand überhaupt wohl die Bevölkerung
der Stadt am tiefsten. Man zählte 1771 in Allem nur 6923
Köpfe. Allein man würde doch irren, wenn man nun anneh=
men wollte, daß diese nach dem oben angegebenen Verhält=
nisse der Gildegenossen nun etwa die Hälfte derjenigen von
1647 betragen hätte. So war das Verhältniß gewiß nicht.
1778 hatte bereits jene große Umwandlung der Gewerbe be=
gonnen, welche gegenwärtig so tief in alle Verhältnisse
einschneidet. Wir erkennen das nicht besser als durch Verglei=
chung mit den gegenwärtigen Zuständen. Auch jetzt, bei einer
Bevölkerung von mehr als 15000 Menschen (während die
von 1778 nur etwa 6000 betrug) haben wir nur etwa 387
Handwerker, welche den 11 Aemtern zugezählt werden könnten,
dagegen etwa 300 solche, die nicht dahin gehören, aber

3 *

Productionsgewerbe treiben, welche auch in der ältern Zeit vorhanden waren. Noch wichtiger aber sind etwa 170 jener Zeit ganz fremde Productionsgewerbe, die meist als Fabriken bezeichnet werden, und die eine noch ungleich größere Zahl von Arbeitern beschäftigen. Die Zahl der Handeltreibenden beläuft sich etwa auf 200. In der älteren Zeit befaßten die Zünfte fast alle Gewerbthätigkeit der Stadt. Gegenwärtig gehören derselben nur etwa 580 Handwerker und 100 Handeltreibende an; und dieselben mögen dem Gewichte nach kaum die Hälfte des gewerblichen Lebens darstellen.

So erklärt sich die große Zahl der Handwerker in der früheren Zeit im Verhältniß zur städtischen Bevölkerung selbst. Alles was jetzt der Fabrik, sehr vieles was dem Handel zufällt, beschäftigte damals das eigentliche Handwerk. Sehr viele Gegenstände, namentlich Waffen aller Art, wurden noch im 17. Jahrhundert in Menge verfertigt, Pulver bereitet, Kanonen gegossen. Noch 1698 kaufte die Stadt das Gießhaus an sich, das Ernst August auf der Viti-Bastion erbaut hatte. Auch den Salpeter zur Pulverbereitung sott man 1543 selbst. Im Handwerk aber war die Form des Betriebes durch Meister und Gesellen die allgemeine. Unternehmer und Arbeiter in unserm Sinne kannte man nicht. Allein um die Bedeutung des städtischen Gewerbes ganz aufzufassen, muß man doch auch den Zustand des Landes hinzunehmen. Wir wissen, daß das Land auch früherhin von Gewerben nicht ganz entblößt war. Schon um 1350 kommen die Tabernen auf dem Lande vor, und 1488 verlangten die aufrührigen Bürger, daß keine Wantschneider, Krämer, Schuhmacher oder Pelzer und überhaupt keine Aemter auf den Dörfern sein sollten. Es sollte kein Malz daselbst gemacht, keine Taberne auf den Bauerschaften gehalten werden u. s. w. Der Rath versprach dagegen nur, dahin zu sehn, daß kein Gewürzkram stattfinde, kein Leder gelohet werde und daß in den übrigen Stücken es beim Alten bleibe. Es liegt also am Tage, daß Gewerbe auf dem Lande vorhanden waren; und schwerlich wird es damit im 16. und 17. Jahrhundert rückwärts gegangen sein. Nun zeigt das anliegende Verzeichniß, daß 1667 in den kleinen Städten und auf dem platten Lande überall nur die einfachsten Gewerbe und diese in ungleich geringerer Zahl betrieben wurden als jetzt. Die Gesammtzahl betrug damals 2347. Von denselben Gewerben waren 1830 in dem um das Amt Reckenberg mit der Stadt Wiedenbrück und um die Kirchspiele Damme und Neuenkirchen verkleinerten Lande 5107 vorhanden, obgleich die Zahl der Bierbrauer um 205, die der Leinweber um 9, die der Tuchmacher um 59 geringer war. Dagegen hatte das Land außerdem noch 3825 selbständige Gewerbtreibende der verschiedensten Art, theils von großer Bedeutung.

In diesen Zahlen liegt der Schlüssel zu dem wahren Verhältnisse der Stadt zum Lande während des Mittelalters und selbst bis gegen das 18. Jahrhundert hin. Alles was damals das Land gebrauchte — mit Ausnahme der nächsten Lebensbedürfnisse — wurde ihm von der Stadt und deren Handwerkern bereitet und zugeführt. Alles, was jetzt mehr als 700 Kaufleute und Krämer aus fernen Fabriken beziehen, war damals Erzeugniß des städtischen Handwerks. So ist es natürlich, daß damals das städtische Handwerk die doppelte Meisterzahl beschäftigte, wie in späterer Zeit, während gleichzeitig die Zahl der Gewerbtreibenden des Landes auf das Vierfache gestiegen ist. So finden wir daß um 1619 auch die städtischen Böttcher hauptsächlich für das Land arbeiteten. Die Furcht vor der Concurrenz auf dem Lande war es, die noch 1650 die ältern Städte des Landes so abgeneigt machte, Fürstenau in ihre Zahl mit aufzunehmen. Diese Ausdehnung der städtischen Arbeit für das Land ist um so höher anzuschlagen, je überwiegender überall die Bedeutung des nahen Verkehrs über dem entfernten ist, und je größer der Vortheil des nähern Producenten im Mittelalter sein mußte, wo die schlechten Communicationen und die allgemeine Unsicherheit dem Verkehre so große Hindernisse in den Weg legten. Diesem Uebergewichte verdankte die Bürgerschaft jenen großen Grundbesitz, den sie im 14. und 15. Jahrhundert an sich brachte und der diesen Bürgern auch die bedeutende Stellung zu der landbesitzenden Ritterschaft gewährte. Zu diesem materiellen Uebergewicht kommt aber dann noch als bedeutendstes Moment hinzu, daß die Stadt in fester Verfassung und geordneter Gliederung ihre ganze Kraft zu jeder Zeit auf denjenigen Punkt hinrichten konnte, wo dieselbe nöthig war, während das Land in wüster Ungebundenheit des Einzelnen sich jeder Regierung entzog, und während später die Fürsten nur mühselig durch die Vereinigung der widerwilligen Stände eine schwache Regierungsgewalt schufen. Erst als der dreißigjährige Krieg gelehrt hatte, Kriegsvolk zu werben und auf Kosten des Landes, auch wider den Willen der Stände, zu erhalten, bildete sich die Fürstenmacht nach monarchischen Grundsätzen nicht ohne Gewaltsamkeit aus. Nun erhielt auch das Land Regierung und Organisation. Seine Gewerbe wurden vom Fürsten gehoben. Die Stadt aber verlor mit dem politischen Uebergewichte nothwendig auch das gewerbliche.

Freilich stellte sich jetzt auch eine andere Art der Einwirkung der Stadt auf das Land wieder her. Das Regierungswesen hat von Tage zu Tage an Bedeutung gewonnen und dieses hat seinen Sitz hauptsächlich in der Stadt, in städtischen Verhältnissen, finden müssen. Dazu ist das künstlichere Gerichtswesen gekommen, das im vorigen Jahrhunderte zumal eine ungleich größere Anzahl von Personen in der

Stadt ernährte und bereicherte, als das heut zu Tage der Fall ist. Auf diese Weise wurde das Land in andrer Beziehung wieder von der Stadt abhängig; allein es war dieses nicht Folge des unmittelbar durch das bürgerliche Gewerbe befriedigten Bedürfnisses; vielmehr fand dieses in jenem Kreisen der Regierungs- und Gerichtsbeamten sowie der Advocaten wenige Unterstützung. So war diese neue Einwirkung der Stadt auf das Land keine gewerbliche mehr, sie kam der bürgerlichen Stellung des Gewerbtreibenden nicht zu Gute. Der Gewerbtreibende war vielmehr selbst zum großen Theile von den neuen Elementen, die so sehr dazu beitrugen, die alte Stellung der Stadt zu schwächen, abhängig geworden. Nicht zu übersehen ist dabei auch der Einfluß, den das städtische Capital allmälig gewann, und der in jener Classe der Regierenden ebenfalls zum bedeutenden Theile seinen Sitz hatte. Aber auch dieser Einfluß knüpfte sich nicht an das wirthschaftliche Leben an. Die Capitalien wurden fast nur dem Adel geliehen, der dieselben größtentheils verzehrte. Das vom Bauernstande allein betriebene Gewerbe der Landwirthschaft fand keinen Credit und wußte solchen auch nicht zu benutzen. Der gewerbtreibende Bürger aber fand ebenfalls wenig Credit und gerieth durch dieses Verhältniß des Capitals nur um so mehr in Abhängigkeit von denen, deren bürgerliche Stellung sich von der seinigen mehr und mehr entfernte.

Eine nicht minder bedeutende Seite des gewerblichen Lebens ist das Verhältniß der Preise und der Arbeitslöhne. Allein auch hier ist es sehr schwer zu einer irgend klaren Ansicht zu gelangen. Schon im Leben gehört ein nicht geringer Grad von Aufmerksamkeit dazu, um zu bestimmen, wie viel der Handwerker an seinem Geschäfte verdient. Oft wissen es ja die Leute selbst nicht. Nur wenige machen eine genaue Berechnung; auf die sogenannten Handwerksvortheile ist ein sehr erhebliches Gewicht zu legen. In der älteren Zeit wirken alle diese Ursachen aber in noch größerer Ausdehnung. Von ordentlicher Rechnungsführung hatte man kaum einen Begriff. Man braucht nur die Stadtrechnungen anzusehn, um sich davon zu überzeugen. Die Handwerksvortheile, welche meist in den Ungenauigkeiten der Berechnung, in billigen Einkäufen des Materials, oft in Zufälligkeiten und in Unbekanntschaft der Abnehmer mit dem Werthe des etwa übrig gebliebenen, für sie selbst nutzlosen Materials beruhen, mußte noch größer sein als jetzt. Es liegt daher auf der Hand, daß aus den verlorenen Notizen, welche sich etwa zusammenbringen lassen, ein genügendes Ergebniß nicht geschöpft werden kann. Dazu kommt nun noch eine weitere Schwierigkeit. Es ist nicht so schwer, ein ziemliches Verzeichniß der Preise von allerlei Gegenständen und Arbeiten aus den Rechnungen des 14., 15. und 16. Jahrhunderts zusammenzusuchen, wenn man nur Zeit und Aufmerksamkeit daran wenden will. Allein auch damit ist noch wenig geholfen. Um daraus Schlüsse zu ziehn, wie groß nun der Verdienst des Arbeiters gewesen, müßte man die Gegenstände selbst, die Mühe, welche auf die Herstellung verwendet, die Kosten des Materials kennen. Man müßte im Stande sein, auf der andern Seite auch die Bedürfnisse des Arbeiters zu schätzen. Dazu kommt nun eine oft ganz unerklärliche Abweichung in den zu ermittelnden Preisen selbst. Es kommt die Unsicherheit und das Schwanken des Münzfußes hinzu. Wir finden nicht selten, wenn wir die Preise verschiedener Arbeiten vergleichen, eine Ungleichmäßigkeit, welche uns unbegreiflich ist, und welche nur soviel deutlich zu erkennen giebt, daß wir es hier mit Verhältnissen zu thun haben, welche von denen der heutigen Zeit gänzlich verschieden sind.

Es soll deshalb auch hier nicht der Versuch gemacht werden, ein solches Preisverzeichniß zusammen zu stellen, sondern nur wenige hinlänglich zu bestimmende Angaben mögen andeuten, wie es eigentlich mit dem Erwerbe und Lohn der Handwerker stand. Eine der bestimmtesten Thatsachen ist die folgende. Im Jahre 1430 wird die Brodtaxe regulirt nach einem Roggen-Preise von 8 ₰ bis zu 2 ß. für den Scheffel; wir können also den Mittelpreis zu 14 bis 16 ₰ annehmen. Um dieselbe Zeit schloß das Schuhmacher-Amt eine Vereinbarung, daß kein Schuhmacher seinem besten Gesellen höheren Wochenlohn geben dürfe als 27 ₰.[1]) Der Gesell verdiente also im Wochenlohn neben der Kost den Werth von fast zwei Scheffeln Roggen, was nach heutigen Preisen etwa 2 Thalern gleichkommen könnte. Um dieselbe Zeit wurden ein Paar Mannsschuhe ebenfalls mit 28 ₰ bezahlt. Es kam also auch dieses auf den Preis von etwa 2 Thalern. Da gegenwärtig der Wochenlohn bei den Schuhmachern, wo er noch vorkommt, etwa ⅔ bis 1¼ ℳ beträgt, und da der Lederpreis zu jener Zeit gewiß billiger war, als heut zu Tage, indem die rohen Häute bei der verhältnißmäßig sehr großen Viehhaltung schwerlich den heutigen Werth hatten: so ergiebt

---

[1]) Es wurde übrigens außer dem Lohn auch Weinkauf gegeben (Amtsbuch 1638 und 1665). 1676 strafte man einen Meister, weil er halbjährig 2¼ ℳ Lohn gegeben hatte, also 27½ ₰ die Woche. Das war zu viel 1640 suchte man die Ordnung, die im Kriege gestört war, herzustellen. Man gab Taglohn bei des Gesellen Kost 1 bis 2 ß. Stücklohn für ein Paar mit Leder abgesetzte Schuh 1½ ß.; mit Holz abgesetzte und schlichte Mannsschuh, alles vom Gesellen beschnitten 1¼ ß.; Pantoffeln, gestickt 1¼ ß.; schlicht 1 ß.; Kinderschuh, 2 Paar 1¼ ß.; um die Löcher gestickt Schuh 1½ ß.; über den Fuß gestickt 2 ß.; schwarze Stiefel, beschnitten 3 ß.; weiße oder gewichste 8⅓ ß. 1676 war 7 ß. Wochenlohn zu hoch, 1692 aber war der schlechteste Wochenlohn 10½ ß. und stieg bis auf das 4fache.

sich hieraus, daß der Schuhmacher recht reichlich bezahlt werden mußte. Diese Zahlung aber stellt sich noch um vieles reichlicher heraus, wenn wir die heutigen Lebensbedürfnisse mit den damaligen vergleichen. Der alte Morgen Land wurde vom Kloster Gertrudenberg noch im Jahre 1484, wo der Roggen-Preis schon bis auf 4 β. für den Scheffel steigen konnte, und 2 β. also wohl Mittelpreis waren, um 6 bis 12 β., also um den Preis von 3 bis 6 Scheffel Roggen verpachtet, die Tonne einheimisches Bier kostete 10 bis 12 β. Die Quart (Kanne) des kostbarsten, auswärtigen, des Einbecker Biers, 3 ₰.; Hamburger 2½, Hameler 2, Bremer, Mindener und Dechtaer Bier 1½ ₰; die Kanne Wein dagegen 1 β. 10 ₰. bis 2 β., also fast so viel wie der Scheffel Roggen. Um dieselbe Zeit, wo der Roggen etwa mit 16 β. für das Malter bezahlt wurde, kostete die Tonne Butter (280 Pfd.) 7 ℳ, ein Preis, der ungefähr in demselben Verhältnisse zum Roggen steht, wie dies heutiges Tags der Fall ist. Brod, Butter und Bier waren aber zu jener Zeit die Hauptnahrungsmittel, und über die einfachsten Lebensmittel ging das Bedürfniß nicht hinaus. Die Kinder der angesehensten Bürger gingen in Holzschuhen, wie die Vormundschaftsrechnung über die v. b. Brinkeschen Kinder (1395—97) erweiset, oder hüteten auf der Wüste das Vieh, wie dieses aus den Vormundschaftshändeln der Kinder Franko Mekleuburgs mit ihrem Bruder Johann Franke 1483 hervorgeht. In einem Vertrage, den Johann Wevel 1456 mit dem Käufer seines an der Großenstraße belegenen Hauses, Hermann Kreye, abschloß, wurde dem Verkäufer für 4 ℳ jährlich, also etwa für den Werth von 3 Malter Roggen, die volle Beköstigung und Wohnung zugesagt. Er erhielt seine eigene hinlänglich geräumige Kammer, durfte seine Mahlzeit bei dem gemeinschaftlichen Feuer verzehren und sich überhaupt dort aufhalten, mußte aber, um Feuersgefahr zu vermeiden, ohne Licht schlafen gehn und durfte überhaupt kein Licht oder Feuer in seiner Kammer haben. Das Hospital zum heiligen Geist gab 1526 den Pfründnern wöchentlich 1 Pfd. Butter, 1 Pfd. Speck, 1 Brod, deren 5 aus dem Scheffel kommen, dazu tägliche Küchenspeise. In den Fasten statt Butter und Speck täglich einen guten Vollhäring. In den andern Hospitälern ist die Kost ähnlich bestimmt: Brod, Speck, Butter überaus reichlich, aber alles im höchsten Grade roh und einfach, nach Normen, die 1468 unter Erdwin Erdmanns Einfluß festgestellt waren. So wurden 12 Loth bis ½ Pfd. Speck für den Tag gegeben, 12 bis 20 Pfund Brod für die Woche, Kohl mit Oel gekocht u. s. w. Daneben erhalten die Pfründner aber doch auch Feigen oder Feigengeld, etwas Weißbrod, Bier zumal in den Fasten — Zugemüse kommt wenig vor; trockene Bohnen werden nur gegeben, wenn sie gut gerathen sind. Sie sind also kein geringes Essen. Noch deutlicher stellt sich das Leben auch des angesehenen Handwerkers in einer Rechnung über den Nachlaß des Matheus Platenschläger heraus. Dieser hatte 1516 in dem Hause des Stadtrichters Bernhard Gramberg gewohnt und bei demselben nebst seinem Gesellen die Kost gehabt, war, als er aus dem Thore gegangen war, um die Wallfahrer von Lengerich auf St. Margarethen Tag zurückkommen zu sehen, in Händel gerathen und erschlagen. Aus jener Rechnung ergiebt sich, daß er als Panzerschmid mit einem Gesellen arbeitete, und für diesen und für sich ein Kostgeld von wöchentlich 2 hornischen Gulden, (etwa 1 Goldgulden) zahlte, wofür ihm, außer den gewöhnlichen Mahlzeiten, Immet und Vesperbrod jedesmal mit einer Kanne Bier gegeben werden sollte. In jener Zeit kostete das Malter Roggen etwa 3 ℳ, der Goldgulden aber galt 18 Schillinge, so daß das Kostgeld für den Mann etwa zum

Preise von 4 Scheffel Roggen berechnet werden kann. Der Mann aber, der ein so hohes Kostgeld bezahlte, besaß im übrigen außer seinem Werkzeug und seinen Arbeiten fast gar nichts. Ein Bett hatte er zu Pfande für 8 Schillinge; ein paar grobe hedene Laken, ein einfacher Auzug, ein grauer Rock, Wamms, Hosen (Strümpfe) und Mütze, das ist alles. Eben so bescheiden ist das Inventarium des Nachlasses eines reichen Lohgerbers Hermann Warendorf, von 1493, nur daß hier großer Vorrath von Betten und ähnlichen Bedürfnissen ist, ohne alle Spur von Luxus. Bei so geringen Bedürfnissen mußte ein Lohn wie der oben angegebene dem Handwerker eine im Verhältniß zu der späteren Zeit außerordentlich günstige Stellung sichern. Der Schuhmachergesell, der im Jahre über seine Kost den Werth von 7 bis 8 Maltern Roggen verdiente, war nach Bestreitung seines geringen Kleidungsbedarfs sehr wohl in der Lage, ein Capital zu erübrigen, das bei dem ohnehin geringen Betriebscapital hinreichte, um als Meister sein Fortkommen zu finden.

Auffallend ist bei diesem reichlichen Lohn des Schuhmachers der geringe Lohn für Schneiderarbeit, welcher gezahlt zu sein scheint. Zwar fehlen uns hier Angaben über den Wochenlohn. Dagegen geben die Rechnungen folgende Auskunft. In Folge einer Anzahl Stiftungen zu der armen Leute Kleidung wurden jährlich 7 bis 8 Stück grobes Osnabrückisches und Soestisches Tuch zu Kleidungsstücken für Arme gekauft und verarbeitet. Hier beträgt der Arbeitslohn für Scheeren, Zuschneiden, Nähen u. s. w. kaum $1/12$, ja in einzelnen Jahren nur $1/20$ des Preises, welcher für das Tuch gezahlt wird, ein Verhältniß, das man im Vergleich zu den heutigen Preisen sich kaum einigermaßen erklären kann, wenn man annimmt, daß jene Kleidungsstücke nur in der rohesten und einfachsten Weise zusammengearbeitet wurden. Um dieselbe

Zeit zahlte das Kloster Gertrudenberg an einen Bildschnitzer und seine Gesellen einen Taglohn von 10 ₰. Der Maurermeister erhielt 12, der Gesell ebenfalls 10 ₰. Der Zimmermeister dagegen nur 9, und der Gesell 8 ₰; und da dieses in eine Zeit fällt, wo man den Roggenpreis nicht wohl unter 2 β. annehmen kann, so würde also der wöchentliche Verdienst des Maurermeisters 6 Scheffeln Roggen, der des Gesellen und des Bildschnitzers 5 Scheffeln, der des Zimmermeisters 4½ und des Gesellen 4 Scheffeln Roggen gleichgekommen sein. Sätze, die jedenfalls über dasjenige hinausgehn, was heut zu Tage gezahlt wird. Schützen, welche im Dienste der Stadt ausziehn, und ohne Zweifel aus der Zahl der Handwerker genommen sind, erhalten täglich 12 ₰ außer Zehrgeld, Pfeilen und Armbrustschäben. Damit stimmt die Lohntaxe, welche sich in der städtischen Gerichtsordnung von 1516 findet, ziemlich überein. Hier verdienen die Meister, sowohl von Zimmerleuten, als von Maurern, bei eigner Kost 20 ₰, die Gesellen 18, die Kalkrührer 16, die Zuträger 14 ₰. Letzteres ist auch der Satz des gewöhnlichen Taglohns. Die Kost wird dabei zu 9 ₰ angenommen. In dieser Zeit aber stellt sich der Roggenpreis etwa auf 3 Schilling für den Scheffel. Die Kost berechnet sich also auf ein Viertel, und der Gesellenlohn auf einen halben Scheffel, was denn mit den übrigen Zahlen wieder ziemlich übereinstimmt. Sehr hoch stellt sich daneben das Maurermaterial, indem 100 Backsteine zu 3½ bis 4 Schillinge berechnet werden, was für das 1000 einen Preis von 11⅔ bis 13⅓ Scheffel Roggen ergiebt. — Den Kalk kauft man zu sehr verschiedenen Preisen, die Karre wenigstens zu 4½ β. oder 1½ Scheffel Roggen, während man den selbst gebrannten Kalk nur zu 18 ₰ berechnet. Dagegen wird der Fuß starker eichener Bohlen nur zu 3 ₰ (¹⁄₁₂ Scheffel Roggen) bezahlt. Wenn hier also sehr große

Vortheile des Arbeiters sich herausstellen, so ist dagegen kaum zu erklären, wie Hakenbüchsen zu 1 Goldgulden oder 18 β., mithin für den Werth von 6 Scheffeln, Serpentinen zu 3³⁄₄ Goldgulden oder etwa den Werth von 22 Scheffeln Roggen geliefert werden konnten. Auch hier kann man nur vermuthen, daß die Arbeit sehr roh gewesen sein mag und darin die Verfertiger ihre Rechnung gefunden haben. Eines der wenigen Stücken Bauarbeit, über welche noch eine Nachricht vorhanden, ist das Stadtwappen vor der Waage. Dieses wurde 1531 mit 12 ℳ 10 β, also mit dem Werthe von mehr als 4 Maltern Roggen bezahlt; was gewiß als ein sehr reichlicher Lohn betrachtet werden kann. Kupferne Gossen wurden mit 18 ₰ oder drei Viertel Roggen das Pfund, ein kupferner Kessel von 111½ Pfund mit 9 Goldgulden oder zu der Zeit etwa 6 Maltern Roggen, mithin das Pfund etwa mit dem Werthe von ⅕ eines Scheffels bezahlt. Im Allgemeinen scheinen Holzarbeiten verhältnißmäßig gering, dagegen die Arbeiten der Maler verhältnißmäßig sehr hoch bezahlt zu sein, obgleich eben hier, da die Gegenstände selbst nicht vorliegen, am allerwenigsten ein irgend sicheres Urtheil zu fällen ist. Wir dürfen aber dabei nicht übersehen, daß schon nach der Mitte des 16. Jahrhunderts längere Zeit kein Maler im Schilderamte vorhanden war, und daß dann erst um 1585 wieder in der Person von Joachim Scholle ein solcher angenommen wurde.

Wir könnten diese Notizen noch um ein Erhebliches vermehren, ohne dadurch eine bedeutend größere Aufklärung zu gewinnen. Im Allgemeinen können wir uns an dies Ergebniß halten, daß der Arbeitslohn im Allgemeinen sehr reichlich war, während die Lebensbedürfnisse der Arbeiter an sich sehr mäßig und nur auf die Befriedigung der allernothwendigsten Erfordernisse des Lebens beschränkt waren. Dazu kommt denn noch, daß der Handwerker wenig oder gar kein **Betriebscapital** bedurfte. Allerdings fingen, wie wir später sehen werden, allmälig manche Handwerker an, den Grundsatz aufzustellen, daß es den Zunftgenossen nur erlaubt sein solle, in eignem Material und eigner Werkstatt, nicht aber im Material des Bestellers oder in dessen Hause zu arbeiten. Allein um das Jahr 1500 scheint es doch noch die Regel gewesen zu sein, daß der Besteller das Material selbst lieferte. Später, namentlich um die Zeit des dreißigjährigen Krieges, tritt dann auch freilich das früher nicht erscheinende Streben der Meister hervor, den Lohn der Gesellen zu beschränken. Die Schuhmacher bestimmen 1640, daß der Gesell Stückweise gelohnt werden könne, für das Paar Schuh mit 1 β 3 bis 6 ₰, für das Paar schwarze Stiefel 3 β, weiße oder gewichste Stiefel 3 β 6 ₰. Um diese Zeit kam der Scheffel Roggen auf 12 bis 14 β (nach heutigem Gelde 17 bis 20 gr.) zu stehen. Der Verdienst des Gesellen konnte also bei diesem Satze ein sehr mäßiger sein. Diese Erscheinung gehört aber schon einer Uebergangsperiode an, welche überall die Verhältnisse des Handwerkers ungleich ungünstiger gestaltet hat.[1])

In jener älteren Zeit machte man zwischen dem **Handwerker als solchem und der übrigen Bürgerschaft** keinen erheblichen Unterschied. Mochte immer die Geistlichkeit den Mechanicum oder Tabernarium einem Vicarius oder einer andern honesta persona nachsetzen[2]) und dem zum Rathe gewählten Handwerker nach dem Statute von 1370 untersagt sein, sein Gewerbe zu treiben, so lange er im Rathe saß, so unterschied man doch im bürgerlichen Leben nicht auf

---

[1]) S. oben pag. 41. Note.
[2]) Vgl. Gesch. des Hochstifts Osnabrück bis 1508. pag. 242, N. 4.

diese Weise. Die älteste Hochzeitsordnung von 1341 bestimmt die Zahl der Hochzeitsgäste lediglich nach dem Betrage des Brautschatzes. Wer 100 ℳ giebt, kann 100 Schüsseln (jede zu zwei Tischgästen) geben. Größer darf die Zahl der Gäste nicht sein. Ist der Brautschatz geringer: so fällt für jede Mark weniger noch eine Schüssel weg. Die Hochzeitordnung von 1516 ist nicht so nackt plutokratisch, aber auch sie unterscheidet nur zwischen den beerbten, reichen Leuten, denen 60 Schüsseln, den mittleren, bloß hausbesitzenden Bürgern, denen 40 Schüsseln und den geringen Miethleuten, denen nur 20 Schüsseln verstattet sind. Unterscheidungen von Rathsherren, Doctoren, Kaufleuten, Handwerkern u. s. w., wie sie das 17. Jahrhundert kennt, sind jener alten Zeit noch völlig fremd.

So dürfen wir denn auch nicht zweifeln, daß Unterricht und Bildung im Allgemeinen auf ziemlich gleicher Stufe gestanden haben. Man thut dem Bürgerthum des späteren Mittelalters Unrecht, wenn man dasselbe durchweg für unwissend und ununterrichtet hält. Schon seit dem 13. Jahrhundert finden wir in den Städten ein eifriges Streben nach Einrichtung und Erwerbung von Schulen.[1] Die weltlichen Herrscher, denen solche Rechte zustehen, pflegen ihnen damit förderlich zu sein. Die Geistlichkeit dagegen sucht sich die Schulen vorzubehalten. Erzbischof Philipp von Cöln (1167—1191) erklärte es für eine löbliche Gewohnheit der Mindener Diöcese, daß nur an solchen Orten, wo Collegiatstifte vorhanden seien, Schule gehalten werden dürfe, damit der Chorgesang desto vollständiger eingerichtet werde; und

---

[1] Man braucht nur einen flüchtigen Blick z. B. in Hempels niedersächsisches Urkundenverzeichniß zu werfen, um sich davon zu überzeugen.

verbot auch seinerseits alles Schulhalten an andern Orten.¹) Allein durchführen konnte man dergleichen Ansprüche im 13. Jahrhundert nicht mehr. In Osnabrück gewährte sowohl die Schule des Domcapitels als diejenige des Stifts zu St. Johann hinlängliche Gelegenheit zur Unterweisung und dieselbe wurde auch fleißig benutzt. Um 1315 hatte der Besuch der Domschule sich so vermehrt, daß der Rector, welcher für den Scholaster den Unterricht versah, und die Schulgelder genoß, Ueberfluß hatte, während der Scholaster, der die alten Einkünfte an sich gezogen hatte, sich kaum zu erhalten im Stande war. Es wurde daher bestimmt, daß der Rector dem Scholaster jährlich 6 ℳ: oder nach dem Werthe jener Zeit den Werth von 18 Mallern Roggen und 18 Mallern Gerste abgeben solle, eine Abgabe, die eine bedeutende Frequenz der Schule voraussetzt. 1345 mußte man zu St. Johann das Succentorat stiften, um dem Rector den Schuldienst zu erleichtern. So that man denn noch mancherlei, um die Schulen zu heben. Die Schüler bildeten ihre eigene Genossenschaft, hatten ihre Vorsteher, die bei den Einrichtungen zu Rathe gezogen wurden, ihr Bischofsspiel, das ihnen Geld einbrachte, ihre Begräbnißordnung u. s. w. Wir dürfen annehmen, daß Lesen und Schreiben zu können bei den Bürgern etwas Gewöhnliches war. Gegen das Ende des 15. Jahrhunderts galt es wenigstens für eine tadelnswerthe Vernachlässigung der Erziehung, wenn Bürgerssöhnen dieser Unterricht nicht zu Theil wurde.²) Auch zeigt die Art und Weise wie die Zünfte

---

¹) Würdtwein, Sel. jur. Eccles. T. X. 4. 49.

²) Dies tritt deutlich in dem Streithandel der Mecklenburgschen Kinder hervor. Der Gartoch Joh. Francken hielt seinen Kindern sogar einen Privatlehrer. Das Stadtarchiv enthält auch einzelne Privatbriefe des 14. Jahrhunderts, die kaum einem Zweifel Raum lassen, daß sie von den benannten selbst verfaßt wurden und die sich z. B. durch schöne Handschrift auszeichnen.

jener Zeit ihre Rollen zusammentrugen, eine geistige Freiheit und eine Uebersicht der Verhältnisse, in denen sie lebten, welche den Beweis giebt, daß sie an Geistesbildung unter den weltlichen Ständen jener Zeit nicht zurückstanden. Diese Klarheit und Uebersicht in der Ordnung der eignen Verhältnisse geht erst mit dem Ende des 17. Jahrhunderts verloren.

Und so finden wir denn auch bei den Handwerkern keineswegs eine bloß nach den niedrigen Bedürfnissen des Lebens strebende Geistesrichtung. Schon in der Waffenpflicht und dem Waffendienste, der sich ja unmittelbar an Handwerk und Zunftverfassung anknüpfte, lag ein höheres, geistiges Element von desto größerer Bedeutung, da ja nicht, wie in unsern Bürgerwehrspielen, eingebildete Thaten und Gefahren, nicht ein befohlener Kriegsdienst über unbekannte Händel, sondern wirkliche Kämpfe zur Vertheidigung der eigenen völlig erkannten politischen Stellung, der Ehre und Sicherheit der Stadt gegen Gefahren von Außen das Motiv waren, und da die Erinnerung an eigene Thaten und alten Ruhm, wie z. B. den von den Pelzern erfochtenen Sieg auf dem Halerfelde, sich an diese Waffenpflicht knüpften. Erst in zweiter Reihe kamen dann die Fragen und Kämpfe über die inneren Verhältnisse, die ja eben so oft aus unklarer Selbstsucht entsprossen und nur dieser förderlich sind, als die Vertheidigung gegen Außen zu Selbstverleugnung und Aufopferung führt. Wie lebendig noch in späterer Zeit diese Verhältnisse dem Handwerker vor Augen lagen, das beweiset die Stiftung des Schuhmachers Heinrich Ottink um 1492 für die Armen des Amts besonders in Zeiten, wenn man zu Felde liegen müßte. Nicht weniger aber haben auch die Handwerker der Stadt Theil an den höheren Aeußerungen des kirchlichen und sittlichen Lebens ihrer Zeit. Das Begräbnißwesen, dessen Glanz und Feier ist einer der ältesten und wichtigsten Gegenstände zünftiger Ordnung. Die Knochenhauer besitzen schon 1277 in dieser Beziehung besondere Rechte. 1347 beschränken die Leinweber ihre Trinkgelage und erkennen es als ein großes Verdienst ihrer Vorsteher, daß sie das Geld zur Begräbnißfeier bestimmten. An der Theilnahme am Begräbniß schreiben sich die Bäcker der Alt- und Neustadt, die Rolle des Krameramtes und des Schilderamtes heben diese Pflicht auf gleiche Weise hervor, die elf Aemterfreunde schließen 1491; in jener Zeit, wo das religiöse Gefühl nach den Reibungen des vergangenen Jahrhunderts mit erneuter Kraft wieder hervortritt, ihre Verbindung gewissermaßen ab durch die Stiftung der Brüderschaft mit dem Kloster zu Natrup, zum Begängniß aller Gildemeister. Nach der Reformation aber tritt auch diese Seite des Lebens mit erneueter Kraft und Frische wieder hervor. Derselben Richtung gehören denn auch jene zahlreichen Armenstiftungen der Gildegenossen an, die keineswegs in engherziger Weise allein auf die Zunftgenossen beschränkt sind, sondern zunächst die Linderung der Noth und nur nebenbei das Handwerk im Auge haben. Es gehört mit zu dieser Geistesrichtung, wenn die Schuhmacher 1474, die Pelzer 1484 zu Lobe, Ehre und Troste aller ehrlichen Frauen den Wittwen das Erbrecht an der Zunft zusprechen; ebenso wie die naive Form, in der die Leinweber 1347 ihr Begräbniß- und Memorienwesen für sich und alle Weberkinder in der oben erwähnten Stiftung ordnen. Bestimmungen wie die der Schuster in Hofgeismar, daß jeder, der die Zunft gewinnen will, „ein geistlich züchtig Lied vor der Gilde singen soll"[1]) haben wir freilich nicht; allein der religiös-sittliche Geist, aus dem die Zunftverfassung hervorgegangen war, und dessen sie als Gegengewicht gegen gewerbliche Selbstsucht nicht entbehren kann, tritt überall hervor.

[1]) Falkenheiner, Gesch. hess. Städte. II. p. 412.

Und so finden wir denn auch die Handwerker in den Geschäften von höherer politischer Bedeutung thätig. Schon vor 1350 waren Amtsbrüder im Rathe und nahmen theils eine bedeutende Stellung in demselben ein.[1]) Auch das Richteramt wurde von Handwerkern versehen. Der Gograf und Stadtrichter Johann von der Wiben (1409 bis 1413) war Kupferschmied, der Richter der Neustadt Joh. Ludelvink (1429 bis 1434), Tuchscherer. Wir dürfen also annehmen, daß sie an Rechtserfahrung und Bildung denen, über welche sie zu richten hatten, nicht nachstanden. In diesem Verhältnisse des Handwerkerstandes zu der Bürgerschaft überhaupt lag aber seine Kraft, wie denn überall das Maaß der geistigen Bildung, deren sich ein Stand im Volke zu erfreuen hat, und das Verhältniß dieser Geistesbildung zu derjenigen der übrigen am meisten über die bürgerliche und politische Stellung entscheidet. —

So können wir denn bis zum 16. Jahrhundert hinab den Handwerkern einen Bildungsgrad beimessen, welcher demjenigen der übrigen Bürgerschaft in keiner Weise nachstand. Die Veränderungen der Reformationszeit brachten in dieser Beziehung auch keine wesentliche Umwandlung hervor. Wenn sie es bewirkte, daß auf Schulbildung ein noch größeres Gewicht gelegt wurde und daß durch das Lesen der heil. Schrift selbst auch der größern Masse eine ungleich tiefere Erkenntniß und Bildung zugeführt wurde, als der bisherige Unterricht zu geben vermocht hatte, so trat auch jetzt ein Unterschied der verschiedenen Stände noch nicht so sehr hervor. Der Unterricht beruhte für alle gleichmäßig auf der lateinischen Sprache.

---

[1]) Die Sale von 1348 schließt sie nicht aus. Es war zu dieser Zeit aber auch Lübeke der Schildener, welcher eine bedeutende Stiftung zu der armen Leute Kleidung machte, im Rathe.

Das Hauptbuch war für alle gleichmäßig die Schrift. Die Krämer und Tuchhändler, so wie die Kriegsleute, die noch im 16. Jahrhundert die Stadt regierten, standen darin auf keiner andern Stufe, als die Handwerker. Erst als mit dem 17. Jahrhundert die Rechtsgelehrten das Uebergewicht bekamen, veränderte sich die Sache. Allein auch jetzt noch scheint die Gewöhnung an gleichen Bildungsstand, die Gleichheit des Schulunterrichts und der Hauptbildungsmittel, sowie die Theilnahme an so vielen eigentlich politischen Functionen, welche das damalige Leben bedingte, in dem Handwerker das Streben nach höherer Bildung lebendig erhalten zu haben. Die Zunftprotocolle und ähnliche Denkmäler des 17. Jahrhunderts, zumal der schlimmen Zeit des dreißigjährigen Krieges, zeigen noch immer eine Reife der Auffassung und eine Sicherheit der Form, welche beweisen, daß die Bildung des Handwerkerstandes nicht nur im Verhältniß zu den Zeitgenossen, sondern auch im Allgemeinen einen ungleich höheren Standpunkt eingenommen habe, als in späterer Zeit. Erst mit dem Ende des 17. Jahrhunderts verlieren sich diese Zeichen und im 18. sinkt dann alles zu der mangelhaften und dürftigen Spießbürgerlichkeit zusammen, welche von den gleichzeitigen Juristen mit verächtlichem Bedauern betrachtet wurde, und eben so sehr ein Zeichen und eine Wirkung als eine Ursache des Verfalls von Stadt, Gewerbe und Bürgerthum war. Aber selbst damals auch fanden sich noch einzelne Personen, welche in Stadtverfassung, Handwerk und Bildung die Gemeinsamkeit aufrecht zu halten im Stande und von denen hier vor allen der Weißgerber und Altermann Schlederhaus und der Sattler und Lohnherr Klobt noch aus der letzten Zeit der alten Verfassung mit wohlverdientem Ruhme erwähnt werden mögen. Die Bewegung hat jedoch seit dem Ende des vorigen Jahrhunderts ihren Fortgang gehabt. Der Unterschied der Bildung hat sich erheblich vergrößert. Auf der andern Seite ist eine Spaltung im Gewerbsstande selbst unter Meistern und Gesellen hervorgerufen, von der die Vorzeit noch nicht die entfernteste Ahnung hatte. Das Bedürfniß höherer Bildung macht sich zumal bei den Gesellen in etwas lärmender Weise geltend, während die Meister sich hoch über diese Arbeiter stellen und sich von ihnen entfernen. Gleichzeitig sucht man durch sogenannten Realunterricht die Kluft zwischen den Handwerkern und den höhern Gebildeten zu erweitern. Ob die eingeschlagenen Wege zu dem erstrebten Ziele führen, das muß sehr zweifelhaft bleiben. Aber so viel ist gewiß, wir sind von der alten Grundlage des bürgerlichen Lebens, der Gleichmäßigkeit in Lebensverhältnissen und Bildung so weit abgewichen, daß an eine Rückkehr schon von diesem Gesichtspunkte aus schwerlich gedacht werden kann.

Wir müssen also die alte Verfassung der Handwerker als etwas unsern Begriffen und Zuständen gänzlich Entfremdetes zu fassen und zu begreifen suchen. Dabei aber dürfen wir uns auch nicht verleiten lassen, die Zustände des Zunftwesens, wie solche sich etwa im 17. oder 18. Jahrhundert entwickelt hatten, als die ursprünglichen mittelalterlichen Formen zu betrachten. Es wird sich zeigen, daß diese namentlich bei uns erst dem spätern Fortschritt einer höchst beengten einseitigen Richtung angehören.

Als Bischof Wedekind 1265 von den Knochenhauern Zoll des im Fleischhause verkauften Fleisches fordert, treten Richter und Schöffen für sie auf und beweisen mit Hülfe der Dienstmannen durch ihren und 12 anderer Bürger Eid, daß denselben von Alters her Freiheit vom Zoll zukomme.[1] Die Erhaltung der Ordnung im Speisekauf war

---

[1] Stüve, Gesch. u. Beschr. des Hochstifts Osnabr. Urk. d.

überhaupt ein Recht der sächsischen Gemeinden. In den bischöflichen Städten hatte jedoch mitunter die Geistlichkeit solches an sich gezogen, wie denn Paderborn 1275 mit dem Domcämmerer darüber einen heftigen Streit führte. In Osnabrück aber finden wir keine Spur, daß solches einem andern als dem Rathe zugestanden hätte. Eine Hauptsache war dann die Sorge für richtigen Brodpreis und der Rath von Soest hatte schon um 1250 eine ausführliche Backordnung und Taxe erlassen, der Rath von Osnabrück aber ließ sich diese Ordnungen mittheilen. Es scheint, daß die Bäcker sich widersetzten. Ihre Gildemeister (es ist das erste Mal, daß diese Bezeichnung und das Amt selbst erwähnt wird) Gerhard Unibesochte und Gerhard von Non hatten 1297, um welche Zeit auch die Braunschweiger Zünfte den ersten großen Aufruhr erregten, der unter Mitwirkung der Hanse blutig gestraft wurde, eine Verbindung gestiftet, um den Rathsschlüssen entgegen zu treten. Es wurde nun durch einen Schluß von Schöffen, Weisheit und Gemeinheit, allen Gildemeistern, die solche Verbindungen stiften würden, der Tod gedroht; jenen Bäckern wurde zwar das Leben geschenkt, doch mußten sie aus der Stadt weichen und schwören, nie wieder zurückzukehren.[1])

Dieses Uebergewicht des Schöffenraths über die Aemter wurde lange festgehalten. Zwar finden wir ein Statut des Schmiedeamtes[2]) angeblich vom Jahre 1312, das keine Einwirkung des Raths zeigt; es ist aber zweifelhaft, ob die Jah-

---

[1]) Die Urkunden sind oben bereits angeführt.
[2]) Die Form der in der Amtslade vorhandenen Urkunde (Gesch. der Stadt I, 69.) läßt, wie gewöhnlich bei Zunftstatuten, zweifelhaft, ob ein Original oder eine alte Abschrift vorliegt, doch ist letzteres wahrscheinlicher, nach der Schrift.

reszahl richtig sei. Daß indeß die Zunftverfassung bestand und namentlich das Kriegswesen der Stadt auf ihr beruhte, giebt die Nachricht von der Schlacht im Halerfelde genügend zu erkennen. Das Müllneramt erlangte dann 1345 vom Rathe der Neustadt das Recht seine Töchter zu besiegeln. Die Bedeutung desselben ergiebt sich aus den Plettenbergschen Händeln;[1] allein es hat niemals auf die Verfassung der Stadt einen directen Einfluß gewonnen. Eben so wenig gelang das dem Leinweber=Amte, das doch schon 1347 selbständige Anordnungen trifft und den Namen eines Amtes führt, ohne der großen Gilde der 11 Aemter anzugehören.

Nach 1350 aber tritt mehrfache Einwirkung des Raths auf die Aemter hervor. Die Streitigkeiten der Kramer mit den Riemenschneidern (um 1358 und 1371), der Riemenschneider und Sattler (um 1358), der Lohgerber und Schuhmacher (1372) wurden vom Rathe geschlichtet, die Vereinigung der Rinder= und Corduanschuhmacher (1360) vom Rathe bestätigt, die Rechte des Backamtes (1387 und 1389) vom Rathe festgestellt. Wie man aber 1370 strebte den eigentlichen Handwerksbetrieb vom Rathe entfernt zu halten: so schlossen sich zu derselben Zeit die Gildemeister fester an einander. Als 1369 ein geistlicher Richter das Backamt nöthigen wollte, einen ercommunicirten Bäcker auszustoßen, nahmen sie gemeinschaftlich mit dem Rathe die Vertheidigung auf sich; und die aufrührerische Heftigkeit, zu der sich die Gildemeister des Lohgerberamtes wiederholt (1373 und 1407) vor dem Rathe selbst hinreißen ließen, sowie die schwache Nachsicht, mit der der Rath auf Fürbitte der übrigen Gildemeister diesen Uebermuth behandelte, zeigt zur Genüge, daß von dem alten Uebergewichte

---

[1] Gesch. d. H. O. p. 227. 231. 234.

des Raths viel verloren gegangen war.¹) Ein Streithandel der Schwertfeger des Schmiedeamtes mit den Riemenschneidern wurde nun bereits an die gemeinen Gildemeister gebracht, die dann nach dem Eide der Aeltesten des Amtes entschieden.²) Gegen das Backamt hielt der Rath jedoch den freien Brothandel mit Unterstützung der Weisheit und Gemeinheit (1414) aufrecht.³) Allein 1407⁴) hatten die gemeinen Gildemeister einen Beschluß gefaßt, welcher ihr alleiniges Recht in Streitigkeiten der Amtsbrüder mit ihren Gildemeistern, oder ihrem Amte, oder irgend einem Gildebruder zu entscheiden, feststellen sollten, indem sie streng untersagten, zu solchen Verhandlungen irgend einen außer den Aemtern gesessenen Gemeindemann mitzubringen und nur einen Bestand bis zu 6 Gildebrüdern gestatteten. 1416 faßten sie dann einen fernern Beschluß, der alle Pfaffenkinder, Wandbürtige und Frauen, deren Ehre nicht rein wäre, vom Zunftrechte ausschloß.⁵) Von dieser Zeit an nahmen sie nicht nur in der Verfassung und Verwaltung der Stadt, sondern auch in der Zunftverfassung eine entscheidendere Stellung ein. 1453 wurde der Beschluß von 1407 erneuert,⁶) 1463 bestimmt, daß niemand Gildemeister werden könne, der nicht das Amt selbst verstehe⁷) und 1491 durch die Stiftung der Marienbrüderschaft aller Gildemeister bei den

---

¹) Vergl. das Stadtbuch.
²) Urkunde d. d. in der Lade des Riemenschneideramtes.
³) Stadtbuch.
⁴) S. Gesch. d. St. O. U. U. 129. Eine alte bessere Abschrift in der Lade des Krameramtes hat keine Jahreszahl.
⁵) Gesch. d. St. O. 1416. Die Märkischen Urkunden nennen diese rein deutsche Geburt öfter den „Adel" der Zunft und den Geburtsbrief „Adelsbrief". Aus jenen Gegenden schreibt sich denn auch die Klausel der Geburtsbriefe „Deutscher und nicht Wendischer Geburt" her.
⁶) Lade des Riemenschneideramtes.
⁷) Stadtbuch.

Dominicanern zu Natrup der Vereinigung auch die geistliche Weihe gegeben.[1]

Wenn nun auch der Rath die Backtaxen und das Knochenhauerwesen in Ordnung hielt, auch die Streithändel der nicht zu den Aemtern gehörigen Gewerbe oder der Aemter mit diesen schlichtete und zumal seit Erdwin Erdmanns Zeit durch eine Reihe gewerblicher Statuten die Ordnung zu bessern suchte: so gewannen doch die Gildemeister in den Händeln der Reformationszeit ungemeinen Einfluß. Schon 1524 hatten sie einen Beschluß zu Wege gebracht, daß kein Bürger außer in peinlichen Sachen verhaftet werden solle.[2] Im folgenden Jahre waren sie es, welche die Beschwerden gegen die Geistlichkeit geltend machten.[3] Dann ward aber durch ein Statut vom Jahre 1531, das die Gildemeister=Schmause beschränkte, ihre Stellung zum Rathe geregelt;[4] und nun finden wir zumal vom Jahre 1549 abwärts eine Reihe Schlüsse der Elf Aemter, durch welche besonders das Einkaufswesen geordnet wird, theils Bestimmungen über Lehrlinge oder Meisterstücke der einzelnen Aemter getroffen, theils Streithändel geschlichtet werden. Unterwarfen sich die Betheiligten nicht: so trat der Rath wohl ein; allein seine Einwirkung war doch mehr vermittelnder Art, um Streitigkeiten in der Bürgerschaft, die zu jener Zeit leicht Gefahr bringen konnten, zu beseitigen, als daß er richterlich entschieden hätte.[5] In späterer Zeit, als die Rechtsgelehrten das Uebergewicht im Rathe erlangten, suchten diese allerdings eine solche mit ihren

---

[1] Rathsarchiv.
[2] Rathsarchiv.
[3] Osnabrüggesche Unterhaltungen p. 27.
[4] Rathsarchiv.
[5] Dies tritt besonders in dem 1553 verglichenen Streite der Kramer und Schmiede über den Messerhandel hervor.

Begriffen schwer zu vereinigende Macht ungelehrter Handwerker zu beschränken. Der Rath nahm unbedingt Beschwerden über die Beschlüsse der 11 Aemter an. Diese suchten sich dagegen zu sichern, indem sie jeden, der vor ihnen erschien, Bürgen stellen (stipuliren) ließen, daß er ihrer Bestimmung Folge leisten werde. Daran kehrte sich wieder der Rath nicht. Es kam zu reichsgerichtlichen Processen, in denen der Reichshofrath 1708 und 1729 die Autorität der Elf Aemter anerkannte, doch war ihre Stellung bis zum Ende der alten Verfassung mehr zu einer vermittelnden herabgesunken. Darin aber besaßen die Handwerker doch immer noch eine sehr bedeutende Kraft. Denn da dem Krameramte nur Eine Stimme im Collegio der Elf Aemter Freunde zustand; so konnten sie gegen die Ausdehnung des Kleinhandels in ihren Gewerbkreisen sich sehr wirksam vertheidigen; während doch auch auf der andern Seite das Interesse so vieler Gewerke es nicht duldete, daß ein Einzelnes zum Nachtheile der übrigen zu überwiegende Befugnisse sich anmaße.

Die nicht zu den Elf Aemtern oder der Gilde gehörenden Gewerke blieben dagegen unter der alleinigen Autorität des Raths und erhielten auch ferner ihre Zunftordnungen nur von diesem. So wurde das Wüllnerwesen durch eine Reihe Statuten von 1471, 1481, 1488, 1501, 1559, 1575 geordnet. 1483 wurde von ihm den Goldschmieden eine Handwerksordnung ertheilt.[1]) 1559 ertheilte sodann der Rath den Kleinschnitgern, 1576 den Wandschneidern, und 1619 den Faßbindern Zunftprivilegien, die später vervollständigt wurden. Dann erhielten auf Fürsprache der Friedensgesandten 1648 die Barbierer einen Gildebrief, welchen die elf Aemter wegen der zwei-

---

[1]) Sämmtlich mit Ausnahme derer von 1488 und 1501 im Stadtbuche. Das Goldschmiede-Privileg. ist zuletzt 1624 und 1683 erneuert.

selhaften Ehre der Barbierer sehr ungern anerkannten; ferner 1720 die Perückenmacher, 1722 die Buchbinder, 1798 die Hutmacher, die sich früher zu den Wollnern gehalten hatten. An alle diese Privilegien knüpfte sich dann wieder eine Reihe weiterer Verhandlungen an. Je bedeutender aber die Einwirkung des Raths im allgemeinen wurde, um so mehr gewöhnten sich nun auch wieder die Aemter daran, auch ihrerseits Erweiterung und Verbesserung ihrer Rechte vom Rath zu erlangen. Namentlich erwarb das Schuhmacheramt, das auf 80 bis 90 Meister gekommen war, 1792 vom Rathe den Zunftschluß gegen Fremde, bis die Zahl auf 60 gesunken sein würde; und ein gleiches Recht wurde 1799 auf Gutachten der Elf Aemter Freunde auch dem Schneideramt verliehen. Auch der Vereinigungs=Vertrag der Riemenschneider und Kürschner wurde 1800 vom Rathe bestätigt. Unverkennbar hängt dieses Steigen der Autorität des Rathes aber damit zusammen, daß das eigentliche Stadtregiment vom Rathe mehr und mehr an den sogenannten engern Rath gekommen war, in welchem die Alterleute der Gilde unmittelbar einen bedeutenden Einfluß übten. Ueber diese Stellung der Alterleute der Gilde oder wie man sie früher nannte, der großen Gildemeister, wird aber an einem andern Orte zweckmäßiger zu reden sein.

Sehen wir überhaupt von der Natur und Entstehung jener großen Gilde der elf Aemter als einer mehr politischen als gewerblichen Einrichtung für jetzt ab: so finden wir den Ursprung der Gewerbszünfte zunächst in den Markteinrichtungen der ältesten Zeit. Auf dem Markte der Stadt bildete sich die Gemeinschaft der Gewerbsgenossen; hier entwickelte sich die Polizei, die sie selbst gegenseitig übten, diese Einrichtungen übertrugen sie auf die Märkte des Landes, welche sie gemeinschaftlich bezogen. Daran schlossen sich dann ferner

bestimmte Arbeitsmethoden, welche als die eigentliche Berech=
tigung der Zunft betrachtet wurden.¹) An diese Gemeinschaft
des Gewerbes und der gewerblichen Vertheidigung knüpfte
sich dann wieder die Waffenpflicht und Waffenordnung zur
Vertheidigung der Stadt; und alles dieses führt nun zu je=
ner Geselligkeit, die durch jene Einrichtungen zum Theil schon
nothwendig bedingt, jedenfalls aber das natürlichste Mittel
war, das Band der Freundschaft und Waffenbrüderschaft, das
die Zunft vereinigte, noch enger zu schließen. Nicht minder
gehört aber zu dieser geselligen Verbindung noch die
Pflicht, den Genossen und ihren Familien die letzte Ehre zu
erweisen, für Begängniß und Memorien zu sorgen, und
überhaupt gewisse kirchliche Feiern mit einander zu begehen.
Von dieser Pflicht sind noch am meisten in unsern Silten er=
kennbare Spuren vorhanden.

Jedenfalls aber standen bei dem Zunftwesen in seiner recht
mittelalterlichen Blüthe dergleichen gesellige Beziehun=
gen obenan. Um die Gelage und die geselligen Zusammen=
künfte drehen sich die Zunftordnungen, an sie knüpfen sich
die Rechte, auf die man Gewicht legt. In den meisten Städ=
ten ist das Getränk zu den Zunftgelagen acciesfrei. In Soest
wird ausdrücklich den Kaufleuten der Wein, den Handwerkern
das Malz freigegeben.²) In Münster nehmen die Gilden das
Bier, das sie zu ihren Versammlungen bedürfen, ausdrücklich
von Bewilligung der Accise aus.³) In Dortmund ist es eine

---

¹) Vergl. das Schreiben der Schuster und Lohgerber zu Braunschw.
von 1360 in Sudendorf. Urkundenbuch zur Gesch. von Br. u. Lüneb.
Urk. 53. — Auch aus den Osnabrücker Müllnerprivilegien geht hervor,
daß nur ganz bestimmte Arten von Waare dem Amte zustanden, wäh=
rend alle andre freiblieben.

²) Seiberß Urk. 6., Urk. 762 von 1360.

³) Niesert, Urk.=Samml. III. p. 346.

Hauptpflicht der Rechnungsführer des Müllneramts, auf ihren Rechnungstag 4 Malter guten Märzmalzes anzuschaffen, um davon das Bier zu diesem Tage zu brauen.¹) Wenn einer sich in eine Zunft aufnehmen läßt, ohne das Handwerk üben zu wollen, so geschieht dies, um mit den Gildebrüdern sein Geld zu verzehren.²) Diese Gedanken ziehen sich durch das ganze Zunftwesen hindurch. In Osnabrück finden wir nicht, daß ein so überwiegendes Gewicht auf die Zehrung der Zünfte gelegt wird. Manche Zünfte haben niemals eigene zu diesen Festen bestimmte Häuser gehabt. Die Zunfthäuser, die in späterer Zeit vorhanden waren, sind meist erst im 16. Jahrhundert erworben. Seit dem Anfange des 17. Jahrhunderts sollten die Räume des 1622 aufgeführten Theiles des alten Rathhauses, darin der s. g. Redoutensaal und Scharphus-Tisch sich befanden, wesentlich zu diesen Zunftschmäusen dienen. Auch von Accisfreiheit des Zunftgetränkes findet sich keine Spur. Schon 1531 nimmt man auf Beschränkung Bedacht. Das Schmiedeamt bestimmt schon 1580, daß nur zweimal im Jahre Zehr gehalten werden solle. Nichtsdestoweniger bildet auch hier die Geselligkeit unter den Handwerksgenossen den wesentlichen Charakter der alten Ordnungen. Mahlzeiten und Gelage, sowohl regelmäßige an den Memorien und Pflichttagen der Zunft, den Festtagen ihres Schutzheiligen, als außerordentliche bei Aufnahme neuer Genossen, Wahl neuer Gildemeister und Alterleute fehlen nicht; und man bestimmt mit besonderer Sorgfalt die Speisen und Getränke, die es da geben soll. Es werden die Strafgelder verzehrt; die Neuaufgenommenen thun den „Dienst" entweder für die Selbstherren allein oder auch für die ganze Zunft. Männer und Frauen (doch) läßt man

---

¹) Fahne, die Grafsch. u. Reichsst. Dortmund. III. p. 24.
²) Nirrnt l. c. p. 257.

die Kinder der Ordnung halber weg). So thut auch der gewählte Gildemeister oder Altermann seinen „Dienst". Dagegen haben die Gildemeister von dem Einheirathenden auch ihren besondern „Weindienst"; oder sie backen unter sich den „grünen Pfannkuchen" und was dergleichen Gelegenheiten mehr sind.

Alles aber hat nicht etwa den Charakter des bloßen Genusses und Vergnügens, sondern der Feier, wie denn, wenn das Krameramt zur Gildemeisterzehr auf das dazu bestimmte alte Rathhaus zieht, die Wache verpflichtet ist, zu salutiren und die Versäumniß großen Anstoß erweckt (1678).[1]

Daher kommt es denn auch, daß, wenn gleich die gesellige Vereinigung entschieden aus den Handwerksgenossen besteht und bestehen soll, dennoch in den ältern Ordnungen die Geselligkeit ungleich mehr hervortritt als das Gewerbe. Dieses letztere versteht sich von selbst. Man kennt ursprünglich nur solche Genossen, die das Gewerbe persönlich treiben. Wenn man auch den Söhnen den Eintritt erleichtert, so schließt man doch die Töchter aus und gestattet den Witwen nur etwa ein Jahr lang das Gewerbe fortzusetzen. Vom Meisterstück ist wenig die Rede, wenngleich der Aufzunehmende auch „seine Hand muß sehen lassen." Dagegen bestimmt

---

[1] Man erkennt den Grundcharakter der Zunftgesellschaften nicht besser als aus einer Rechnung des Schuhmacheramts von 1622. Dieselbe theilt sich in eine Geldrechnung und eine Wachsrechnung. Die Geldausgabe bezieht sich auf Verzehrung bei der Rechnungsablage, auf Fastabend, beim Bringen der Lade, auf grünen Donnerstag, bei der Morgensprache, bei Gerichtsverhandlungen, bei einer Procession Freitags vor Pfingsten, auf Crispin und Crispinian (der Hauptherrn-Tag), beim Verzehren von Strafgeldern, bei Grabenarbeit, bei der Gildemeisterwahl, bei dem Gildemeister Zehr und noch bei Begängnissen und andern Gelegenheiten. Außerdem kommt nur der Lohn des Boten, die Anfertigung eines Schlüssels und eines Kessels vor. Das Wachs wird zu Fackeln und Lichtern im Dome verwandt. Die Quellen der Einnahmen sind nicht ersichtlich.

man mit großem Ernst und Sorgfalt, daß nur ehrbare ehrliche Leute in die Gesellschaft aufgenommen werden können, und jeder, der aufgenommen und des Amtes würdig sein will, muß die einer solchen Ehrbarkeit entsprechenden Verpflichtungen geloben.

Das erste Erforderniß ist hier echte Geburt, Freiheit und gutes Gerücht. Schon die Statuten des Lohgerberamtes vor 1400 bezeugten, daß nach aller Sitte alle berüchtigten Leute und Pfaffenkinder ausgeschlossen seien. Der Schluß der 11 Aemter von 1416 spricht dieses dann allgemein aus. Pfaffenkinder, unebürtige Kinder, im Ehebruch erzeugte, Pfaffenamien, oder die solches gewesen, und alle übel berüchtigten Leute sollen nicht in die Zünfte kommen, noch von Zunftgenossen zur Ehe genommen werden. Nähme Jemand unwissend eine solche Person zur Ehe, so hat solche an dem Amte und des Amtes Gesellschaft kein Recht und die in der Ehe erzeugten Kinder werden als fremde angesehen. Wer aber wissentlich eine solche Ehe eingeht, der soll das allen Aemtern bessern, auch soll ein berüchtigter Mann niemals zum Gildemeister gewählt werden können. Und so beschließt denn 1474 das Schuhmacheramt zu Lob und Trost aller ehrlichen Frauen, daß eine Witwe, über die bei ihres Mannes Leben, oder später, böse Gerüchte Straßenmär und Mühlenmär gewesen, und die sich darüber vor Gildemeistern und Amt nicht zur Ehre verantworten könne, alles Rechtes am Amte verlustig sein solle. Die Amtsrolle des Schilderamtes von 1484 aber bestimmt, daß eine unehrliche Frau nicht zu der Amtsgesellschaft verbotet werden soll, und läßt nur nach, sie zu bitten, wenn man sie haben will.'

Abermals beschließen dann die 11 Aemter 1549, daß Niemand einen Jungen lehren solle, er sei denn also geboren, daß er künftig ins Amt gelangen könne; also kein Pfaffen-

Kind, kein im Ehebruch Erzeugter oder Eigenbehöriger; und wiederholen ferner 1571 noch schärfer den Schluß von 1416. Von den außer der Stadt geborenen aber verlangen 1559 die Pelzer und 1563 die Riemenschneider ausdrücklich den Geburts= oder den Freibrief. Im Jahre 1587 gab die Verheirathung der Wittwe Fredeke Eggemanns mit Heine Sobermann Anlaß zu großer Aufregung. Die Vorsteher des Krameramts hatten dieselbe nicht zulassen wollen, weil der Geburtsbrief nicht in Ordnung sei und darauf war unter den Elf Aemtern solche Erbitterung entstanden, daß der Rath dieser Spaltung während der gefährlichen Spanisch=Cölnischen Händel nicht glaubte nachsehen zu können. Mit vieler Mühe wurde die Sache unter Zuziehung der Wehr dahin verglichen, daß die Ehefrau das Krameramt behalten und solches, jedoch mit Ausschluß von Ellenwaaren, üben möge, auch ihre Kinder das Amt behalten. Die Urkunde beweiset, daß nur die außerordentliche Zeit ein so sehr von den Regeln abweichendes Auskunftsmittel hatte zulässig erscheinen lassen.

Wie aber von den Aufzunehmenden eheliche Geburt und gutes Gerücht, so verlangt man auch von den Aufgenommenen christlichen redlichen Wandel. Dem Schuhmacher wird vorgehalten: „Du sollst Gott fürchten, die Sonn= und Fest="tage feiern, fleißig zur Kirche gehen und Gottes Wort hören "nach Anordnung eines Ehrbaren Rathes. Du sollst keinen "Meineid schwören, sonst bist du deines Amtes quitt. Du "sollst deine Kleider nicht verspielen, sonst bist du deines Amtes "quitt. Du sollst deinen Amtsbruder oder Schwester nicht "schelten, raufen oder schlagen, sie nicht aus Haus oder Laub "winnen; sonst verwirkst du des Amts Brüchten und mußt "sie gleichwohl wohnen lassen." Und die Pelzer verlangen ferner, daß jeder seinen Gildebruder bei Materialkäufen von mehr als Einem Schilling Werth mit in den Kauf eintreten

lasse; wie denn auch jedem Gildebruder obliegt bei Feuersnoth zuerst dem Gildebruder zu helfen. —

Die ehrliche und freie Gesellschaft, deren Gemeinschaft
und Eintracht man auf diese Weise zu sichern suchte, hatte
denn auch genau bestimmt, was bei den gemeinschaftlichen Gelagen, die als Dienst der Aufzunehmenden oder der Gildemeister oder anderweit stattfanden, gereicht werden sollte. Nach
den älteren Ordnungen ist das Gewöhnliche Potthast, Schinken
und Rauchfleisch, etwa mit Zugemüse (Warmes bei den Lohgerbern, durchgeschlagene Erbsen beim Krameramte), Rindfleisch
mit Senf, Braten, Käse und Brod. Die Lohgerber und das
Krameramt haben auch noch gesottene Hühner und etwa ein
Quart Wein zu jeder Schüssel (von 2 Personen). Das
Krameramt aber erhält außerdem noch „gelben Brei". Bier,
so gut es zu Osnabrück gebraut wird, in reichlichem Maße
ist das Getränk.

Am reichlichsten sind diese „Dienste" bei der Aufnahme
Fremder, von denen dann zugleich ein gewisses Einkaufsgeld
bezahlt zu werden pflegte. Die Lohgerber verlangten vor 1400
vier Mark, was damals etwa dem Werthe von sechs Maltern
Roggen gleich kam, das Krameramt 1457 vierundzwanzig
Goldgulden oder den Werth von 12 bis 15 Maltern Roggen.
Das Schilderamt 1484 sechs Goldgulden, welche etwa auf
2 Malter Roggen zu schätzen sein mögen. Außerdem scheint
auch, obwohl es selten erwähnt wird, zu Osnabrück auf
gleiche Weise wie in fast allen Städten von dem Eintretenden
1 Pfund Wachs zu den Begräbnißlichtern gegeben zu sein.[1]

Diese Einrichtungen wurden 1531 geändert, wo der Rath
mit den Gildemeistern sämmtlicher Aemter einig wurde, daß
fortan der Dienst ganz aufhören und dagegen für denselben

---

[1] Krameramtsrolle von 1457.

eine mit jedem Amte zu bestimmende Summe Geldes erhoben und etwa nach Abzug einer Tonne Bier zum Vertrinken zum Besten des Amts angelegt werden solle. Dabei ging die Absicht hauptsächlich dahin, einen Fond zu Anschaffung von Roggen in Theuerungszeiten zu sammeln. Der Beschluß wurde in einzelnen Aemtern ausgeführt. Namentlich das Schilderamt einigte sich, 16 Goldgulden zu nehmen. Davon sollten Gildemeister und Scheffer einen zu Weine haben. Allein die Dienste nach alter Weise kamen doch nicht ganz ab, denn 1643 beschloß man wieder, um die jungen Meister nicht zu ruiniren, den Backharst, das Senffleisch und die Mahlzeit mit den Frauen ganz abzuschaffen und sich mit drei Schüsseln Potthast, einem Schinken und einer Mettwurst, Brod, Butter und Käse nebst drei Vierteln Bier zu begnügen.[1]) Das Backamt, das den Dienst beibehalten zu haben scheint, erwarb dagegen von den 11 Aemter=Freunden im Jahre 1541 gegen freundliche Verehrung das Recht, das Kaufgeld über die gewöhnlichen Unkosten noch um 8 Goldgulden zu erhöhen, um den übermäßigen Andrang abzuhalten, und erhöhte dann 1584 den Einkauf auf 80 ℳ für den Fremden. — 1556 erlaubten die 11 Aemter dem Schmiedeamte den Einkauf auf 50 Goldgulden, zwei Tonnen Bier, zwei Schinken und zwei Backharste zu setzen, damit, wie es schon heißt, ihre Wittwen und Töchter leichter zum Manne kommen möchten; und 1607 wurde dieser Einkauf sogar auf 100 ℳ erhöht. Auch den Schneidern war zu derselben Zeit der Einkauf von den 11 Aemtern erhöht; und den Riemenschneidern wurde 1559 verstattet, denselben von 20 auf 30 ℳ zu erhöhen; 1563 wurde er auf 40 ℳ bestimmt und erst 1780 ist diese Summe auf 100 gesteigert. Auf ähnliche Weise erhöhte das Krameramt

---

[1]) Schilderamtsbuch. Es waren damals 22 Meister.

seinen Einkauf, der 1564 noch 24 Goldgulden betrug, auf 100 ℔, dann 1603 auf 200, ferner 1649 sogar auf 300 ℔.¹)

Die Neigung, sich familienweise gegen fremde Handwerksgenossen abzuschließen, welche in diesen Schritten hervortritt, hatte bereits früher den Vorzug der Söhne, späterhin den der Tochtermänner und endlich den Vorzug derer, welche Meisterswittwen heiratheten, hervorgerufen. Der Zeitpunkt, in welchem der Vorzug der Söhne entstanden sein mag, ist nicht zu bestimmen; wir finden denselben überall bereits vor, und er ist wahrscheinlich so alt, als das Zunftwesen selbst; die markgräflichen Privilegien der altmärkischen Städte kennen ihn schon vor der Mitte des 13. Jahrhunderts.²) Bei uns wurde den Töchtern im Backamte zuerst 1386 ein gleiches Recht wie den Söhnen eingeräumt; doch ließ man 1584 den Tochtermann 10 ℔ zum Einkauf oder Eschegelde zahlen, während von dem Sohne nur 8 ℔ gefordert wurden. Das Lohgerberamt ließ schon vor 1400 sowohl die Söhne als die Tochtermänner gegen den bloßen Dienst für die Selbstherren ohne Zahlung des Einkaufs von 4 ℔ und ohne die Mahlzeit für Männer und Frauen zu. Das Krameramt ließ 1457 beide gleichmäßig gegen bloßen Dienst ohne Einkauf eintreten. Das Schilderamt dagegen erklärte noch 1484, die Kinder haben vom Amte nichts, ausgenommen die Söhne. Erst 1531 wurde bestimmt, daß alle Kinder gegen 8 Goldgulden — die Fremden gaben nun 16 — aufgenommen werden sollen. Die Riemenschneider ließen 1563

---

¹) Der Roggenpreis war um 1600 etwa 4²/₃—5 ℔; 1640 etwa 7 ℔; also der Einkauf 1603 etwa 40; um 1640 etwa 43 Malter Roggen gleich.

²) So z. B. das Privilegium der Gewandschneider zu Stendal von 1231.

die Kinder gegen 4 ₰ zu, wo die Fremden 40 zahlten, und die Pelzer verlangten von Söhnen und Tochtermännern 1574 nur 4 ₰, eine Kanne oder dafür 1 ℳ und einen Dienst oder dafür 10 ₰. Man gab aber jene erstern 5 ₰ meist zurück, und begnügte sich, sie jährlich auf Gesmolder Markt wieder einzuzahlen zu lassen, um sie abermals zurückzugeben. Diese sinnlose Formalität unterblieb seit der durch den Brand von 1613 entstandenen Noth und 1649 beschloß man denn die 4 ₰ ganz nachzulassen.¹)

So verringerte sich die Leistung der Kinder oft geradezu, während die Leistung der Fremden fortwährend in die Höhe ging. Aehnlich, aber später entwickelte sich das Recht der Meisterswittwen. Im Krameramte scheinen dieselben gleich den Männern sich schon 1457 des Amtes bedient zu haben, wie denn der Kleinhandel ja stets auch von Frauen getrieben ist. Schritt eine ehrbare Wittwe zur Ehe, so zahlte der Mann nur 12 Goldgulden, die Hälfte der für die Fremden bestehenden Summe, zum Einkauf. In andern Aemtern scheint den Frauen nur zugestanden zu sein, Ein Jahr lang das Amt zu üben. So wurde es noch 1484 im Schilderamte gehalten, und erst 1509 bestimmt, daß die Wittwen im Amte bleiben sollen, so lange sie sich nicht verändern. Im Schuhmacheramte wurde durch jenes Statut von 1474 zu Lob und Trost ehrlicher Frauen bestimmt, daß eine Wittwe, die ihren Wittwenstand ehrlich und fromm gehalten, Einmal nicht nur binnen

---

¹) Eine eigenthümliche Erscheinung ist es, daß man 1650 nach der Lohnrechnung einen Goldschmidt, der sich vor dem Meisterstück verheirathet, doppelt zahlen läßt. Wahrscheinlich liegt eine Strafe dabei zum Grunde. S. Lohnrechnung. Dagegen sticht es sehr ab, wenn bei der Bürgeraufnahme von 1570 bemerkt ist, Jost Göbel sei zum Goldschmiede angenommen, indem er, was an seinem Lehrjungendienst und Gesellenjahren mangelt, bei seinem Bruder nachdienen solle.

des ersten Jahres heirathen möge, sondern wenn sie etwa aus Liebe ihres seligen Mannes oder Gottes im ersten Jahre nicht heirathete, so solle ihr das Recht unverjährt bleiben. Wer aber eine Wittwe heirathete, mußte den Gildemeistern den Weindienst leisten und dem Amte einen Goldgulden auf die Tafel legen. Das Pelzeramt erlaubte 1484 zu Lob, Ehre und Nutzen aller unberüchtigten ehrlichen Frauen in ihrem Amte, den Wittwen Einmal einen unberüchtigten Knecht oder Mann, der des Amtes werth sei, auf das Amt zu freien; wogegen den Gildemeistern der Weindienst und dem Amte ein Dienst mit Einer Tonne Bier, 2 Backharsten und Brot geschehen sollte. Im 16. Jahrhundert ging man dann weiter. Die Riemenschneider stellten 1563, die Pelzer 1574 die Wittwen den Söhnen und Töchtern ganz gleich. Das Backamt stellte 1584 den Einkauf für den, welcher eine Wittwe heirathete, auf 20 ₰, also ¼ des Vollen und das Doppelte des Einkaufs für den Tochtermann. 1659 aber setzte man das auf 16 ₰ herab, während der Einkauf höher ging. Nur das Knochenhauer-Amt hielt eine abweichende Stellung fest. Es stand hier nur dem Meister selbst zu, zu schlachten. War er krank oder verreiset, so durfte die Frau nicht schlachten. Das Geschlachtete durfte er jedoch im Behinderungsfalle durch seinen Sohn oder vom Amte zugelassenen Diener im Scharrn aushauen und verkaufen lassen. Auch den Einkauf durfte nur der Meister, dessen Sohn oder zugelassener Diener besorgen.[1] Daraus folgte dann nothwendig, daß die Wittwe das Geschäft nicht fortsetzen konnte. Der Regel nach war es das Geschäft der Wittwen, gekochtes Fleisch als sogenannte Todderschen im Scharrn zu verkaufen.[2] In späterer Zeit gestand man

---

[1] Knochenhauer-Ordnung von 1613 und 1614.
[2] In älterer Zeit mußte dafür der Kämmerei eine Abgabe entrichtet werden.

aber doch den Wittwen eben so wie den Söhnen und Töchtern zu, auf das Amt zu heirathen, wiewohl bei der Beschränkung, welche die Schlachter in Bezug auf die Lehre ihres Gewerbes festhielten, sehr selten dazu die Gelegenheit sich darbot.

Auf diese Weise mußte dann die schon im Schmiedeprivilegium von 1556 hervortretende Ansicht, daß es zunächst auf Versorgung der Amtskinder und Wittwen ankomme und deßhalb der Einkauf den Fremden möglichst zu erschweren sei, sich immer entschiedener feststellen. Das Mißverhältniß zwischen den Leistungen der zu der Familie gehörenden und den Fremden stieg immer höher und artete endlich zur entschiedensten Ungerechtigkeit aus, seit durch das Vertheilen der Opfergelder es dahin kam, daß selbst solche, die am Gewerbe gar keinen Theil nahmen, sich mit dem kleinen Capitale bereicherten, durch welches die neu eintretenden Meister ihr Gewerbe hätten begründen sollen.

Wir haben aber gesehen, wie 1531 der Plan war, den Aufwand für das gesellige Leben der Zunft zum Kornankauf für Theuerungszeiten, also für Zwecke der bloßen Nützlichkeit zu verwenden. Freilich waren die Schmäuse, wie wir ebenfalls gesehen haben, so leicht nicht zu verdrängen. Sie bestanden neben den erhöhten Einkaufsgeldern ungehindert fort. Allein das nüchterne Streben nach dem bloßen Nutzen, das sich schon in jenem Beschlusse von 1531 kund thut, wirkte doch weiter. Man kam bald dahin, die Gelder geradehin zu vertheilen, ein sogenanntes Opfergeld zu zahlen. Das Krameramt hatte im Jahre 1571 von dem Erlöse eines verkauften Hauses 400 ℳ zum Tuchhandel ausgesetzt, und der Ertrag dieses Handels sollte jährlich auf Weihnacht vertheilt werden. Im Schuhmacher-Amtsbuche wird 1620 das Opfergeld bereits als etwas Herkömmliches erwähnt; und wenn auch manche Zünfte wenig Mittel zu vertheilen hatten (wie denn das Weißgerber-Amt es 1727 als eine große Merkwürdigkeit anführt, daß nach vielen Jahren einmal wieder Opfergeld vertheilt worden): so war doch am Ende des 18. und zu Anfang des 19. Jahrhunderts in den zahlreicheren Zünften die Vertheilung von Opfergeld die Regel. Die Mittel dazu lieferten die Einkaufsgelder, und da der Gebrauch als Mißbrauch eingerissen war, daß jeder, der etwa durch Geburt oder Heirath in die Lage gekommen war, ein Amt ohne vollen Einkauf zu erwerben, nun auch das Amt „eschte", ohne irgend die Absicht zu haben, das Gewerbe zu treiben und ohne Kenntniß desselben das Amt „eschte", lediglich um seinen Kindern den Vortheil des billigeren Einkaufs zu erhalten: so fiel denn ein sehr großer Theil der Einkaufsgelder in die Hände von Personen, die mit dem Gewerbe gar nichts gemein hatten.

Dieser Zustand fand indeß noch einen Anhaltspunkt, so lange die alte Verfassung bestand und darnach derjenige, welcher so die Brüderschaft eines Amtes gewonnen hatte, in der Eintheilung der Bürgerschaft, dem Wachtdienste u. s. w. zur Gilde gezählt wurde. Es war hier noch ein Rest geselliger und politischer Bedeutung vorhanden. Als aber 1817 die Aemter und Gilden als reine Gewerbsanstalten erneuert, der politische Charakter vergessen, das gesellige Leben verboten wurde, gedieh dieses Vertheilen zum wahren Mißbrauche. Große Summen, welche die Patentirten einzuzahlen hatten, sind auf diese Weise nicht selten an wohlhabende junge Leute verschwendet, die dem Gewerbe, das ihre Urgroßväter vielleicht geübt hatten, völlig fremd, und nur um Opfergeld zu erhalten, eingetreten waren, jetzt aber in Einem Jahre mehr an Opfergeldern erhielten, als sie für die Eschung gezahlt hatten. Solche Ausartungen, bei denen der Grundgedanke des Zunftlebens völlig verloren war, konnten nur dazu dienen, das Ganze als unhaltbar erscheinen zu lassen.

Diese verkehrte Entwickelung der geselligen Verbindung der Zünfte führt aber noch auf eine andere Seite des Zunftlebens zurück, welche mit jenen fast in gleicher Bedeutung steht; nämlich die kirchlichen Beziehungen der Zünfte. Von der ältesten Zeit her finden wir, daß die Zünfte es sich zur Pflicht machen, nicht nur ihre verstorbenen Genossen mit gebührenden Ehren zu Grabe zu geleiten, wovon unten mehr zu sagen ist, sondern auch deren Memorien jährlich zu begehen. Es war Pflicht, bei diesen Gelegenheiten zu opfern; es fehlte nicht an Stiftungen, welche auch Zwecke der Mildthätigkeit daran knüpften. Zu diesem Zwecke hatte unter andern im Krameramte Geseke, die Wittwe Johanns v. Börden 1452 und Elseke, Wittwe Arnds Bödeker 1502 Stiftungen gemacht zu Leinwand, um armen Leuten Hemden zu geben. Man hatte diese Vertheilung dem Aeltesten des Amts überlassen, eben so wie die Wandschneider jedem Genossen der Apostelbrüderschaft Ein Paar Schuhe für Arme gaben. Zu gleichen Zwecken waren ohne Zweifel ursprünglich jene Opfergelder gegeben, damit es keinem am Gelde zu milden Zwecken fehle. Diese Bedeutung war nun gänzlich vergessen. Man nahm alles als einen bloßen Zunftvortheil, auf dem gar keine weitere Pflicht ruhe, in Empfang und verbrauchte es zu eignem Vortheil, als klaren Beweis, wie tief die Reste des Zunftwesens unter der geistigen Auffassung stehen, von der das alle getragen und gehoben war.

Nur wenige Zünfte, die Schuhmacher, Schneider und Tuchmacher hatten es verstanden, durch Gründung einer Sterbecasse der Zunftverbindung ein neues Interesse zu verschaffen, und die Vorsteher des Schuhmacher=Amts waren dann verständig genug gewesen, durch die Mittel, welche ihnen aus diesen Einkaufsgeldern zuflossen, diese Casse zu dotiren und zu verstärken. Bei den andern war so viel Einsicht nicht vor=

handen, und keines unter allen Aemtern hat jene reichen zu gewerblichen und gesellschaftlichen Zwecken so wohl zu verwendenden Mittel auf nutzlosere Weise verſplittert, als dasjenige, welches ſich des größten Wohlſtandes, wie der größten Intelligenz zu rühmen pflegt, das Kramer-Amt.

Wenn nun aber dieſe den geſellſchaftlichen Charakter der Zunft bezielenden Einrichtungen vor allem das Intereſſe der Vorfahren auf ſich zogen, ſo war und blieb doch das Handwerk die eigentliche Grundlage der Geſellſchaft. Die Genoſſen ſollten das Handwerk verſtehen, daſſelbe ordentlich gelernt und geübt haben. Das ſagt ſchon in der alten Ordnung des Schmiedeamts die Regel, daß Niemand Arbeit annehmen oder Knechte darauf halten dürfe, die er nicht ſelbſt gelernt habe, und daß ein jeder ſchuldig ſei, dieſes zu beweiſen. Im Schmiedeamte, in welchem ſo verſchiedene Arbeiten gefertigt wurden, lag ein beſonderer Anlaß zu dieſer Beſtimmung, welche zugleich den Hauptgrundſatz der alten Handwerksverfaſſung enthält. Auch die Rolle des Schilderamtes von 1484 hat ähnliche Beſtimmungen. Es heißt hier: man ſoll Niemand in das Amt aufnehmen, er könne denn ſein Amt, und wer dies Amt begehrt, den ſoll man zuerſt fragen, ob er ſein Lehrgeld ausgegeben habe und ob er des Amtes würdig ſei. Dann ſoll man ihn fragen, was er arbeiten will, Malen, Bildſchneiden, Glaswerken, Sattelmachen oder Hammachen; was ihm von den fünf Stücken beliebt, das kann er wählen. Ein beſtimmtes Meiſterſtück tritt auch hier nicht hervor, und es konnte allerdings in jener früheren Zeit darauf ein ſo entſchiedenes Gewicht nicht gelegt werden. Wenn dann ferner die Schuhmacher ſich noch in Rinderer und Cordnauer theilten, wenn der Erchmacher ſein halbes Lehrgeld den Lohgerbern zahlte, weil er in gewiſſer Beſchränkung lohen durfte, wenn der Schuhmacher ſelbſt gerbte, ſo wird man es natürlich finden, daß das Lohgerberamt nicht streng exklusiv sein konnte, wie ja auch an andern Orten Lohgerber und Schuhmacher zu einer Zunft gehören. Man ließ es also hier ebenfalls dabei bewenden, daß der Aufzunehmende sich mit den Gildemeistern und vier oder sechs der Redlichsten aus dem Amte bei einem Trunke berieth; ein Meisterstück wurde bis auf die neueste Zeit nicht gemacht. Dagegen war doch die Regel des Backamts schon 1389, daß der, welcher mit einer Amts=Tochter in das Amt aufgenommen werden wollte, „seine Hand sollte sehen lassen"; daß aber unter dieser „Handsehung" das Meisterstück zu verstehen ist, wird unzweifelhaft durch die Bestimmungen von 1584, daß die Handsehung in des ältesten Gildemeisters Hause geschehe und diesem dafür ein Thaler und für 6 β Brod vor der Handsehung gegeben werden solle. Auch hatte 1544, als Frau Lyse, die Wittwe Johann Meiers sich mit Heinrich de Bar verheirathete, der das Amt nicht gelernt hatte, der Rath, welcher demselben für einen nützlichen Bürger ansah, ausdrücklich von den Gildemeistern erbeten, daß man die Eheleute des Backamts genießen lasse und sich verwahrt, daß dem Backamte und den Eilf Aemtern dadurch an ihren Rechten und Gewohnheiten nichts entzogen werden solle. Im Schuhmacheramte trifft erst ein Schluß von 1506 die Bestimmung, daß der Aufzunehmende in des Gildemeisters Hause mit seinen Händen drei Paar Schuh machen solle, die von den Gildemeistern und den Aeltesten besehen werden sollen, worauf dann, wenn ihnen das Werk behagt, der neue Gildebruder vor dem Ofen baken (sic) und dieselben mit Fleisch, Braten, Schafkäse, Butter und Weißbrod bewirthen darf. — Erst um die Mitte des 16. Jahrhunderts scheint auf das Meisterstück größeres Gewicht gelegt zu sein. 1559 beschließen die Pelzer, wie es mit ihrem Meisterstücke gehalten werden soll, was dann 1639 erneuert wird. Aus demselben Jahre ist die Ordnung des Schneideramtes vom Meisterschnitt. 1586 läßt sich dann das Schmiedeamt die Meisterstücke aller einzelnen zu ihm gehörigen Gewerke: Grobschmiede, Kleinschmiede, Büchsenschmiede, Gelbgießer, Potgießer, Kupferschmiede, Kannengießer, Messerschmiede, Schwerdtfeger, Hufschmiede und Spornmacher, von den Elf Aemtern bestätigen. War das Meisterstück glücklich vollendet, dann wurde das Amt dem neuen Meister feierlich eingethan, in ähnlicher Weise wie nach altem Gebrauch das Eigenthum übergeben zu werden pflegte. Die Weißgerber überreichten dem neuen Meister einen Salbeyzweig [1]), bei andern galten andere Symbole; überall aber war ein Anklang der Idee, daß nunmehr das Amt, der Dienst, das Handwerk dem Meister zu Eigenthum übergeben werde. Allein sehr bald gehen wir dann auch in die Zeit hinüber, wo man zwar auf einer Seite wohl vergönnte, daß der neu aufgenommene Genosse des Schilderamts noch vor der Verfertigung des Meisterstüds Handwerksarbeit unternehmen durfte (1641), auf der andern aber auch die Schuhmacher den Tochtermann nicht zum Meisterstücke zuließen, ehe er die Ehe wirklich vollzogen hatte (1659), und dann doch klagten, daß auf das Meisterstück nicht geachtet werde (1692), so daß alles zwischen Strenge und Nachsicht, Begünstigung und Chicane schwankte; bis dann im Ende des 17. und im 18. Jahrhunderte sich eine festere, oft aber auch zum Bedrucke gereichende Ordnung feststellte.

Aehnlich ist es mit dem Erforderniß der Lehre ergangen. Die Lehrzeit war ursprünglich recht kurz. Ein Schluß des Schuhmacher-Amtes von 1465 setzte solche, wie es scheint, auf 2 Jahre.[2]) Doch sollte keiner angenommen werden, der

---

[1]) Ordnung von 1568 im Riemenschneider-Amtsbuche.
[2]) Die Zahl ist in der Urkunde überschrieben „dre."

über 16 Jahre alt wäre, woraus denn die Nothwendigkeit längern Dienstes von selbst folgte. Solche, die in Weichbilden gelernt, durfte nach einem Schlusse von 1499 kein Schuhmachermeister anders als auf zweijährige Lehre annehmen, diejenigen, welche in Dörfern gelernt, aber überall nicht. 1549 fügten dann die Elf Aemter das Erforderniß der ehrlichen Geburt hinzu. Dann aber entschlossen sich die Schuster doch 1639 gleich andern Städten, solche, die auf Dörfern gelernt, nur in Verbund zu nehmen („damit die Eltern sähen, daß die Schuster auf den Dörfern nicht ihre Kinder, sondern ihre Lehrgelder meinen, und allhier ein Gildebruder, der Lust hat einen Jungen zu nehmen, desto eher dazu kommen könne.") Man ließ sich aber doch stets nach Gebrauch der Aemter Bürgen stellen für Hinder und Schaden, und der Bürge mußte zahlen, wenn etwa der Junge entlief.[1]

Auch das Backamt hielt 1584 nur 2 Lehrjahre nöthig, obwohl später die Zahl in drei verändert wurde; und 1677 ließ man sich von den 11 Aemtern ein Privilegium geben, daß ein Amtssohn nur drei Jahre, ein Fremder aber 5 Jahre stehen, und wer einen Fremden ausgelernt hatte, erst nach 8 Jahren einen Fremden wieder zusetzen dürfe. Aehnlicher Weise gestatteten auch die Pelzer 1593 nur alle 8 Jahre einen Lehrling zu nehmen. Wie es im Schmiedeamte vor dem gehalten, ist nicht bekannt. Die Kupferschmiede, bei denen nur Ein Lehrling zur Zeit zugelassen wurde, beschlossen 1631 in dem unten zu erwähnenden Vertrage, daß Meisterssöhne drei Jahre, Fremde 4 Jahre lernen sollen; und 1774 ließ sich das Schmiede-Amt eben dieses Recht von den Elf Aemtern bestätigen. Unzünftige sollten dagegen drei Jahre im Verbund stehen. Für die Schuhmacher hatten die Elf Aemter 1735 drei

---

[1] Beschluß der Pelzer von 1593; der Schuster von 1631.

Lehrjahre für den Meisterssohn, 5 für den Fremden zugestanden; außerdem mußte ein Auswärtiger, der sich besetzen wollte, 2 Muthjahre aushalten.

Strenger wurde die Lehre schon früher von den Riemenschneidern und Pelzern genommen. Diese verlangten schon 1559 vier Lehrjahre und daß der Aufzunehmende zwei Jahr als Gesell gestanden und 2 Jahre gewandert habe. Auf gleiche Weise forderten 1563 die Riemenschneider, wie es der Gebrauch sei, wo das Beutler=Geschenk gelte, daß der Aufzunehmende 4 Jahre gelernt, und eben so lange gewandert habe. Später ließ man das dann abkaufen. Aber den Meisterssöhnen ließen beide Aemter frei, zu wandern oder nicht. Die Schuhmacher aber beschlossen erst 1693 Niemand aufzunehmen, der nicht zwei Jahre in der Fremde gewesen, wo Zunftrecht ist; und 1714 wurde von den Elf Aemtern diese Wanderzeit auf vier Jahre verlängert, den Meisterssöhnen aber ebenfalls frei gelassen, zu wandern oder nicht. So ist denn auch hier die wachsende Strenge der Bedingungen hauptsächlich dazu gebraucht, um das Abschließen der Familien zu befördern. Dabei aber blieb denn die Sache wieder nicht stehen, sondern im 18. Jahrhunderte behandelte man diese Bedingungen eben so, wie das häufig beim Meisterstücke der Fall gewesen ist, nur als ein Mittel zur Gelderpressung. 1765 mißbrauchte das Weißgerber=Amt den Mangel der Wanderjahre, um einem Gesellen, statt des damals noch bestehenden Einkaufs von 40 ₰, die Summe von 130 ₰ abzunehmen. Die Casse des Amtes war durch Processe in schlimme Lage gerathen. Man entschloß sich nur ungern und erst mehrere Jahre später zu regelmäßigen Beiträgen. Da war denn eine solche Gelegenheit ein willkommenes Mittel, die Bedürfnisse zu decken.

So tritt denn auch hier, wie in so vielen andern Dingen, die allmähliche Entartung der Verfassung hervor, die zuerst aus den unmittelbaren Bedürfnissen des Lebens entwickelt, sich mehr und mehr durch künstlich bestimmte Formen gegen die Einwirkung veränderter Verhältnisse zu schützen suchte und dann wieder diese Formen zu Zwecken mißbrauchte, für welche sie ursprünglich gar nicht bestimmt waren. Es bleibt uns aber noch eine Seite des Zunftwesens zu betrachten übrig, in welcher der gesellige Charakter sich am längsten erhalten hat, nämlich das Gesellenwesen, dessen Unordnungen und Mißbräuche zu so mancherlei Maßregeln der Regierungen geführt und so mancherlei Händel hervorgerufen haben, bis denn auch hier der allgemeine Wechsel der Zustände zu ganz andern Einrichtungen geführt hat.

In der frühern Zeit finden wir die Gesellen ungleich mehr in der Stellung von Familiengliedern des Meisters. Zwar war auch hier ein strenges Halten auf Zunftehre schon in früher Zeit vorhanden. Selbst im Backamte, das später so wenig streng zünftige Ordnung behauptete, herrschte dieses Gefühl vor. Man ließ sich 1387 vom Rathe ausdrücklich bestätigen, daß kein Knecht des Winters im Backamte dienen dürfe, welcher Sommers zuvor mit Landarbeit oder sonst außer der Stadt sein Brod verdient hätte. Der halbjährige Dienst, welcher hier hervortritt, war damals allgemeine Regel. Die Gesellen oder Knechte, wie sie sich nannten, vermietheten gleich andern Dienstboten sich auf halbe Jahre, von Ostern bis Michael. Es war die gewöhnliche Atmals-Zeit[1]), in der sie eintraten und abgingen. Daneben war eine der ersten und allgemeinsten Pflichten der Zunftglieder, keinem Zunftgenossen einen Knecht abzudingen, so daß auch für den Gesellen wenig Aussicht war, bei einem andern Meister Arbeit zu bekommen, wenn er von seinem Meister abgegangen war. Durch den

---

[1]) Schluß des Schuhmacher-Amts von 1400.

Amtsschluß der Schuhmacher von 1499 war überdieß dem Lehrmeister vorbehalten, seinen Ausgelernten noch ein halbes Jahr zu behalten. Diese Ordnungen aber waren keineswegs etwas besonderes unserer Stadt. Wir finden solche vielmehr weit in den Hansestädten verbreitet.¹) Auch haben sie lange gedauert und sind zum Theil erst im Anfange dieses Jahrhunderts zu Grunde gegangen. Die Zeit, wo der Gesell nach aller Ordnung abgehen durfte, hieß die freie Wanderzeit. In den Gesellen-Artikeln des Schmiedeamts von 1826 wird sie noch erwähnt, und in ihr liegt der Grund, daß derjenige, welcher außer derselben mit 14tägiger Kündigung von seinem Meister abgeht, erst nach einem Vierteljahre in der Stadt wieder umschauen lassen darf. Bei den Schuhmachern wurde die Wanderzeit 1711 von Ostern und Michael auf Neujahr und Johannis gelegt. In andern Zünften war freilich größere Freiheit der Bewegung. Bei den Riemenschneidern, wo allerdings der Unterschied von Beutlern, Senklern und Riemern große Schwierigkeiten hervorrief, wurde dem Gesellen verstattet, wenn er 14 Tage bei einem Meister gearbeitet hatte und noch länger arbeiten wollte, aufs neue umzuschicken, um bei einem andern ebenfalls 14 Tage zu arbeiten.²) Nur durfte er nicht zum zweiten Male in einer Werkstatt arbeiten, in welcher er bereits gestanden. Er mußte erst auf 3 Monate weggehen und konnte nun wieder 14 Tage die Reihe rund gehen.

Unverkennbar sind auch diese Einrichtungen aus dem Bedürfniß hervorgegangen. Fehlte es weder an Meistern noch an Gesellen, so zog man stetiges häusliches Leben vor. Wo an beiden Mangel war, suchte man vor allem die Gleichheit aufrecht zu halten.

---

¹) Z. B. in der Platenschläger-Ordnung zu Lübeck um 1350. Cod. Dipl. Lub. II. Urk. 1000.
²) Amtsschluß von 1563.

Jene eigenthümlichen Lustbarkeiten und Feste, in denen die Gesellen in andern Städten sich hervorthaten, öffentliche Aufzüge, Tänze, Schwerttreigen u. dergl. werden in unsern Nachrichten nicht erwähnt. Daß es jedoch daran nicht fehlte, beweiset der Streit, den 1510 die Tuchmacher und die Bäckerknechte darüber führten, welcher von beiden Zünften es zukomme, bei ihren Festlichkeiten einen Rosenkranz zu führen. Die Sache wurde so wichtig gehalten, daß der Rath mit den Gildemeistern und Gildebrüdern beider Theile eine Ordnung traf, nach welcher die Tuchmacher wie bisher den rothen Rosenkranz behalten, die Bäcker aber, statt wie bisher, rothe und weiße Rosen zu mengen, in Zukunft die halbe Rundung des Kranzes von rothen und die andere von weißen Rosen führen sollen, und zwar bei 10 ℳ Strafe. Diese Ordnung schrieb man sogar ins Stadtbuch. Später wird von diesen Gebräuchen nichts erwähnt. Allein an festlichen Aufzügen fehlte es dennoch nicht. Die Schmiede pflegten besonders ihren Maigang mit großer Feierlichkeit zu halten, nachdem in der Zeit des 30jährigen Krieges das Mittensommers-Zehr der Schuhmacher bereits abgeschafft war, weil Meister und Gesellen dadurch in Schulden geriethen. Im Jahre 1656 bewog aber der Maigang der Schmiede auch die Schuhknechte wieder eine große Zeche auf ihrem Kruge zu machen. Da aber die Meister mit Strenge einschritten, so wurde der Sache wieder ein Ende gemacht. Den Schmieden, die mit Trommeln und Trompeten zu ihrem Kür zu ziehen pflegten, wurde das 1664 vom Rathe untersagt. 1705 wurde ihnen verboten, an ihrem Pflichttage weiter als vom Kruge bis an St. Jürgenshaus und anderer Seits auf den Nicolai-Ort zu ziehen. Allein als 1716 Ernst August II. zur Regierung gekommen war und das Schloß bewohnte, hatten sie sich doch nicht begnügen wollen, das Fahnenschwenken vor ihrem Kruge zu üben, sondern sie waren damit auch vor das Schloß gezogen, bis ihnen 1717 das ebenfalls untersagt wurde.

In dieser späteren Zeit drehten sich alle solche Aufzüge um den Krug, zum Zeichen, daß in dem Wanderleben und der brüderlichen Unterstützung der Wandergesellen hauptsächlich die Bedeutung der Gesellenverbindung zu suchen sei. So war das Bringen des Schildes mit dem Zunftwappen auch die größte Feierlichkeit. Es wurde sehr darauf gehalten, daß dieses in richtiger Form dargestellt wurde. Als 1648 die Schneider ihren Schild so hatten malen lassen, daß die Löwen als Schildhalter die Scheere hielten, gaben die Elf Aemter ihnen auf, dieses ändern zu lassen, so daß nicht die Scheere, sondern die Krone von den Löwen gehalten werde.

Hauptsächlich kam es aber darauf an, nicht bloß den arbeitenden Gesellen einen Sammelplatz, sondern den wandernden Arbeit oder Unterstützung zu verschaffen. Hierauf bezogen sich jene großen über viele Städte gehenden Verbindungen, nach denen die Gewerke derselben Art sich wiederum schieden, die sich unter einander an Lehre und Gruß erkannten und darnach sich Hülfe gewährten oder verfolgten. Einrichtungen, welche der Reichsschluß von 1730 umsonst zu vernichten strebte und welche zum Theil freilich in 'großer Ausartung auch jetzt noch fortdauern. Wir finden diese Einrichtung bereits in den Artikeln des Weißgerberamts von 1563 erwähnt, wo untersagt wird, einen Beutlergesellen zu einem Riemer oder einen Senkler zu einem Beutler zu bringen. Eben so behaupten 1559 die Kürschner, daß ihnen das Pelzwerk zustehe und weisen das Buntwerk und die Buntfutterer (Buntfoder) zurück. Die Kupferschmiede in Westphalen bestimmen in ihrem Vertrage von 1631 ausdrücklich, daß Gesellen aus den Seestädten, wo man ihre Ausgelernten nicht für gut erkenne, auch in Westphalen nicht für gut erkannt werden sollen; wer aber nach Holland oder in andern Gegenden „so der löblichen Schencke der Westphälischen Kupferschmiede nicht gemäß sein" wanderte, durfte sich dort nicht über 14 Tage aufhalten. — Auch auf dem Lande durfte der Gesell bei Strafe nicht arbeiten.[1])

Kam nun ein fremder Gesell in die Stadt, so verlangte die Ordnung, daß er jedem Meister die Ehre erwies, bei ihm umzuschauen; wer das versäumte, oder wohl gar sich widersetzte, durfte in der Stadt nicht bleiben.[2]) Der Umschauende wurde durch einen Arbeitsgesellen seiner Zunft bei den Meistern eingeführt. War kein Gesell da, so lag solches einem Meister ob. Wenigstens war dies der Gebrauch der kleinern Zünfte. Bei den Weißgerbern durfte der Einwandernde nur 14 Tage bei einem Meister arbeiten. Dann mußte er wieder umschicken, und wenn ein anderer ihn begehrte, abermals bei diesem 14 Tage arbeiten. Zu dem ersten Meister durfte er erst dann wieder kommen, wenn er 3 Monate abwesend gewesen war. Bei den Kupferschmieden wurde bestimmt, daß der bei einem Meister einwandernde Gesell, wenn er zuvor gegessen und getrunken und ihm guter Wille erwiesen worden, sein Handwerk beweisen, d. h. angeben müsse, wo er gelernt und welche Meister und Gesellen bei seinem Lossprechen zugegen gewesen. Erhielt er dann keine Arbeit, so gab ihm der Meister den Rühmgroschen (wohl Räumegroschen); erhielt er aber Arbeit, so fragte der Meister ferner, welchen Wochenlohn er beim vorigen Meister verdient? sagte er die Wahrheit nicht: so verfiel er dem Handwerk in einen Brüchten von einem Wochenlohn. Dieselbe Strafe traf den Schuldigen bei Streitigkeiten, so wie den Gesellen, der erst seine Arbeit aufgesagt hätte und nach-

---

[1]) Schluß des Schilteramtes von 1655 für die Sattler.
[2]) Schluß derselben von 1641.

her doch um Arbeit bat. Wer aber zu einem andern Meister derselben Stadt gehen wollte, mußte zuvor ein Vierteljahr auswandern. Ein großer Zwiespalt bei den Kupferschmieden betraf die Hausordnung. Die Meister verlangten, daß kein Gesell über 9 Uhr Abends außer Hause bleibe oder im Wiederholungsfalle einen Wochenlohn als Brüchten zahle. Die Gesellen aber erklärten rund heraus, lieber ihren Abschied nehmen, als diesen Artikel halten zu wollen, worauf dann die Meister sich genöthigt sahen, denselben aufzugeben.¹)

Bei den größern Zünften war das Gesellenwesen noch schärfer organisirt. Bei den Zusammenkünften vor offner Lade sahen zwei Ladenmeister auf Ordnung. Der Vorstand der Gesellen bestand aus Altgesellen, oder Alterleuten und Scheffern oder Örtenjüngern.²) Diese Aemter gingen durch die Werkstätten um, und kein Meister durfte sich dem entziehen. Bei allen Zusammenkünften herrschte strenge Form und Ordnung. Niemand durfte sich setzen oder aufstehen, oder reden ohne Erlaubniß. Vergehen vor offner Lade wurden doppelt gebüßt. Außer dem Kruge durfte Niemand sein Geld verzehren. Für den unzünftigen Gesellen aber wurde nicht umgeschaut, und ein solcher sollte überall keine Arbeit finden. Das aber war vielfach den Meistern selbst ungelegen. Die Schmiede hatten stets für die Ausgelernten der Landschmiede mit umgeschaut; erst nach dem Reichsschluß von 1730 fingen die Gildenmeister an diese zurückzuweisen. Die Elf Aemter aber überließen 1737 auf Klagen der Meister es dem Schmiedeamte, hier nach seinem Interesse zu verfahren. Strenger waren die Schuhmacher, die wenigstens 1639 beschlossen, durchaus keinem Unzünftigen

---

¹) Vertrag der Westphälischen Kupferschmiede von 1631 in der Lade der hiesigen Kupferschmiede.

²) Von Orten, Irten, d. h. Zeche.

Lohn zu geben. Auch einem Gesellen, welcher bereits das Bürgerrecht erlangt hatte, wurde hier keine Arbeit gegeben.[1]) Ueberhaupt zeichnete sich das Schuhmacheramt von jeher durch die strenge Handhabung seiner Gesellenverhältnisse aus. Schon in alter Zeit hatte man den Lohn festgestellt. Nur vor offner Lade durften, wenigstens in den freien Wanderzeiten, die Gesellen gemiethet werden (1638). Dann wurden die Lohnsätze, sowohl für die Woche als auf das Stück 1640 und 1692 erneuert und gegen die Meister, die etwa Unterschleif machten (1576, 1637, 1655, 1675, 1679), mit strengen Strafen eingeschritten. Als die Meister den Namen (1744) eines Gesellen, der gestohlen und davon gegangen, an die Gesellentafel anschlugen, wurden diese mit Strafen genöthigt das zu leiden.

Uebrigens kommen Verschreibungen von Gesellen auch schon früher (1649, 1656) vor, und wie der verschriebene Gesell verbunden ist, zu dem Meister zu gehen, so ist auch dieser verpflichtet, ihm Arbeit zu geben, oder ihn zu entschädigen.

Der Ursprung der älteren Zunftverbindungen in unserer Stadt läßt sich urkundlich nicht nachweisen. Wir finden dieselben im 13. und 14. Jahrhundert als bestehend mit ihren Gildemeistern vor; ob sie irgend welche Privilegien besessen, oder von wem sie solche erhalten, ob vom Bischofe oder vom Rathe, das wissen wir nicht. Genau genommen, scheint ursprünglich auch nur die große Gilde der Elf Aemter[2]) eine genossenschaftliche Form gehabt zu haben.

---

[1]) Schuhmacher-Amtsbuch von 1633.

[2]) Diese Bedeutung der alten Verfassung tritt ungleich mehr noch in den Münsterschen Urkunden, namentlich in dem rothen Buche des Schuhhauses Niesert, Münstersche Urk.-Samml. Bd. III. p. 237 u. f. hervor. Eine solche Verbindung bevorrechteter Zünfte findet sich aber in den meisten Städten Westphalens.

Denn nur sie wird mit dem Ausdruck: die Gilde, d. h. die Verbindung bezeichnet; während der Ausdruck Amt, mit welchem die einzelnen zu ihr gezählten Gewerbe bezeichnet werden, ursprünglich und bis zum 15. und 16. Jahrhundert hin weiter gar nichts besagt, als das Wort Gewerbe[1]), und in sich selbst durchaus keine Andeutung genossenschaftlicher Verfassung enthält. Die große Gilde der alten Elf Aemter bildet nur den politischen Gegensatz gegen die Gemeinde, oder wie man später sprach, die Wehr. Diese Gemeinde war in früherer Zeit ohne Zweifel der überwiegende Theil der Bürgerschaft, und aus ihr wurde wohl vorzugsweise der Rath besetzt. Erinnern wir uns nun, daß der Markt der Haupttheil der alten Burg und der Mittelpunkt des Verkehrs in der alten Burg, von den Häusern der Gewandschneider und Höker, welche beide Gewerbe nicht der Gilde, sondern der Gemeinde angehörten, umgeben war; und daß die Gildewort in der Butenburg unmittelbar am Hofe des Grafen von Tecklenburg, des Kirchenvogts, liegt, von welchem der alte Scharrn und Schlachthaus (macellum) der Knochenhauer wirklich einen Theil bildet: so liegt es nahe, jene Gemeinde als die Einwohnerschaft der alten Burg, diese die Gilde, als die unter dem Vogte stehende Bevölkerung der Außenburg zu betrachten. Später hatten dann allerdings die Aemter ihre Buden (Gademe) ebenfalls auf dem Markte. In andern Städten liegt es urkundlich vor, daß eben dieses Marktwesen und Marktleben einen bedeutenden Theil der ältesten Zunftordnungen ausmacht; wir dürfen daher wohl annehmen, daß das auch hier der Fall war. Wie nun die Kirchenvogtei wegfiel und der Schöffenrath aus der

---

[1]) Noch 1488 wird in einer Müllnerordnung Amt und Handwerk als synonym gebraucht.

ganzen Bürgerschaft der 4 Stadtviertel gebildet wurde, war es natürlich, daß einerseits auch der Begriff der Gemeinheit die nicht zur Gilde gehörigen Bürger der übrigen Stadttheile mit befaßte; andererseits aber auch die Gilde nicht mehr in ihrer Absonderung beharrte. Der Scharrn wurde nun an den Markt selbst verlegt und der Rath übte diejenigen Befugnisse, die bis dahin der Kirchenvogt behauptet haben mochte.

Wie sehr überhaupt das Verhältniß und die Ordnung des Marktes auf die Bildung der Zunft einwirkte, das zeigt sich am deutlichsten bei den Tuchmachern. Die Zunftverbindung ist hier alt; allein dieselbe beruht nur auf der Prüfung und Besiegelung der Tücher, wie sich das nicht nur aus dem Privilegium von 1347, sondern noch mehr aus den Ordnungen des 15. und 16. Jahrhunderts herausstellt, aus welchen sich die vollständige Freiheit auch für nicht Zünftige ergiebt, gewisse geringe nicht siegelbare Waaren zu verfertigen, und also als s. g. kleine Wüllner zu arbeiten. Erst 1559 nöthigte man auch diese in die Zunft zu treten. 1575 wurde die Siegelung dieser Tücher vorgeschrieben, und 1591 wurde dann beschlossen, daß der Unterschied zwischen großen und kleinen Wüllnern ganz aufhören solle, wogegen die Stadt eine jährliche Zahlung, statt der bisher von den kleinen Wüllnern als Eintrittsgebühr gegebenen 6 ₰ und einem Doppelhaken, von der Zunft erhält.

Wahrscheinlich war die Gildeverfassung zur Zeit der Aufhebung der Vogtei schon vorhanden, und mochte ihre Entstehung vom Kirchenvogte begünstigt sein, der in der Organisation der von ihm abhängigen Gilde eine größere Kraft finden konnte. Im allgemeinen waren sonst die Machthaber um 1200 aus derartigen Bildungen nicht geneigt. Kaiser Friedrich II. gestattete 1219 in Goslar ausdrücklich nur den Münzern das Recht eine Gilde zu haben.¹) Wo man aber das Bedürfniß empfand, das bürgerliche Element sich geneigt zu machen oder zu stärken, da pflegte man das Gilderecht zu gewähren, und in den freiern Städten pflegte der Rath selbst freigebig Gilderechte zu ertheilen. Dies letztere war z. B. in Soest, Höxter ꝛc. der Fall. Das erstere soll von Kaiser Otto IV. zu Braunschweig zum Lohne der tapfern Vertheidigung der Stadt geschehen sein.²)

Ganz besonders ausgebildet finden wir die Zunftverfassung in den Städten der Mark Brandenburg. Hier, wo die deutsche Colonisation des Landes in den Städten vor allem ihre Stütze fand, wurde früher und in größerer Schärfe und Entwickelung als anderswo in Urkunden der Fürsten wie der Städte die Zunftverfassung geordnet. Hier finden wir denn auch gewerbliche Rechte und Verhältnisse ungleich früher und sorgsamer verbrieft, als im westlichen Deutschland. Ausschließliche Befugnisse, Erbrecht, Vorzugsrecht der Stadtbürger bei der Aufnahme, Verbotsrecht auch auf außerhalb der Stadt gelegenen Märkten und ähnliches erscheint hier zu einer Zeit, wo bei uns an dergleichen noch durchaus nicht gedacht zu sein scheint.³) So hat denn in diesen östlichen Gegenden die Zunftverfassung das städtische Leben ungleich tiefer durchzogen, als das bei uns der Fall war. Während hier die Gemeinde stets die zweite Stimme der Gilde gegenüber behauptete, finden wir dort nicht selten die unzünftige Bürgerschaft fast von aller Vertretung zurückgedrängt. Selbst die Ackerbürger sind in zunft-

---

¹) Orig. Guelf. Thl. III. Urk. 180. Schon Rudolf v. Habsburg erkennt aber auch die andern Gilden als berechtigt an. Urk. v. 1290.

²) Orig. Guelf. IV. Urk. 12. p. 107.

³) Vgl. Riedel Cod. Dipl. Brand. Abthl. I. in den Urkundensammlungen von Stendal, Salzwedel, Brandenburg, Spandau, Garbelegen ꝛc.

mäßiger Verfassung, die Brauerei darf nur von solchen geübt werden, die „der würdigsten Zunft werth" sind. Dann sind die Märkte bestimmten Kreisen zugetheilt, über die nur die höchstprivilegirten Städte hinausgehen dürfen. Bannmeilen sind die Regel; der Bierzwang ist häufig auf das Land hinaus ausgedehnt. In älterer Zeit beruht dies alles auf Privilegien der Markgrafen, später auf Privilegien des Raths. Wie kann aber seit der Mitte des 15. Jahrhunderts die Regirung des Landesherrn immer tiefer in diese Verhältnisse eingreift und solche zu ordnen sucht: so wird der ganzen Einrichtung eine Schärfe der Ausbildung verliehen, welche bei uns nur spät und nur in ungleich minderem Maße Eingang gefunden hat.

Bei uns übt freilich bei dem ersten Erscheinen der Gilde der Schöffenrath bereits eine Einwirkung auf dieselbe aus und erscheint als Beschützer ihrer Rechte, aber auch als Vertreter der Ordnung und des gemeinen Wohles gegen ihre Selbstsucht. In einer Ordnung des Backamts über das Gesellenwesen von 1387 heißt es noch, daß ihnen diese Regeln „von Gnaden des Rathes" gegeben seien. Allein eine tiefere Einwirkung von oben her findet überall nicht statt. Das Zunftwesen hat wohl an wenigen Orten sich so rein aus sich selbst heraus entwickelt, und gerade in dieser Eigenthümlichkeit liegt der Grund, weshalb der Gang der Sache in Osnabrück ein besonders belehrender ist.

Der Hauptbedingung des gesunden geselligen Lebens mußte auch die Rücksicht auf den Gewerbebetrieb der Zünfte nachstehen. Sehr entschieden tritt diese Richtung in den Lübecker Zunftordnungen des 14. Jahrhunderts hervor[1]), und

---

[1]) З. B. Privil. der Messingschläger von 1330. Cod. Dipl. Lub. Thl II.

in der großen gewerbreichen Handelsstadt bedurfte es natürlich größerer Anstrengung, um diese Gleichheit zu erhalten, als in der Landstadt, deren beschränkte Verhältnisse ohnehin dem Einzelnen es erschwerten, sich über die gewöhnliche Ausdehnung des Verkehrs zu heben. Am bestimmtesten haben auch hier, soviel wir wissen, die Schuhmacher dahin gestrebt, die Gleichheit zu erhalten.[1]) Bei den übrigen älteren Zünften finden wir dergleichen Bestimmungen nicht, da wahrscheinlich die Gewerbsverhältnisse auch ohne positive Vorschrift sich in dieser Beschränkung hielten. Höchst bemerkenswerth ist, daß selbst bei dem reinen Fabrik=Gewerbe der Tuchmacher die Ordnung von 1501 jedem Meister nur drei Knapen zugesteht; und sehr bezeichnend ist auch die Art, wie in den Zunftbriefen, welche der Rath im Jahre 1559 der neuen Gilde der Tischler und 1619 derjenigen der Faßbinder gab, das Verhältniß der Gesellen geordnet wird. Das erste dieser Privilegien fordert nur, daß der, welcher Meister werden will, Ein Jahr als Gesell in einer löblichen Stadt bei einem Meister gedient habe. Der Gesell kann den Meister auf 14tägige Kündigung verlassen. Kein Meister aber soll mehr als zwei Knechte halten, damit ein jeder Meister Arbeit und Nahrung bekommen möge; falls aber ein Meister mehr eilige Arbeit hätte, als er allein mit seinen Knechten fertigen kann, so soll er einen andern Meister mit seinen Leuten zu Hülfe nehmen. Im Privilegium der Faßbinder aber, welches auf einem schon 1612 abgeschlossenen ausdrücklichen Vertrage der Zunftgenossen beruht, wird festgesetzt, daß kein Meister mehr als einen Knecht und einen Lehrjungen halten, der zugereisete Knecht nach

---

[1]) Beschluß von 1400. Niemand soll mehr halten, als einen Knecht und einen Jungen; und außerdem einen Lehrjungen. Der Gildemeister darf einen Knecht mehr halten, so lange er Gildemeister ist.

8= bis 14 tägiger Probezeit von halbem Jahre zu halbem Jahre in Dienst treten, die Lehrzeit drei Jahre dauern, derjenige aber, welcher Meister werden will, außerdem nachweisen solle, daß er in oder außerhalb dieser Stadt bei einem bewährten Böttchermeister zwei Jahre nach einander als Gesell gedient habe.

Wir dürfen nicht zweifeln, daß diese Beschränkung der Ausdehnung des Gewerbsbetriebes, diese geringe Erschwerung der Bedingungen des Meisterwerdens zugleich aber auch diese bei weitem größere häusliche Gebundenheit des Gesellenstandes (wenn auch der halbjährige Dienst nicht bei allen Zünften gebräuchlich war) durchaus noch den Bedürfnissen jener späteren Zeit entsprechen, und daß deren Uebung in einer früheren Zeit noch ungleich sicherer anzunehmen ist. Ueberhaupt war die Schwierigkeit des Wanderns ja ungleich größer, als in späterer Zeit. Die Unsicherheit der Straßen, die unaufhörlichen Fehden, in die alle Städte verwickelt waren und die dann auch gar zu sehr auf die Sicherheit des einzelnen einer solchen Stadt angehörenden Gesellen zurückwirkten, mußten in der eigentlichen Faustrechtszeit sehr vom Wandern zurückhalten. Allerdings scheint man in den wenigen Fällen, welche vorkommen, die wandernden Handwerksgesellen als befriedete Personen zu betrachten; allein eben diese Fälle geben doch auch den sichersten Beweis, wie ungewiß der Schutz war, den diese Stellung verschaffte. So führt in der Fehde des Bertold Haverkamp die Stadt Osnabrück 1463 bei der Stadt Lübbecke Beschwerde, daß Haverkamp drei arme „Schoken" (Schuhknechte) aus dem Stift Utrecht aufgehalten und beraubt habe. Haverkamp entschuldigte sich nun: Er habe gehört, die „Schoken" seien aus seiner Feinde Lande. Wenn dieselben ihren Verlust eidlich angeben: so wolle er seine Genossen zur Rückgabe anhalten, auch das von denselben gelobte Gefängniß lösen, wenn sie vor dem Rathe zu Osnabrück Urphede schwören. Auf ähnliche Weise hatte 1447 der Amtmann zu Wittlage, Otto Bramhorn, einen Knecht eines Mindener Bürgers gefangen und behauptete, derselbe gehöre der von ihm besetzten Grafschaft Schaumburg an, in welcher seine Mutter und Hausfrau zu Hagen (Stadthagen) wohne. Dagegen behauptete die Stadt Minden, derselbe habe bereits 2 Jahre, also 1½ Jahr vor Anfang der Schaumburger Fehde, als „Korsenwerten Knecht" (Kürschnergeselle) zu Minden gedient, und verlangte deshalb Befreiung.

Wie sich hier die große Unsicherheit des wandernden Gesellen, den man bald wegen der Fehde seines Geburtslandes, bald wegen der der Stadt, darin er gearbeitet, angriff, zeigt: so giebt auch der letzte Fall ein Beispiel eines wandernden Gesellen, welcher bereits verheirathet ist. Es hat auch hier das Mittelalter eine mindere Strenge der Gebräuche, als die spätere Zeit. Daß die Zunftordnungen nur eine natürliche Folge der ganzen Gestaltung des Lebens sind, das tritt auch in denjenigen Satzungen hervor, welche den Gewerbsbetrieb selbst angehen. Eine der entschiedensten Tendenzen der neueren Zeit ist die, das zünftige Gewerbe dem Lande zu entziehen, und wir haben oben bereits nachgewiesen, von welcher überwiegenden Bedeutung die Versorgung des Landes auch für Osnabrück gewesen ist. So finden wir denn auch schon im 15. Jahrhundert Beschwerden der Bürger über den Gewerbsbetrieb auf dem Lande: Es soll auf den Dörfern kein Want gemacht werden, und in den Weichbildern soll man die städtischen Ordnungen halten. Es sollen keine Kramer, Schuster, Pelzer und überhaupt keine Aemter auf den Dörfern geduldet, kein Malz auf den Dörfern gemacht, kein Verkauf gestattet und Tabernen nur in Kirchdörfern und an rechten Hellwegen zugelassen werden. Der Rath, an den diese Forderungen gerichtet sind, bittet dann den Bischof, die Forderungen hinsichtlich der Wantmacherei zuzugestehen, keinen Gewürzkram oder Malzen und keine Lohgerberei an ungewöhnlichen Orten zu dulden. Auch das Verbot des Vorkaufs wird nur in beschränkter Weise befürwortet. Allein wir finden keine Verfügungen, welche dem entsprächen. Die Wandmacher zu Buer und Belm trieben auch später ein nicht unbedeutendes Gewerbe. Tabernen auf den Bauerschaften, die schon um 1350 erwähnt werden, sind wahrscheinlich immer geblieben, und als 1612 die Böttcher sich vereinbarten, Zunftrecht nachzusuchen, geschah dies hauptsächlich, weil verlaufene Knechte und Jungen, die das Gewerbe halb gelernt, sich damit befaßten, Böttcherwaaren zu machen, solche im Stifte hin und wieder zu verhandeln, ja sogar in die Stadt zu bringen, wodurch ihnen nicht nur der Markt, sondern auch der Einkauf des Bandholzes verdorben wurde. —

Die Zünfte hatten keinen andern Schutz als denjenigen, den sie sich selbst verschafften, und so finden wir denn schon in der alten Schmiedeordnung, daß keiner aufgenommen werden solle, der binnen zwei Meilen von der Stadt das Amt ausgeübt, oder eigene Arbeit gethan hatte. Die Weißgerber beschlossen 1563 keinen Lehrling anzunehmen, der nicht wenigstens 5 Meilen von der Stadt geboren sei. Die Sattler straften jeden, der Sattelbäume innerhalb 5 Meilen von der Stadt verkaufte (1634). Nur schwer gestattete man einem Meister aus der Stadt zu ziehen und verlangte dann, daß der Ausgezogene sich in allen Stücken den Zunftordnungen gemäß halte, keine fremde Waare verhandle, keinen Stoff auf verbotene Weise verkaufe, die Lasten der Zunft mit trage, bei Leichenbegängnissen für sich einen Träger stelle u. s. w. In dieser Weise wurde 1660 von den Elf Aemtern gegen zwei Weißgerber, des Namens Withaus, die nach Aukum und

Babbergen mit Erlaubniß ihres Amtes gegangen waren, beschloffen.¹) 1687 schlug man einem Andern die Erlaubniß zum Ausziehen rein ab; und als 1702 der Weißgerber Johann Tom Busch, welcher zum Gildemeister gewählt war, nach Damme zog, ließ man ihm zwar geraume Zeit zur Rückkehr, falls der Rath und die Elf Aemter ihn wieder aufnehmen wollten, schloß ihn aber dann 1706 förmlich aus. Weiter scheinen sich die Befugnisse nicht erstreckt zu haben. Nur im Schusteramte findet sich Nachricht von einem Anerkenntniß des Fürsten über eine Art Bannrecht. Das Amtsbuch meldet nämlich, 1556 habe ein Knecht sich zu Oesede setzen und eine Hure heirathen wollen. Man habe sich beim Fürsten beschwert und habe dieser denselben vertrieben und das Amt damit nicht betrüben wollen. Das solle man verwahren „dewile es unsse Gerechtigkeit ist." Dann wird 1557 beschlossen: „Keinen Jungen in die Lehre zu nehmen, er gelobe denn auf zwei Meilen Weges nach Osnabrück sich nicht häuslich zur Ausübung des Amts zu besetzen." Zwar hatte auch 1499 das Amt beschlossen, keinen Knecht aufzusetzen, der in Weichbilden gelernt hätte, wenn er nicht zwei Jahre in Verbund trete, und wer auf Dörfern gelernt, sollte überall nicht zugelassen werden; von einem ähnlichen Gelübbde, wie das 1557 beschlossene, ist nicht die Rede. Es ergiebt sich also auch hier deutlich genug, daß es an Schuhmachern auf dem Lande nicht fehlte, daß man auf die Erklärung des Fürsten von 1556 und auf die gerühmte alte Gerechtigkeit doch kein zu großes Gewicht legte, und daß man hauptsächlich auch nur durch Maßregeln im Innern der Zunft jenen Anspruch auf eine Bannmeile aufrecht zu halten suchte. Der 30jährige Krieg lösete aber diese Verhältnisse so völlig

---

¹) Auch die Pelzer verlangen 1680 in einem solchen Falle, daß der Ausziehende sich dem Amte gemäß verhalte.

auf, daß 1650 sogar der Rath eine neue Kutsche zu Lengerich anfertigen ließ.¹)

Im Innern der Stadt dagegen hielt man das ausschließliche Gewerbsrecht der Zunft aufrecht, obwohl es auch hier an Widerspruch nicht fehlte. Zuerst müssen wir hier die eigenthümliche Einrichtung erwähnen, daß das Backamt, das Schlachtamt und das Schneideramt der Neustadt besondere Aemter in einer gewissen Unterordnung unter das gesammte Amt oder das Amt der Altstadt bildeten; eben so wie auch die Schuhmacher der Neustadt eine besondere Brüderschaft ausmachten. Bei den erstgedachten Aemtern mochten die getrennten Scharreinrichtungen hauptsächlich diese Trennung erhalten haben. Beide Aemter, eben sowohl wie die Schneider, wählten ihre besonderen Gildemeister für sich. Bei den Schustern war dies nicht der Fall. Allein nach einem alten Vertrage des Backamts von 1413 hatten doch die Gildemeister der Neustadt nur innere Händel wegen Aufnahme neuer Mitglieder, Streitigkeiten, Graben und Leichenbegängnisse auf der Neustadt zu schlichten. Händel zwischen Bäckern der Alt- und Neustadt dagegen wurden von den Gildemeistern der Altstadt geschieden, von denen die Gildemeister der Neustadt die Sache nur an die Elf Aemter ziehen konnten. Brüchten aus solchen Händeln wurden gemeinschaftlich verzehrt. Jährlich mußten die Bäcker der Neustadt einmal auf die Altstadt folgen, und außerdem, so oft sie wegen besonderer Angelegenheiten der Altstädter Bäcker gebeten wurden. Dagegen mußten aber auch die Gildemeister der Altstadt diejenigen der Neustadt in ihren Sachen von dem Rathe unterstützen. — Als späterhin Streit darüber entstand, ob ein Gildebruder von der einen Stadt in die andere ziehen dürfe, wurde dieser 1457

---

¹) Lohnrechnung de 1650.

dahin geschieden, daß solches nur gegen Zahlung von 3 ℳ und einer Tonne Bier nebst zwei Backharsten geschehen dürfe. Hinterher war dann abermals Streit darüber ausgebrochen, ob nicht die Regel, daß Niemand in zwei Aemtern sein dürfte, auch nothwendig mache, daß der, welcher auf die andre Stadt ziehen wolle, aus dem Amte völlig ausscheide. Das scheint jedoch nicht verlangt zu sein. Aehnlich mochten sich die Verhältnisse der andern doppelten Zünfte gebildet haben; die Theilung war jedenfalls bloß auf die gesellschaftlichen Zwecke gerichtet; in Beziehung auf den Gewerbebetrieb aber beschränkten die getrennten Zünfte einander nicht.

Dagegen wurde strenge darüber gehalten, daß auf den Freiheiten kein Gewerbe getrieben wurde. Das Domcapitel hatte allerdings hergebracht, einen Bäcker für seinen Bedarf auf der Freiheit zu besetzen, und im 14. Jahrhundert war der Herrenbäcker keine unbedeutende Person geworden. Wessel Herrenbäcker war 1369 Gildemeister des Backamts, und das Urtheil eines geistlichen Richters, welches diesen in den Bann that und den Gildemeistern befahl, ihn aus ihrer Genossenschaft zu stoßen, hatte 1369 Anlaß gegeben, daß der Rath und alle Aemter sich der Sache annahmen. Es zeigt aber auch diese Verhandlung, daß schon damals der Herrenbäcker Mitglied des Amtes war. Auch später kommt Johann Herrenbäcker als Gildemeister des Backamts vor. In den Händeln mit der Geistlichkeit, welche im 15. Jahrhundert die Reformation vorbereiteten, war aber dieses Verhältniß verdunkelt, und 1496 wurde dann durch die Bürgermeister Erdwin Erdmann und Heinrich von Leden ein Vertrag zwischen den gemeinen Vicarien des Doms und dem Backamte abgeschlossen, vermöge dessen das letztere gegen eine Zahlung von 28 ℳ den Vicarien gestattete, einen Bäcker aus dem Amte in einem eigenen oder gemietheten Hause zu ihrem eigenen Tische und

Nutzen Brod backen, auch denen, die etwa bei andern in Kost gingen, dieses Brod folgen zu lassen; ohne jedoch davon einem Laien zu verkaufen. — Zu derselben Zeit, 1491, brachte Heinrich von Leden auch einen Vertrag zwischen dem Schuhmacheramte und dem Kloster auf dem Gertrudenberge zu Stande, in Folge dessen dem Kloster gegen eine Zahlung von 9 ℳ. zugelassen wurde, einen Schuhmacher, der dem Amte angehören sollte, auf dem Berge zu halten, um dem Convente und ihrem Gesinde und Diensten Klossen und was sie sonst an Schuhwerk bedürfen möchten, zu machen. Doch durften die Schuhe nicht verkauft, auch kein anderer Schuhmacher, als ein dem Amte angehöriger genommen werden. Auch das Capitel zu St. Johann brachte, wie es scheint, 1501 einen später (1619) erneuerten Vertrag mit dem Backamte der Neustadt zu Stande, wonach jeder Geistliche wöchentlich 2 Weizen-Semmeln von eigenem Korne bei einem Genossen des Amts durfte backen lassen. Weitere Verträge dieser Art scheinen aber nicht bestanden zu haben. Dagegen enthalten schon die Beschwerden der Bürgerschaft von 1525[1]) eine Reihe von Fällen, wo Geistliche Handwerksgesellen auf der Freiheit hielten und solche für sich arbeiten ließen. Diese Beschwerden, namentlich über Schneider auf der Eversburg, reißen auch später nicht ab. Auch das Kloster zu Natrup gerieth in den Jahren 1624, 1664 und 1716 mit dem Schuhmacher-Amte in große Händel, indem die Schuhmacher das Leder, welches heimlich ins Kloster gebracht werden sollte, wegnahmen. Das Recht der Zünfte zu solchen Verboten stand fest; allein zu völliger Ausführung konnten dieselben nie gebracht werden.

Streitigkeiten zwischen den einzelnen Aemtern, zwischen den in einem und demselben Amte vereinigten Ge-

---

[1]) Osnabr. Unterh. p. 27 u. f.

werken, so wie zwischen den nicht zu den Elf Aemtern gehörigen Handwerkern kommen aber schon früh vor, namentlich bei den in unserer Stadt so ungewöhnlich zertheilten und entwickelten Gewerben der Lederbereiter und Verarbeiter. Die Theilung der Schuhmacher in Rinderer und Corduaner zeigte sich schon 1360 unhaltbar, wenigstens klagten die Rinderschuhmacher, daß sie nicht im Stande seien, eine besondre Gilde aufrecht zu erhalten, und die Corduaner baten dann um Vereinigung beider Gilden, was der Rath unter Vorbehalt alles Rechts und aller Renten der Stadt¹) und des Rathes zugab. Um dieselbe Zeit war Streit zwischen den Riemenschneidern und Krämern über den Handel mit Lederwaaren, welchen die Bürgermeister Delhard von Dumstorf und Arnd Dunker dahin schieden, daß die Krämer nur gepreßte (stempede) Gürtel mit Seide genäht, Cölnische Handschuh, Beutel mit rothem Leder gefüttert und Taschen mit seidenen Quasten führen; die Riemenschneider aber auch Alaun gleich den Krämern feil haben durften.²) Dieselben Bürgermeister schieden auch einen Streit zwischen den Sattlern und Riemenschneidern über die Verfertigung von Stegreifsriemen und Halftern.³) Im Jahre 1371 erhob sich der Streit der Riemenschneider und Kramer von neuem. Besonders aber strengten um diese Zeit sich die Lohgerber an, die Bereitung des Lohleders, die außer ihnen auch von den Schumachern und Erkmachern betrieben wurde, allein in die Hand zu bekommen. Der Rath entschied, daß jeder Schuhmacher so viel Leder lohen dürfe, als er zu

---

¹) Also zahlten diese Aemter der Stadt eine gewisse Rente; was sich auch aus dem Rentregister im Stadtbuche, unvollständig abgedruckt, Gesch. der Stadt Osnabr. Urk. 76, ergiebt.

²) Gesch. der Stadt Osnabr. Urk. 92.

³) Zu der Lade des Riemenschneider-Amts.

seinem eigenen Werke nöthig habe und daß er den Ueberschuß verkaufen könne. Damit mochten die Lohgerber unzufrieden sein; 1373 und später wieder 1407 mußten ihre Gildemeister aus dem Rathe gewiesen werden;[1] und 1376 machten sie selbst mit den Erkmachern einen Vertrag über die Befugniß der letztern Rindshäute zu Fahlleder zu lohen, welcher die gedachte Zunft sehr beschränkt und selbst die Hälfte der Strafen dem Lohamte zuweiset.[2] 1395 erhielten sie dann vom Rathe das Recht, daß kein Fremder in Osnabrück rauhe Häute unter einem halben Decher, grüne Häute aber überall nicht kaufen durfte, mit Ausnahme der zwei Märkte zum Neuen-Markte und Herrenmesse. Die Strafen wurden dem Lohamte zugewiesen. In späterer Zeit nahmen jedoch an diesem Privilegium auch die Schuhmacher, denen das Gerben zum eigenen Gebrauch zustand, so wie die Weißgerber und Riemenschneider Theil, wie dies die Bücher dieser Aemter aus den Jahren 1622, 1664, 1673, 1715, 1723, 1735, 1740, 1741, 1778, 1781, 1782, 1787 und 1788 zur Genüge nachweisen. Der Ankauf wollreicher Schaaffelle wurde dagegen diesen Aemtern von den Pelzern in einem großen Processe streitig gemacht, welcher endlich zur Vereinigung des Riemenschneider- und Pelzer-Amts führte.

Im 15. Jahrhundert finden wir zum ersten Male eine Verhandlung anderer Zünfte als dieser Lederbereiter und Arbeiter über Zunftgrenzen; allein es scheint hier weniger die Fürsorge für das Handwerk als für den Handel zu sein, welche die Veranlassung giebt. Der Rath vereinbart nämlich 1411 mit den Wüllnern, daß Sülftüch (Wollaken) von leinener Kette und Wollen-Einschlag überall nicht zum Verkauf

---

[1] Gesch. der Stadt Osnabr. Urk. 105 und das Stadtbuch.
[2] Aus den Acten des Rathsarchivs.

verfertigt oder aufgestellt werden solle, bei der sehr harten Strafe von 3 ß für jeden Schnitt. Dabei wird bestimmt, daß den Bürgern allerdings freistehe, solches Zeug zum eigenen Gebrauche fertigen zu lassen, aber nur durch die Leinweber. Diese haben darauf zu achten, und erhalten dann die Hälfte der Strafe. Die andere Hälfte fällt dem Rathe zu.[1])

Außerdem aber haben wir wiederum nur die Händel der Lederzünfte. 1453 wird von den zwei obersten Gildemeistern (Alterleuten von der Gilde nach späterem Sprachgebrauche) und je zwei Gildemeistern und zwei Dedingsleuten der Lohgerber und der Schuhmacher vertragen, daß die Schuhmacher für keinen andern Leder lohen, auch kein gelohetes Leder ungeschwärzt verleihen, verkaufen oder verschenken sollen. Nur einem Armen darf etwas Leder geschenkt werden. 1480 bestritten die Riemenschneider den Sattlern das Recht Weißleder mit Alaun zu bereiten. Das Schilderamt aber behielt mit seinem Eide, daß es den Sattlern freistehe, Weißleder zur eigenen Verarbeitung an Sätteln, Zäumen, Halftern und sonst zu bereiten. Im Schilderamte selbst aber beschäftigten sich außer den Sattlern auch die Hammacher mit der Verarbeitung des Leders und es wurde hier in der Rolle von 1484 bestimmt, daß derjenige, der beide Gewerbe treiben wolle, doppelte Zahlung leisten müsse, woraus von selbst folgt, daß selbst in diesem gemeinschaftlichen Amte kein Gewerbe dem andern Eingriff verstattete. Und auf gleiche Weise zeigt uns auch eine spätere Verhandlung vom Jahre 1585, daß, während eine Zeitlang kein Maler vorhanden gewesen war, die Glaser sich die Malerarbeit angemaßt hatten, und daß, als nun ein Maler ohne besondern Vorbehalt zu Gunsten der Glaser an-

---

[1]) Im Stadtbuche.

genommen war, die Elf Aemter diesen gegen die Glaser schützten. Endlich vertragen sich 1493 die Pelzer und Riemenschneider unter Vermittelung zweier Gildemeister von Schuhmachern und Riemenschneidern dahin, daß die Riemenschneider so viel Schaaffelle und Wildwaare kaufen und bereiten mögen, als sie zu Futter und Besatz der Handschuhe bedürfen. Dagegen sollen die Pelzer keine Bock=, Reh=, Ziegen= und Pferdefelle und nur so viel Kalbfelle kaufen, als sie zu Pelzen und Kissen bedürfen.

Diese Händel beruhen fast ausschließlich darin, daß manche Gewerbsarbeiten allen diesen Zünften gemeinschaftlich waren, und daß man nun künstlich scheiden mußte, wie weit eine jede sich ihrer Fertigkeit im Gewerbe bedienen durfte. Die Streithändel traten also als die Folge einer Zersplitterung auf, bei welcher denjenigen Gewerben, welche sich hauptsächlich mit der Materialbereitung befassen, der Handel mit dem Halb= Fabrikate allein vorbehalten ist; diejenigen, welche die Verarbeitung besorgen, aber nur das Recht der Bereitung zu eignem Verbrauch haben, und die eigentliche Handelszunft in der verarbeiteten Waare dem Handwerk weichen muß, und nur solche Waare führen darf, die von hiesigen Handwerkern nicht verfertigt wird. Zur vollständigen Uebersicht über die Grundsätze, welche hier leiteten, gehört dann auch noch die Bestimmung in dem Schlusse des Schuhmacheramts um 1400, daß kein Schuster einen Ledertauer halten darf. Also die Bereitung des Leders, des Halbfabrikates, darf von dem Verarbeiter auch nur mit den gewöhnlichen Arbeitern unternommen, nicht aber Arbeiter der andern Zunft darauf gehalten werden; und dieser Satz steht so fest, daß die verarbeitende Zunft selbst ihren Meistern eine solche Ausdehnung des Betriebs, die freilich auch die Gleichheit ungemein stören würde,

untersagt.¹) Nur der Streit zwischen Sattlern und Riemen=
schneidern über die Stegreifleder betrifft die Arbeitsgrenzen in
Beziehung auf die zum Gebrauche fertige Arbeit, freilich in
einer Weise, die uns kaum verständlich ist, indem es darauf
ankommt, ob „Wernel oder Bügel" an die Stegreifsleder an=
gesetzt werden. Von ganz anderem Charakter ist ein Streit
der Schmiede und der Riemenschneider, welcher ebenfalls noch
in das 14. Jahrhundert zu gehören scheint, ob nämlich den
Schmieden gestattet sei, alte Harnische mit Weißleder auszu=
schlagen.²) Es handelt sich hier um Reparaturarbeiten bei
einer Sache, deren neue Anfertigung den Schmieden nicht
bestritten zu sein scheint, und es wird von den gemeinen
Gildemeistern der Ausspruch nach dem Zeugniß der Aeltesten
zu Gunsten der Riemenschneider gethan. Wir finden also auch
hier schon jenes große Gewicht, das den Reparaturarbeiten
von dem Handwerke beigelegt zu werden pflegt, und zugleich
den Grundsatz, daß zwar in neuer Arbeit ein jeder seine
Werke so weit vollenden kann, als er es versteht, daß aber
die Reparatur alter Arbeit demjenigen Amte bleiben muß,
welchem die betreffende Arbeit zunächst zugehört. Im ganzen
Zusammenhange dieser alten Grundsätze ist ein verständiger
aus dem Charakter des Handwerksbetriebs unmittelbar hervor=
gehender Gedanke nicht zu verkennen. So lange alles Gewerb
in derselben Form von Meistern getrieben wird, welche nach
fest bestimmten Handgriffen mit geringem Capital und einer
beschränkten Gehülfenzahl arbeiten, zugleich aber auch unter
einander in dem festgeschlossenen Verbande der großen Gilde
stehen, in welcher zu geselligen und politischen Zwecken die
Eintracht erhalten werden muß und als deren Grundgedanke

¹) In der Lade des Schuhmacher=Amts.
²) Ebenfalls aus der Lade des Riemenschneider=Amts.

die Gleichheit der Meister anzuerkennen ist, so lange konnte und durfte nicht gestattet werden, daß der Vortheil des Einzelnen über den höheren Zweck des Ganzen den Sieg davon trug. Man mußte Grenzen festhalten; und es ist vor Allem charakteristisch, daß diese Grenzen nicht etwa nach jenen allerdings vorliegenden verständigen Gründen bestimmt werden, sondern nach demjenigen, was durch die sechs Aeltesten wahr gemacht wird, also nach altem Gebrauche. In der durch diesen allgemein gültigen Beweis- oder Entscheidungsgrund gegebenen Erhaltung des Bestehenden liegt nicht nur die sicherste Bürgschaft des Friedens, sondern auch sie beruht wiederum auf einem guten Grunde; so lange nämlich keine neue Umstände eingetreten waren, welche das ruhige Gleichgewicht des städtischen Gewerbslebens aufhoben. Solche Umstände sind erst da eingetreten, als andere Gewerbsformen dem Handel ein Gewicht gaben, von dem die frühere Zeit nichts wußte. —

Das Gewicht des Handels hat am eigenthümlichsten auf die Webereyshafte gedrückt. Diese, die Tuchmacher und Leinweber, hatten ein Verbotsrecht gegen denselben nie besessen. Die erstern hatten eigentlich nur das Recht der Controle über die Fertigung gewisser Waaren, während andere Waaren frei verfertigt wurden. Als nun mit dem 16. Jahrhundert die Weberei sich weiter entwickelte und die Verfertigung künstlicher Gewebe auch in Osnabrück begonnen wurde, suchte das Krameramt dies zu verhindern. 1597 hatte Johann Bartling und 1607 Egbert Bremer Triep verfertigt und denselben verkauft. Das Krameramt verbot dieses, pfändete und ließ das Pfand verkaufen. Da sich der Bischof der Sache wegen Verletzung der Domsfreiheit annahm, gedieh dieselbe zu einem Proceß. 1608 ließ sich der Rath sogar bewegen, ein Privilegium zu geben, daß Niemand in hiesiger Stadt Triep und Baumseide, auch nicht bei ganzen oder halben Stücken außer dem Krameramte kaufen oder verkaufen dürfe. Als dies erreicht war, beschloß das Krameramt 1610, daß kein Amtsbruder Triep, Baumseide, Schnüre oder sonstige in das Amt gehörige Waaren, gefärbt oder ungefärbt, welche von hiesigen Einwohnern verfertigt worden, kaufen dürfe. So wurde die Triepweberei und Baumseidenweberei unterdrückt. Als 1645 sich die Schnurmacherei verbreitete, wurde jener Beschluß erneuert und selbst dahin ausgedehnt, daß kein Amtsbruder solche Waaren hier dürfe verfertigen lassen. Den Beschluß hielt man durchaus geheim, aber der verderbliche Grundsatz fraß um sich. Man suchte die Production zu drücken. So wurde 1663 ein Nadelmacher abgehalten sich hier zu besetzen. Die Baumseiden-Weberei, die rings umher getrieben wurde, kam nicht auf, zumal die Leinweber als unehrlich behandelt wurden. Als der Rath auf dem Armenhause selbst hatte Rasch machen lassen (1727), weigerte sich das Krameramt die Waare zu vertreiben. Den Bäckern wurde das Verfertigen von Kuchenwaare (1754), die das Krameramt doch nicht machte, den Glasern die Verfertigung lackirter Waare (1748) gehindert, Kammmacher-Waare, Papiermacherei gedrückt, und so fortwährend alles verdrängt, was dem allerengsten Blicke als Beeinträchtigung des Verkaufs erscheinen konnte. Es war natürlich, daß gegen solche Grundsätze die Handwerker auch feindlich auftraten.

Dieser Streit von Handel und Handwerk tritt auch bei demjenigen Gewerbe, das solchen in späterer Zeit mit der größten Anstrengung geführt hat, dem Schmiedegewerbe, erst im 16. Jahrhundert auf, und zwar bei einem Gegenstande, bei welchem der Handel später durch das Uebergewicht der fabrikmäßigen Verfertigung vollständig gesiegt hat. Um die Mitte des 16. Jahrhunderts klagten die Schmiede über den Handel der Kramer mit Messern vor den Elf Aemtern. Diese entschieden zu Gunsten der Schmiede. Nun führte das Krameramt Beschwerde beim Rathe, der dann die Sache längere Zeit in Verhandlung hielt. Allein dadurch stieg die Erbitterung immer höher. Auch die Elf Aemter nahmen am Streite Theil. Endlich wurde es nach vielfältiger Verhandlung dahin gebracht, daß alle Theile 1553 in des Bürgermeisters Heinrich Stork (Tuchhändler) Hände compromittirten; und dieser entschied dann folgendermaßen: Das Krameramt könne alle Sorten kleiner Schneidemesser und daneben Breckerfelder Knopfmesser führen, dürfen solche jedoch nur in den freien Jahrmärkten und an gewöhnlichen Wochenmarkttagen, Mittwochs und Sonnabends, zu Fenster legen. In den Buden dürfen solche immer sein. Messer aller Art, welche hier in der Stadt von den Schmieden gemacht werden und welche die Kramer von diesen gekauft haben, dürfen sie ungehindert auf den Fenstern auslegen. Es war also damals der Handel an sich frei, nur die Form des Handels, das Auslegen aufs Fenster, beschränkt; und auch dieses blieb an den Markttagen frei. Die Kramer trugen kein Bedenken, hiesige Waare zu verhandeln. Die Schmiede fanden darin keine Beeinträchtigung. Der Streit drehte sich hauptsächlich um die Waaren aus den Gegenden, wo die Bereitung der Eisenwaaren in lebendigerer Weise schon damals den Haupterwerb ausmachte, um die kleine Waare und die Breckerfelder Messer. Jene, die kleine Waare, mochte schon, wie heut zu Tage die kleinen Schlösser, Hengte ꝛc., den hiesigen Handwerkern zu wenig Gewinn versprechen. Diese, die Breckerfelder Messer, waren eine Fabrikwaare, gegen welche die Concurrenz nicht mehr möglich war.

Diese Ordnung wurde nun längere Zeit gehalten. Noch 1591 und 1598 wurden die, welche dagegen handelten, und fremde Messerhändler namentlich von den Schmieden, nicht von den Kramern, gestraft. 1612 aber gingen nun die

Schmiede weiter. Es war kein Messerschmidt vorhanden[1]) und nun verstatteten sie den Schwerdtfegern, nicht bloß an Markttagen, sondern alle Tage Messer feil zu bieten. Die Kramer wandten sich dagegen an die Elf Aemter und diese schützten dieselben. Die Schmiede wurden nach oft wiederholten Verhandlungen angewiesen, ihre Ansprüche durch die Amtsnotel und ihre sechs Aeltesten zu erweisen. Als jene endlich beigebracht war, wurden die Schmiede für sachfällig erkannt und die Gildemeister, welche den Schwerdtfegern jenes ordnungswidrige Zugeständniß gemacht, angewiesen, denselben die Kosten zu erstatten. Diese Ordnung erhielt sich längere Zeit. Noch 1706 wurde ein Kramer gestraft, der am Dienstage Messer zu Fenster gelegt. 1721 aber war die Sache schon so weit gekommen, daß, als die Kramer sich auf ihre durch jenen Vertrag von 1553 gesicherte Befugniß, täglich Osnabrücker Messer zu Fenster zu legen, beriefen, die Elf Aemter annahmen, der Vertrag sei durch Nichtgebrauch erloschen, und nur neuerdings gestatten wollte, Osnabrücker Messer des Montags auszulegen. Dann kommt noch 1749 eine Beschwerde über am Dienstag ausgelegte Messer vor. Bei dem fortschreitenden Verfalle der städtischen Gewerbe und namentlich der Messerschmiede, war natürlich die einheimische Waare, die zu Fenster gelegt werden durfte, gar nicht mehr zu haben gewesen. Dadurch war der Handel unbillig beschränkt, das Handwerk aber, wie die Erfahrung zeigt, nicht gehoben. Merkwürdig genug aber hat sich lange bei den Kaufleuten die Ansicht fortgepflanzt, daß noch andere Schmiedewaare, deren Verkauf nicht gestattet werde, nur nicht zu Fenster gelegt, wohl aber im Hause verkauft werden dürfe.

---

[1]) Der letzte Messerschmidt war Claus Bruns gewesen; früher (1424) spielt der Messerschmidt Kreye bei der Bischofswahl eine bedeutende Rolle.

Allmälig traten nämlich immer mehr Gegenstände hervor, welche die Fabrikation und der Handel bequemer lieferten, als das einheimische Handwerk, und welche nun Gegenstand von Händeln und Strafen wurden. Die Schmiede stellten entschieden den Grundsatz auf, daß Waare, welche hier gemacht werde, nicht durch den Handel oder sonst eingebracht werden dürfe. Sie gingen aber noch weiter und wollten ihrerseits den Handel mit solcher Schmiedewaare, die nicht hier verfertigt wurde, gegen Vergütung erlauben, wie sich dieses schon bei jener Concession an die Schwerdtfeger zeigt. So wurde 1601, da kein Gildebruder Sensen verfertigte, zwei Leuten der Sensenhandel gegen 120 ℔ verstattet. Wenn jedoch ein Meister im Amte selbstgemachte Sensen verkaufen würde, sollte diese Erlaubniß aufhören, aber alsdann auch nur hier gemachte Waare verkauft werden. Die Elf Aemter ließen das zu, verlangten jedoch die Hälfte der Zahlung. Als das Krameramt 1653 einem Nürnberger Kaufmann erlaubt hatte, hier mit Nürnberger Waare von Eisen und Messing zu handeln, wurde dieser vom Schmiedeamte gestraft, wie dasselbe denn auch in einer Reihe von Fällen auswärtige Händler strafte. Selbst Kramer, welche hiesige Schmiedearbeit geschmähet hatten (1697), welche auf einem Aushängeschilde Eisenwaaren ausboten (1679), wurden gestraft. Der Verkauf von Schießgewehren (1627, 1672, 1679), von Degengefäßen (1699), von Streicheisen, Wagebalken, Roßkämmen, Sägen, Schneidemessern, Schaufeln und Spaten, Schraubstöcken, Reitstangen, Striegeln wurde gestraft. Großes Gewicht legte man auch auf Gegenstände von anderm Stoff, z. B. Feuerspritzen (1642), Spinnräder (1673), Wagen (1700), Oefen (1799), die mit Eisen beschlagen waren. Ein besonderes Interesse gewähren aber folgende Fälle. Der Handel mit Nägeln wurde gestraft (1642, 1712, 1764); doch scheint man nur große —

ganze und halbe Dielennägel — als verboten angesehen zu haben. Als 1667 die Schmiede einen Kramer pfändeten, weil er Schuhspangen zum Fenster gelegt, ließen die Elf Aemter zwar die Spangen zurückgeben, verboten aber solche zu Fenster zu legen. Ein Gegenstand von Erheblichkeit sind heut zu Tage die Schlösser. 1642 finden wir zuerst, daß die Schmiede den Verkauf von Kistenschlössern durch Fremde verboten. 1682 straften sie einen Kramer, der verkaufte Schlösser=Arbeit selbst angeschlagen. Eben so wurden Zimmerleute und Tischler gestraft, welche Schlösser, auch wenn solche im freien Markte gekauft waren, angeschlagen hatten. Zugleich aber wurde 1765 auch ein angesehener Gildebruder gezwungen, dem Handel mit fremden Schlössern zu entsagen. Ueber den Handel mit Degengefäßen entstand ein weitläuftiger Proceß. Allein das Schmiede=Amt wurde vom Reichshofrathe geschützt, und so kam es zu einem Vergleiche dahin, daß das Krameramt sich aller Gegenstände, die zum Degen gehören, Gefäße, Griffe, Klingen, Ortbänder u. s. w. zu enthalten habe; und als nun bald auch keine Schwerdtfeger mehr vorhanden waren, erlaubte 1751 das Schmiedeamt zwei Messermachern den Handel mit Degen. In dieser Weise ging die Entwickelung oder richtiger die Verwirrung der Sachen weiter. Das Schmiede=Amt wollte den Handel mit Schmiedewaaren überall nicht zugestehen, wenn solche Waare hier verfertigt wurde, und wenn sie nicht verfertigt wurde, wollte es doch den Handel für seine Genossen behaupten, und nahm das Recht in Anspruch, diesen denselben zu gestatten. Das Krameramt hatte von Alters her Fabrikwaare verkauft, wenn auch nicht zu Fenster legen dürfen. Nun wurde um jeden einzelnen Gegenstand gestritten. Von einem Grundsatze war nicht mehr die Rede. Als nach der Unterbrechungszeit die Schmiede das alte Recht hervorsuchten, erlangten jedoch die Kramer Frist zum Ausverkaufe, wußten aber den Ablauf dieser Frist durch fortwährend neuangekaufte Waare zu umgehen. In den Jahren vor 1848 wurde ein umfassender Vergleich verhandelt; allein die Sache kam nicht zum Schlusse.

Diese Händel mit dem Schmiedeamte waren um besto bedeutender, weil dieses Amt eine so große Zahl einzelner Gewerke umfaßte. Schon 1581 wurden die besondern Meisterstücke für Grobschmiede, Schlosser, Büchsenschmiede, Gelbgießer, Pottgießer, Kupferschmiede, Kannengießer, Messerschmiede, Schwerdtfeger, Hufschmiede und Sporer bestimmt. Wahrscheinlich hatten früher die Platenschläger oder Harnischmacher ein eigenes Gewerk gebildet;[1]) und später finden wir noch die Uhrmacher, Gürtler, Glockengießer. Auch wird das Rothgießer-Gewerbe zum Amte gerechnet und den Kupferschmieden nur so lange verstattet, Rothgießer-Arbeit zu machen, als kein Rothgießer sich hier besetzt (1767). In neuerer Zeit sind auch Nagel- und Zeugschmiede zum Amte gerechnet. Alle diese Gewerbe haben ihren getrennten Arbeitskreis. Nach den alten Verpflichtungen darf keiner eine Arbeit übernehmen oder Voll darauf halten, die er nicht gelernt hat. Der Grobschmidt insbesondere muß sich aller Feilen und Schlosserarbeit enthalten (1312—1693). Und so wird auch später der Grobschmidt, der einen Sargbeschlag gemacht (1699), der Schlosser, der etwa zinnerne Leuchter gestickt (1778), gestraft. Der Schwerdtfeger darf zwar Gefäße selbst gießen; wenn er solche aber durch andere gießen läßt: so wird er durch die Gelbgießer gestraft (1684), und diese werden wieder von den Schwerdtfegern

---

[1]) Es ist dies jedoch zweifelhaft, wenigstens hatte Meister Mattheus Platenschläger, welcher 1616 erschlagen wurde, keine Brüderschaft zum Begräbniß, was nicht der Fall gewesen sein könnte, wenn er zum Amte gehört hätte.

gestraft, wenn sie gegossene Gefäße an andere verkaufen, als
an Schwerdtfeger (1706). In früherer Zeit (1621) hatten
die Schwerdtfeger halbfertige Gefäße und Kreuze von Lüttich
bezogen und verarbeitet. Man hatte ihnen das bestritten; allein
in jener lebendigeren Zeit war die Nothwendigkeit eines sol=
chen Verkehrs anerkannt und von den Elf Aemtern festgesetzt,
daß allerlei Lütticher, Solinger und andere Gefäße, die den
Schwerdtfegern in ihren Werkstätten zu bereiten dienlich sein
können, zugelassen werden sollen. Nur sollte jeder neue
Schwerdtfeger eine halbe Tonne Bier geben für die Erlaub=
niß, geschmiedete Waare zu kaufen. Allein in jener Zeit des
Erstarrens und Verdorrens zu Ende des 17. und Anfangs des
18. Jahrhunderts hatten jene gegenseitigen Beeinträchtigungen
sich festgesetzt. Eigenthümlich ist noch, daß die Schwerdtfeger
den Sattlern verboten, Degenscheiden zu machen (1739),
wogegen die Sattler 1673 mit der Behauptung, daß die
Schmiede keine Degengehänge machen dürften, nicht durchge=
drungen waren.

Indeß war das Schmiedeamt doch nicht aufmerksam
genug gewesen, alles neu aufkommende ähnliche Gewerbe in
seinen Kreis zu ziehen. Blecharbeiter werden in früherer Zeit
gar nicht erwähnt, wenn nicht die Platenschläger oder Panzer=
schmiede ihnen gleich zu halten sind. Als sich später das Ge=
werbe entwickelte, war es dem Krameramte gelungen, einzelne
dieser Arbeiter zu sich heranzuziehen, wie es denn überhaupt
manchen neu aufkommenden Gewerbetreibenden, als Drechs=
lern, Kammmachern u. dgl. gelegen war, das Krameramt zu
erwerben und dann die selbst verfertigte Waare mit der frem=
den im Laden zu verkaufen. Die zum Schmiedeamte gehörigen
Gewerbe konnten das nicht, vermöge des Grundsatzes der alten
Gildegenossenschaft, daß Niemand zwei Aemter zugleich üben
könne. Eben dies war auch Grund, weshalb solche Hand=

werker, die nebenbei Kramerhandel führen wollten, sich ungern einem Amte anschlossen. Nun fing aber das Krameramt an, die Verfertigung der Waare, welche von solchen Handwerkern gemacht werden konnte, den Aemtern, die solche etwa liefern wollten, zu bestreiten. Als zu Anfang des 18. Jahrhunderts der Genuß von Thee und Kaffee allgemeiner wurde, verkauften die Kramer zinnerne Thee= und kupferne Kaffeetöpfe, und wurden vom Schmiedeamte deshalb gestraft (1707). Später kamen blecherne Kaffeekannen auf. Die Schmiede wollten wieder strafen; die Kramer aber behaupten nun (1735) im Besitz gewesen zu sein, so lange der Kaffee im Gebrauch sei. Zudem seien diese Kannen Blechschlägerarbeit, „die auch im Kramer= amte verfertigt werde." Allein die Schmiede drangen bei den Elf Aemtern dennoch durch. Man hat später auch Nadel= macher, Drechsler, Kammmacher u. s. w. in ähnlicher Weise in das Krameramt gezogen, dadurch allerdings eine kleine Production gefördert, die Verhältnisse aber sind dadurch immer verwickelter geworden. Wichtiger wäre es gewesen, wenn man die Webereigewerbe nicht unterdrückt hätte.

Eine eigenthümliche Stellung unter den Nebengewerken des Schmiedeamts behaupteten die Kupferschmiede. Sie waren dem Amte angeschlossen gleich den übrigen Gewerken, und 1681 war auch für sie das Meisterstück bestimmt. So vertrat denn auch das Schmiedeamt ihre Befugnisse. Inzwischen hatten die Kupferschmiede auch für sich ihre eigenen Alterleute und standen in einer Verbindung mit einer Reihe anderer Städte, worüber ein am 6. Juli 1631 hieselbst durch die Vertreter und Alterleute von Minden, Osnabrück, Lippstadt und Münster abgeschlossener Vertrag Auskunft gewährt. Aus diesem Vertrage ergiebt sich, daß die Kupferschmiede in West= phalen unter sich eine besondere Verbindung unterhielten, welche namentlich die Verhältnisse der Lehrjungen und Ge=

sellen, aber auch die Einrichtung des gesammten Gewerbs=
betriebes zum Gegenstande hatte. Es gehörten zu dieser Ver=
bindung Bremen mit Oldenburg, Jever, Wildeshausen und
Verden; Osnabrück mit Minden, Wiedenbrück, Lübbecke, Qua=
kenbrück, Vechte, Melle und Helvern;[1]) Münster mit Waren=
dorf, Coesfeld, Dülmen, Borken und Bokholt; Lippstadt mit
Paderborn, Soest, Brilon, Iserlohn, Mühlheim, Hattingen
und Ißler (Uslar?); Bielefeld mit Lemgo, Herford, Hörde
und Uthofs Kupfermühle; Dortmund mit Limburg, Wehren=
hausen(?), Hamm, Lünen, Werden, Essen; und Rheine mit
Steinfurt, Schüttorf und Nordhorn. In den Seestädten er=
kannte man aber diesen Verband nicht an, erkannte die in
diesen Städten Ausgelernten nicht für gut; und so wies um=
gekehrt der Verein auch die dortigen Gesellen zurück. Dies
Verhältniß hielt sich, so lange die Zahl der die Verbindung
ausmachenden Städte von hinreichender Bedeutung war, eine
Gelegenheit zum Wandern zu verschaffen. Allmälig aber löste
sich der Verband. Mehrere Städte versanken; andere, nament=
lich Bremen, trennten sich. Die Kupferschmiede zu Osnabrück
fanden sich nun auch beengt in dem alten Verhältniß zum
Schmiedeamte. Dieses ließ ihnen keine freie Bewegung. Wäh=
rend größere Kupferarbeiten fast immer eine Zusammensetzung
mit Eisen verlangen, verfügten doch die Elf Aemter 1756,
daß ein Kupferschmied kein anderes Eisenwerk machen dürfe,
als „was mit einem Kupferniete gefesselt werden könnte." Die
Kupferschmiede wollten nun die Verbindung ganz auflösen und

---

[1]) Es fällt auf, hier einen bloßen Meierhof genannt zu sehen, der
nichts weniger als städtische Verfassung hatte. Allein dies erklärt sich da=
durch, daß eben in jenen Jahren der Abt zu Iburg auf dem Hofe zu
Helfern eine Kupfermühle (Kupferhammer) angebracht hatte, der nun zur
Zunft gerechnet wurde. Auch bei Werfen kommt eine Koppermühle vor. —

sich vom Amte absondern; allein der Streit, der darüber 1762 entstand, kam nicht zum Ende und die Ausgelernten der hiesigen Kupferschmiede sind auch jetzt noch in der unangenehmen Lage, daß man sie in andern Städten nicht für gut erkennt.

Ungleich einfacher gestalteten sich die Verhältnisse des Schuhmacheramtes. Allerdings hinderte auch dieses dem Krameramte jeden Handel mit Schuhen, duldete nicht einmal, daß solche im freien Jahrmarkte ausgelegt wurden (1705), hinderte ferner das Hereinbringen von Schuhwaare (zuerst erwähnt 1635), verfolgte die Stöter auch außer der Landwehr auf der Poggenburg (1637), hinderte in Gemeinschaft mit Lohgerbern und Weißgerbern allen Handel mit blutigem und rauhem Leder[1]), so wie den Handel mit Pech nach Pfunden, den allein die Gildemeister in Anspruch nahmen (1579, 1656); dagegen untersagten ihm die Lohgerber in Gemäßheit ihrer alten Verträge (1372 und 1453) allen Handel mit Leder und erzwangen nach langem Processe im Jahre 1714 einen Vergleich, welcher das Amt sehr beengte. Weitere Händel hatte dieses Amt nicht.

Dem Backamte hatte in früherer Zeit die Stadt kein Verbotsrecht gegen den Handel mit Brod zugestanden. Das ergiebt sich aus dem Statute von 1414, wonach die Bäcker keine fremden Leute, die Brod in der Stadt verkaufen, bekümmern können, ohne Erlaubniß des Bürgermeisters; ferner aus dem Statut von Neujahr 1430, welches allen Auswärtigen und Einheimischen verstattet nach der Taxe zu backen. Auch wurde um 1478 jährlich Brod von Warendorf in die Stadt gebracht und veraccifet. Allein später wurde auch hier

---

[1]) Das Statut von 1395 giebt dies Verbotsrecht an dem Lohamte, allein in der späteren Praxis nahmen auch die genannten Aemter Theil daran.

ein Verbotsrecht geübt und durfte nur im freien Jahrmarkte Brod von Außen eingebracht werden.¹) Das Knochenhauer-Amt hat wahrscheinlich in früherer Zeit eben so wenig ein Verbotsrecht besessen. Allein später verstattete dasselbe höchstens zwei (nicht aber mehreren) Bürgern ein Stück Rindvieh zu theilen, und den Hökern zwei Schweine zu Würsten zu verarbeiten. 1655 beschlossen die Elf Aemter, daß es zwei oder mehreren Bürgern freistehen solle, ein Stück Vieh zu theilen. Die Schlachter wollten sich nicht unterwerfen, beschwerten sich 1663 beim Rathe und wollten sich auch da nicht unterwerfen, als der Rath den Schluß der Freunde bestätigte. Die Freunde verwiesen sie nun von den Aemtern, bis sie sich unterwerfen würden, und nun erst entschlossen sie sich zur Submission und Erlegung der Strafe von einem halben Ohm Wein.

Kein Amt ging von jeher leidenschaftlicher in der Vertheidigung seiner Gerechtsame zu Werke, als das Schneideramt. Daß jemals den Frauen die Verfertigung von Kleidungsstücken zugestanden worden, wie das in Soest der Fall war,²) finden wir nirgend. Dagegen scheuten die Schneider sich nicht, den Dompropst Gotschalk Ledebur auf seiner Eversburg zu pfänden (1595), und dieser, der in so vielen Dingen der Bürgerschaft zuwider war, mußte sich doch bequemen, ihnen Strafe zu zahlen. 1641 wurde die Braut des Bürgermeisters Everd Schulte auf der Neustadt, der ein Schneider von Wersen zwei neue Kleider gemacht, und nicht minder der schwe-

---

¹) Eigenthümlich ist dagegen folgender Fall. 1552 hatte Johann Voß Brod gegen des Raths Gebot gebacken, im Großen (sambtkopes) verkauft und ausführen lassen. Dafür sollte er gestraft werden. Ob es geschehen, läßt die Lohnrechnung dunkel. Das Verbot scheint sich aber auf Ausfuhr von Brod zur Zeit einer Theuerung zu beziehen.

²) Seibertz Urkundenbuch No. 571 de 1317.

bifche Statthalter und Offiziere wegen deffelben Schneiders angefochten. Ein anderer Bönhafe, der im Dominicaner-Klofter arbeitete (1673), konnte fich nur retten, indem er fich unter den Schutz von Offizieren begab und Dienfte nahm, und mußte fich nachher theuer wieder loskaufen. Der Junker Diepenbrock, der in dem freien Lehenhofe wohnte, mußte fich (1659) ftrafen laffen, weil er einen Schneider in feinem Dienfte hatte. Dem Junker Steding wurde auf der Straße der Degen mit Gehäng abgepfändet (1660), weil er die angenommene Strafe von 2 ℳ nicht fogleich bezahlen konnte. Mit gleicher Rückfichtslofigkeit wurde überall gegen die fremde Arbeit verfahren. Mit andern Aemtern hatte man aber keinen Streit. Als indeß das Krameramt 1676 anfing, mit japanifchen Schlafröcken, genähten Mützen und gefteppten Brufttüchern oder Lappen (Weften) zu handeln, welche von Amfterdam und Hamburg bezogen fein follten, erlangten die Schneider, daß von den Elf Aemtern dem Amte aufgegeben wurde, folche nur dann zu verkaufen, wenn fie vom Schneideramte verfertigt worden. Damit nicht zufrieden, verbot nun das Amt fämmtlichen Gildebrüdern irgend etwas für das Kramerant zu verfertigen, und als in Folge davon die Kaufleute fich wieder von Außen verforgten, fchritten die Schneider eigenmächtig zur Pfändung. Die Elf Aemter gaben nun den Schneidern auf, für die Kramer um billigen Preis zu arbeiten und ftraften beide Aemter wegen der Eigenmacht. 1733 behauptete das Schneideramt, Gegenftände diefer Art müßten geftempelt fein, allein diefe Forderung wurde nicht zugeftanden. — Mit den Pelzern war man, wie es fcheint, darüber einig, daß die Kleidungsftücke, welche diefe mit Pelz verbrämt verkauften, vom Schneider genäht fein müßten (1610); um 1658 wurde beiden Aemtern von den Elf Aemtern die Befugniß zuerkannt, Kleider mit Pelz zu füttern; aber 1662 nahmen

dieselben dieses zurück und schützten die Kürschner allein dabei.¹)
Mit den Riemenschneidern stritt man über die Verfertigung
von ledernen Hosen. Die Schneider behaupteten, ihnen gebühre das Stück zuzuschneiden. Dann möchten die Riemenschneider es laschen, ihnen aber gebühre dann wieder dasselbe
zu vollenden. Indeß legten die Riemenschneider eine bockslederne
Hose vor aus Einem Felle ohne Nath gefertigt und zwei Felle
dazu, und fragten, ob die Schneider daraus ein gleiches Stück
zu machen im Stande seien? Das konnten die Schneider
nicht, und nun entschieden 1746 die Elf Aemter, daß beiden
Theilen die vollständige Verfertigung der Hosen zustehe.²)
Die unzünftige Verfertigung lederner Beinkleider war schon
früher von Schneidern und Riemenschneidern gemeinschaftlich
gestraft. Es zeigt sich auch hier das Streben der einzelnen
Zünfte, ihre Grenzen immer spitzfindiger auszubilden, während
von den Elf Aemtern doch eine der Natur mehr entsprechende
Gemeinschaft erhalten wird. In ähnlicher Weise sprachen die
Elf Aemter 1724 auch die Putschen und Stockriemen den
Sattlern und Riemenschneidern gemeinschaftlich zu.

Wie wir überhaupt die Zünfte, welche Felle und Leder
verarbeiten, schon im Mittelalter zuerst in Händel verwickelt
finden, so zeichnen auch in neuerer Zeit sich dieselben durch
die Menge und die Kleinlichkeit ihrer Streitigkeiten aus. Man
kann den großen Streit der Kürschner und Riemenschneider
über die Anmaßung der letztern, wollreiche Schaaffelle zu
pellen und die Wolle zu verkaufen, der beide Zünfte arm
machte, zu den bedeutenderen Sachen zählen. Wenn dagegen
die Riemenschneider mit den Kürschnern um die Verfertigung
von Riemen, Butzen (?), Taschen, Tabacksbeuteln, oder über

---

¹) Protocolle der 11 Aemter.
²) Riemenschneider-Amtsbuch.

das Waschen von Hosen, mit den Sattlern um Pultschen und Stockriemen stritten, letztern die Verfertigung von Stuhlkissen untersagen (1724, 1728), während die Sattler es als einen großen Eingriff in ihre Rechte rügen, daß Weißgerber nicht nur selbst Reitkissen verfertigen, sondern solche auch von Bremen nach Quakenbrück einbringen (1660, 1724, 1727), und endlich entschieden wird, daß Gurten mit Leder besetzt den Weißgerbern zukommen, wenn sie mit weißem Leder genäht sind, und den Sattlern bei anderer Art der Arbeit: so können wir solche Händel nur zu denjenigen Erscheinungen zählen, die ursprünglich ihren Grund allerdings in der Art der Arbeit gefunden haben mögen, die aber später, als diese Unterschiede nicht mehr in den Verhältnissen des Gewerbsbetriebes selbst begründet waren, zum Verderben des Gewerbwesens gereichten.

Die neuern Gildebriefe haben insgesammt Beschränkungen anderer Gewerbe zum Zweck. Der älteste Gildebrief der Tischler (Kleinschnitzer 1559) läßt allerdings den groben Zimmerleuten frei, was sie machen können; allein schon 1602 wird ihnen untersagt, Thürbogen oder Fenster mit geschnitzter oder gedrehter Arbeit zu verzieren. Später ist ihnen dann noch der Schrupphobel auf der Flucht und der Schlichthobel auf der Kante zugestanden. — Das Zunftrecht der Wandschneider sollte den Handel der Tuchmacher beschränken. Das Böttcher-Privilegium von 1619 ist hauptsächlich gegen unzünftige und Landarbeit gerichtet. Später bestritten die Böttcher den Handel mit Böttcherarbeit, doch ließ man solchen zu, wenn die Arbeit hier und aus eigenem Holze der Besteller gemacht war (Krameramts-Protocoll 1710).

Außer diesen zum Schutze der Gewerke gegen einander abzweckenden Bestimmungen finden wir aber auch noch eine Reihe anderer Ordnungen, welche die Arbeit innerhalb der

Zunft selbst zu regeln bestimmt sind. Hieher zählen wir, daß schon nach der alten Ordnung die Lohgerber keine Hunde- und Schweinefelle gerben durften, und daß auch noch 1738 die Elf Aemter das Gerben von Hundefellen verbieten. Es scheint dies mit den alten Begriffen von Ehrlichkeit zusammenzuhängen, wie denn auch den Gerbern wohl von andern Handwerkern vorgeworfen wurde, daß sie dem Schinder nach arbeiteten. Jedenfalls geht hier die Sache bis in den Anfang des 15. Jahrhunderts hinauf. Von großer Erheblichkeit ist die ganz allgemeine Bestimmung, daß kein Zunftgenoß einem andern seine Arbeiter ablocken, ihn durch höhere Miethe aus der Wohnung treiben, oder ihm anderweit seine Nahrung entziehen darf. Wir finden diese Bestimmungen schon in der alten Ordnung des Schmiedeamts (1312?). Sie wiederholen sich dann in der Rolle des Schilderamts 1484; in der alten Verpflichtung der Schuhmacher; in derjenigen der Weißgerber von 1563; bei den Kupferschmieden 1619; in den Privilegien der Tischler von 1559 u. s. w. Später nimmt dann diese Verpflichtung eine noch strengere Gestalt an, und wendet sich auch gegen die Kunden. Im Schilderamte ist's eine der Hauptregeln, daß in einem „verbotenen Hause" kein anderer Meister arbeiten darf; verboten wird aber jedes Haus, in welchem ein Meister unbezahlte Arbeit hat. Diese Fälle beschäftigen das Amt während des 17. Jahrhunderts fortwährend; ja es entsteht sogar die Streitfrage, ob durch Aeußerung (Concurs) dieses Verbot des Hauses aufgehoben werde, wenn der Glaser aus dem Concurse das Seinige nicht erhalte. Der Rath entscheidet gegen das Amt (1670) und nun wird bestimmt: Jeder Glaser solle mindestens alle zwei Jahre mit seinen Kunden Richtigkeit machen; thut er das nicht, so darf ein anderer Glaser auf Beschickung die Fenster machen; aber der, welcher unbezahlte Forderung

hat, soll dann sofort klagen. Eine andere, auf den Grundgedanken der Gleichberechtigung aller Genossen recht entschieden
hindeutende Ausdehnung dieser Grundsätze ist es, wenn nach
den Regeln des Pelzer-Amts von 1639 jeder Amtsbruder bei
einem Ankaufe, der mehr als einen Schilling werth ist, einem
Andern mit zum Kauf zulassen muß, worauf dann 1705
weiter beschlossen wurde, alle Felle, welche in der Stadt vor-
fielen, ohne Ausnahme für das Amt aufzukaufen und solche
durch des Amts Felleschreiber unter das ganze Amt gleich
vertheilen zu lassen. So durften auch nach dem Vertrage von
1714 Schuhmacher und Lohgerber im Fellhandel sich nicht
benachtheiligen, in der Stadt kein Fell auf dem Viehe kaufen,
nicht mehr Leder und Lohe kaufen, als jeder selbst verarbeitete und
keinen andern im Kauf stören, sondern vorbeigehen oder darum
loosen. Dahin gehört ebenfalls, daß 1715 von den Weißgerbern beschlossen wird, wer einem Amtsbruder in „seinen
Schnitt", den er mit einem Knochenhauer habe, falle, solle
dem Amte eine Tonne Bier geben und die Felle fahren lassen.

Zu derselben Classe von Bestimmungen gehört das Verbot fremden Stoff zu verarbeiten. Wir begegnen demselben schon in den alten Ordnungen der Lohgerber, welche
verbieten, für einen Knecht zu gerben, es sei denn, daß dieser
das Amt habe. Dann untersagt die Rolle des Schilderamts
1484 ausdrücklich den Malern, andern Leuten ihre Farben zu
vermalen, oder ihr Gold zu verlegen, den Sattlern und
Hamnachern fremdes Leder, den Glasern fremdes Glas oder
Blei zu verarbeiten; und die Verträge über den Herrenbäcker
(1496), die Bäckerei des Johannis=Capitels (1501, erneuert
1519), über die Befugniß des Klosters Gertrudenberg, einen
eignen Schuhmacher zu halten (1491), gehören in dieselbe Reihe.
Das ursprüngliche Verhältniß, wo der Besteller den Stoff
selbst liefert, mochte eben um diese Zeit den aufstrebenden

Zünften besonders unangenehm werden. Rechnungen des Klosters Gertrudenberg beweisen aber, daß die Kunden doch gern die verbotenen Stoffe lieferten und die Zunftgenossen dann auch jene Bestimmungen nicht allzu streng hielten; und dieser Kampf dauerte denn auch mit größerem oder geringerem Erfolge fort. Schon die alte Verpflichtung des Schusteramts verbot bei Verlust des Amtes von fremdem Leder Schuh zu machen, es sei denn Sämisch oder Corduan. Man strafte aber 1623 einen solchen Fall doch nur mit 6 ℳ, obwohl man den Schuldigen wegen Meineids meinte aus dem Amte weisen zu können. 1637 wurde, um Mißtrauen zu vermeiden, untersagt, in andern Bürgerhäusern Corduan, Trip oder Sämisch Leder zuzuschneiden. Aber 1639 ging man weiter und beschloß dann auch, daß keiner für einen Kramer, oder einen andern als einen Gildebruder Leder, Corduan oder Trip verschneiden und verarbeiten solle. Als um 1650 und 1664 die Dominicaner einen Schuhmacher ihr eignes Leder zu verarbeiten gaben, befahlen die Gildemeister solches wegzunehmen, wenn es dem Meister gebracht werde. In ähnlicher Weise suchten dann auch andere Aemter sich Handwerksvortheile zu verschaffen. Die Schneider konnten es dahin nicht bringen, obgleich ihnen in alter Zeit der Tuchhandel freistand.[1] — 1580 beschlossen die Schmiede kein Eisenwerk pfundweise zu machen außer Anker, Gitter, Stangen, Pfannen von drei Fuß oder anderes schlechtes Eisenwerk, und zwar zu bestimmten Preisen, die man aus Vorsicht nicht ins Protocoll schrieb. Stiegen die Eisenpreise, so wollte man heraufgehen. Auch verbot man keinem, theurere Preise zu rechnen. Wenn aber ein Dritter das Eisen lieferte, solle der Schmied doch den Feuerverlust selbst tragen. Man einigte sich, dieses geheim zu halten.

---

[1] Statut von 1480 über das Wandschneiden der Müllner.

Jeder halte sein Wort! setzt das Protocoll hinzu. So kam man allmälig auch hier immer weiter. Die Schuhmacher gingen in ihrem Kampfe gegen die Lohgerber so weit, daß sie 1690 beschlossen, Niemand solle Leder verarbeiten, das er nicht selbst getauet habe. Allein damit war ihnen nicht zu helfen; es fehlte der Mehrzahl an Capital und so fiel der schon oben angeführte Vertrag, durch welchen nach langem Streite die Schuhmacher und Lohgerber 1714 ihre Verhältnisse gegen einander ordneten, doch zu ihrem Nachtheile aus.

Ungleich eigenthümlicher sind die Bestimmungen der Westphälischen Kupferschmiedeordnung von 1619 wegen der mancherlei Beziehungen des Handwerks zum Handel und zu dem mechanischen Betriebe der Kupferhämmer. Dem Handel gegenüber wird hier bestimmt, daß kein Meister den Kesselführern Braupfannen zum Verkauf und eben so wenig dergleichen oder auch Kessel von deren eignem, neuem Kupfer machen soll. Auch soll den Kaufleuten und Kesselführern nicht auf deren eigener Werkstatt gearbeitet werden. Sollte ein Kaufmann oder Kesselführer einem Meister geschmiedetes Kupfer bringen, das verdächtig wäre und dem Handwerk zum Despect gereichen könnte, so soll er denselben warnen und nicht mehr für ihn arbeiten. Kein Meister soll den Kaufleuten und Kesselführern seine zum Handwerk gehörige Waare zu Kauf bringen, es sei denn auf freiem Markte. Kein Meister soll den Kesselführern billiger arbeiten, als den Centner für 8 ₰, und keiner soll den Centner billiger verkaufen, als 28 ₰ in Cölnischem und 29 ₰ in schwerem Gewicht. Nur den Bremischen Meistern ist verstattet zu 7 ₰ in Species zu arbeiten. Kein Meister darf Braupfannen oder Braukessel flicken pfundweise, es sei denn, daß ein neuer Boden oder ein Stück von ½ oder ¼ Centner eingesetzt würde. Es darf aber in diesem Falle doch nur das neu eingesetzte Stück gewogen werden. Uebrigens darf kein

Meister einen andern bei jemand, mit dem derselbe in Arbeit und Vertrag steht, ausstechen; und wenn ein Kesselführer mit einem Meister handelt und diesen nicht befriedigt, so darf kein anderer, der dieses weiß, mit jenem Geschäfte machen; es sei denn, daß der Kesselführer zuvor nachwiese, daß der Meister bezahlt sei. Wer auf eine Kupfermühle ziehen will, soll das Handwerk gelernt haben, und sich unter die Schenke (das Geschenk) begeben. Er darf solche nicht vor Ablauf eines Jahres und nur nach halbjähriger Kündigung verlassen. Wer ohne des Mühlenherrn Vorwissen die Mühle verläßt, Meister oder Gesell, der soll für unredlich gehalten werden, bis er sich wieder einstellt und vom Handwerk strafen läßt. —

Zu diesen Bestrebungen, dem Handwerk gegen den Handel und einen durch denselben zu vermittelnden Fabricationsbetrieb eine möglichst selbständige und gesicherte Stellung selbst da zu erhalten, wo der Handel die Arbeit schaffen muß, gehört denn noch die Bestimmung der alten Lohgerber=Ordnung, daß kein Gildebruder von einem außer dem Amte gesessenen Geld nehmen darf auf Halbwinnung, noch ihm verstatten darf, in seiner Bude zu handthieren. Ueberall aber liegt neben diesem Streben, den Handel zu verdrängen oder zu beschränken, doch auch dasjenige, dem Gewerbsbetriebe der Zunft den Charakter der Redlichkeit und Treue im Handel und Wandel zu erhalten.

So muß von Alters her der Schlosser geloben, keine Schlüssel zu machen, davon Unwillen kommen könnte. Die Kupferschmiede dulden es nicht, daß alte Waare verarbeitet werde, davon das Handwerk in Unehre kommen könnte; und als 1613 ein Münsterländer in Osnabrück nach dem Brande verbranntes Kupfer, Poltspeise, Zinn und Messing aufkauft, wird er vom Schmiedeamte gestraft. Eben so wenig leiden die Kupferschmiede, daß an den auf Gewicht gearbeiteten Sachen

Eisen oder Blei heimlich angebracht sei; öffentlich es zu verkaufen, steht frei. Eine ähnliche Aufsicht wird auch darüber geübt, daß gelieferter Stoff nicht unnütz verdorben werde, wie denn der Schmidt den Feuerverlust am gelieferten Eisen selbst tragen muß und sogar ein Schneider, der die Arbeit verpfuscht, vor dem Amte und vor den Elf Aemtern verklagt wird.[1]) Eben dahin gehört auch die Zinnprobe der Zinngießer, welche das Schmiedeamt 1579 festsetzt, so wie die Silberprobe 1483 durch den Rath bestimmt wurde; und in gleicher Weise die Verpflichtung der Kramer, bei ihrer Seelen Seligkeit und einer Mark Strafe rechtes Maaß und rechtes Gewicht zu haben.[2])

Der eigentliche Mittelpunkt aller dieser Bestimmungen sind aber ohne allen Zweifel die Marktordnungen. Wie das Handwerk zunächst auf dem Markte in den Buden und Gademen seinen Verkehr hatte: so haben sich hier in der Oeffentlichkeit des Marktlebens die Satzungen gebildet, die wir später auch bei dem so wichtigen Beziehen der Landmärkte finden, und die uns auch noch in späterer Zeit und in engen Verhältnissen vollständig das Bild desjenigen Verkehrs wiedergeben, aus welchem auf den großen Handelsplätzen des Mittelalters zu Brügge, London, Wisby u. s. w. sich die Hansen entwickelten. So wie diese Hansen in der Fremde den Bund der Städte im Gefolge hatten, aus denen jene Händler kamen, eben so erwuchs auch in dem engen Kreise der Landmärkte Westphalens der Westphälische Städtebund, dessen ersten Keim wir in dem Marktbündniß von Münster, Osnabrück, Minden und Herford von 1246 vor Augen haben.

Die Regeln aber, die wir in späterer Zeit für den Markt-

---

[1]) Protocoll der Elf Aemter von 1622.
[2]) Amtsrolle von 1467.

bezug finden und die sich innerhalb des Stifts Osnabrück
auch im 17. Jahrhunderte noch, wie 1246 bestimmt worden,
nach Osnabrücker Gebrauch richteten, sind folgende. Niemand
darf ungewöhnliche, mithin nicht unter der Aufsicht und dem
Schutze der Zunft stehende Märkte besuchen. Im 16. Jahr=
hundert war das Beziehen von „Beimärkten" gewöhnlich ge=
worden. Dies bewog die Wandschneider 1580 die erlaubten
Märkte vertragsmäßig zu bestimmen; auch die Verpflichtungen
der Pelzer setzen den obigen Satz ausdrücklich fest. Wer dann
zum ersten Male einen solchen Markt bezieht, muß den Gilde=
brüdern „die Heuse zahlen;" wer sich dessen weigert, verfällt
in eine nicht unerhebliche Strafe gegen jeden der gegenwär=
tigen. So bestimmt es die alte Verpflichtung der Schuh=
macher, und die Strafe wird von den am Amte gegenwärti=
gen Meistern in bestimmter Ordnung nach der Reihe der
Stände vertrunken (Schuhmacher=Amtsbuch 1658). Wenigstens
bei den kleineren Zünften (nach dem Schlusse der Kürschner
von 1574) war es dann der Gebrauch, daß der Gildemeister
vor dem Markte das Amt auf das Rathhaus laden ließ; hier
mußte jeder Amtsbruder die Waare angeben, die er zu Markte
zu bringen dachte. Wer nicht kam, verfiel in Strafe. Nach der
Menge der angemeldeten Waare bestellte dann der Gildemeister
die Wagen. Das Strafgeld wurde zu den Fuhrkosten ver=
wendet. Auf dem Markte selbst durfte niemand mehr als Ein
Rick haben, wie dies in Uebereinstimmung mit der alten
Verpflichtung der Schuhmacher auch noch 1715 von den
Weißgerbern festgestellt wurde. Beim Pelzeramt scheint gemein=
schaftlich „gelattet" und die Plätze verlooset zu sein; wer zu
spät kam, mußte mit dem untersten Platze vorlieb nehmen.
Waren nun die Plätze vertheilt und die Waare ausgehangen,
so wählte der Gildemeister oder der älteste gegenwärtige Amts=
bruder etwa 4 Meister, welche die Waaren besehen mußten, ob

es gutes Werk sei. Schlechte Waare wurde gestraft, die Strafe entweder zum gemeinschaftlichen Fuhrlohn verwandt oder vertrunken. Schon im 15. Jahrhundert führte freilich dies Verfahren zu manchen Händeln. Um 1430 hatte ein Bürger von Osnabrück, Cord Kloffeumaker, auf dem Martini-Markt zu Minden Schuh feil gehabt, die so gethan waren, daß man sie nicht für gut verkaufen konnte. Die Gildemeister von Minden nahmen sie weg; er schimpfte, wurde gestraft und erhob nun Klage am Vehmgericht zu Mühbendorf. Aber der Gildemeister war selbst ein Wissender und der Rath zu Minden verlangte von Osnabrück, daß die Klage abgestellt werde. Noch im 17. Jahrhundert bestanden dieselben Ordnungen. 1642 auf Gesmolder Markt wollten die Herforder Schuster sich nicht nach Osnabrücker Gewohnheit halten, sondern hingen Morgens mit Sonnenaufgang ihre Schuhe auf. Die Osnabrücker nahmen sie dreimal ab, bis es rechte Zeit sei und pfändeten, da jene nicht nachließen, 2 Paar Schuhe auf ein Recht; was denn zu Schlägerei und Klagen vor dem Amtmann¹) führte. 1658 auf Iburger Markt wurden einige Gildebrüder verhanset, einige wegen untauglicher Arbeit bestraft. Das Geld sollte nach dem Brauch auf Märkten vertrunken werden nach der Reihe der Ricke; was jeder daun bekommen konnte, damit mußte er vorlieb nehmen. Nun aber trat einer aus der Reihe vor das Rick des Gildemeisters, der den ersten Trunk hatte, und forderte Antheil, wollte sich nicht strafen lassen und schimpfte. Zu Hause wurde er dann vom Amte gestraft. 1669 hatte auf dem Vechter Markte Heinrich Meier ein Paar Schuhe von altem Leder aufs Rick gehangen. Die zwei Gildebrüder, welche die Schuhe besahen, nahmen sie weg

---

¹) Gesmold war damals Domaine, daher hatte der Amtmann zu ichten.

und straften den Verkäufer um einen Ortsthaler. Er nahm die Schuhe mit Gewalt wieder und hing sie auf; dafür aber strafte ihn zu Hause das Amt auf ⅔ Tonne Bier.

Solche Zuchtlosigkeit war aber der zünftigen Ordnung sehr zuwider. "Wenn die Pelzer zur Herberge kommen, heißt es in ihrer Marktordnung:[1] so setzt man sich nach des Amts Gerechtigkeit. Das steht fein und ehrlich; die Gildebrüder nach dem Alter im Amte, dann die Frauen, dann die Gesellen, dann die Jungen, endlich die Mägde. Das soll alles wohl gehalten werden; so hat man Ehre und Ruhm davon." —

Ueberhaupt war im Innern der Zünfte alles nach sehr strengen Formen geordnet, von denen ungestraft nicht abgewichen werden durfte. Niemand durfte in der Versammlung reden ohne Erlaubniß, niemand einen andern Platz nehmen, als der ihm gebührte. Selbst die anscheinend bedeutungslosesten Dinge in Sitte, Kleidung und Leben hatten ihre feste Form, von der abzuweichen nicht erlaubt war. Diese Strenge, welche dem heutigen Wesen und Ansprüchen an Freiheit so sehr widerspricht, war nothwendige Bedingung der Freiheit und Selbstregierung dieser Genossenschaften, denen es wohl bewußt war, daß ohne dieselbe keine Ordnung unter den rohen und leidenschaftlichen Gemüthern zu erhalten, ohne Ordnung aber auch keine Kraft zur Erhaltung der Freiheit denkbar sei; während wir der Freiheit und ihrer Bedingungen ungewohnt nur zu gern die Ungebundenheit des Einzelnen an die Stelle setzen. Gehorsam gegen die Beschlüsse der Zunft und die Gildemeister, Geheimniß über diese Beschlüsse und die Pflicht, das Recht des Amtes überall zu schützen und zu stärken, bilden deshalb auch die Grundlage der ganzen innern Verfassung und stehen in dem Gelöbnisse, daß jeder neu auf-

---

[1] von 1574 im Buche des Kürschner-Amts.

genommene Meister ablegen muß, von Alters her nicht nur in Osnabrück, sondern auch in allen andern Städten,[1] oben an. So soll nach den alten Artikeln der Genosse des Schmiedeamts geloben: Was er bei dem Amte sieht und hört, niemand zu offenbaren als seinem Gildebruder; fest zu halten, was man eins wird zu behuf des Amtes, auch seinen Gildemeistern gehorsam zu sein in allen gebürlichen Dingen; was man sieht, das dem Amte zuwider ist, anzubringen, was dem Amte günstig ist, stärken zu helfen und desselben niemals zu vermindern, sondern zu verbessern. So geloben die Schuhmacher dem Gildemeister gehorsam zu sein; die Weißgerber in der Versammlung still zu sitzen und zu hören, was die Gildemeister vortragen, und darnach nach der Reihe des Alters die Meinung zu sagen, Eingriffe nicht zu verschweigen, im Auftrage der Gildemeister Hülfe zu leisten, den Gildemeistern zu gehorchen und über Amtssachen zu schweigen. Eben so gebietet die Rolle des Schilderamts, daß jeder verspreche, alle Punkte dieser Notel zu halten, nicht weiter zu sagen, was in des Amtes Acht geredet worden, oder sich den Brüchten zu unterwerfen. Wer ungehorsam wäre und die von den Gildemeistern auferlegten Brüchten weigerte, der soll gefragt werden, ob er sich in des Amts Gnade geben wolle. Will er das nicht, so soll man ihn verklagen bei den großen Gildemeistern. Und dann wieder heißt es: Wer einen Meineid schwören würde, der soll unsers Amtes nicht würdig sein. Alle jene Gelöbnisse aber wurden eidlich übernommen und jeder Bruch als Meineid betrachtet.

---

[1] Vgl. das Buch des Münsterschen Schuhhauses. Nisert Urkund.-Samml. Bd. III. p. 240. 289. Gildebrief der Schuhmacher zu Höxter von 1378. Bei Wigand, denkwürdige Beiträge, p. 140. Dortmunder Sechs-Gildenrecht bei Jahne. Gesch. von Dortmund III. p. 221. 224. 245 u. s. w.

Zweimal im Jahre war der Gebrauch Morgenſprache zu halten vor Mittags, damit alles bei nüchternem Muthe zugehe.¹) Auf dieſer wurden des Amts Beſchlüſſe und Roteln verleſen und dem Amte alle alte und neue Gewohnheit und Gerechtigkeit vorgelegt. Zugleich wurden alle kleinen Brüchten eingefordert und kleine Händel abgethan. Wegen wichtiger Sache ſtand den Gildemeiſtern zu, das Amt auch zu andern Zeiten fordern zu laſſen und die Sachen zu ſchlichten; doch ſollten dieſe ſo viel als thunlich auch auf die Morgenſprache verſchoben werden.

Gildemeiſter als Vorſteher der Aemter finden wir ſchon in früher Zeit, da im Jahre 1297 die Widerſetzlichkeit und Strafe der Backamtsgildemeiſter in das Stadtbuch eingetragen wurde. Von dieſer Zeit an werden ſie ununterbrochen als Vorſteher der Aemter und bald auch in einer bedeutenden politiſchen Stellung angeführt. 1369 bildeten ſie bereits eine Genoſſenſchaft, welche hauptſächlich die Vertretung der gewerbtreibenden Bürgerſchaft zum Zwecke hatte.²) Daß ſie von jeher durch die Aemter frei gewählt wurden, können wir nicht bezweifeln. Die erſte Nachricht über die Wahlordnung aber enthält die Rolle des Krameramts vom Jahre 1457. Wie bei allen Osnabrückiſchen Wahlen entſchied auch hier nicht die Mehrheit der Genoſſen, ſondern ein Kür. Zwei Gildemeiſter hatten ſich über zwei Gildebrüder zu einigen, und zwar über unbeſcholtene Leute (berve Mans), welche dann ihrerſeits vier andere unbeſcholtene Gildebrüder erwählten, die erſt

---

¹) In Hannover pflegte man ſchon 1360 die Morgenſprache Nachmittags zu halten. Das wurde aber von Minden, wo Hannover zu Haupte ging, getadelt. Vgl. das Hannoverſche Stadtrecht. Vaterl. Archiv, Jahrgang 1822, p. 435, 436. Es ſollte eine „nüchterne" Morgenſprache ſein.

²) Geſch. des Hochſtifts Osnabr. p. 243.

einen Eid leisten mußten, daß sie nach bester Einsicht ohne Rücksicht auf Lieb und Leid wählen wollen, und dann die neuen Gildemeister zu erwählen hatten.¹) Nach einem Statut von 1463 durfte keiner zum Gildemeister gewählt werden, als der des Amtes erfahren war und dasselbe geübt hatte, nach Entscheidung des Raths. Ueberdies verlangte man, daß der Gildemeister freier ehelicher Geburt, auch mit keiner berüchtigten Person verheirathet und selbst guten Wandels sei. Es wurde jährlich gewählt; allein wer nur Ein Jahr Gildemeister gewesen, mußte noch Ein Jahr Gildemeister bleiben, vorausgesetzt, daß er dem Rath und dem Amte nützlich war. Aus diesen Grundzügen hatte sich dann ein höchst künstliches und verwickeltes Wahlsystem gebildet,²) dessen Grundzüge folgende waren. Jedes Amt hatte wenigstens 3 und höchstens 4 Gildemeister, welche lebenslänglich abwechselnd in der Regierung waren, also daß jedes Jahr Einer aus- und ein Anderer eintrat. War durch Eintritt eines Gildemeisters in den Rath oder durch Absterben eine Vacanz entstanden, so stand es, wenn dies vor Johannis geschehen war, dem Kür frei zu wählen oder einen Abgegangenen „beizubitten." Diese Ordnung hielten die Elf Aemter mit großer Strenge aufrecht. Waren, was nicht selten der Fall, Fehler begangen, so wurde die Wahl cassirt, das Amt gestraft und mußte ein neuer Kür gesetzt werden, in den diejenigen, welche die Ordnung verletzt, nicht wieder kommen durften. Wurden auch jetzt aufs neue

---

¹) 1650 konnten im Schuhmacher-Amte die vier Gildemeister sich über den Kür nicht einigen, deshalb wurde nach altem Brauch der fünfte beigekohren; daß dieser erzählt, was im Kür vorgekommen, wurde als Eidbruch angesehen. Im Kürschner-Amte bildeten nach einem Schlusse von 1668 die vier ältesten den Kür.

²) Vgl. Liges der Elf Aemter Freunde von 1767 über die Gildemeister-Wahl.

Fehler begangen: so konnten die Elf Aemter dem Amte die Wahl für diesmal ganz nehmen und selbst einen neuen Gildemeister setzen.[1]

Die Gildemeisterwahl war das wichtigste Geschäft des Amts. Deshalb wurden die Gildebrüder vertagt in ihren besten Kleidern und bei der höchsten Strafe.[2] Der Schmaus, den ein neugewählter Gildemeister auf dem s. g. alten Rathhause zu geben hatte, und dessen Maaß ein Beschluß der Elf Aemter vom Jahre 1566 zu beschränken suchte, wurde mit solcher Feierlichkeit gehalten, daß die Wache vor den auf das alte Rathhaus ziehenden Amtsbrüdern ins Gewehr treten mußte.[3] Nach dem 17. Jahrhundert aber wurden diese Festlichkeiten mehr und mehr beschränkt. Man zahlte der Regel nach für diesen „Dienst" ein Dienstgeld, das dann, wenn sich mehrere gesammelt, verzehrt wurde;[4] und 1702 verließ ein zum Gildemeister erwählter Weißgerber gar die Stadt, um das Dienstgeld nicht zu zahlen.

Den Gildemeistern zur Seite standen in früherer Zeit einige Schäffer (Schaffner), welche von denselben ernannt wurden und besonders die Zunftmahlzeiten und Feste zu ordnen hatten. Später verschwand dieses Amt, dagegen traten andere an die Stelle, denen polizeiliche Geschäfte oblagen, Feuerschauer, Brodschauer u. dgl. Das Krameramt hatte auch seine Weinprober, um den Wein für die Mahlzeiten auszuwählen. In den größern Aemtern aber bildete sich allmälig ein Collegium der Aeltesten, denen etwa besondere Vortheile

---

[1] Elf Aemter-Protocoll von 1624.
[2] Schluß des Kürschner-Amts von 1568.
[3] 1678 beschwert sich das Krameramt über Unterlassung dieser Ehrenbezeugung.
[4] Schuhmacher-Amtsbuch 1658. 60. 63. Ein Gildebruder, der sich dabei besonders was gütlich thut, wird gestraft.

aus dem Zunftvermögen zu Theil wurden und die man bei den Geschäften hauptsächlich zu Rathe zog; wie denn auch die Elf Aemter nach dem Zeugniß der Aeltesten die Gränzhändel zu schlichten pflegten. Alle diese Aemter wurden mäßig mit größern oder geringern Genüssen und Gebühren vergütet; die Genossen waren im Ganzen wenig geneigt, ganz ohne Vergütung irgend welche Leistungen zu übernehmen.¹)

Nach altem Gebrauche war aber der jüngste Genosse des Amtes, mochte er Meisters Sohn oder fremd sein, der Bote oder Knecht der Gildemeister, mußte bei den Gelagen aufwarten und willig die Aufträge der Vorsteher vollziehen. Erst später haben die größern Aemter angefangen, besondere Boten aus der Zahl der geringeren Meister zu ernennen.²)

Den Gildemeistern lag es nun ob, nicht nur auf die zünftige Ordnung des Gewerbsbetriebs und des Verhältnisses von Meistern und Gesellen zu achten, sondern namentlich das Vermögen, die Anstalten und Stiftungen und die sonstigen gemeinsamen Gebräuche, Ordnungen und Pflichten der Zunft aufrecht zu halten. Aus jenem Theile ihres Geschäfts entwickelte sich die Art der Gewerbspolizei, welche auf den Märkten geübt wurde. Allein auch außer Marktzeit duldete man nicht, daß schlechte Waare gefertigt wurde. 1642 entstand Klage über den Sattler Klodt, daß er Sättel für zwei Thaler

---

¹) Freilich ist allmälig manches zu Emolumenten geworden, was ursprünglich ganz andere Bedeutung hatte. So haben die Opfergelder ursprünglich wohl die Bestimmung, jeden zu einem angemessenen Kirchenopfer in Stand zu setzen. Die bekannten 12 Hemden für die 12 Aeltesten des Krameramts aber rühren aus den Stiftungen der Wittwen Geseke Vordesche (1452) und Elseke Böbelers (1502) her und sollten den Armen vertheilt werden; eben so wie die 12 Paar Schuhe der Wandschneider. S. unten.

²) Die Krameramts-Rolle von 1457 erwähnt schon einen Boten.

mache und damit das Handwerk verhudele. Er behauptete, die Arbeit sei gut für das Geld; allein die Kläger blieben dabei, daß ihre Ehre in andern Städten leide. Man einigte sich endlich dahin, Meister aus andern Städten entscheiden zu lassen. So wurde auch 1622 über verpfuschte Schneiderarbeit Klage an das Schneideramt, und da dieses nicht half, an die Elf Aemter gebracht.

Das Krameramt befahl schon in seiner Rolle von 1457 die Genossen bei ihrer Seelen Seligkeit rechtes Maaß und rechtes Gewicht zu gebrauchen. Auch wurde der Ankauf gewisser Waare zwischen Weihnachten und Ostern verboten und überall aller Handel an allen Sonntagen und Festtagen untersagt, mit alleiniger Ausnahme desjenigen, was zur Speise oder zur heiligen Kirche gehört, was für Kranke und Schwangere bestimmt ist und des Papiers, Pergaments und Siegelwachses zu nothwendigem Gebrauche. Später aber dehnte das Amt seine Aufsicht ungleich weiter aus. 1651 gab dasselbe an: Es sei bei ihnen und ihren Vorfahren löblich und wohl hergebracht, daß alle betrüglichen, falschen und untauglichen Waaren, wo man sie betreffen könne, weggenommen, und die sie verkaufen, mit schwerer Strafe belegt werden. Auch fehlt es nicht an Beispielen, wo Gildebrüder wegen schlechter Waare vom Amte zur Strafe gezogen wurden.

In dieser polizeilichen Bedeutung der Zünfte gehören denn auch die Aemter der Feuerschauer bei Schmieden und Bäckern, um die Feuersgefahr abzuwehren, die Revision der Gemäße und Gewichte, welche das Krameramt vornahm, die Bestellung der Brodschauer aus eben diesem Amte um die Bäcker, der Honigseimer um den Honighandel in Ordnung zu erhalten. Doch tritt bei den letztern Geschäften schon die polizeiliche Einwirkung des Raths hinzu, welche überhaupt bei Bäckern, Schlachtern und der Aufsicht auf die Hauptpro=

dukte und Stapelwaaren der Stadt, Tuch und Leinwand, das Uebergewicht behauptete. Davon, so wie von der Pflicht zur Brandhülfe soll unten die Rede sein; hier mag nur noch diejenige gesellschaftliche Verpflichtung, auf welche bis zu neuester Zeit hin das größte Gewicht gelegt worden, die Pflicht zum Leichenbegängniß der Genossen erwähnt werden.

Das hohe Alter dieser Pflicht, nicht nur den Genossen, sondern auch deren Kindern und selbst deren Gesinde die letzte Ehre zu erweisen, ergiebt sich mit Bestimmtheit aus der Anordnung der Leinwebergilde vom Jahre 1347, welche aus den bisher verzehrten Strafgeldern Lichter zum Begängniß, Spenden für die Armen und zwölf Seelmessen jährlich am St. Maternus-Altar im Dome zu lesen stiftet. Was hier bei einer der geringsten Zünfte eingerichtet wurde, hatte ohne Zweifel bei den bedeutendern längst bestanden, und so finden wir denn nicht nur im Vertrage der Backämter der Alt- und Neustadt von 1413 die Bestimmung, daß die Aemter sich gegenseitig zum Begängnisse nicht zu folgen brauchen, sondern es wird auch noch in den Rollen des Kramer- und Schilderamtes von 1457 und 1484 gerade dieser Gegenstand mit besonderer Ausführlichkeit behandelt. Zu den Begräbnissen, welche im Krameramte nur auf die Gildebrüder und deren Frauen, im Schilderamte aber auch auf Kinder, Knechte und Mägde bezogen werden, hielten die Aemter Lichter und Sargbecken (Boldok). Jeder Genosse ist verpflichtet, sich zur rechten Zeit einzufinden und die Leiche zu begleiten, alles bei erheblicher Strafe. Niemand darf sich weigern, den Todten zu tragen — was später als besondere Pflicht der Jüngsten erscheint. — Niemand darf vor der Entlassung vom Leichenzuge weggehen. Einige Tage später wird das Begängniß gefeiert, wozu jede Zunft ihre besondere Bruderschaft mit irgend einem Altar hat. So die Leinweber mit St. Maternus-Altar im Dome, die

Krämer mit dem Convent zu Natrup, die Schilderer mit den Augustinern, die Tuchhändler zu St. Marien. Hier muß geopfert werden, sowohl auf dem Altar für den die Seelmessen lesenden Priester, als auf den Span für die Armen. Sowohl Männer als Frauen und Wittwen sind verbunden zu erscheinen. Der Abwesende muß sein Opfer schicken; wer das versäumt, wird nicht zu des Amts Gesellschaft gelassen, bis er seine Strafe erlegt. Außerdem wird noch an einem bestimmten Tage jeden Jahres die Memorie aller Verstorbenen an dem bestimmten Altare und nachher eine festliche Mahlzeit sämmtlicher Männer und Frauen gehalten. Zu diesen kirchlichen Feierlichkeiten wird dann auch das Wachs verbraucht, dessen Lieferung eine der ältesten und allgemeinsten Leistungen der in die Zünfte neu Aufgenommenen in allen Städten zu sein pflegt. In einer Rechnung des Schuhmacheramtes von 1527 bildet das Verfertigen der Lichter aus diesem Wachs eine Hauptausgabe. Sogar die Gesellen haben für sich ihren Wachsvorrath, der zu gleichen Zwecken gebraucht wird.

Ueberhaupt waren diese Begräbniß-Brüderschaften während des Mittelalters sehr dem Sinne des Volks entsprechend. Die sämmtlichen früher erwähnten Brüderschaften, welche unter verschiedenen Namen und zu verschiedenen Kirchen und Altären der Stadt gestiftet waren, bezogen sich zunächst auf dieses Begräbnißwesen. Gegen das Ende des 15. Jahrhunderts, wo überhaupt die mystische Richtung über die rohe Feindseligkeit gegen die Kirche, welche im 14. und Anfangs des 15. Jahrhunderts geherrscht hatte, wieder ein Uebergewicht gewonnen, gefiel man sich darin, neue Brüderschaften der Art zu bilden. Dahin gehört namentlich die Brüderschaft der Elf Aemter von 1491 zum Natruper Convente, welche so strenge gehalten werden sollte, daß der Ungehorsame sogar sein Amt nicht sollte üben dürfen, bis er Genugthuung geleistet hatte. Man wirkte gern mit, um kirchliche Feste zu verherrlichen. Bei einer Proceffion am Freitage vor Pfingsten lohnte das Schuhmacheramt Männer, die im Harnisch mitgingen, während andere die Kerzen des Amts begleiteten. Der Tag der Hauptherrn der Zunft Crispin und Crispinian wurde mit besonderer Feierlichkeit begangen. Man schmückte das Fest mit Kränzen u. s. w.

Die Reformation brach allerdings die äußere Form dieser Gebräuche. Die Mittel der Brüderschaften wurden vielfach zu andern Zwecken verwandt. Sie selbst bestanden fort. Bonnus zählte sogar auf ihre Hülfe für die Durchführung seiner Kirchenordnung, und noch 1625 wurde zur Zeit ansteckender Krankheit die Laurentius-Brüderschaft zur Verbesserung des Begräbnißwesens gestiftet. So hielten auch die Zünfte fest an ihrer Sitte, wenn auch die Seelmessen und Memorien wegfielen. Man schloß die Feierlichkeit jetzt mit stillem Gebete und Niemand durfte nach Hause gehen, ehe er in der Kirche sein Gebet verrichtet und geopfert hatte. Die Pelzer bestimmten 1548, daß wegen der geringen Zahl ihrer Zunft auch Söhne und Knechte zum Begräbniß geladen werden sollen. Die Weißgerber ordneten ihr Begräbnißwesen aufs neue 1563, die Kramer 1564, Schuhmacher 1574. In diesen neueren Bestimmungen tritt bereits einige Fürsorge wegen Ansteckung hervor. Aber die Elf Aemter erklärten dennoch, als 1636 eines Schilderamtsgenossen Tochter in Gülichs Hause an der Pest (so heißt jede ansteckende Krankheit zu jener Zeit) gestorben war und von den Kramern begraben werden sollte, daß jedes Amt seine Todten selbst begraben solle, in wessen Dienst sie auch gestorben sein möchten. Dieses Begräbnißwesen der Zünfte bildete, so lange die alte Verfassung bestand, eine der äußerlich bedeutendsten Erscheinungen des bürgerlichen Lebens. Die langen Züge der Zunftgenossen sämmtlich, bis auf die Leidtragenden, in dem braunen Mantel, den der Bürger bei feierlichen Gelegenheiten trug, gekleidet,¹) ließen die Zunft vor aller Augen in ihrer vollen Bedeutung erscheinen. Eine Elf Aemter-Leiche aber, bei welcher sämmtliche Amtsgenossen der ganzen Stadt erschienen, um irgend einem Manne von besonderer Bedeutung die letzte Ehre zu erweisen, führte fast die ganze Bürgerschaft in einer Organisation, Ordnung und Haltung vor das Auge, davon die heutige Zeit keinen Begriff mehr hat. Daß das Begräbnißwesen der Zünfte, wenn auch in sehr abgeschwächter Weise, alle Zerstörungen dieses Jahrhunderts bis jetzt überdauert hat, läßt aber am besten erkennen, wie tief diese Einrichtung in dem Leben und Wesen der Zünfte begründet ist.²)

Unmittelbar an dieses Begräbnißwesen der Zünfte schließt sich dann weiter ihre Sorge für die Armen, wie solche denn auch schon in der Vertheilung des Opfers beim Leichenbegängniß, den Memorien und Festen hervortritt. Eine Beschränkung auf die Genossen der Zunft finden wir hier nicht. Selbst die Stiftung der Leinweber von 1347 sagt nur, daß 2 Pfennig werth Brod armen Leuten gegeben werden solle, und so findet sich auch in der großen Zahl von Schenkungen und Stiftungen für Arme, welche in den Urkunden oder in den Nachrichten der Stadtbücher enthalten sind, und deren nicht wenige nach bekannten persönlichen Verhältnissen auch von Gildebrüdern herrühren, keine Beziehung auf ein bestimmtes Amt. Auch da, wo sich ein vorhandenes Vermögen der Aemter zeigt, ist doch eine besondere Bestimmung für die Armen

---

¹) Nur das Krameramt suchte eine Auszeichnung durch Besatz des Kragens mit einer schmalen Goldtresse.
²) Auch die Böttcher beschlossen 1612, noch ehe sie eine Gildeverfassung erlangt, ihre Leichen zu Grabe zu geleiten, damit das desto ehrlicher und mit mehrerem Ansehn verrichtet werden möge.

der Zunft nicht zu erkennen. Im Krameramte knüpften die Armenstiftungen sich meist an die Memorienstiftungen an. Cord von Cölne, der schon 1429 seinen großen Kamp zwischen der Stadt und der hohen Mauer den Armen geschenkt, setzte 1436 zu seiner Memorie 6 ß Rente aus, ohne der Armen zu gedenken. Allein die Wittwe Gesele von Vorde (1452) und Elseke Böbekers (1502) stifteten mit den erheblichen Renten von 7 Goldgulden und 6 Mark nicht nur Memorien und Lichter in Klöstern und Siechenhäusern, sondern bestimmten namentlich, daß jährlich Hemden und andere leinene Kleidungsstücke an die Armen vertheilt werden sollten.

Der erste, welcher eine Stiftung für die Armen seiner Zunft machte, ist der Schuhmacher Wessel von Rulle. Aber selbst diese Stiftung scheint den Beweis zu liefern, daß dem Stifter die Armen und Hülfsbedürftigen überhaupt mehr am Herzen lagen, als eben seine Zunft. Schon 1392 hatte derselbe mit Gisele seiner Frau, als kinderlose, schon seit längerer Zeit wohlhabende Eheleute ihr Haus und Erbe in der Hegerstraße mit 3 ₥ 9 ß Rente, einem halben Morgen Land bei Ebinkhausen, 12 Betten und allem Hausrath zu einer gemeinen Herberge für arme, elende, wandernde Leute und Pilgrime gewidmet und dann selbst die Verwaltung dieser Stiftung übernommen. 1406 schenkten sie nun dem Schuhmacheramte ihre drei neben jenem Hause belegenen Gademe mit der Bestimmung, daß die Gildemeister darin arme Leute, welche Bürger seien, um Gotteswillen sollen wohnen lassen. Doch also, daß arme Schuhmacher jeder Zeit den Vorzug haben und je zwei arme Wittwen in einem Hause zusammen wohnen sollen. Dazu fügten sie noch eine Mark Rente, von der theils die Gildemeister auf Mittwinter jeder ein halbes Viertel Weins auf ihre Tafel, den Ueberrest aber die Armen in den Häusern haben sollen.

Dann schenkt 1461 die Wittwe Mette Pagen dem Schuhmacheramte eine Rente von 7 rhein. Gulden, davon die Gildemeister 6 für Hausarme in der Stadt, die sie für die bedürftigsten halten¹) und den einen Gulden zu behuf des gemeinen Amtes verwenden sollen. Später bestimmte sie dann noch, daß auch hiervon die Gildemeister auf Mittwinter jeder ¼ Viertel Wein haben sollen. Ferner stiftete 1482 Johann Rolefink mit 2 ℳ 3 β Rente ein Opfer für das heil. Kreuz zu Nytrup jährlich nach Alexii Tag und für den Pfarrer und Caplanei zu St. Marien auf St. Dominici Tag zu Memorien. Den Ueberschuß sollten Hausarme und die Gildemeister ein Viertel Weins erhalten. Endlich gab 1492 Heinrich Ottink 3 β Rente zu Nutz und behuf der Armen des Schuhmacheramtes, sonderlich wenn man, was Gott verhüte, zu Felde liegen müßte.

Um dieselbe Zeit schenkte Hermann Lauckschmidt, jener wohlhabende Schmiedemeister, welcher die Marienbilder, die die Fronte des Rathhauses zierten, verfertigen ließ, dem Schmiedeamt sein Querhaus auf dem Kampe von drei Wohnungen nebst 100 Goldgulden. Den obern Theil des Hauses sollte das Amt benutzen. Unten sollten arme Leute um Gotteswillen wohnen; zunächst solche von Lauckschmidts Familie, dann Amtsbrüder und wenn diese nicht vorhanden wären, andere Arme. Vom Zinse jener 100 Gulden sollten die Armen jährlich drei Gulden zu ihrer Feuerung an Holz und Kohlen haben und der Rest zur Besserung des Hauses dienen. Der Bäcker Johann Stegemann stiftete 1478 ein Marienbild im Dome, versah solches mit Renten und Kleinoden und verpflichtete das Backamt zu dessen Bewahrung. Die im Laufe der Zeit verminderte Rente ergänzte 1521 sein Sohn und be-

---

¹) der je mmen na eren besten wane des allerbest behof sy.

stimmte habe, daß das Amt einmal jährlich eine halbe Tonne Bier und re Gildemeister ein Quart Wein für die Mühwaltung 〟 genießen haben sollen. Später (im Jahr 1600) vermachte dann der Bäcker und Brauer Hermann zur Wissche mit seiner Frau Timmeke den Armen 1000 ₰ und bestimmte, daß die Gildemeister des Backamts der Neustadt, die Alterleute der Schuhmacher und die zwei ältesten Schneidergildemester, sämmtlich auf der Neustadt, davon zwei Mal im Jahre nach Johannis und vor Weihnachten den Neustädter Armen Weißbrod (das möglichst von seinen Verwandten auf der Neustadt zu backen sei) vertheilen und für sich jeder einen Thaler und insgesammt einen Thaler zu Wein erhalten sollten. Auch der Gildemeister des Lohgerberamts, Albert Brockmann, schenkte 1576 einige Häuser, welche zwar zunächst für Arme aus der Familie des Stifters, dann für solche des Lohgerber- und Weißgerberamts, wenn aber diese nicht vorhanden sein sollten, für andere Hausarme bestimmt waren. Das Schneideramt besaß ebenfalls einige Armenhäuser, und im Jahr 1619 schenkte die Wittwe von Schapen (1524 und 1531 war Egbert von Schapen (Gildemeister des Schneideramtes und Alterman) 10 ₰ Rente. In jener Zeit waren überhaupt der Armen nicht viele, und am wenigsten wohl in den Aemtern.

Allein im Laufe der Zeit machte der Geist freier Liebe und Mildthätigkeit, der in diesen Stiftungen überall sich kundgiebt, einem engen Zunftinteresse Platz. Die meisten Aemter hatten nun freilich Gelegenheit, ihre Mittel an Arme im Kreise der Zunft zu verwenden; die Brokmanns Armenstiftung, welche durch günstige Umstände in ein nicht unerhebliches Capital umgewandelt war, für dessen stiftungsgemäße Verwendung im Kreise der Aemter sich keine Gelegenheit fand, ist aber lange Zeit hindurch theilweise den Armen entzogen und als ein Eigenthum der Amtsbrüder behandelt.

Bei der Apostel-Brüderschaft der Tuchhäuer bestand die Verpflichtung jährlich auf Weihnachten 12 Paar Schuhe an Arme zu vertheilen. Allein wie man hier allmälig aufhörte in den Versammlungen gemeinschaftlich einen Trunk Wein zu thun und erst den Wein, dann seit 1628 das Geld dafür jedem Einzelnen ins Haus schickte: so vertheilte man um diese Zeit auch nicht mehr die Schuhe, sondern gab dem Einzelnen Schuhgelder, die er dann für Arme verwenden oder behalten mochte, bis man überhaupt dahin kam, alles zu vertheilen. Auch bei den Krämern werden die Hemden, welche fromme Frauen der alten Zeit für die Armen gestiftet, noch diesen Augenblick gedankenlos an die Ältesten des Amts vertheilt, die damit thun mögen, was ihnen beliebt.

Indeß ist nicht zu verkennen, daß in der Zeit des Verfalls ähnliche mit dem Gewerbeleben in keiner Beziehung mehr stehende Vortheile, Opfergelder u. s. w. am längsten die Zünfte zusammengehalten haben, daß diese Beziehungen noch am meisten dazu gedient haben, das Interesse wach zu halten, daß darin aber auch der Grund lag, weshalb die Brüderschaft, zumal der bedeutenderen Aemter, in späterer Zeit so sehr gesucht und so vorsichtig bewahrt wurde und die Gemeinde im Gegensatze der Gilde, welche erstere zu Anfang des 16. Jahrhunderts noch den bedeutenderen Theil der Bürgerschaft ausgemacht hatte, immer mehr zurücktrat.

Zu diesen Nebenvortheilen des Zunftverbandes ist nun auch ganz vorzüglich die Fürsorge für Anschaffung von Brodkorn zu zählen. Es ist natürlich, daß in der früheren Zeit bei mangelhafter Verbindung, großer Gefahr des Handels und schlechterm Betriebe des Ackerbaues jede Mißernte eine erhebliche Theuerung herbeiführen mußte. Zu Ende des 15. Jahrhunderts hatte diese Theuerung schwer gedrückt und den Rath bewogen, Korn für Rechnung der Stadt herbeizuschaffen.

Als man 1531, ein Jahr nach dem großen Brande vom grünen Donnerstage 1530, die Gildeschmäuse beschränkte, war der Hauptzweck, die Sammlung von Capitalien, welche im Kornhandel für Rechnung der Aemter und zum Nutzen ihrer Genossen angelegt werden sollten. Als 1571 dem Krameramte durch den Verkauf eines seiner nach dem Brande von 1530 billig erworbenen Hausplätze ein Capital disponibel wurde, sollte dieses hauptsächlich durch vier dazu erwählte Männer im Kornhandel angelegt und der Gewinn auf Weihnachten an die Genossen des Amtes vertheilt werden. Während des 16. u. 17. Jahrhunderts kommen diese Kornkäufe dann häufiger vor; wie denn zu dieser Zeit alle Corporationen, namentlich auch die Laischaften, herbeigezogen wurden, um Bedürfnissen zu begegnen, die heut zu Tage meist der Thätigkeit freier Vereine oder des entwickeltern Handels anheimfallen.

Beschränkter als diese, wie wir gesehen haben, ursprünglich auf allgemeiner Anordnung beruhende Verwendung des Zunftverbandes für die allgemeinen Bedürfnisse des Lebens ist die Verwendung für Zwecke des eigentlichen Gewerbebetriebes. Die ältesten Anstalten dieser Art, welche wir kennen, besaßen die Wandmacher. Zur Zeit des Aufschwungs dieses Gewerbes im Jahre 1457 erwarben sie bereits die Gretescher Mühle und richteten solche zur Walkmühle ein. Eben so betrieben sie um 1615, zur Zeit ihrer größten Blüthe, die Errichtung der Walkmühle erst am Schleifteiche oberhalb des Fledders, so wie am Weibergraben, dann endlich der Hase-[1]), so wie der Walkmühle zu Werfen. Allein der Verfall des Gewerbes hatte schon vor 1698 die Wandmacher bewogen, die auf der Umfluth der Hasemühle belegene zweite Walkmühle eingehen zu lassen, und 1698 schlossen die-

---

[1]) Jetzt die Duiell'sche Papiermühle.

selben einen Vertrag mit den Tischlern, wodurch sie diesen gegen eine Zahlung von 8 ₰ gestatteten, daselbst eine Sägemühle anzulegen. Diese scheint aber nicht lange gedauert zu haben. 1785 waren nur noch 30 Wandmacher vorhanden und es wurde der Verkauf der Hasemühle an die Stadt nothwendig. Dann ist die Wersener Mühle, hierauf um 1779 auch die Gretescher Mühle und endlich 1804 auch das dazu gehörige Redekers Erbe der Stadt verkauft. Jetzt ist nur noch ein unbedeutendes Färbehaus vorhanden, der Versuch, eine Spinnerei einzurichten, aber völlig mißlungen. Das Schmiedeamt besaß im 16. Jahrhundert eine Schleifmühle am Schleifteiche oberhalb des Flebbers; 1615 aber war auch diese bereits in eine Walkmühle verwandelt und 1622 wurde letztere Mühle zur Pulvermühle benutzt. Auch den Kohlenhandel scheint das Amt in früherer Zeit betrieben zu haben. Es waren Genossen des Schmiedeamtes, welche von Anfang des 16. Jahrhunderts bis nach der Zeit des 30jährigen Krieges den Borgloher und Oeseder Bergbau betrieben, und der Rath hatte ihnen einen Platz am Hasethore zum Magazin eingeräumt. Auch noch 1672 finden wir, daß einem Meister, der sein Kohlengeld nicht zahlte, der Blasebalg ausgegangen wurde; wahrscheinlich betrieb also auch damals das Amt noch den Kohlenhandel. Als aber 1678 Tecklenburgischer Seits angezeigt wurde, daß man das Glück gehabt habe, gute Schmiedekohlen zu finden, scheint die eingetretene Concurrenz diesem Bedürfnisse auch ohne Einwirkung des Amtes abgeholfen zu haben. Daß 1694 die Regierung vom Rathe ein Verbot an die Schmiede verlangte, Schaafberger Kohlen zu gebrauchen, hatte keinen Erfolg.[1]

Von eigenthümlichem Interesse ist das Verhältniß, in welchem nach dem Vertrage von 1631 die Kupferhämmer zu

---

[1] Rathsprotocoll vom 13. August 1694.

den Kupferschmieden standen. Der Kupferschmidt, der sich auf einen solchen setzte, sollte das Handwerk gelernt haben und sich unter die Schenke begeben. Wer vom Eigenthümer des Hammers (Mühlenherrn) den Hammer übernommen und solchen ohne dessen Vorwissen verließ, wurde für unehrlich erklärt, bis er sich wieder einstellte und der Strafe unterwarf. Kein Meister oder Gesell durfte einen Hammer verlassen, wenn er nicht wenigstens Ein Jahr auf demselben gewohnt und ein halbes Jahr zuvor gekündigt hatte. So suchte man die das Handwerk unterstützenden mechanischen Kräfte im Verbande der Zunft zu erhalten und dieselben auch seinerseits zu fördern.

Von minderer Bedeutung ist es, daß 1572 die Pelzer mit der Klövekorn'schen Mühle den Vertrag schlossen, daß diese ihnen die Wäsche auf ihrem Grunde gestatten solle, wogegen sie sich dann verpflichteten, ihre Gerste zu Bereitung der Felle auch nur in dieser Mühle schroten zu lassen.

Dagegen hat das Schuhmacher-Amt bedeutendere Leistungen zur Unterstützung des Gewerbes übernommen. Es ist oben angedeutet, welches Gewicht auf eignes Gerben, wenigstens auf eignes Tauen und Zurichten[1]) des Leders gelegt wurde. Dies veranlaßte die Schuhmacher eine eigene Lohmühle anzulegen, welche neben der Herrnteichsmühle mit Bewilligung des Domcapitels angebracht war. Im sechszehnten Jahrhundert war diese Mühle abgebrannt und hatte dann viele Jahre wüst gelegen, war aber doch endlich wieder gebaut.[2]) 1634 war sie von vielem Gebrauch abgängig und

---

[1]) 1690 nach dem obigen hatten die Schuhmacher beschlossen, daß Niemand Leder verarbeiten solle, das er nicht selbst grauet.

[2]) 1566 versprach das Schuhmacher-Amt an der Lohmühle nichts zu machen, ohne Consens des Capitels. 1575 erkannte es das Capitel als Eigenthümer der Mühle an und erklärte, daß die Reparatur demselben nicht präjudiciren solle. (Domsarchiv.)

mußte umgebaut werden. Es wurde eine Ordnung gemacht, daß jeder für seine Leute haften und Niemand mit offner Laterne Nachts in die Mühle gehen solle. Allein 1642 verbot das Domcapitel der Gefahr wegen das nächtliche Mahlen. Tags war gewöhnlich Mangel an Wasser; man beschwerte sich und das Domcapitel nahm den Schluß zurück. 1677 erhob man Beiträge zur Erhaltung der Mühle, je nach dem Gebrauch, den der Einzelne davon machte, deren geringfügiger Betrag eben nicht auf ein bedeutendes Werk schließen läßt.¹) Es wurden dann 2 Meister zur Aufsicht bestellt und das Mahlgeld auf 6 ₰ für den Sack gesetzt. 1714 war aber die Mühle, namentlich der Damm ganz verfallen; man accordirte mit dem Oeconomus des Capitels, Heistermann, die Mühle in Mauerwerk aufführen zu lassen für 45 ₰. Aber 1722, als die Händel Ernst Augusts II. und der Stadt mit dem Capitel eine leidenschaftliche Stimmung hervorriefen, verbot das Capitel alle Arbeit an der Lohmühle. Der Bischof hob zwar das Verbot auf, allein das Capitel erwirkte doch einen neuen Arrest. Die Absicht war, es dahin zu treiben, daß der Rath das Capitel ersuchen möchte, die Mühle, wie es vor 90 Jahren der Fall gewesen, bittweise bestehen zu lassen; und dann von diesem als Gegenleistung das Aufgeben der Hellingstraße zu verlangen.²) Das wollte der Rath nicht. Auf diese Weise wird die Mühle eingegangen sein. Es wurde dann auf der damaligen Umfluth der Hasemühle eine Lohmühle eingerichtet. Diese aber war ein Eigenthum der Lohgerber, welche von jedem neu aufgenommenen Meister ein Anwaldsgeld von 5 ₰

---

¹) Nach dem Schuhmacher-Amtsbuche, dem diese Nachrichten entnommen sind, sollten diejenigen, die die Mühle am meisten brauchen, 7 ßl. geben; geringere 3½ ßl.; wer sie gar nicht brauchte 2½ ßl.

²) Nach dem Rathsprotocolle von 1722.

wegen der Mühle erhoben. Auf ähnliche Weise waren die Weißgerber zu Benutzung der dortigen Walkmühle berechtigt. Als aber um 1808 das Mühlwerk verfallen war, und die Stadt die Mittel zur Herstellung nicht zu finden wußte, hatte keins der Aemter Kraft oder Muth, dieselbe zu übernehmen, und so kam die Mühle durch Verkauf in die Hände des Papierfabrikanten Quirll.

Das Schuhmacher-Amt hatte um diese Zeit keinen Antheil mehr an der Lohmühle und scheint das eigene Lohen ganz aufgegeben zu haben. Der Vertrag mit den Lohgerbern von 1714 hatte die Freiheit der Bewegung auch in dieser Beziehung so sehr beschränkt, daß man keinen Vortheil mehr darin finden konnte, lediglich zu eignem Gebrauch Leder zu bereiten. Dagegen machte das Amt von dem vorbehaltenen Rechte, als Amt ausländisches Leder für die Genossen anzukaufen, einen ausgedehnten Gebrauch. Längere Zeit hindurch wurde ein erheblicher Lederhandel betrieben. Allein der Krebsschaden, welcher gegen Ende des 18. Jahrhunderts alle Zunfteinrichtungen zu verderben begann, richtete auch diesen Handel zu Grunde. Die Angelegenheiten der Genossenschaft wurden mit Schlaffheit betrieben. Weder die Verwalter trieben die schuldigen Gelder ein, noch ließen die einzelnen Meister es sich, so wie dem Privatmanne gegenüber, angelegen sein, ihre Verbindlichkeiten zu erfüllen. Es häuften sich die Ausstände und das Amt selbst konnte seine Lieferanten nicht mehr befriedigen. Endlich überwies man diesen die Ausstände statt der Zahlung und löste das Geschäft auf. Damit waren denn auch hier jene Bestrebungen erloschen, den Zunftverband für die Genossen im gewerblichen Sinne fruchtbar zu machen.

Einen ähnlichen Ausgang nahmen die letzten Bestrebungen für die Tuchmacherei. Seit dem Anfange des 18. Jahrhunderts war aus dieser früher so bedeutenden Zunft, wie wir gesehen haben, alle eigne Lebenskraft gewichen; sie zehrte nur dürftig vom Erwerbe der Vorzeit. Um das Jahr 1767 versuchte man dann von Seiten der Regierung das erloschene Leben wieder zu wecken. Möser hatte den Plan entworfen, in Osnabrück und Bramsche Lagerhäuser zu begründen, welche die Wolle ankaufen und Tuch zur Sicherheit für die Zahlung übernehmen sollten, wie das in andern Gegenden mit Erfolg geschehen ist. Die Stände bewilligten dazu für Osnabrück 1500 ℔, König Georg III. aus eigner Freigebigkeit 100 ℔, das Amt lieh noch 700 ℔ an und die Anstalt wurde den Gildemeistern zur Verwaltung übergeben. Allein auch hier fehlte die Ordnung und die Treue. Nach einigen Jahren war das ganze Capital in Ausständen bei den Tuchmachern zersplittert, deren Zahlung theils nicht mehr zu ermöglichen war. Der Magistrat übernahm die Verwaltung; allein der Erfolg war auch jetzt nicht erheblich. Man begnügte sich zuletzt, das Capital an Tuchmacher zinsbar auszuleihen. Erst 1836 hat man versucht in passender Weise dasselbe den alten Zwecken wieder zuzuwenden. Allein dem Reste der Tuchmacher fehlte doch die Kraft, die Gelegenheit zu gebrauchen. Man kaufte lieber aus zweiter und dritter Hand mit längerem Credit, als daß man ernstlich das hier dargebotene Betriebscapital genutzt hätte. Bis jetzt hat der Rückgang des Gewerbes nicht aufgehalten werden können. Die Sägemühle, welche die Tischlergilde 1698 einrichtete, ist oben bei der Walkmühle erwähnt.

Damit endigen die älteren Bestrebungen der Zünfte, durch Benutzung gemeinschaftlicher Gewerbsanstalten sich zu heben. Die neuern Magazine der Tischler, Schlosser und Schneider beruhten auf einem andern Boden; es ist aber auch hier das Princip der Gesellschaftlichkeit stets in schwacher, mitunter auch in verkehrter Weise gehandhabt.

Nachdem auf diese Weise das eigenthümliche, gesellige und gewerbliche Leben der Zünfte in seinen verschiedenen Richtungen verfolgt worden, bleibt noch übrig die Stellung derselben zur Stadt und zur Obrigkeit zu erwähnen, wenn auch hier nicht der Ort ist, auf die Entwickelung der Stadtverfassung im allgemeinen tiefer einzugehen. Die Stellung zu der Rathsverfassung im allgemeinen ist indeß bereits oben angedeutet und wird an einem anderen Orte eine weitere Erörterung finden; nur einzelne Punkte, namentlich aber die bürgerlichen Pflichten der Zünfte, sind hier noch nachzuholen.

Daß in älterer Zeit, namentlich im 16. Jahrhunderte, eine Reihe von Verhandlungen vorkommt, welche vor dem Gografen vorgenommen wurden, ändert in dieser Beziehung nichts. Alle diese Fälle betreffen Streithändel der Aemter mit Auswärtigen. In jener ältern Zeit stand aber den Stadtrichtern, so wie dem Magistrate unbestritten nur der Gerichtszwang über die Bürger und Einwohner der Stadt zu, nicht aber über Fremde. Diese standen noch unter dem Gerichtszwange des Gografen und konnten daher auch nur bei diesem in Anspruch genommen werden. Von besonderer Bedeutung war dieses Verhältniß allerdings hinsichtlich der Geistlichkeit, die nicht selten ein Geschäft daraus machte, fremde Gesellen auf ihren Freiheiten zu halten und zu beschäftigen. Namentlich im Jahre 1525 hatten die Aemter über eine Reihe derartiger Beeinträchtigungen zu klagen.[1]) In diesem Falle wurden solche fremde Gesellen vor dem Gografen friedlos gemacht; allein die Geistlichkeit achtete das allerdings wenig, bis dann etwa die Bürger sich durch Gewaltthätigkeit halfen. Ohne Zweifel liegt in diesem Verhältnisse ein Hauptgrund, weshalb die Gerichtsbarkeit der Gografen über Fremde in späterer Zeit

---

[1]) Osnabr. Unterhaltungen p. 28 No. 8. No. 20 u. f.

von der Stadt so eifrig angefochten wurde. Wenn nun aber auch der Gograf zum Schutze der Zunftrechte nicht zu entbehren war: so stand demselben doch eine weitere Einwirkung überall nicht zu, sondern diese, so wie der Schutz des Rechts unter den Bürgern selbst, blieb allein dem Rathe.

Dagegen lag auf den Zünften vor allem die Pflicht der Vertheidigung der Stadt nicht nur gegen feindliche Gewalt, sondern namentlich auch gegen Feuersnoth. Die Zunftordnungen der ältern Zeit brachten es mit sich, daß die Gildebrüder vollständig gerüstet sein mußten. Die alten Artikel des Schmiedeamts schreiben vor, daß der neue Meister Harnisch, ledernen Eimer und alles Gewehr zum Behufe der Stadt haben müsse. Die Rolle des Krameramts von 1457 fordert, daß jeder Kramer seinen Harnisch habe, wie es im Amte Silte sei, nämlich Krebs, Brust, Handschuh, Schild und Eisenhut. Die Pelzer verlangen 1639 Rüstung und Gewehr. In dem ganzen alten Gewerbsbetriebe, dem Marktbeziehen in großen Schaaren, lag ohnehin schon die Nothwendigkeit der Selbstvertheidigung und eine gewisse kriegerische Ordnung; die Schwerdtreigen der Gesellen dienten ebenfalls dazu,[1] diese Gewöhnung zu erhalten. Ueberhaupt blieb das Waffentragen eine allgemeine Gewohnheit des Bürgerstandes. Erst 1656 fand man nothwendig, zu bestimmen, daß bei Gesellschaften der Degen abgelegt werden müsse, um Unheil zu verhüten. Den Gesellen wurde das Degentragen erst 1689 untersagt[2] und noch in den Artikeln der Schmiedegesellen von 1772, nach denen bei den Quartalsversammlungen die Scheffer zuerst das Scharfgewehr abfordern und solches verwahren sollen, bis die

---

[1] welche z. B. in Braunschweig zu Aufruhr Veranlassung gaben.
[2] Rathsprotokolle von beiden Jahren.

Lade wieder zu ist, liegt ein Anklang dieses wehrhaften Wesens der alten Zeit.

In älterer Zeit war auch die Bürgerschaft, wenn sie zu kriegerischen Unternehmungen auszog, nach den Zünften geordnet. Wir sehen dieses bereits bei Gelegenheit der Schlacht auf dem Halerfelde, wo die Pelzer durch ihre verspätete Ankunft den Feinden den Sieg entrissen,[1]) und die Müllnerordnung von 1501 erwähnt es noch als ein besonderes Vorrecht des Amts, unmittelbar hinter denen von der Gilde auszuziehen. In den gewöhnlichen Fehden kam freilich ein derartiger Auszug der Bürgerschaft nicht vor. Es genügten in der Regel Söldnerhaufen und Schützen, die aus der Bürgerschaft selbst genommen, gegen Sold dienten. Indeß lag doch den Gildemeistern nach ihrem Eide ob, „die Wehr in ihrem Amte zu wahren." — Die neue Gestaltung des Kriegswesens im 16. Jahrhundert wirkte aber auch hier ein. Man erkannte die Nothwendigkeit einer bessern und beweglichern Organisation und theilte um das Jahr 1580, wo der Truchsessische Krieg die Gefahr näher brachte, die Bürgerschaft in Fahnen und Rotte, so daß je 13 bis 18 Mann ein Rott und etwa 4 bis 6 Rott eine Fahne ausmachten. Jedem Rott wurde ein bestimmter Platz des Walls zur Vertheidigung angewiesen. Solcher Rotte waren auf der Altstadt 59. Später zählte man auf der Altstadt sechs und auf der Neustadt vier Bürgerfahnen, und außerdem zwei Schützenfahnen der Altstadt und Eine der Neustadt. Die Eintheilung richtete sich nach den Straßen und machten die Aemter und die bloßen Einwohner die Bürgerfahnen, die Wehr aber die Schützenfahnen aus. In jeder Bürgerfahne war ein Rathsherr Hauptmann und wählte seine Offiziere aus den Fahnen. Meist fielen aber diese Wahlen

---

[1]) Münstersche Chroniken p. 124.

doch auf die Gildemeister, so daß dadurch noch eine gewisse
Einwirkung des Zunftwesens erhalten wurde; im Ganzen aber
war doch die Bedeutung der Zünfte in Beziehung auf die
Wehrverfassung aufgelöset, wenn auch der Rath bei den Gilde=
privilegien, die er ertheilte, eine Erinnerung an dieses Ver=
hältniß beizubehalten schien; wie denn die Tuchhändler bei
Ertheilung ihres Gildebriefs im Jahre 1576 ein Geschütz
schenken mußten, das auf dem Natrupper Rundel seine Stelle
fand, und im Gildeprivilegium der Tischler von 1559 und
in der Ordnung über die Aufnahme der kleinen Wällner von
demselben Jahre die Pflicht der neu aufzunehmenden Meister,
einen Doppelhaken zu liefern und in dem der Böttcher (1619)
ausdrücklich eine Zahlung aller neu Aufzunehmenden zur An=
schaffung von Musketen festgesetzt wurde.

Außer dem Waffendienste verlangte aber die Vertheidi=
gung der Stadt auch andere Dienste zu Wällen und Mauern
und die Aemter waren auch zu diesem verpflichtet, deshalb
heißt es denn noch in der Verpflichtung der Pelzer von 1639:
„Es solle ein jeder haben Hacke, Schaufel und Spaden zu
behuf des Rathes zu Osnabrück und unsers Amtes." — Ohne
Zweifel ist von diesen Leistungen in früherer Zeit, namentlich
beim Festungsbau, ein erheblicher Gebrauch gemacht. Wir fin=
den sogar, daß man sich, um am Piesberge das Wasser ab=
zuleiten, der Schmiedeknechte, Schuhknechte, Bäckerknechte und
Lohgerberknechte bediente (1540). In späterer Zeit lag aber
den Zünften noch die Reinigung der Stadtgräben, das Wim=
peln, wie man es nannte, ob. So wurde 1718, als Ernst
August auf seine Kosten den Neuengraben aufmauern ließ,
derselbe durch die Schmiede, Schuhmacher, Krämer, Bäcker
und Lohgerber gereinigt.[1]

---

[1] Rathsprotocoll von 1718.

Diese Dienste nahmen an Wichtigkeit ab. Anders aber war es mit der Feuerlöschung. In älterer Zeit hatte die Feuersnoth eine ganz andere Bedeutung, als die, welche die Verbreitung des Brandes an sich mit sich führt. Man mußte, bei jedem Brande, in Folge der unaufhörlichen Fehden und Kriegsgefahren, zugleich an feindliche oder doch räuberische Ueberfälle denken und gegen diese gefaßt sein. Daher bestimmt die alte Brandordnung von 1573, daß bei ausbrechendem Feuer nur die Einwohner der Straße, in welcher das Feuer aufgegangen ist, sich mit Löschen und Retten befassen, alle übrigen Bürger aber an ihren bestimmten Wehrplätzen, und die Schützen auf dem Markte, sich versammeln sollen. Dem jüngsten Rathsherrn der Laischaft liegt es ob, mit 50 bis 60 Schützen unter dem jüngsten Schützen-Scheffer unnützes Gesindel und müßige Zuschauer abzuwehren. Andern guten Leuten, sammt den Zimmer- und Maurermeistern ist unverboten zu helfen. Ueberall aber sollen die Hausgenossenschaften brennbare Stoffe beseitigen, Wasser schöpfen, zutragen, die Gossen stauen und in aller Weise dem Feuer Widerstand leisten. Bei solchen Zuständen war es von doppelter Wichtigkeit, daß die Zünfte sich dieser Noth annahmen. Wir haben bereits oben gesehen, daß das Schmiedeamt von jedem Genossen verlangte, daß er einen ledernen Eimer halte. Das Backamt verlangte 1584 von jedem Neueintretenden, daß er dem Amte einen ledernen Eimer gebe. Ueberhaupt nahm diese Pflicht allmälig die Gestalt an, daß die Aemter selbst die Feuergeräthschaften, namentlich die Eimer anschafften und solche den Amtsbrüdern vertheilten. Auf diese Weise verfuhr 1705 das Pelzer-Amt, und 1731 beschloß das Schuhmacher-Amt, daß jeder, der ins Amt komme, einen ledernen Eimer schenken müsse. Das Kramer-Amt hatte bereits 1669 beschlossen, eine Feuerspritze machen zu lassen. Ueberhaupt gestaltete sich die Feuerordnung so, daß die Haltung der größeren Feuergeräthe hauptsächlich als eine Obliegenheit der verschiedenen städtischen Corporationen erschien.

Die eigentliche Brandhülfe freilich blieb noch in der alten Weise geordnet, nur daß die Bürgerschaft nicht mehr auf die Wehrplätze zog. An Organisation der Mannschaft für den Feuerdienst war nicht gedacht. Die Spritzen bediente, wer zunächst dazu kam. Hier war aber von Bedeutung, daß jeder Zunftgenoß die Verpflichtung hatte, vor allem seinen Genossen zu helfen. Die alten Artikel des Schuhmacher-Amtes sagen: „Du sollst auch, wenn, was Gott in Gnaden verhüten wolle, eine Feuersbrunst entstehen würde, deinen Gildebrüdern, denen die Gefahr am nächsten ist, so treulich helfen retten, als wenn es dein Eigen wäre." Die Weißgerber-Artikel von 1563 schreiben vor, daß bei Feuersbrunst jeder in des nächstgelegenen Gildebruders Haus laufe und retten helfe. Die Artikel der Kürschner von 1639 befehlen, daß in Feuersnoth jeder dem Gildebruder, der ihm nächst wohnet, drei Trachten wegtrage, solche bei seinem Eide verwahre und sie ihm wieder liefere. —

So griff auch hier die Amtspflicht in die Bürgerpflicht ein und theils derselben vor, wie es denn überhaupt in der Natur der engern Verbindung lag, daß deren Verpflichtungen den weitern Pflichten der Bürgerschaft vorgezogen wurden. Als 1472 das Krameramt den Apotheker Johann Hoswinkel in seine Genossenschaft aufnahm, gestand es demselben die Freiheit von bürgerlichen Lasten, welche der Rath ihm im Contracte versprochen, ungeschmälert zu. Allein ausdrücklich wurde bedungen, daß derselbe sich von den Amtspflichten „der Amts-Dracht" nicht losmachen könne, sondern solche gleich andern Gildebrüdern übernehmen müsse. Nur das sagten sie ihm zu, daß sie ihn nicht zum Gildemeister wählen wollten.

Wir schließen hiermit diese Zusammenstellung der Nach=
richten, welche sich über das Zunftwesen unserer Stadt haben
sammeln lassen, indem wir uns vorbehalten, die Einwirkung
dieser Einrichtungen auf die Verfassung und das gesammte
bürgerliche Leben bei einer andern Gelegenheit zu entwickeln.
Dieselbe hat in vielen Beziehungen mangelhaft bleiben müssen.
Die Nachrichten sind an sich unvollständig. Die einzelnen
Aemter haben sehr verschiedene Sorgfalt angewandt, ihre Ord=
nungen und Erlebnisse zu sammeln. Nicht alles Vorhandene
hat hier benutzt werden können. Sehr vieles ist leider auch
durch die Ereignisse seit 1809 zerstört. Dazu ist mit dem Zu=
sammenhange der alten Verfassung auch die altherkömmliche
Anhänglichkeit und Ehrfurcht verschwunden, mit der diese
Denkmäler in früherer Zeit betrachtet wurden. Dazu kommt,
daß die Veränderungen, welche den gesammten Gewerbsbetrieb
Europas getroffen, und gegen welche die Zünfte lange Zeit
angekämpft haben, übermächtig geworden sind und die alten
Formen nicht mehr dulden, daß die Polizei der Staaten überall
in die Gebräuche eingegriffen und dieselben theils überflüssig
gemacht, theils völlig vernichtet hat. So ist denn das meiste
von demjenigen, was hier dargelegt worden, lediglich der Classe
der Alterthümer zuzuzählen.

Nichtsdestoweniger giebt doch auch das Studium dieser
Verhältnisse eine nicht zurückzuweisende Belehrung. Wir er=
kennen, daß das Zunftwesen nicht, wie wir heut zu Tage an=
zunehmen pflegen und wie unsere Gewerbordnungen es dar=
stellen, eine wohlberechnete Ordnung des Gewerbsbetriebes,
sondern, daß dasselbe ein Zustand ist, welcher das ganze bür=
gerliche Leben und seine gesammten gewerblichen, häuslichen,
geselligen, kirchlichen und politischen Beziehungen umfaßt. Es
ist ein vergebliches Unterfangen, Dinge dieser Art von oben
her nach wohlberechneten Grundsätzen regeln und feststellen zu

wollen. Sie sind nur das Ergebniß des Lebens und seiner Bedürfnisse selbst. Sie können nur in freier Entwickelung erwachsen, nicht willkürlich hervorgerufen werden. Der Staat kann sie hemmen und stören. Er hat die Pflicht, das unhaltbar Gewordene zur rechten Zeit und schonend zu beseitigen und denen entgegen zu treten, welche eigensinnig oder selbstsüchtig das Abgestorbene noch halten, oder gar durch Spitzfindigkeit und Chicane noch über das Maaß des Nothwendigen und Billigen ausdehnen wollen. Vor allem aber muß er dem Leben die nöthige Freiheit zur Entwickelung derjenigen Formen lassen, welche den neuentstehenden Zuständen gemäß sind, damit die Dinge sich nicht in feindseliger Erbitterung verwirren. Es giebt nichts Thörichteres und Verkehrteres, als die Einbildung, das gewerbliche Leben von oben her regeln und modeln zu können.

Das Zunftwesen war in seiner Entstehung die an sich nothwendige Form eines Gewerbsbetriebes ohne erhebliches Capital, ohne Verbindungsmittel, unter dem Drucke gewaltsamer Zustände. Auf Marktleben und Marktverkehr angewiesen, schlossen die Gewerbtreibenden von gleichem Interesse sich zusammen, duldeten unter sich keine Ungleichheit, keine Ehrlosigkeit, erfreuten sich an gemeinschaftlichen Festmahlen und unterstützten sich gegenseitig in Noth und Tod. Die Ausbildung für den Gewerbbetrieb war nicht die Hauptsache; eben so wenig die Vertheidigung gewerblicher Gerechtsame. Allein da der Zunftgenoß doch das Gewerbe üben sollte, so sah man nothwendig auch dahin, daß er solches lernte und verstand. Die Lehrzeit war kurz, die Bedingungen leicht. Eben so wurden die Gränzen der einzelnen Gewerbsverbindungen wohl streitig, allein man entschied den Streit nach altem Gebrauch, wie solcher von den Aeltesten bezeugt wurde, oder vereinigte die bisher getheilten Zünfte, wenn die Gründe des Unterschieds sich verloren. Allein mit dem 16. Jahrhundert nahm die Zeit zugleich einen entschieden gewerblichen Charakter an und begann die Jurisprudenz alle Verhältnisse des Lebens in beschränkte, oft willkürliche, oft unverstandene Formen und Grenzen einzuengen. Das Gewerbsleben bot für diese Richtung einen unerschöpflichen Stoff. Es wurde nun alles immer kleinlicher und peinlicher bestimmt, die Bedingungen der Lehre und Aufnahme verschärft, das Zunftrecht eigensüchtig zu einem Familiengute gemacht. Durch den Verfall des 17. Jahrhunderts nahmen alle diese Dinge nur um so mehr an Schärfe und Härte zu. Doch hatte man die corporative Bedeutung der Genossenschaft auch noch in anderer Weise zur Geltung gebracht. Man besaß Gewerbsanstalten, mechanische Hülfsmittel, deren das Handwerk bedurfte, und suchte diese zu erhalten. Allein nun entwickelte sich in Frankreich, England, selbst in manchen deutschen Ländern eine andere Form des Gewerbsbetriebs, welche auf Capitalreichthum Einzelner gestützt, von diesen die Leitung erhielt, und über der demokratischen Gleichheit des Zunftwesens ein aristokratisches, wenn nicht monarchisches Leben mit derjenigen Möglichkeit ungleich wirksamerer Anspannung und Richtung der Kräfte auf einen Punkt, welcher in diesem gelegen ist, entstehen ließ. Die Zünfte kämpften einen Kampf, der immer ungleicher geworden ist, jemehr das Capital unterstützt durch Wissenschaft und Technik das Uebergewicht gewonnen hat. In Osnabrück fiel der Kampf um so entschiedener gegen die Productionsgewerbe aus, da der Kaufmannsstand, von engem Krämergeiste geleitet, denselben ebenfalls entgegen trat, um die Handelsvortheile nicht einzubüßen. Dazu wurde das ganze bürgerliche Leben anders. Die Geselligkeit hat einen andern Charakter angenommen, das häusliche Leben ist nicht mehr durch das alte Familienband gehalten. Das kirchliche Leben ist durch confessionelle Unterschiede und nur zu oft auch durch Irreligiosität untergraben; die städtische Selbständigkeit, in der die politische Seite des Zunftlebens wurzelte, ist zu Grunde gegangen. Vor allem ist die Gleichheit in der Zunft selbst vernichtet. Der wohlhabende Meister betrachtet den Gesellen nicht mehr als seines Gleichen. Dieser rächt sich durch Rohheit, entwöhnt sich des Familienlebens, vergißt das Streben nach Selbständigkeit und sinkt auf die Stufe des Lohnarbeiters herab. In den großen Werkstätten ist von väterlicher Zucht des Lehrlings vollends nicht mehr die Rede. Auch dieser gilt während der langen Lehrzeit nur als Werkzeug und wird dadurch von Anfang an auf einen Standpunkt gestellt, der ihm die Erhebung um so mehr erschwert, je höher die Stufe ist, die er erreichen müßte. So sind wir auf dem Wege mit oder ohne Zunft eine gewerbliche Bevölkerung zu bekommen, die der Selbständigkeit nicht fähig, nur noch aus Herren und Knechten bestehen zu können scheint. Und auf der andern Seite entwickeln sich wieder aus den Formen des Fabrikbetriebes, wo dieselben auf wahrhaft christliche und bürgerliche Tugend begründet sind, manchmal schöne Früchte. Es entsteht unter den Arbeitern ein neues genossenschaftliches Leben. Es zeigt sich ein Streben nach dem Höhern, das freilich oft verirrt, aber doch über dem Schmutze des Treibens steht, welches uns im Zunftleben nicht selten anwidert. Mögen wir uns denn bescheiden, daß nicht in den starren Formen der alten Zünfte allein das Heil zu finden ist, sondern daß jede Form gute Früchte tragen kann, aber auch nur dann trägt, wenn sie aus den Zuständen und Bedürfnissen des Lebens hervorgeht und wenn sie auf dem Boden wahren Wohlwollens von oben und der Treue von unten ruht. Darin allein ist das Mittel zu finden, aus dem Ruin der Zünfte die wahren und schönen Grundgedanken zu retten, die das Wesen derselben bedingen. Darin liegt aber auch die Kraft, das Fabrikwesen zu veredeln und von demselben die Vorwürfe von Fabrikproletariat u. s. w. abzukehren, die eben so wohl, wie das Geschrei nach unbedingter Gewerbfreiheit zu dem Arsenale der bloßen Redensarten gehören, mit denen die Partheien heut zu Tage gegen einander zu Felde ziehen. —

Urkunden.

Die nachfolgenden Urkunden sind nach der Reihenfolge geordnet, in der sie in dem vorstehenden Aufsatze erwähnt sind, obwohl manche derselben mehrmals in Bezug genommen werden mußten. Sie sind größtentheils aus den Zunftladen gesammelt. Bei manchen haben mangelhafte Abschriften, welche sich bei verschiedenen Actern finden, aushelfen müssen, da leider die Urschriften während der Zerrüttung, welche unser Zunftwesen zur Zeit der Fremdherrschaft erfuhr, zu Grunde gegangen zu sein scheinen. Dieselben werden aber am besten zeigen, in welcher Selbständigkeit sich die Zunftverfassung in Osnabrück ausbildete. Es liegt darin Etwas, das an die eben so merkwürdigen als belehrenden Zunfturkunden von 1352 und 1365 in Böhmer's Codex Moenofrancofurtanus erinnert. Auch dort ordnen die Handwerker ihre Verhältnisse in völliger Selbständigkeit. Allein der große Unterschied bleibt doch, daß dieses dort zu einer Zeit der Aufregung und des Aufstandes geschieht, während hier die Autonomie dem regelmäßigen und ruhigen Zustande mehrerer Jahrhunderte zum Grunde liegt. Erfreulich wäre es, wenn diese Mittheilungen dahin führten, noch mehreres, das vielleicht noch in den Zunftladen der Zerstörung entgegengeht, an den Tag zu fördern.

I.
Vereinigung des Schuhmacher-Amtes 1360.
Ad pag. 25. Not. 1.

Wy Herman van Melle Borgermester Henrich van Ringelo Johan van ... Henrich Hopper Henrich van Belham Gerd van Soest Johan Hokenese Slatius van den Brinke Albert Stumme Herman van Dissene Eilbard van der Culen unde Diderich Brumsele Serpenen des Slades to Osenbr. bekennet onde betüget eynbare in dessen Breue dat vor ons

quemen Johan be Kallberner vnde Herman Borchard Gillemestere ber
Mindernen Schomakere to Osenbr. vnde beclageden sik des swerliken vor
vns dal se vnde er Gillebrodere van rechter Bemacht nyne sunderlyke
Gille lenger vorholben vnd bevulborden enfonden also se went an bessen
Dach geban habben, des hebbe ich dat obergeven umme bede Willen Erde-
wines Vosberting vnde Hermannes van Lodere de to der tyd Gillemestere
weren ter Korbewanere dal der Korbewanern Gille vnde dat der Mindernen Schomaker Gille sal wesen eine Gille vnde alle ihl bliuen vnvertogen
der Stad to Osenbr. vnde dem Rade al eres Rechten onder Beule. Dat
dit stede vnde vast bliue des hebben wy vnses Stades grote Insegel gehangen an bessen bref. Im Jare Einbusent drehundert vn sestig.

p. copia mendosa in Act.
Schuster ca. Kramer wegen Handels mit Schuhen.
1820 sq.

II.
Schreiben von Soest über die dortige Brotschau.
Ad p. 28. Not. 1.

Noveritis quod duo probi viri ex officio pistorie per consules
Susat omni anno et quotiens eis expediens videbitur statuuntur qui
jurabunt ad jus Officii pistorie predicti ac Civitatis, si quem illi
accusabunt ille dabit iij Solidos pro emenda Consulibus. Item Consules absque indignatione eorundem duorum panem per libram pro-
bare poterunt quandocumque et quociensque volunt et quem ipsi in
culpa invenient tres Solidos dabit etiam pro emenda Insuper si
dicti viri fierent alii duo probi illis destitutis in locum eorum per
consules tunc existentes reponerentur qui similiter jurare deberent.
ad officium civitatis ut est dictum.

Auf einem Pergamentblatte des Rathsarchivs von einer Hand um
1300 geschrieben, und als Brief verschlossen gewesen.

III.
Ordnung der Eilf Aemter über die Gildemeisterschmäuse 1566.
Ad p. 32.

Item vnn har lxvj (1566) by tydenn olderlüde werenn Johann Frige
vnnd Herman Hammacker do is togelatenn de smede ampte wannte se
einenn nygenn gildemeister keisenn de schall eren ammete geuenn iiij schinden iiij bacharsse ij tunne bers brot boter vnnd keise vnnd wannte se
einenn nigenn gildebroder krigen dat denn ammete dar van to kumpt dat
scholen se so lange hubern bet dat se dar eynen tokrigenn vnd dann mit
eren ammete sick frolick maken.

It. de schomaker ammete wan se eynen nigenn gillemeister keisen de schall geuenn erenn ammete IIIJ schincken vnnd fer backharste IJ tunne bers botter vnnd keise vnnd broit Jt. wannt eynn olt gildemeister gekarenn werr de schal denn ammete nichtes geuen. Jt. dat loe-ammet wan se eynen nigen Gildemeister keisen de schal eren ammete geuen IIJ schincken IIJ backharste IJ tunne bers botter vnnd keise vnnd so seue brodes alse se dar to bederuenn Jt. wente se einenn alden gildemeister webber keisen de schall eren ammete nichtes geuen.

Jt. dat baker ammete wanntt se einen nigen gildemester keisenn de schal erenn ammete geuen IJ schincken vnd twe backharste twe tunne bers brot botter vnnd keise vnnd wannte se einenn alden gildemeister keisenn de sall eren ammete nichtes geuenn.

Jt. dat snider ammet wannte se eynenn niggenn gildemeister keisenn de schal geuen ereu ammete IJ schincken IJ backharste vnnd twe tunne bers botter vnnd keise Jt. wannt se einen alden gildemeister keissen de schall eren ammete nichtes geuen.

Jt. dat remensnider ammet wannte se eynen gildemeister keisen de schal erenn ammete geuenn IJ schincken vnnd twe backharste, brot, bottre vnnd keise Jt. went se eynen aldenn gildemeister keisenn de schal eren ammete nichtes geuen.

Jt. dat kramer ammet wan se einen gildemeister keisen de schal geuen erenn ammite IJ schinken vnnd twe backharste IJ tunne bers vnnd botter vnnd keise vnnd brot Jt. wenn ein alt gildemeister wert webber gekoren de schal eren ammete nichtes geuen.

Jt. dat schilder ammete se einen nigenn gildemeister keisenn de schal eren amte geuen vor den groten Deinst IJ Daler einenn schincken vnnd eynenn backharste eine halue tunne bers brot botter vnnd keise wennte se einen alden gildemeister keisenn de schal nichtes geuen.

Jt. dat pelser ammet wann se eynen nigenn gildemeister keisenn de schal geuen eren ammet IJ schincken eyn backharste eyn tunne bers botter vnd keise vnnd so uelle brodes alse se bederuen. Jt. wennt se eynenn aldenn gildemeister keisenn de schal eren ammete nichtes geuen.

Jt. dat knockenhouwer ammel wenn se eynenn nigen gildemeister keiset de schall geuen eren ammet eynn schincken vnnd J backharsteun vnnd J halue tunne bers brot botter vnnd keise Jt. wen se einen alden gildemeister keiseun de schal erenn ammete nichtes geuen.

Jt. mit den stoppelgosenn den ter den schollen se nalaten.

Orig. im Stadtarchive.

IV.

Forderungen der Bürger nebst Erklärung des Rathes aus dem Ende des 15. Jahrhunderts.

(Wahrscheinlich aus Lenelhums Aufruhr.)

Ad pag. 36.

Jnt erste dat man nebn wolt en make eber nyne wantsnyder wesen solen op den borpernn des stichtl. to Osenbr. dan allene in steden vnn wibbolden des stichtl. to Osenbr. vorgl. vnn we in den wibbolden want maken wolte, solde holden de ordinancien vnn satt der stabt to Osenbr.

Jt. vpt erste punct dat wy willen bibben vnsen hern he wil gebeden vnn bestellen latrn, dat men nyn want en make off nicht en snyde dan op steden vorgl. Omb bedroch to vorhoben; vnn syn gnade ok bestellen lathe dat bynnen den vorgl. steden vnn wibbolden vnn sloten to holden, als dat to Oß. georbent wert.

Jt. dat nyne kramer, schomaker, eder pelser vnn dort alle ampte en solen syn op den dorperen dan allene Jn steden vn wibbolden des stichtes to Ossenbr.

Op dat ander punt myn her gebeden men nyn sprcierie als Crut dagelic verkope noch leder en loe op den vorgl. dorpen vnn burscopen; myt den anderen to holden so dan oldes geholden is.

Jt. dat men nyn molt maken en schole dan allene in steden vnn wibbolden des stichtes to Oß, vthgesecht we dat to syner egenen nut maken wolde.

Jt. myt den derben puncte myn h. gebeden men nyn molt en make othbeschieden up steden dat brumen togelaten is, dan als vorgl. is.

Jt. dat men ok de kopluhe myt varender haue eder korn solde to markede komen laten vnn dat nicht vpholden eder vorkop don up den dorperen eder onderwegen.

Jt. myn h. gebeden, dat de gene de op de wege syn myt erer haue vnn korne to Osenbr. to markede varen, de numment m behinder er market to holden, dan so wat we to syner egenen behoff op den wege kopen worde, off men in den sulben wibbolden vnn dorpen dar se vor waren werden sliten wolde.

Jt. nyne taueernen to wesen op den burscapen dan allene in den kerckdorperen vn op den rechten gemenen helwegen.

Jt. myn h. gebeden men myt den puncte holden so vorgl. is.

Aufschrift. Dyt is de zedel als men begert buten Oß geholden solde mogen werden.

V.

Copia status universalis Conscriptionis sammt Project des Anschlags de Ao 1667, so aber nicht ad effectum kommen.

Ad pag. 87.

Ganze Erben und deren Hauptfeuerstätte sind etwa 2200.

In Städten und Flecken finden sich etwa zu 1000 Feuerstätte. Wenn nun selbe den Hauptfeuerstätten gleich angeschlagen würden, wären insgesammt derer Hauptfeuerstätte 3200, jede angeschlagen zu 6 fl. thut

	914 $
Halberbige Feuerstätten sind etwa 1056 zu 5 fl.	251 "
Erbkotten, Hauptfeuerstätten sind etwa 1322 jede zu 4 fl.	251 "
Markkotten zu etwa 3360, jede zu 3 fl.	478 "
Nebenfeuerstätten etwa 4422 zu 2 fl. jede	421 "
	2315 $

Frei Land. Transport 2815 ℳ
ad 1 thlr. 4490 Schfl. ad 1 ßl. thut .. 212 ℳ
„ ¾ „ 5258 „ „ 9 ₰ „ .. 187 „
„ ½ „ 9838 „ „ 6 ₰ „ .. 234 „
„ ⅓ „ 21,778 „ „ 3 ₰ „ .. 254 „
    41,364   887

Eigenhörig Land.
ad 1 thlr. 19,931 Schfl. ad 9 ₰ .. 712 ℳ
„ ¾ „ 21,833 „ „ 6 ₰ .. 519 „
„ ½ „ 47,806 „ „ 3 ₰ .. 569 „
„ ⅓ „ 69,333 „ „ 1½ ₰ .. 412 „
   158,903   2212

Eigen Holzgewächse oder Weiden.
10357. Schfl. ad 3 ₰ . . . . 123 ℳ.
An Wiesengewächse 16,667 Fuder ad 1 ßl.
  6 ₰ . . . . 1119 „
Gartenland 10,207 Schfl. ad 2 ßl. . . . 972 „
                                            2214
                                   ─────
                                 Summa 7628 ℳ

NB. daß hierunter noch soviel freyzuthun muß, als Vögte Untervögte Fußknechte und sonsten, oder Land so zu Hube liegt.

57 Mühlen jede zu . . . . . ½ ℳ   thut   28 ℳ 10 ßl. 6 ₰
74 Kaufleute ad . . . . 1 „   74 „ — „ — „
135 Krämer oder Höcker . . . . . . 7 ßl.   45 „ — „ — „
22 Feldscherer ad . . . . 3 „   3 „ 9 „ — „
368 Bierbrauer ad . . . . 7 „   121 „ — „ — „
132 Bierzapfer . . . . 4 „   25 „ 3 „ — „
20 Branntweinbrenner . . . . . . 4 „   5 „ 15 „ —
96 Bäcker . . . . 3 „   13 „ 15 „ — „
159 Schneider . . . . 4 „   30 „ 0 „ — „
170 Schuster . . . . 3 „   24 „ 6 „ — „
239 Schmiede . . . . 4 „   45 „ 11 „ — „
19 Glaser . . . . 2 „   1 „ 17 „ — „
68 Leinweber . . . . 1 „ 6 ₰   4 „ 18 „ — „
139 Wollenweber oder Tuchmacher . 3 „   19 „ 18 „ — „
42 Zimmerleute . . . . 3 „   6 „ — „ — „
361 Sägenzieher oder Zimmerknechte à 2 „   23 „ — „ — „
99 Pflug- oder Rademacher . . . à 3 „   14 „ 8 „ — „
100 Holschen- oder Mollenhauer . . 3 „   9 „ 11 „ — „
55 Böttcher . . . . 2 „   5 „ 5 „ — „
45 Drechsler oder Stuhlmacher . . 2 „   4 „ 6 „ — „
41 Tischler . . . . 3 „   5 „ 18 „ — „
13 Sattler oder Riemenschneider . 3 „   1 „ 18 „ — „
11 Töpfer oder Ziegler . . . . . 3 „   1 „ 12 „ — „
                                           ────────────
                                            514 ℳ 10 ßl. 6 ₰
                                           7628 „ — „ — „
                                           ────────────
                                           8142 ℳ 10 ßl. 6 ₰

zu 12fach thut = 97,704 ℳ.

Hauptfeuerstätte Erben und Stätten ad ⅛ thlr.		1600	thlr.
Halbe Erben ad	9 fl.	452	„
Erbkötter	8 „	502	„
Marktötter	7 „	1116	„
Nebenfeuerstätte	5 „	1052	„
		4722	thlr.

VI.

Seelmessen und Spendeordnung der Leinwebergilbe 1347.
Ad p. 51.

In den Nahmen Godes höret gi Kinder alle

de da pleget to würden, Johan de Robr Juwe Freundt unde Libecke Schowenborg sin Kumpan de hebbet gesatlet ein dink mit rade Erer Werckgenoten de dar Mannes Rahmen sindt, dat Gelt dat de Kinder pleget ut to geven umme dat Jahr malck einen heding und ander Geld darto, dat se wol möchten Vorbon to erem Bederwe, dar van hebbet se gesatet einerley dink deß Gott sal hebben Ehre unde de Sele bedersf. Gy höret dat ludet aldus, dat se hebbet gesatet dat gy sollen hebben Veer Lechter Van Veer ende twintig Punden Wasses, wann ehr se nyes gemaket sindt. De Veer Lecht schal men von allen den jenigen de dar sterwet, de er Lecht geld darto plegen To Geven umme dat Jahr, se mörcken offte worden nicht, und darto de Luchtere und erem pressel, unde darto einem penninge den Altarherren To sünte Maternesse in den Dome, den wy hebbet koren to einen Vormanne unser Sele to plegende. De sall Vorlesen eine Seelmisse der Sele de Verstorwen ist und allen Kristenen Selen, und twey penninck wert Brodes armen Lüden to geven in des Doden Huß, wanneher dat he ist begraben, de Meistere der sind twe, den unser Herren de Schepene befehlet dat Ambt Jährliche up ehre Eyde, dat halbe Jahr sall waren de eine Meister dat Brodt to geven und nicht weg to gaen dat Brodt sey Vergeven, dat ander halbe Jahr de ander Meister und wer den Doden beset, de sall senden einen penning den Meister dat he gebe den genen, de de Lechter bringet und Vorwahret. Were dat also dat des de bode Von Armodt nicht Vermöchte, so sollen de Meister den Van des Ambtis gelde. Vortmehr hebbet de Meister Versatet alle Jahr twolff Seelmisse den selen de sint Verstorwen in dem Ambte und allen Kristen Selen ende de Lebendigen dat se Gott sterke in allen goden Werden, disse twolff Penninge de sollen se geben dem Altar-Herren sünte Maternesse in dem Dome de Vorgenohmit ist, in Veer tiden des Jahrs, dat ist des negesten Sondages na twelfften, na sünte Walburges Dage, na sünte Margarethen dage, ende des Sondages na aller Gottes heiligen Dach. Were dat also dat dit dat Ambt Versümede, So sall de Altar Here manen de Mester und na dat Ambt mit Geistlichen Rechte want et de sele anröret. Dessen prester den gi hebbet koren to Troste juwer Seele ende sine nackömlingen den sollt gy Klagen wat juwe Entbrecke in disser Ver-

11 *

fattinge des Pennings de to der Seelmiffe höret, ende der twyer Penning wert Brodes in den Huß to geben, wannehr de Dode begraben is, ende der twolf Seelmiffe de men fall lefen den Seelen de in dem Ambte Verstorben seyn, Wer dal gy in deffen Dreien Stücken jchtes entbrecke, dat folde he mit jume und gy mit ehm helpen Klagen in geistlichen Rechte. want et de Seele angehei, wal gy anders hebbet to Klagen dat de Statt anrohret under Juwe Ambt, darmit hewet de Prester nicht mede to donde, Vortmehr wannehr de Werckgenoten diß Begehrent sindt, so sall de Prester by ehm sitten sonder sinen Schaden, und wesen goden hogen mit ehme Und lesen den Bref dar ehre Verfaltinge an steit. Dortmehr sollen se hebben Veer Lechte de sollen hebben achte Pundt Waffes wann Sie gemacket sindt. De willet se donn allen den Kindern de weserschen to Modern hebbet de ehre Lecht Hellinge gewet umme dat Jahr, de Dader de sy wat Mannes he sy. Wer de Lütten Lecht lat haken, De sall dar senden einen Penning dat man de Lecht mede betert Wer se lobrect de sall geben Vor den Bröcke einen Penning, Vor de groten Lecht ist Vor den Bröcke twey Penning. De dar Vorarmode offte Verfuckede und sin Gril nichten möchte geben ouer Lang offte ouer Kort deme sall men dit allick wohl bonn. Dertege we des Werckes, und sin Lecht Gril nicht geben wolde binnen Jahre und Dage umme sinen bohlen mol, sone droffte wie ehme in unsern Ambte nicht bekennen. weret dat es we Dortege und geben Möchten umme dat Jahr sienen Lecht Helling dat wert über Lang oder ober Kort, deme sall man lick wohl werckes Recht bon, wo he binnen der Statt bluwe. Dar men dit Schal von Tügen dat sindt de Hellinge de de stelle gehet de bar Lacken wurcket to Offenbrügge. Dortmehr so gehet de Mester darto alle de Bröcke de ihm fallet, wo dahne wiffe dal se Kompt Don den Ambte de ehre Vorfahren plegen to Verdrincken dit Gelt dat man hier to hewet gesatet, dat Fällt boven dat Gelt dat den Schepenen fällt in de büffen Wer da alfo dat eine Sterbunge Kämt, dat se dit Von der Rente nicht tügen Könnten, so sollen alle denfmigen de Stelle hebbet gaen uppe den Deerden Penning unter twischen sich beschatten jeder na siener Macht, uppe dat se sich deß übergebet dat se dat beteren willet offt ehm entbreckt so willet se und satet dal alle de Mannes Nahmen Sindt in den Wercke dat de Meister de dat Ambt waret des Geldes nicht Verdon, sen Verdoni mit ehren Rade der Mannes Nahmen, Und bewisen em des negsten Sondages na sünte Andreas dage, Ob de Schepene andere Mester willen setten, dat se weten wal ehr bink sy, Nu Dort mehr billet se jum nu se sich albus Vor olmödiget, dal gy jume wedder Vor otmödiget, unde bringen umme dat Jahr jeder einen Helling to des Mesters Huß de dat Ambt dan Verwahret, dat is des Sondages negst na sünte Wahlburges dage, Unde sollen dat weten, wr des nichtes dedt. Dat se ehme dan willet söcken also ehres werckes Hende Van Oldes heff gewessen Sindt den Tiden dat se ju nichtes biddet to aller beffer Verfaltinge, wan also gy Von Oldes hebbet gegeven ende gy selben wilforden uppe den Huß dar alle de Rahl ende de nige gat beyde Van der niggen Statt unde Van de Alden und die Weverschen beyde Van de Riggen Statt unde Van der Alden gegenwerdig weren, dat gy mit lese wolben geben, unde diesen Bref schal waren de Eldeste Van den Wercke he wahre dat Ambt Van der Scherpene wegen off nicht da van Godes bort weren bergen dusend Jahr „drei hundert Jahr Seven ende

bertig Jahr deß Fridages negst Vor der Hochtit der Aposteln Sancte
Philippe ende Jacobi da wardt deſſen Breff ende deſſe Verſalinge, de hiri
angeſchriewen ſteit, gevollbordet und geſtettiget mit Goden Willen der
Schepene des Rades der Lewen Stadt to Oſenbrugge, de waren deſſe
de hier ſint geſchriewen Gerbardt Haſede Schepenmeſter Juſtacius von den
Brincke Johan Van Glielo Johan Dan Erncheim, Johan Blome de
Junge, Heinrich von Ringelo, Gerbardus Zone, Wicbold Van Uinarte,
Ulrich von Tule, Franco Kluge, Nicolaus Duncker, Johan Billeckewet
Friederich von Lunne, van der Niggen Stadt. Swedeer Duncker, Hermann Peterneſſe, Werner de Vogel, und Dolquin Van Wimmere, Vor-
mehr de Meſter de ſint des Overkommen mit Rade ehren Werckgenoten,
dat ſey willet bringen ein Lecht von einen Pundt Waſſes, uppe den dach
bei goden ſunte Maternesse to x uppe ſin Altar In den Dome jährlich,
dat Geld ſchall men nehmen Von des Ambtes Gelde, Were dat alſo dat
dat Ambt des nicht Vermochte, ſo ſoll dr Meſter geben, ut ehren eigenen
büdeln, dieſer Verſaltinge was ein Anbegin ende ein Vullenbringen Johan de Rode de da ein Meſter was des Ambtes un de lange wiſſen
habbe bi leben Herrn Gerderd van ſunte Katrinem de Fundator was des
Altars mit Oelpe goder Lüde, de hebbel gegeven den Johanne ſtene Jahr-
tit to begehende ſiener Seele mit allen Glöbigen Seele mit einer Seelen-
miſſe.

Aus einer fehlerhaften Abſchrift in den Akten des Rathsarchivs
über die Aufhebung der Zünfte im Jahre 1809. Das Original
iſt nicht wieder aufzufinden.

VII.
Brüderſchaft der Elf Aemter zu Natrup von 1491.
Zu p. 51.

Im Rathsarchive.

In den namen Godes Amen In deme Jare unſes Heren alſe men
ſchreef buſen veirhundert vnde ehn vnde negentich op den dach ſunte pawels bekeringhe hebben angenomen mit Innicheit gheworuen de Erſamen
ghemenen gildemeſteren der elften ſtat Oſenburghe ehne broderſchap to
holdenne in deme Conuente to Noritorpe ſo em de beſtedighet gheghxuen
vnde toghelaten is van deme prouinciale van oueſten des Ordens ſancti
dominici des hilligen vaders vorſegelt myt groter indulgencien aflate vn
verdenſte gheghxuen van ock van dem prior vn ghemen Conuente vorgl.
bewillet vnd beſulbordet is to love vnd to eren des almechtigen godes
marien ſoner werden hilligeſten fruen moder vnd alle gods hilgen vnd
dorch ſalicheit aller kriſtenen ſelen vnd omme eynbrachticheit in guder op-
ſathe des ghemenen beſten der Stad Borgermeſters vnn Rades to Oſenbrugge in allen puncten eynbrechtlick to weſen vnde to hebben.
 Item ſo ſollen vnde willen alle olde vnde Nye gildemeſters alle der
ample bynnen Oſenbrucge ehns des Jares begendniſſe to holden to nort-
torpe vor alle vorſtoruene gildemeſters nemplicken des mandages van ſe
to hope eten dat men van den Conuents vorgl. wittigen ſal vigilien

vnn selmniffen to holden bar dan eyn itlick gildemester vnn brober wesen sal vnn eyn penninck offeren by brofe alfe vnder ben torne lij penninge.

Jt. op der graft vnn vorflernens eyns itliken gildemeſters to volgenu war he vorbobet wort by brofe lij penninge.

Jt. wan so eyn gildemester oft eder nye vorstorven is ben sal syne frowe eder negeſten frund begaen laten in den vorgl. Conuente ton Nortlorpe myt eyner prouene na older woynheit myt eynen lechte quarte wyns vn semelen, ofte myt eynem rebeliken stücke vleisches (Zusatz neuerer Hand) vnn ock syn wy vorbenomden gildemeſters ouer eyns gekomen dat eyn ytlick gildemeſter de nyes wart ingekoren vnn ney settn hest sal gheuen eyn punt waffes to den lechten mede to betteren.

Jt. to beſſer begencnisse to volgen by brofe lij.

Jt. we hyr enteghen bebe vnn dit vorgl. vorachtede vnde nicht holden wolde den sal men vnvorbodet sitten laten vnn en sal of synes amptes nicht gebruken so langhe dat he den vnhorsame vulgedaen hebbe na opsathe alle der gildemeſters.

Jt. so waken alse der gildemester knecht verbodet tor beghencnisse ton nortorpe sal he hebben vj ₰ dan ben frunden des ghenen den men beghehet.

VIII.

Beschluß des Schuhmacher-Amtes über die Rechte der Wittwen 1474.

Zu pag. 51.

Aus der Lade des Schuhmacher-Amtes.

In den Namen gobes Amen In deme Jare vnses heren alse men screff dusent verhundert vnde veer vnde seuentich op den achteden bach des hilighen sacramentes daghe Den almechlighen gode vnde syner benediter moder marien Sunte Crispino vnde Crispiniano vnn allen hemelscher here to loue vnde to eren. So syn wy Gildemesters vnde gantse ampt des erliken amptes der schomaker to Osenbrüghe eyndrechtliken vnde samentliken eyns gheworden vn overdreghen dorch noet sacke, den vorgl. ampte anbredende allen erliken vrouen to loue vnde troste de nu in den amptt syn van des gebruken.

Item Int irste sette wy vnn vort dencken to holden dat welker vrouwe vnses amptes er husſere vorſtorue vnn weduwe were so mach vnde sal de vrouwe der genaden bruken vnde orſen eyns op dat ampt vnde de knecht ofte man sal ory vnde echte syn myt sodanen vnderschede dat se eren weduwen stat erliken vnde vrome gheholden hebbe.

Item ton anderen male sette wy wer sake en sodane vrouwe vnde weduwe dar nicht by komen en konde vnde so bynnen Jares nicht en vrhede dorch leue willen eres vorstoruenen husheren vn vmme de leuen van gode lete, sal de vrouwe beshaluen vnvorhaxi vn vnuorsuslich syn in den se erlik bleue.

Item ion derden male sette wy dat eyn gewelik gildebroder sal vnde mach so vaken oryen op dat amt alse em dat vallet vnde eme syne hus-

frowe na den willen godes aff verstorven is so en sal of dan de gild-
broder neue brouwen eder maghet nemen de wanborbig ofte onechte so
obte de beflapen so de onse ampt vorgl. gebruten sollen.

Item ton verden male weer sate dat welik browt in onsen ampte
onde beruchtighet worde dat dan strale meer onde molen meer were by
eres Mannes tyden ofte na eres mannes dode onde dan tes gheruchtes
vor den gildemesters onde Ampte nicht ton eren antworen entunde de sal
wesen vorlustich aller vrpheil onde insale onses amptes.

Item ton visten articule sette roy welit wedewe orheve so vorgl. is
up dat ampt onde de man des amptes werdich is sal den wyn denst
denen na zede vn wonheit onses amptes als dat to doren ghewesen is
vnnd dat doen war dat den gildemesteren bequemest is onde febben wilt
onde dar sal de nye gildebroder de so in onse ampt vorgl. kumpt gelden
eynen golden rynsch gulden up de Tafelen.

Item ton festen articule So sal de denst eyne geweliken nyen gildebroders wesen onde den bullenkomeliken doen onde denen van veer ghe-
richten alse mpt potharste na dages tydynghe groet stücke vleisch onde
gebraden, kese vn botteren onde also vele schones brodes van weyten brodes des noet vnnde behof is onde twe homborger tunne beers so guet
alse man dat to Osenbrugger brouwet vn den scheffern behaget.

(Mit anderer Hand.)
In den namen godes amen. In deme Jare onses herrn als man
screeff M v° vnn vi jare so sint wy gildemester als herman holscher vnn
herman oldewerld nisd den ampte der schomater ouerdregen vnn ens geworden vmme ere vn bedreff vnses Amptes vnde vorkumpst aller guder
vpsatte so sin wy endrechtliken vnn samentliken eyns geworden vmme des
gemeynen besten wyllen vnses amptes so dat nyn gildebroder sal werden
entfangen in onse ampt he en sy des amptes werdich vnn schall ersten
liij par scho maten suluen myt sinen handen in des ghldemesterss hus de
wert is eyn par scho mpt hogeflen to gelegd nigt enen offt mpt tve ringen ofte he wil eyn par manne scho upgelecht mpt enem ringe vn eyn
par scho van den dren stücken vnn vort wan dat werk rede is so solen de
ghldemesters de oldesten van den ghldebroderen dar by vorboden laten dat
se dat werd besen vnn ist dat em dat werk behaghet so schal dan de nye
ghldebroder mpt willen der ghldemester vnn des amptes vor den ouen
baden vn schal kopen liij stücke kos vnn en half hop to braden vnn enen
schap kese vnn eynn punt botteren vnn so vele scho broder (sic, wohl
schone brodes) als men dar to hof hefft.

IX.

Beschluß des Pelzer-Amts über die Rechte der Witwen 1484.
Zu p. 51.

Aus der Lade des Amts.

In den namen godes amen. Is to wetenne vor als weme openbare
to bekennen dat in deme Jare vnses herrn alse men screeff dusent vier-
hundert negheme vnn achtentich by tyden der Ersamen Hanse molners

vnde Lamberte bobekers gildemesters des erliken pelser amptes der Stad
Osenbrugge sint eyndrechtliken gruntliken vnd leefliken ouerghekomen vnde
ehns gheworden mpt gantsen willen vn vulborde des ghemenen amptes
vorbenompt vnde ehn itliken gildebroder bsundreren itlik vnde alle nabe-
screuen puncte vnn stade beleueden vn vulborden sunder wederroppent in
hande der vorkenompten gildemesters dorch loff ere dude nutlicheit vnde
od ghemene besse ere vnn aller erliken vnberochleden browen in eren ampte
vorgl. Also dat wy gildemesters vorgl. vnde gantse gemen amptes geworden van gildebroders vorgl. samentliken vnde eyndrechtliken insaken vnde
setten myt vorbedachten mode vnde rypen synnen tho ewghen tyden vor
ons vnde vnse nacomelincghen. Wanner ehner erliken vrouwen vnde gilde-
sustren vnses amptes vorgl. ere rechte rechte hushere na den willen godes
almechtich af versteruet vnde dan in sodant wedewe vnde naghelatene husfrowe des vorstoruenen er seuent erliken holt vnn geholden heuet vnberochtet
van yemande myt waraftigen puncten de sulsse frowe vnde wedewe sal
vnde mach ehns na eres hushreen bode op dat vorgl. ampt killilen vn
bryen vnde nemen ehnen vnberochteden knecht oste man de des amptes
werdich is, vnde wan dan ehn soll loswerdich wedewe vnde vrowe myt
eren wedergenomenen hushreen dit vorgl. ampt vorschende wart vnde bruken
wil so vaken vnde van wenne dat gescheut de sollen den gildemesteren dan
tor tyt doen ehnen wyn denst na sedt vnn wonheit als er synder des
amptes doet.

Item wan dat dan ghescheen is sollen se doen ehnen gemeinen denst
den gantsen gemenen ampte mpt ehner tunnen beers vnde tween backarsten
dar to so vele broders (sic) men darto behouet. vnde de denst sal scheen
in des oldesten gildemesters huse. desses alles als vorgl. steit hebbe wy
Gildemesters vorgl. vnde gantse ghemene amptes broders in vnser gildemesters hant gelauet dat samentliken vor ons vnde vnse nacomelinghe
dat stede vast na dat deffer rullen to holdenn gelouet sunder argelist
gesee. op dalum vorgl. des gudensdagl. na des hilligen cruies dagbe
Inventionis.

X.

Beschlüsse des Backamts über die Knechte und die Rechte der Töchter 1387 und 1389.

Zu p. 56.

Aus dem Rathsarchive.

In den yare vnses Heren do men screeff duzent drehundert in den
Seuen vnd achtentigshesten bo Herman van dissent Borgermester was vnd
Diderich Brumsele Wichman Peternelle Herman van Dummestorpe Johan Crumsteen Johan von der Beke Franke Mekelenborgh Johan Jocke
Telman di Hoppener Gherd van Leda Bernd van Horsten Albert van
Westerholte vp der Oldenstal Herman van Melle Albert Buk Rabode
von Haren vnd Bernt myt den lhsen op der Ahenstal to Osend. Seepe-
nen den Rard des Stades bezeten Also dat de Gildemester van des Amptes weghen streten vor den Rade dat se de zalt vnd wonheyt hebben van

ghenaden des Rades des je den Raede dor er Jnneben dat nyn man van
den Bad ample Jenhghen knecht des wynters yn denste holden zolde te
des Somers dar vore buten Osend. Myt megene myt Grauene eder anders Jenigherleye wys ghearbeydet hedde.

It. in dem Jare do men screeff dusent drehundert in deme Neghen
vnd achtentyghesten Jare do Herman Lutynch Borgermestere was vnn
Johan van Melle vnderborgermester vnd Gherd van Leda vnd Johan
Vederue vnd ander gude lude de to der tyt den Raed beseten vnd in der
tyt do Remeke ackerman vnd volbert vederue ghildemester weren dat se
ouerdroghen myt den gantzen ample vnd wel Vulbord des Rades dat
eens mannes dochter de in den ample born ys vnd sich nycht voranders
sedet hebbet buten den ample de dochter sal so groet recht hebben to der
ghille alze de sone Werel of dat de dochter enen man neme de nyn recht
en habbe to der ghille de zal syne hant seen laten ane des amptes staden
vnd dar zolen an vnd ouer wesen de twe ghillemestere vnd de olden twe
ghildemestere vnd de twe broekschouwere de dan to der tyt syns.

XI.
Vertrag der Riemenschneider und Schwertfeger.
(Im 15. Jahrhundert.)
Zu p. 57.

Aus der Lade des Riemenschneider-Amtes.

Kundych vnde openbar ys den Oldesten (sic) van der Ledersnyder
Ammete van oldes dat de swertveghere schellachtych weren myd den leders
snyderen dat zyt dat smet Ammel an nam warbmme quam dar yn ghe-
rychte dat ammel der ledersnyder vnde sprak se an dat se wyt leder sloghen
yn ost harns dat den ledersnyderen tho horde vnde se nycht doen enne
mochten. Dar quemen beyden Ammete vn berepen zyk vor den mennen
ghillemesteren, Dar spreken de ledersnyder ze woldens dar bisyen by den
becum luden vnde by den rechten na erer ansprake vnde na der smede
Ammete wederkale van dar behelden de ledersnyder yn gherichte vnde makeden dat war myt eren oldesten dat ze desse vorgheset. jake nycht van
me mochten Of wart dar den ledersnyderen van den ghillemesteren tho
ghesegkt, zynd tho den tyden dat ze tyt war maken wolden myt eren
Oldesten eres Ammetes zo en scholden ze desse vorgheserewen jake nycht
doen Weret of dat ze et bedon dat scholden ze vnde noch scholen vorbeteren
den ledersnyderen na eren wyllen Desse schet ys gheschen vn den tyden
dat Johan seniwort vnde wysteken de bokeler weren der smede ghillemestere
vnde yn den tyden dat Albert van Monster vnde Johan Bubbe weren
der ledersnyder ghillemestere. Of es dyt ghescreuen yn eyne Dychtnosse erer
nakomelynge vp dat ze weten wat ze myt eren ende myt Rechte beholden
moghen.

XII.
Schusterambts-Rechnung 1527 u. f.
Zu p. 68.

Aus dem Rathsarchiv.

It. ym Jar onsses Heren do men schreff M d vnd xx lj do entfenk is de Redenschop van Johan Satrouen des donderdages vor sunte mathges vnn do dede ick vt xx lj ½ ßl. vor flesch vnd negen ßl. vor brot vnd lij ßl. myn ens penninges vor botteren vnd vor senep vnd vj ßl. vp span des frygdages vor sunte matzges dede ick vl   ßl. in des reteken hus vp de span.

It. vp sultiken sastauende des morgens do my de schomakers des amtes reschop brachten, kysten vnn kastenn vnn wal bar to hört, do gaff ick ine lj ßl. von des amets wegen.

It. noch hebbe ick vt geban J ßl. do sultiken sastauende vp de span.

It. noch hebbe ick vtgeban yn den sastauende de beyden Dage vor kost vnn vor ber lj marck.

It. noch hebbe ick vtgeban vvilj ßl. vp de span do my de kraprsen etem.

It. ick hebbe latten maken to des amtes beyden g.... kysten twe slottel vnn vilj negel to samen vor J ßl.

It. noch dede ick vt to gronen Donderdage xj ½ vnnd llj ₰ vor ber vp de span vnd vor botteren vnd vor brol.

It. noch dede ick vl, do my vnsse morgensprake helden xiv ½ ßl. vn vj ₰ vor kost vnn vor ber.

It. do my ophowe vor den rychte hadden vp der nygenstat des dages dede ick vt lj ßl.

It. noch dede ick vt des frygdages vor pynxten de yn den harnsche gengen xxj ßl.

It. noch J ßl. des frygdages vor pynxten den gennen de by den kersten gengen.

It. des sondages to gobem mandage, do my rolff dann leben begyngen, do dede ick vt v ßl. vor de preuen vnd vor dat sehst vnd vor de semelen.

It. op vnsser Houel herrendach dede ick vt lj ₰ vnd lllj ßl. vnd J ßl. den koster vor de preuen vn den dome.

It. noch lj ₰ vor kreusse.

It. to vnsser Houelheren bach vnd to gobem mandage de beyden dage do was de opflach xxxlj ßl. myn J. ₰ vor kost vnd vor ber.

It. do entfenck ick of xvlj ßl. von Johan ophowe de koemen dar of.

It. noch lllj ßl. van brocken de kuemen dar of to.

It. to der suluen tyt noch xx ₰ vor J schap kesse.

It. noch hebbe ick vtgeban des gornsdages na sunte margen mabelenen yn des reteken hus J ₰ vn llj ßl. vor kost.

It. noch hebbe ick vt geban lj ßl.

It. do my vt der grast kwemen do dede ick vt yn des reteken hus v ßl. vor kost vn vor ber.

It. to wesselynges hus dede ick vt xx ßl. vor kost vnd vor ber, do my de beyden broedr vorlerben von den twen gildebroders.

It. do wy vt der graft kemen do bede ick vt ton kovote xliij ſl.
vor koſt fleſch bolteren vnd brot.
It. des dynxtages vor ſunte chryſpyn vnd chryſpynyan do helden wy
vnſſe morgenſprake do beyde ick vt xij ſl. myn ij veronge.
It. to vnſſer horwel heren dage beyde ick vt to der preuen vj ſl. vnd
ij ₰.
It. noch hebbe ick vtgeban 11½ ſl. vn x veronge de vp vnſſe morgen=
ſprake vortert werden.
It. noch hebbe ick vtgeban ij ſl.
It. ick hebbe vnſſes ameles boeden geuen lllj ſl. to lone vn vj ₰
to offergelde.
It. Johan Ottynge hebbe ick gegruen j ſl. to offergelde.
It. ick hebbe den bouwmeſter tuſſchen der norkroper porten geban j ſl.
to offergelde.
It. noch hebbe ick vtgeban ij ſl. vp de ſpan.
It. kort na der hochtyt do wy de bre brode vorterden von den bren
ghlbebrodern dar bede ick noch to x ſl. ton kovote.
It. ick hebbe vt geban do wy vnſſe ghlbemeſter koren lllj marck vn
viij ₰.
It. do de ghlbemeſters to ſamen terden do bede ick vt xxlij ſl. vn
iij ₰.
It. ick hebbe vnſſen ſchefferen geban vij ſl. to baetle ton beyr bal
vnſſe ampt branck to Johan van borſtens hus.
It. ick hebbe twe olde kettel vor buttel vnd hebbe latten maken j ny=
gen kettel vnd de olden kettel de wegen xxij punt vnd hebbe eme geuen
vp dat punt oldes viij ₰.
It. de nyge kettel de wecht xlj punt vnn des hebbe ick geuen vp de
olden kettel ij goltgl vnn 11½ ſl. vnn x ₰.
It. noch heb ick vtgeban j ſl.
It. ick heb vtgeban j punt waſſes to twen engellechten vnd twe ſwar
to maken.
It. ick hebbe vtgeban iij punt waſſes dar de Karſſen ſtaken mede be=
wunden worden vnnd ick heb geuen vor ſpannts groen vnn davor to ma=
ken end weronges myn als xvj ₰ vp ſunte markes dach.
It. noch heb ick vt geban j punt waſſes to twen engellechten yn den
bome vnn twe ſwar dar vor to maken kegen pynſten.
It. ick heb latten maken de twe grollen lechte yn den bome dar bede
ick to lllj punt waſſes vnd vj ₰ to maken.
It. noch hebbe ick vtgeban j punt waſſes to twen engellechlen yn den
bome vnd twe ſwar to maken.
It. ick hebbe latten maken de twe grollen lechte vor der laffelen yn
ben bome dar bede ick to lij punt waſſes vnd lij ₰ dar vor to maken.

(8 leere Seiten.)

It. om har vnß heren md vn xxij des manbages na den faſten
markede entſend ick van Johan brakl x ſl. des gaff in eme lij ₰ wedder.
It. entfangen van lemer molle yn den kerſpen van ankom lij ₰ vnn
xvij ſl. yn der palm weke.
It. noch entfangen von byrid meyger des manbages na palm xij ſl.

Jt. entfangen J gl. vnn xvjj ßL van Herman fattrowen vp paefch auent.
Jt. ick lüdeke Jungheling hebbe betalt rolef van leben xx ßl. vp beren (?) donderbach in dat jar do men fchref dufent cccc vn xxij ° vn des hebbe ick weder entfangen J ßl. vor ehr weder gaue. (Andere Hand.)
Jt. entfangen twe fwaer men als IIJ ßl. von den meffen tufschen der nartruper parten des bynxtedages yn den pynxten.
Jt. ick hebbe entffangen IIIJ ßl. von den bobitter.
Jt. ick hebbe entffangen van dorick meyger vj ßl.
Jt. des fondages vor sünten fander entfenck ick van herman fairouen J goltgl vnde 11½ ßl.
Jt. entfangen v ßl. von dyrick meyger.
Jt. gert bramhorem heff́l my bracht van herman stachges (?) wegen tor ffastenoewe x ßl. des goensdages na sünte margreten.
Jt. entfangen van herman sakrowen xx ßl. des gaff ick eme xxvjj ₰ weder des manbages na vnser leuen frowen hemelffart.
Jt. entffangen van den dwoiter ilij ßl. vp sunten elames dach.
Jt. ick hebbe entffangen IIJ ßL to behoff des ameits von den gelde dat me to sünte mariens auende vme godes wullen gaff.
Jt. ick hebbe entffangen van luteken meffen tufschen der nartroper parten enen schydenberger.
Jt. ick hebbe entffangen J marck van ffretick ffrowen van der lyppe vp funte Jurgen auent.
Jt. ick hebbe entffangen xj ßl. to behoff des ameits van den gelde dat wy to suntem tomasdage vme godes wullen geuen.
Jt. ick hebbe entffangen van hinrickes ffrowen van dechten xij ßL vp mydwynters auent.
Jt. ick hebbe entffangen van arent van borsten xxvjj ßl. myn twe verynge yn der hochtyt.
Jt. entfangen xij ßl. vp sunten symbers dach van der wegermanschen.
Jt. entfangen xvilj ßl. van hohan van oldenfele.
Jt. do ick de rekenschop entsend von hohan fatrouben do gaff ick eme noch weder x ßl.
Jt. ick hebbe entfangen von arent boueman vilj ßl. de twemen des amets to.
Jt. ick heb entfangen J marck van dyrick meyer des frygdages na lechimhsten.
Jt. ick heb entfangen van den remensnyder in der hegerstrate vi ßl. myn iij ₰.
Jt. entfangen van dyrick meyger J punt waffes des manbages na palm.
Jt. entfangen lj punt waffes van den dwyter vp pafchauent.
Jt. entfangen van bettert buffer vj ßL to twen punt waffes von sy-nes knechtes wegen des godesdages na pafschen.
Jt. entffangen van hoest worikampe lj punt waffes.
Jt. entffangen van luden huedepol J punt waffes.
Jt. entfangen von Johan wan boesten lj punt waffes de twemen vns to van vphormes wegen.
Jt. entfangen van hohan frytten J punt waffes.
Jt. entfangen van hohan plugen J punt waffes kegn mydwynter.
Jt. tor siluen tyt od van alef feuen J punt waffes.
Jt. entfangen J punt waffes von host furynk.

It. deſſe gyldebrodere ſynt ſchuldich daſſ onſſen ampte.

It. gohan ſatroue hē ſchulbg onſen ampte IJ punt waſſeē van
IJ knechten.
It. gert koſter J punt waſſes van J knechte.
It. detert huſer iiJ punt waſſes von ſynen knechten.
It. albert tydeman J punt waſſes van ſynen knechte langzehm.
It. johan plagge hē ons noch J punt waſſes ſchuldich onſen ampte.
It. hī bin den ſcholknechten eren olderlüden ſchuldych IJ punt waſſes
de hebbet ſe my gelavet to behoff des amptes.

XIII.
Satzungen des Lohgerber-Amts (nach 1412).
Zu p. 64.

Aus einer Abſchrift in den Acten des Rathsarchivs.

Wy Burgermeiſtere vndt Raedt des Stades tho Oſenbrügk be dem
Raedt bezetem. In dem Jahre do men ſchreff na Godes geborti, duſendt
Jahr, drehundert Jahr, in dem Dyſſ vnd Negentigſten Jahr uff Sunte
Lucien dach. Hebe wy eine genade gegeven den Loh Ampte tho Oſenb.
dat nyn gaſt eder Dithman, en ſoll kopen binnen Oſenb. ruwe Hüde beneden einen halwen becker, weret dat dat we bede zo mannige hubt alſe
he koſte, zo maninge tweiff pennige ſolde de brechenn in dat Loh Amt;
Utgeſproken de twe Jahr-Markete, tho Rhemarkete Und tho Herrenmiſſe,
ock en ſall nyn gaſt eder Dithman kopen gröne Hüde binnen Oſenbr. Uth-
geſproken de twe Jahr Markete vorgemeldt. Od Hebbe wy eine genade
vom dem Burgermeiſteren Undt Rade des ſtades tho Oſenbrügk, dat je
Uns alle Lowegene vor befate veliget binnen Oſenburg, alle Jahr vonn
Paſchen an wente Sunte Jacobs Tage Undt ock dat nyn Börger buten
Unſen Ambte off nyn Ohtiman, nyn Leder binnen Oſenbrügge vorkopen,
vorbülem, offte ſchliten mach oder en ſall idt en wehre dat Unſer Gildebröders welk dait gelöet vnde geſchleten Hadden in vorkope offte in Vorbülem, etc.

In dem Jahre vnſes Herren bo men ſchreiff na gobes gebort duſend
Jahr, drehundert Jahr, In deme Seß undt Seventigſten Jahr, wehre
wy gemeine Loh-Amt tho Oſenbrügge ſchelachtich mit den gemeinen Erchmacher Ambte*) to Oſenbrügge unde ſchrideden, in deſter wiſe, dat nyn
Erchmacker tho Oſenb. nineriey Rinder vallede löen offe gahren en ſollen
idt en wehre dat je Knyffsind koſſien dar Vyſſ Kalff vell offte darbeneden
mede wehrenn be mochten je löen offte gähren Undt nicht mehr, Undt darn
ſolm je od nyne ſunderge Kalff vell tho kopen, funder argeliſt, vndt wes

---

*) Es ergiebt ſich hier die Verwandtſchaft der jetzt unbekannten Erchmacher mit
dem Lohgerber-Geverbe. Nach Grimms Wörterbuch iſt Erch, Erich eine Art feines Leder.
Die Erchmacher ſind alſo eine beſondere Art der Gerber, was denn zu dieſen Beſtimmungen ſehr wohl paßt.

in denselwen Erchmacker Ambte vallet van bröcken alle van lobringene oder van ouerkope, bat sole dem Loh Amt Halff böhren, undt der Erch=
macker Ampt de andere Helffte bören, undt welck Erchmacker brockachlig wort vor der portenn alse de Lokop gesatet is den Bröck solt wy Loh-
Ambt undt de Erckmackere tho samende vorteren, Undt so Vakene alse ein Erchmacker einen Lehrknecht tho settet wat de Lehrknecht gifft dat sole svl
Loh-Ampt Halff böhren Undt der Erckmackere Ampt de andere Helffte böhren etc.

Dortmehr, welch mann Unses Loh Amtes begehrenne is tho win=
nenne, de soll sich vordregen darumme mit Unsem Gildemesteren Undt dartho mit Veren offe Sehen den redelikesten uth Unsem Ampte, Und
geldenn dan dar der schillinge tho vordrinckende, darna wanneht men Unse Ambt vorhabet dat wy den entfangen sölen in Unse Ampt, wenner
dat geschen is, so soll He den gemeinen sulves Heren in Unsem Ampte gewen einen Backarst Und ein Hop gebraden, Kese Undt broedt, undt
gelden dann bartho dre schillinge tho redrinckene, undt gewen dann Un=
sem Ambte Dnuortöget veer Mark penninge alse dann tho Osenbrügge ginge Undt gewe sindt, undt darna wannehre unse Ambt begehrenne is so
sall He den gemeinen Sulues Heren in Unsem Ambte einen denst doen mit aldus danen gerichteten Dor Erstem soll He gewen Pottharst, darna
Schinken undt Backharst dröge, dar warmes by. darna in Jewelicke schottelenn ein Halff Hoen gesodenn, undt wohl thogemacket, undt darby
eine quarte winnes, in Flaschen by Jewelicke schöttelen, darna grotstückende Kho mit Jennepe, darna Backharste undt Hope gebraden, darna Kese
undt botteren, undt bartho ein Vatt gudes Beers dann twe undt twintich vorbrandten, ouer Tassen tho drincken. Datt fleesch, Wien unde beer
sall He kopen mit Helpe undt na rade twyer Unser Gildebröbere, eme unse Gildemeistere dann bartho seitel undt gruel. Und wannehr de benst
gedaen is, so sall Hr Unsem Ampte onndt tho des Ambtes behoeff twe wermde (?) Hübe sören sunder des Ambtes schaden.

Dit Hebbe wy vonn oldes eine Sede undt wonheit, dat wy nine berüchlede lüde offte nine Papenkindere in unse Ambt nehmen daruenn
offte sölen etc.

Dortmehr, Welchs Löhrs Söhne de Unse Ambt Hruett, offte welch bedürue Knecht de eines Löhers dochter nimbt dar He Unse Ambt mede
nimbt, undt de Unse Ambt anklüen willet, de sölenn nicht utgeuen, Mer se sölenn den gemeinen sulues Heren in Unsem Ambte, eine Maelstidt einen
denst doen, mit aldus danen gerichten thon Erstenn Schinkenn undt Back=
harst, tröge darna grotstückede Kho mit Sennepe, darna Hope vnndt Backharste gebraden, darna Kese vnndt Botteren, undt ein Vatt gudes
Beers von twe und twintich Vorbranten ouer Tassen tho brinkete, will He dit warmede vorbetteren, dat mag He doen, bat fleesch vnd Beer tho
dem denst sall He kopen mit Helpe vnndt na rade twyer Unser Gilde=
bröbere de ehme vnse Gildemestere dann bartho geuet, desse mahltzbt vnnd denst mag He doen des Nones offte des Vespers welcker em be=
quemest is etc.

Ock Hebbe wy eine genade vonn dem Rade vonn Osenbrügk, batt ze Uns alle lohe wagene vor bezate Vellget binnen Osenbrüg alle Jahr
van Sunte Walburgis dage wente Sunte Jacobs dage, unde ock bat nyn Borger de in Unsen Ambte nicht m is, offte nyn Vißman nyn löet

leber binnen Ofenbrügge vorkopen en sal, idt en wehre datt Unser Gildebrödere wild dat gelöett vundt verkofft habben. etc.

Ock en soll nemandt von Unsem Gildebröderm gell nehmen von einem buten vunsen Ambte oppe Halff winninge dat he handtere in sinet Boden. etc.

Ock en soll niemandt in Vnsen Ambte roden Dell este Söge Vell löen. etc.

Ock en soll niemandt in Vnsen Ambtte sinen Knechte lebber löen, idt en sy datt de Knecht vnse Ambt hebbe. etc.

In dem Jahre Vnses Heren, do men schrieff na Godes gebortt, Dusent Jahr, Veerhundert Jahr, in deme twelfften Jahre, des Hülligen Sondages tho Allermanne Vastauende, sindt wy Herman Bileuldt vnndt Johann Stoffekalf, de tho der tydt Gildemestere wehren, des Lob Ambtes tho Ofenbrügge vnndt gemenen Gildebrödere des vorgl. Ambts des gemeineliken ourtkomen vnndt vordregen, welch man nyest in de vorgemelte Gilde kumpt, dat Sy Iohrs Sohne offte nicht, edder anders we de de Gilde winndt de sall sick des Badenambts mede vnderwinden Andt dat darlho Höret, und dat vorwahren so lange bat ein ander Gildebroder in de Gilde nyst kome, de sall dat von na Vorwahren alse de anter beuoren ehme gebahn Heuett. etc.

Das Vorstehende Abschrift mit dem Originale wörtlich gleichlautend sey ein solches attestiir hiemit der Warheit gemäß Pflicht mäßig Osnabrück den 23ten Julius 1808.

Henrich Winold Homann
Notarius Legalis et approbatus Specialiter
requisitus manu Signetoque propriis.

XIV.

Die Rolle des Schilderamts 1489 bis 1531.

Zu p. 64.

In der Lade des Schilderamts.

In den Namen des hern amen. In deme Jare men screeff M. cccc lxxx iiij Syni wy Ghldemesters vnd gemenen ghldebrobers van den Schylder ampte ouer gekomen gelouet vnd gewylkort vor vns vnd vnse nakomelinge vmme eyndrechtycheil willen vnses amptes vor eyne gude gewoenheit alle puncte vnde articule de hyr nagescreuen staet. Int erste also vaken eyn kumet vnses amptes begert den sal men dragen est he syn lere gell hebbe diegeuen vnde werdich sy vnses amptes na Inneholt vnd guder gewonte der anderen ample to osenbrüge alzo dat he nyn papenkint en sy dnn of nicht lufften tween bedden geleset in sy vnde suluen nyn hinder en hebbe dat em hinderlick sy. dyt sal he alle bewyfen.

Dar na sal men dragen wal he arbeyden wol malen, bildesnyden, glasewerken sadelmaken eber hammaken wes en dan beleuet van den öyen vorgenomet syn...... he vnd sal den ample geuen Ses Rynsche golden gulden offte mer wo em dat ampt bisetten wart vnder moet knecht wesen wlllich den ghldemeſtern vnn ampt alſo lange dat eyn nyge gildebroder kumpt. ſunder quemen twe gildebroder in enen Jare ſo ſal de eldeſte dat Jar dth knecht weſen wer of jafe dat eyn were de ſabel vnn hammaken to hope arbeyden wolde, de ſal dubbeli gelt (vtgeuen) alwege rede vuergeuen.

Item man ſal em of ſeggen twe denſte to donde enen den ghldebroderen alleyne mil ener haluen tunnen berś enen ſchinden vnn bachurſt, ſenepolſch braden botteren vnn keſe Item den anderen dulle maltyd den ghldebrodern vnde en vrouwen alſo dat ſedelick is.

Item wan dyt allet vorgl. (geſchen is) tor nogge geſchen is So ſal de eldeſte gyldemeſter van deme nyen ghldebroder eſchen enen penndrug dar mede ſal he weruen alle de rechtycheyt gelyck enen anderen gildebroder Of en ſal men nemant in dat ampt nemen He en kone ſyn ammel.

Item wan dyt allet vorgeſcreuen vtgeuen is. So ſal de nye gildebroder deſſe vnſe nollelen puncte vnn articule ſouen woltorn vullenkomen to holden gelyck anderen ghldebroders vnſes amptes vnde leſen en dan de puncte ſo ſe hyr nageſcr. ſtat.

It. int erſte ſo daken alle wy lo hope verbodet werden by den hogeſten broke op enem clockenſlach vnde ſtede enem helikem geſecht wert vn vor den clockenſlach dar nicht en were ſal he breken dre ſchillinege vnn de na dem ſlage queme achteyn penninege.

Item went men vns vorbodet op enem clockenſlach by vnſen broke vnn nicht en kumpt ſal breken twe penninege vnn de na kumpt enen penninegh.

Of en ſal de ene ghldebroder ten anderen nyne knechte eder megede vnder wonnen eder enen anderen lo hegen, he en ſole erſten ſinen gildebroder dragen offt dragen laten by enen ſynen medegildebroder, offt ſe em ock benſt ſchuldich ſy by broke dre fl vnn geuen me nochtan van ſtunt vuer.

Item oft de ene ghldebroder myt enen andrem in vnſen ample wes to donde habde de ene ſal den anderen nicht vorſpreken ſunder vor ere ghldemeſters vorclagen by broke lij fl.

It. habbe we in vnſen Ampte eyn werck angenomem vordingit eder vordrach ghemaket bes en ſal de ander ghldebroder em nicht vndergan eder vtſteken by broke dren ſchillinegen vnde ſal dat werk van ſtunden an vuergeuen.

It. ſo daken alſo vnſer eyn enen lere knecht an nympt de ſal vnſen ampte geuen dre ſchillinege vn eyn punt waffes wan he acht dage dar by is geweſen. lepe he van dem werke ſo ſal et de meſter dth geuen.

It. wan my to hope tert ſal malck ſillen gan ſo he an dat ampt gekomen is vn habbe ſick dan we vnhoueſch myt worden ſal breken dre ſchillinege.

It. des amptes knecht ſal dem ample benen by broke dren ſchillinegen.

It. alſo daken als en dth vnſen ampte ſterugt van broderen vn ſuſteren ſo ſal men by den klocken ſlage weſen op der ſtede wy vorbodet werden by broke dren fl.

It. kinder knechte vn magede by broke enes fl. vnd de Jüngeſten in vnſem ampte ſolen de doden dregen by broke dren ſchillinegen.

It. alſo daken wy begencgniſſe holden we dar nicht en is ton offer breket dre fl.

De sint wy ens geworden vn ouer gekomen dat wy wyllen ene begencknisse al Jar holden to den augustineren na guden mandage myt
ener prouenen dat solen van man vnd vrouwen eyn itlick offern enen
pmnpncg.
De op sunte lucas dach to der mysse ons van holden des gelyken
vrouwen vnn man offern by broke dren ß.
Item wan de begencknisse to gudem mandage geschen is solen van
man vnd vrouwen to hope eten ene maltyd dar sal men alle Jar enen
husseren vnn enen scheffer to tesen de dat eten bestellen to loue vn to eren
sunte lucas.
It. op sunte lucas dach zal de oldeste gyldemester enen braden bestellen den de gyldebrodere eten vnd vnder anderen beialen ost vordel dat
to solen.
It. wan eyn broder eder suster steruet vth vnsen Ample so sal man
des negesten mandages darna ene mysse holden vor de selr to den Augustineren myt ener prouenen de de oende dar bestellen solen da vnses amples
lechte vn bolbot to denen solen, dar solen man vnde vrouwen offeren by
broke dren ß. se en hebben redelike sake.
De so solen de twe gyldemesters malk enen stotel hebben vn de derde
dat schen dar vnses amptes breue vnn gelt Inne is omme vrede vnde
endrechtichent willen.
Vortmer so vro de gyldemesters op den wyne hebbet gegeten solen
vnse gyldemesters retenscrop von dat sal alle Jar schen vor bastauende.
Item zo en sal nyn maler anderen lüdern ere darwe vormalen eder
ere golt vorleggen.
De en sal nyn sabelmaker eder hammaker wes maken van enes anderen leder des geliken eyn glasewerker nyn glas eder blyg enem anderen
vormaken.
It. wan en gildebroder vth vnsen ample steruet so mach de vrouwe
des Amptes eyn Jar dar na bruken.
It. so en hebbet de kinder nicht in derme ample vtgerecht de sones.
It. ost de ene gildebroder in vnzen ample den anderen wes ouer zede
des he myd rechte nicht by bringegen m konde zal vnzen ample geuen dre
schillinege in broke etc.
Item wan wy vnse gyldemesters tesen de kür heren dar to solen
wesen nicht allene die den malers eder glasemakers noch van den sabel-
makers wan van em allen ost man dat so hebben kan vme eyndrechtichent
vnses amptes.
It. offte eyn van vnsen gildebroderen neme ene huffrouwe de nicht
erlik en were na zeder der ample to Osenbrugge der en sal man nicht vorboden wen wy to hope etet, wil man se hebben so sal man se dydden.
It. nemant sal nasegggen vnses amples achte also wes gesecht wart
in vnsen ample worde dar wer ouer gebunden myt der warde solde lyden
den broke de em to dunden worde.
It. were ok well van vnsen gyldebroders de enen menen eet sworre
dat got vorbede de en solde nicht werdich wesen vnses amptes.
It. dat we mank vns were de byt alles vorgl. oder eyn deel nicht
halden en wolde vnde den gyldemesters der broke vorharbede den sole
men vor setten vnd dragen em offt he sik wil geuen in des amples ge-

nabr. wil he des nicht doen fal men en vorclagen vor ben groten ghlbemeſters vnbr vorwolgen ene mht rechte.
(Neuere Hand.)

It. ſo alſe vorgl. ſteht ehn brouwer in vnſen ampte nach vnſes
amples bruken ehn harlant na ers mans bobe So ſhr wh Ghldemeſters
bes ſchilder amples mht onſem ampte ouergekomen vnn · ehns geworden
ſo ſollen ſulke weberveſſchen in bem ampte bliuen ſo lange ſe ſich nicht
vor anderen vnn wh wollen ſe vordegebingen vor vilheren vn vor grauen
wan br ſtabt grauen leth gehof alſe ander Ampte holten mht ren webe-
veſſchen So ſullen brouwen vorgl. volgen wn offer bh broke gehof den
anderen gilbebroberen beſſer ourtkumpſt ſhnt wh Gildemeſtere vnn Ampt
vorgl. ehns geworden hn beme hare na rhi onff heren gebort buſent viff-
hundert vnd neghen.

Im Jaer buſent vffhundert twe vnde berttht ſhnt ouer ehn ghe-
komen ehnbrechtlhch be eluen ampte toe Oſſenbrucge mht wollen bes Erſamen rabes toe betrachten vnb vortokomen bal ſht ehn Jber ampt ſal
mogen vnde mechlhch weſen for vaken ehn nhgge gildebroder ertet vnſe
ampt vnn vnſes amples werk hs toe ſetten vnde toe tapferen brnſte vnde
gelt bes ehn jder ampt brfft enen breff van beme Erſamen Rade entfangen bes be ract ehn breff bh ſich heffl vorſegelt etc. bes hebbe wh
ghldemeſters bes ſchilder amples mht vnſen gildebroberen ouer ehn ghe-
komen vnbe hebbet gheſet vnbe alle ehnbrechtlhchen bewhſet for beuß vnbe
gelt als nemelhken feſthn golden rhnhſche gulden vnd enen golt gulden
ben ghldemeſteren vnbe ben ſchefferen to whne vnbe ock want ehn ghlbe-
broders khnt queme vnbe eſſlebe vnſe ampt beſuſulge ſchal gheuen achte
golden rhnhſche gulden vnn enen goll gulden in bem ghldemeſteren
moe ſorhen gheſet. bnt whlle wh for vnghebroken holden for lange hn
betler gheſunden werbt etc. bnt gheſet. op funte Lucas bach hn bhweſende
onſt ganſe ampt Im jaer wo bouen gheſcreuen etc.

XV.
Das Amtsbuch des Pelzer-Amtes.
Zu pag. 65.

In der Lade des Amtes.

Im Nahmen der Heiligen ohnzertheilten brei Einigkeibt, Gottes des
Valters Gottes des Sohns und Gottes des Heiligen Geiſtes Amen. etc.

Kundt und zuwißen ſey hirmitt daß nach der Heilſahmen Geburtt.
und Menſchwerdung unſers Herrn und Sältgmachers Jeſu Chriſti, im
Tauſent Sechshundert Neun und Dreißigſtem Jahre. Iſt durch die Protempore Herren Gilbemeiſtere des löblichen Kößener Amts Alhie zu Os-
nabrügt. Alß Lambert Hillebrandt Alterman, Johan Pelmeke Regierender
gildemeiſter, und Otto Ottinges Regierender gildemeiſter, Wie dan auch
Johan Boß Senior. Und nach Johan Boß, beide geweſene Gildemeiſtere,
Ihres Ambts gerechtigkeit, welche für drehhundt und mehr Jahren Uff-
gerichtet, Confirmirt und beſtedigel worben und in ſonderheit zu dero Zeit
Anno Tauſent Drehhundert, da von dieſem löblichem Ambt wirtt gedacht,

daß Sie gewonnen han die Schlacht, wieder der Stadt Müuster, aufm Hallerfelt, da erschlagen mannig Kühner Heldt. Zur gedechtnus und lob unser Stadt, führen sie noch heut zu tagen des Rahts Rahtt.

Nun wider uns des Ambts gerechtigkeit, mit beliebung des ganzen löblichem Kößener Ambts Gildebröder, durch gesehen, gebehert, vermehret, und in nachfolgende ordnung gebracht. Und zur Ewigen gedechtnus in dies buch schreiben lassen, diesen nachgehenden einhalts etc.

Umme Zucht und Ehr Unsers Ambtes seindt die Herren Gildemeistern mit dem ganzem Ambte eins geworden, und faste zu halten, Als folget. etc.

1. Erstlich sall er gefraget werden ob Er das Ambt begehrett.
2. Zum andern sall Er seine lehr bey einem Ehrlichem Meister Veer Jahr auß gedienet haben.
3. Zum dritten sall Er bey Einem Reddelichem Meister dienen zwei Jahr vor gesell, und wans Kein Meisters Sohn ist, zwei Jahr gewandert haben.
4. Zum Veerden sall Er erstes tages Bürger werden, und eigen Rock halten.
5. Zum fünfften sall Er haben Rüstung Und gewehr.
6. Zum Sechsten sall Er haben Hacken, Schöffelen und Spaden zu behueff des Rhades zu Osnabrügk und unsers Ambts.
7. Zum Siebenden, wan nach dem obnwandelbahrn willen Gottes ein Feuersbrunst kehme, sall Er dem Gilde Bruder welcher, Ihm negst wohnet, drey drechte abtregen und bey seinem aide verwahren, Und Ihme wider liefern.
8. Zum achten sall ein Gildebrober dem andern nicht auß Hause und lande winnen.
9. Zum negenden sall ein Gildebrober dem andern, zu dem Kauffe slaben, welches über einen Schilling werth ist, und sein geld darbey leggen. etc.
10. Zum Zehenden sall Keiner Kein werk machen alß hier gebreuchlich ist, und guet tigigs werk.
11. Zum Elfften sall Keiner Kein Markt binnen Landes mehr holten und stifften alß gebreuchlich ist. etc.
12. Zum Zwolfften sall Keiner mit Keiner Sleischafft, mit sleischen, Steden, gern, widern, buleme dem Hause arbriden.
13. Zum dreitzehenden was Einer auff dem Hause, dar das Ambt zusahmede Kombt, und Rhadtschlaget zusahmede, höret, daßelbige sall Er niemands offenbahren oder nachsagen, oder Er sall auff Jeden Artikull brödthafftig gemachet werden. etc.

Wen einer begehrett sein Meisterwerk zu machen, der sall den beiden Regierenden Gildemeistern geben sechs schillinge zu Eschen darnach schöllen die Oldesten Zusahmede Kommen, und weisen Ihme eine stede da Er das Meisterstück malet, in eines Gildemeisters hause. etc.

Er sall machen drey Pelze einen von Lübschen Fellen, Einen orgeten mit Wittenn Reimen, Einen striker mit Roden Reimen, mit einen soll Steinen, und darup gesettet, ein Lifflen, ein har Pelh mit einen Roden Reimen und ein Lifflen.

Im Jahre 1550, ist ein streitt vorgesallenn, in unserm Ambte, bei die ganzen Elluen Ambtes freunde Zusahmenn Kommenn seindt, daß Kein-

manbt in baß Ambt fcholde gelaßen werden, Er helte den Vorher Veer
Jahr beh einem Rebellichem Meister gelehret, Dartho fall Er hirbrh einem
Ehrlichen Meister zwei Jahr Dienen vor geselle und zwei Jahr wandern,
so fall Er zugelaßen werden, daß Fein Meisters Sohn ist etc. daß ist auch
vor der gantzen freunde der Eluen Ambte beschlaten daß man Keinenn
Bundsober in daß Ambt nehmen fall Er mache dann ein meisterwerf als
hier zu Osnabrügk gebreuchlich were, rhnen geergeben nhrbell, einen sthler
mitt Roden Reimen, mit einem sodtreimen, und darup gesettet ein Cpse=
ten, Noch ein har Pelß int mittell mitt einen Roden reimen und blauen
mit ein Cpseten. etr.
    Wan Einer were der das bundtwerch zu machen gelehrte helt, Der
fall nicht zugelaßen werden, Er Könne dan auch up daß Peltzmachen Ar=
beiden, und seine brey meister Peltze machen, als gebreuchlich ist, daß holde
ein Gildebroder getremlich, so lieb alß Ein daß Ambt ist, diesen bescheide
haben unß die freunde der Eluen Ambte mit gegeben. In der Regierungh
seindt gewesen Zwei Olderlrude
            Johan Freye unbt Herman Hammaler. etr.
    Im Jahre 1659: hatt daß gantze Ambt zusahmede gewesen und be=
schloßen, Er sey Mehler oder Meisters Sohn, oder wo Er were, der sich
dar befreyet in daß Ambt, und eine Persohne nimbt, die buten der Stadt
gebaren ist, und mit einem frehbriesse Ihr gebordt bewiesen muß, alß
pliiß ist, und wan der Brieff vor dem gantzen Ambter vor guett erkandt
ist, so fall sie den Eldesten einen Riles Daller geben, dar sie daß Ambt
vor empfängt, zu dem ingange. etr.
    Und die binnen Osnabrügt geborren sindt auß andern Aemtern oder
von andern belandten guden leuten, dar sie nenen Brief beberben, die
fall dem gildemeister geben wan sie in daß Ambt will Veer Schricken=
borger.
    Im Jahre 1598. etr.
    Wen ein Meister einen Jungen annimbt in die Lehr, so fall Er zwei
börgen stellen, vor die gildemeistre und Olsbesten, daß Er will bei seinem
Meister Veer Jahr ehrlich Dienen, und wan der Junge eine nacht von
seinem Meister ableffe mit modtwillen, oder der Meister schuldt hefft, so
sollen sie beide vor die Eldesten Kommen, und den bröcken die dar
schuldt hatt.
    Wen der Junge beh seinem Meister begert weder tho sin, und der
Meister em nicht bebolden will, und Kan up den Jungen nicht bringen,
dat die Junge van Em gelopen ist, so schall der Meister in Der Jahren
Keinen Jungen weder in die lehr nemmen, also wen ein Meister einen
Jungen beer Jahr hefft uth gelehret, so schall hr nenen Jungen in beer
Jahren webber lehren.
    Dieß ist also Ummenutligkeit Unsers Ambtes, und Ambts Broders
willen, so vor gudt angesehen undt beschlaten, und vast tho holden ver=
ordnet worden. etc.
    Im Jahr 1572. Hebbe Ich Gert de Herr unde Manto Wychnanth
tho behoff unsers Ambts mit Klöuekorrn gehandelt, dat wy dr woscher dar
erst kregen dat holt werd Kumbt unsern Ambte tho, und dat wahret tho
unsen Nakomlinge tho sin umb der gerechtigkeit willen, undt wy habben,
mit Klöuekern selle strides, Ehr he dat tho laten woll, de dar waschet de
schall od sine garsteck dar mahlen laten, de he tho seinen sellen bedarff. etc.

De tho einem Gildemeister gekahren wertt, de vergette dal Ja nicht dat he schwertt up dem Huse, wen de Rhatt bestediget wertt, dat men sin Ambt will waren und fortt setten, dat men wil, des Ambts gelbt tho hope wahren und verbetteren, und de gerechtigkeit ble dat Ambt hefft, dat men die ock verdedigel, und nicht lichtferdiger wife des Ambts geldt vertheen alß bey unsen tides geschehen is. Alß nemblich Ahrendt Backer, und lange Johan, die bedachten dat nicht, dat se geschwaren habben, so bryggen se ock, de walt in sin eidt nimbt, die modt dat Ja billig bedencken, dat sindt fromme lüde, de dat dohn und ein gutt gedechtnüsse maken, etc.

Im Jahre 1574. sindt de Gildemeistere mit dem gantzen Ambte, averein gekommen de wille einer unses Ambts besenget, van Misters Sohn oder Dochter oder Wedesraw, de schall unsen Ambte geuen in gelde Deer Reichs Daler in Specie, und eine Kanne, so dat Ambt genoch Kannen oder sette (?) hefft, so schall derselbe einen Rickes Daler darvor geuen, und sechs schillinge, und eine thunne beers so gudt alß se in dem Kroge gebruwet werdt dartho drey Schinken, drei Backhaste, drey metworste, drey Pundt gude Botter thein pundt soltemelkes und grauen (?) Kese, und also dat dal Ambt darmit tho seeden is, und so velle Brodes alß man den tagh bedaeff, so he nene schinden, Backhaste oder metworste hefft so schall he dem Ambte so vell frisch fleisch an Potthast undt sempstrisch, alß dat Ambt ben Dagh van dohn hefft, so ferne die Gildemeistern, und dat gantze Ambt, nicht den Denst hebben will, so schall he dem Ambte gruen tein Rikes Daler in Kleinem gelde, und bruken dat geldt wor ibt dal Ambt am besten bedersst.

Wen de Gildemeistere einen Scheffer willen erwehlen, so schall en dat gantze Ambt entwicken, und schall den Gildemeisters frey stahn einen Scheffer tho Kresen, der dem Ambte nüth und gudt is. Wen he thom Scheffer gekahren is, so schall he dem Ambte einen Denst dohn, und schall gauen drey schinden, ein Jeder van legen= oder van tweiff pundt, drey Backharste, drey metworste, tein pundt soltemelckes= und grauen (?) Kese, und so velle Brodes alß man den tagh bedarff, und eine thonne beers, so guett alß se in dem Kroge gebruwet werdt. etc.

In Jahre 1568. Alß de Eluen Ambt de ordnunge makeden, do wartt unsem Ambte tho gelaten wan se einen nyen Gildemeister Kreseden oder Kresen wollen, so schall de oldeste Gildemeister de in der regierunge is, mit seinem gehülpe den baden seggen, dat he de Gildebroders vorbagede up einen Klockenschlagh, up dat Rhatthus, in Jhren besten Kleideren, und by dem hogesten brücke, wen se dan tho sahmede sindt, so schöllen de dree oldesten tho sahmede treden, und Kresen veer Gildebrobder, de nicht parteiß sindt, de veer schöllen van vor de Gildemeisters treden, und holden dan in de Rechten handt twe singer up, und schwören den oldesten Gildemeister de dat wortt hefft nach, Ick will twe Gildemeisters Kresen de dem Ehrbarn Rhatt den Eluen Amptern, und unsem Ambte nüt und heinlich sindt, und will solckes nicht dohn, umb seff, oder lebt, oder haell undt feindschop, damit de gerechtigkeit mögte gehindert werden, so war helpe mh Gott und sin hilliges wortt. etc.

Wan van de Gildemeisters gekahren sindt, so schall der Ange erst angekorner Gildemeister, dem Ambte einen denst dohn, undt geuen dem Ambte drey schinden drey Backhaste, trei metworste so grott dat dal Ambt dan einen srede met hefft, und so velle bottern alß man ben Dagh van bohn hefft de guet iß, und so velle witten sothmelkts Keße und grönen Keße man den Dagh van bohn hefft und so velle brodes alß man den tagh van bohn hefft, und so veell gudes beers alß man den Dagh van bohn hefft und in dem Kroge kan gebrowet werden, dat schall all Un- strafflich sin. etc.

Hirmit hefft ock ein Ambt beschlaten dat man die Kinder scholde tho huß laten, wen dat Ambt einen Denst hefft den idt steit den Dagh nicht woll.

Use Ambt hefft ock de gerechtigkeit, wen ein Gildebroder iß de einen Bröke schuldig iß oder ander schuldt dat in dem Ambte verfallen iß und nicht bethalen will, so mag man em penden laten, so grodt alß de schuldt iß, und wan man de pende will hallen, modt man se in dat Gildemeisters huß bringen, Verteihen Dage, wan he se dan nicht weder löset, dan mo- gen de Gildemeisters nach achte Dagen se weder geuen, oder se mögen de pande verkopen. dat de schuldt bethalet werdt. etc.

Im Jahre 1574. sindt de Gildemeisters mit dem Ambte eins gewor- den, und de gerechtigkeit gemaket, dat in deß Ambtes Kisten sindt in ge- techt deß Ambtes Kannen und falte und hebbe Ich Gerd de Herr dem Ambte eine Kanne gegeuen, dat dar sindt in alles 21 Kannen, 12 falt, ein bradt stell, tho der Kisten schall de oldeste Scheffer den Schlötell haben, und die Kiste schall staken in des öltesten Gildemeisters huse, de in der Regierunge iß, Wen einer de in dem Ambte iß, de, de Kannen tho bohn hefft, de schall an den Gildemeister gahn, dat he de Kannen begehren weder, so schall de Scheffer Kommen, und langen se em dar uth, dat he se verwahre so gudt alß he se em todh, und wen se em weder gebracht werden, so schall de Scheffer de Kannen und sate besehen, dat se nehne mangell hebben, so dar schade iß in gekommen, so schall de, se gehalt hefft, up sine Unkosten, weder macken lahten, man schall se ock nicht buten dem Ambte heim lehnen, idt schall alles truwlich geholden werden, de Scheffers schollen ock einen schlötell hebben de tho deß Ambts schrein hörth, und by eren eide, dat verwahren tho des Ambtes besten. etc.

Wen de Gildebröders tho Markede reisen willen mit erer wahr, so schall de Gildemeister, den baden laten verdagen up dat Abathuß die gildebröder, und ein gildebroder, schall dar suluest up dat huß kommen, und seggen wo velle peße dat he nach dem Markede hebben will, darnach schöllen de Gildemeistern einen wagen winnen, so dar ein Gildebroder nicht up dat Huß kumbt, unde nicht uth der Stadt iß, ohert dat he nicht krank iß, de schall einen schilling de bröke geuen, dat he van dem huse geblenen iß dat geldt sall man tho dem Vorgelde tho bate nehmen. etc.

Wen man up dem Markede iß so schall man tho rechter thidt latten, und wen dan gelattet iß, dan bauen dhall, bei under Ihrem ende, unde dan ein gildebroder, tho laßte Kümpt und hefft nicht mit gelattet, de schall Uuberan stahn, dat he nicht tho rechter thdt up sin soll gewar- tet hefft.

Wen man dan will uthstahn so schall van de Gildemeister, de dar sindt, oder de öldeste gildebroder, de dar upe dem Markede iß, de schall erer gildebröders erwehlen, twe an Jeder sidt und besehen dat idt gudt werck iß, so dar einer wehre de dar bröckfellig wörde, dat schall dar ver- trägen werden, und dat geldt schall tho dem Vohrgelde genahmen werden,

und de Pelße schöllen an beden siben gedrehlet werden, dat man up de
Pelße refet, dat de Dohrman sein gelt krichte.

Wan man thor Herberge Kůmbt, so schall man sich selten nach unses Ambts gerechtigkeitt, datt stedt sin Undt ehrlich, de gilbebrödere alß
se in dem Ambte sindt, so schöllen se sich ock selten, darnach die gildebröder
Frawms, darnach de gesellems, darnach de Jungens, Und darnach de megede, dillth schall alles woll gehalden werden, so heßt man Ehr und rohm
dar van, etc.

Unse Ambt hefft ock de gerechtigkeit wen der gildebröders nicht Delle
fir, dat sie die Meister Söhnes und Knechte, iho der Dodem begreffnuße
verdagen laten mögen, wan ibl dem Ambte am besten gelegen iß, den
se molen solgenn wosetne se iho Oßenbrügge arbriden willen, Id Gerdt
de Herr bede ibl alß man schreff 1649. Do starff tellefe van der Sippe
ein Pörtener vor der Herrn tides Porlten, etc.

Unse Ambt hefft od ein Schrein midt einem schwartten trippen Bol-
dede, mit schwartten sieben srensenn Umme her verbremet, und ein linnen
Laden etc.

Noch einen Bolbod, vor knechte, Megede, Jungems und Kinder in
dem anderen schreine, Und iß in selbigem schreine noch ein schwart tripen
Boldod mit einen laden gelacht.

Wir Herman Prußman und Johan Voß itziger Zeit regierende Gilde-
bemeistere unsers Ambts, thun kundt und Zuwißen für uns und unsers
Ambts Nachfolgern und künftigen Gildebrůdern, obwoll für etzlichen ab-
gelaufenen Jahren Unsere dero Zeit geehrete hern Giltemeistere und
gantzes Ambt mit einander Einig geworden, das ein Jeder ankommender
neue Gildebruder bej antretung des Ambts, hatt erlagen mußen Vier
Reichsthaler, beneben Einen thaler, welcher ein Kannen thlr. gemeinet
wirt, welche Münff thaler einem jeden Gildebruder, damit seine brußliche
nahrung sortzusetzen alsbald zurüd geben worden, und hatt dieselbe alle
Jahr den neglten tag nach Geßmolder marckt uff das Rahthauß brengen
müßen, auch alsbald uff des Ambts belieben, einem jeden Gildebruder
wider eingereichet sein, als nun die sempliche Gildebrudere uns Gildemeistern eingangs gemeldet, Clagendt zu erkennen geben, das durch die
(Leider) In Anno Ein Tausendt Sechßhundert Dreitzehn über ihre Eltern und Sie selbst theils ergangne große Brandtschade, und ferner durch
die In Anno 1628 den 19. Jannuarij angangne Kaiserliche und ferner
beruff In Anno 1633 erfolgte Schwetische Überschwerr und harte inquar-
tirung die Gildebrudere solcher gestalt erschepfet, das zu richtiger beibren-
gung obigter gelder ein großer mangell erspuret worden, und dahero bej
uns billich angehalten und Instendig begehret, das ůmb angedeuter und
andrer Uhrsachen Willen, solche Vier Reichs thaler bej einem jeden Gildebruder verpleiben, der bemelte Kannen thaler aber uff erstes ersurieren der
hern Gildemeistere richtig brigebrogt worden, auch beß Ambts dieser Zeit
witwen ferbliebende, halben theils hievon genießen sollen, Allermaßen auch
wredlich geschehen ist, mit fernern begeren, das nun hinfuhro die zur Zeit
ankommenden jungen Gildebrudere, die sein Meisters Söhne, oder heu-
rathen Meisters Dochter, geben sollen zum Eingange Einen Reichsthaler

zur Cannen oder sonsten zu des Ambts besten hinzukehren neben Sechs Schillingen so den Christen von Alters gepurel und einem gewönlichen Ambts Dienste oder dafur Zehen Reichsthaler nach der Herrn Gildemeister und des Ambts belieben zu geben und weiters nicht, Wan nun wir eingangs gemelte Gildemeistere dieses unseres Amts begehren mit unserm mitfreunden Herrn Lambertm Hillebrandt Alterman Herrn Johan Prümken und Otto Otting Gildemeistern in brathschlagung gezogen und der Warheit also gemeß, auch unserm Ambte und Nachkommen nütze dienlich befunden, Demnach zeugen wir Kraft dieses offentlich für uns und unsers Ambtes nachkommen, das gemeltes unser lieben Gildebruder und Ambts Vorbringen, allermaßen obgemelt mit weiteren angezogen, für genehm achten, hiemit ratificiern und berechtigen, das eß allermaßen wie obstehet, als eine bestendige Ordnung und Sahte bej uns und unseres Ambts nachkommen, also gehalten werden solle, In Uhrkundt der warheit und Festhaltung ist diese Verordnung und Sahte zur stehtwehrenden gedechtnuß in unsere Ambts Buch geschrieben und von uns Gildemeisteren eingangs gemeldet auch von unserm Gildebruder Manto Dalden Raths verwantn geschrieben und unterschrieben worden, den 3 Januarij Anno Ein Tausendt Sechshundert Viertzig Neun.

Monto Dalde senator manu propria.

hds lambert Hilbrandt bekenne als bauen geschreuen war thosynn alder mann

Ich Johan Pelmeke gubmehster bekenne als bauen geschreuen stehdt weile Herrman Prußman kurh nach dieses beschließung mit todte abgangn, hab Ich obengl. manto Dalde uff der Herrn Gildemeister begern dieses an Statt des abgelebten Gildemeisters subscribirt.

Ich Johan Voß Gildemeister bekenne solches war zu sein wie oben stett

Ich Thomaß Voß Gildemeister bekenne wie boben geschriben.

Eid

welchen alle Gildebrüder in den Aemtern dieser Stadt
schweren müssen.

Ich gelobe und schwere dass ich meinem Amte getreu und Hold seyn, meinen Vorgesetzten Gildemeistern gebührenden Gehorsam leisten, alle Satzungen und Gewohnheiten des Amts getreulich halten, alles was ich sehe und höre das wieder meine Vorsteher und mein Amt geredet und gehandelt wird bey Zeiten anmelden, auch alles was im Amte gehandelt wird bey mir verschwiegen bleiben lassen, und dieses alles getreulich halten und ausrichten will, so wahr helfe mir Gott und sein heiliges Wort.

XVI.

Verpflichtungen der aufzunehmenden Schuhmachermeister
(16. Jahrhundert.)

Zu p. 65.

Aus dem Amtsbuche.

I. Forma wie ein Gildem, so unser Ampt begehren Entfangen werden soll:

Begerst du use Ampt? Antwort: Ja.
Hefstu gelt? — : Ja.

1. Willtu od helpen holden alle Sede unde Gewohnheidt unses Amptes? Ant. Ja!
2. So gehöre und merke wall bi wirll führgehalten.
3. Erstlich sollu Godt fürchten, die Sundagi und festdage fiheren, flitich tho Kercken ghan Gottes wortt hören Na anordenung eines Erbaren Rades.
4. Du schall binen Gildemeisteren gehorsam sein wor se dy bidden und verbagen laten willig unde gerne folgen.
5. Du schalt keinen meinEidt Swehren. So du datt werst dohn so bistu dines Amptes quitt.
6. Du schall nicht verspelen bine Kleider bett up din Hemmel, so du dat werst dohn, So bistu dines Amptes quitt.
7. Du schall binen Gildebroder oder Gildesüster nicht schelden Röpen oder Slan. So du dat doest, brekest du des Amptes bröke.
8. Du schall binen Gildebroder oder Gildesüster nicht bih siner behusinge wihnnen So du dat wirst dohn so brekest du des Amptes Bruche unde moft se dennoch Gelicke woll wohnen laten.
9. Du schall nicht mehr den ein Rick halten dar du to Marckede geist. Od dar du to Marckede geist und noch nu gewesen bist den Gildebroderen die Hense nicht wrigern, wan de von dy geförderrt wirtt. So du datt werst dohn, So brekest du So mannige Achtein pennige alse Gildebrober dar is.
10. Du Schall od von keines anderen Ledder Schumachen, es Si den Semisch oder Kordiwan, so du datt wirst dohn. So bistu dines Amptes quitt.
11. Du schall od welkes Godt in Genaden verhöden wolle eine führesbrunst entstehen würde, dinen Gildebroder ben de Gefahr am Regsten is, So trüwlich helpen Retten Alse wenn ell din Eigen wehre.
12. Nu werll rin orteill geselet wall de Ankommende nie Gildebrober Hir Sühelt undt horeit unde hernoch tho wetten werll off datt od gelike Stede sy.
13. Hir op werll he beEidet unde darna Ein orteill gefragett wall he nu gewunnen unde erworuen ihn dießer Stunde etc.

———

XVII.
Rolle des Krameramts 1457.
Zu p. 68.
Aus der Lade des Krameramts.

In den Jaren onses heren Jhesu Xpi als men screeff busent veerhundert seuen vnd vofftich sind eyndrechtliken ouerkomen vnnd eens geworden de mester des Kremer Ampts to Osenbrugge myt eren gemenen gildebroderen by der tyt dat men — — alle puncte vnn articule jede vnd wonheit des Amptes solde bescriuen op dat et ewych bliue den almechtigen gode — — vnd to eren siner gebenedygeden moder vnd Juncfrowe Sancta Maria vnd allen armen zelen to troste vnd to eren der Erberen stad vnn Rades to Osenbr. wo sick eyn Itlick gildebroder der no in den Ampte is vn in tokomen tyd in dat vorscr. Ampt komen wert vor jede vnn wonheit des Amts holden sollen to ewygen tyden. in dat erste gate vnn gatte wy aldus so hyr na bescr. steit vn willet dat to ewigen tyden vor jede vn wonheit geholden hebben.

So wanneer vnd wo vaken wy enen gildebroder in dit vorscr. Ampt entfangen de sal sine vorderen hand leggen op sine borst vnd loven in guten truwen by siner er vn in eede stal vnd do siner neringe desse na beschreuenen puncte to holden vor jede vn wonheit des Kremer Ampts vorscr.

It. twe sittenn gildemester vn der tyt sollen twe gildebroder kesen als men de gildemester kesen sal dat berue mans sin de sollen op eren besten wan dort dem berue mans kesen sunder eede vnn de veer sollen ton hilligen sweren, den eet sal en de gildemester stauen de dat wort holt in den ampte dat se willen twe vnberochtede berue mans kesen to gildemesteren by al eren ouff sonnen vnd dat nicht to latene omme leeff off omme leet sunder Argelist de teme Rade to Osenbruge vnn dessen Kremer Ampte nutte vnn gud sin, mnt al solten bescheede welker gildemester eyn Jar gildemester geseten hefft, dat men den dat Jar gildemester bliuen sall In dem hr dem Rade to Osenbruge nütte so vnn vnsem Ampte.

Wo zalet vnn settet wellick gildebroder in vnsen Ampte koken baken wil de sal nemen vnses Amptes verthel oul zermes afgestreken myt enen veerkanten holte dar sal men to wegen twe punt peperß — — — — — — men ses quarte waters dar nicht weer vnd non gildebroder sal mengen he en hebbe dar by enen gildebroder — — — — — dat it so gemenget werde so hyr na gescr. seit wer dat yemand vorbreck de sal dar mede sunder genade — — — — — broken hebben vnn dar mede verlustich wesen Df en — — — — de koken nicht hoger — — pven han se wegen — — — — — breckt de sal den Kremer Ampte sunder genade to brode geuen ene marf so vakene als dat schut. we in — — de sal den gildemesteren by der tyt ton hilgen sweren dat he den enen menge gelick den anderen — — — — — gest. ys vn dat ampt sal heben ij berdel to meltenn.

Eyn Itlick Gildebroder de Knappkoken baken wil de — — — — — on — el waters by brode ener mark sunder genade

We — on — ed se — est giltebroder spise trub — — ti — wil

— — — — — — ort safferans by — en dat se van der hand
— — ond — — — — finen hus wer dat — — — — — — —
dem Ampte sunder genade 1 Mark vnd wer wil frud — — —
gt frul hefft de sal to eener proue don ij — — punt safferan.

It. als ein gildebroder dat kremer Ampt entfangen wert de sal geuen
vor dat Ampt vnd des Amptes rechticheit veer vn twintich golden rinsche
gulden vnd sal mannen vnnd browen eten denst don de to den Ampte
horen den sal man geuen in dat erste honre — — — — droge vlesch
mit Dorslagenen erwohten dar na v — — — ede vnd ho by — — ene
quarte wynes vnd enen newelifen gildemester malk eyn half verdel wyns
dar na grot fo myt senepe dar na den braden, dan gelen dry, dan fese
vnn botteren weten brot vnn roggenbrot vn gud beer to der maltyd onde
de sal — — vnsen Ampt eyn punt waffes vnn twe golden rh. gulden
vor der Inghand.

It. de selue gildebroder sal hebben sin barnes so in vnsen Ampte
sedelich is by namen Kreuel vnd voest vn hansten schilt vnd Iseren hoet.

It. stonde of — — nd ouer tafel weder der gildemester orloff des
brodes is dre schillinghe sunder genade.

It. geue od enich gildebroder dem anderen — — — — — —
eer vnd gelymp ginge dar wy to samen weren welker dat ledde sal enen
gewelifen gildebroder vor sinen brode — — — — penninge vnd dat sal
to des Ampts behoff komen.

It. wer wellif gildebroder de wil den anderen fluede — — — —
— sin brode is dre schillinge sunder genade vnd wer dat buten Osenbruge des de vorhal — — sin brode is dem Ampte sunder genade eyn
halue mark.

Wo jatet vn jettel dat eyn newelif gildebroder — — — — Ampte
dar to zer by siner selen salicheit vnd by brode ener mark sunder genade
dat he rechte malt vnd rechte gewichte hebbe — — tto de gildemester by
der tyt der to zen sollen dat dat rechte verwaret werde.

It. als wy vnse memorien holden sal man ouer tafelen geuen so
hir na geset, steit Int erste h — — honre gebraden — — — — —
— — darna schinden vnd so myt vor slagenen erwohten darna greus fo
myt senepe darna de braden darna donteren vn kese vnd by der schotteten
t quarte wynes den gildemesteren mallid ij get wrns vnn gud beer ouer
tafelen.

Wy jatel vnn jettel dat wellif gildebroder ene dochter hadde off meer
in dem Ampte geboren de des Ampts werdich weren de sollen den Ampte
Illid enen denst von so vorser. is vnd des Ampts bruken gelyck den
knechten in den vorser. Ampte geboren.

Wy jatel vnn jettel also vaken also eyn gildebroder off gildesüster
die vnsen Kreiner Ampte vorsterfft dan sal een Itlick gildebroder de den
lenenbich vn to Osenbr. is den boden to grane volgen by sinen grote
Kumpt he als de Kloken geslagen hefft sin brode is dre penninge kumpt
he als men den boden halet sin brode is fes penninge kumpt he als de
dode begrauen is de brode is negen penninge, schicket of de gildemester
gemende den boden balen fo helperne de des werigert sin brode is dre
schillinge sunder genade welker dan entwich geet als de dode begrauen is
sunder orloff de brode is dre penninge.

Als men den doden begauen sal de dar dan nicht mede en offert to dem altaer de brode is dre pennynge vnde de nicht na offert vppe de spaen de brode is dre pennynge de dan dort nicht en volget to graue de brode is dre pennynge.

Vnd offt welik gildebroder nicht to Osenbruge en were de sal syn offer senden to den altaer vnn vppe den spaen al by brode so vorser.

Vnd van de offer vppe den spaen sal men den boden geuen dre pennynge dat ander sal men geuen armen luden.

Vnd eyn Itlick gildebroder sal warden vppe de Ampts lechte vnnd vppe den boldord als men dan to graue volgen sal by brode vnd nymand en sal enwech gan sunde orloff by synen brode.

Df sale wy vyl setten to ewigen tyden in vnser Kremer Ampte to holden so vaken als eyn gildebroder off gildesuster sterft vt vnsen Ampte des nesten sondages darna sollen ene ten nortorpen manne vnn browen offeren to dem altaer vnd vnse gildemester sollen dar dan to dem altare ene prouelle bestellen van des Ampts gude vnd dat by brode vorser. dar to de wederwen de des Ampts bruken van off dat de vorsumen sal men je van des Ampts selscup laten so lange je den brode vt geuen so vorser. is (neuere Hand) nomenilik xij ß de vorser.

Df sale wy vnn setten to ewygen tyden to holden sunder argelyst vnses Ampts rente vn gud to bewaremn.

Df sale wy vnn settet to ewigen tyden to holdene welick wedewe de erbart is mannen wilt de solt vt geuen to des Ampts besten twelff golden rinsch gulden de nicht in den Ampte geboren syn.

Df en sal nymand van vnsen gildebroderen off gildesusteren . . . . kopen sunder orloff tusschen wynachten vnd passchen sunder orloff by brode dre schillinge van enen Iliden — — ofte — —

Df en sal nymand van vnsen gildebrodern off gildesusteren verkopen vppe den veer hochtyden vppe vnser leuen brouwen dage vp alle hilligen aposteln dage vp alle dubbelde festa vnd vp alle sondage van allene dat men to der spise behouet off to der hilligen kerken vn off yemand nodige pappyr off pergament off segelwas behouede by brode ener marck sunder genade (neuere Hand) offte kranken luden ofte zwanger browen.

Umme tucht vnde ere aller Ammete to Osenbr. so synt ouerkomen vnn vordreghen al de ghyldemester olde vnn nyge wer dat welyk gyldebroder in ammete shylene twydrachtych worde mpt synen gildemestern ofte mpt synen ammete ofte nicht seuegen gyldebroder so dat he des to donde hebbe dat he dat soken moste vor den ghemenem gyldemesteren als he dar komet dar na sal he nynen mentes man mede brengen by namen de buten den eluen amuten sy besetten behouet de wene mpt syck to nemmen den mach he hebben wo he an den eluen ammeten so beseten der mach he tybden twe ofte dre weni to sesten vn nycht mer Wer ock we de hirna dat vorbrete vnn vnhorsam hir an worde als hir vorgl. sirst de sal dat al den eluen ammeten vorbeteren na sede vnn wonheyt der amnete.

XVIII.
Rathsschluß über die Gildemeisterschmäuse 1531.
Zu p. 66.
Im Rathsarchive.

Wy Borgermeister vnd Raidt der Stadt Osenbrügge bekennen In vnd vormitz bessen onsen breue vor ons vnd vnse nacomelinge dat vor ons Im sittenden stoill des Rades wy nha gewonliker whse vorgaddert waren erschennen syndt de Ersamen Egbert van Schapen vnd Egbert Tolner Gildemesters des Schroder ampti Johan Breße vnd Johan Wynter Gildemesters des Smede ampt Johan van Borßen vnd Otto holscher Gildemestere des Schomaker amptes Iasper Ringelman vnd Johan Streueke Gildemeisters des Becker Ampts Jürgen Storck vnn Johan potgeter Gildemeisters des Cremer Ampt Lüdeke Grothues vnd Johan Boedeker Gildemeisters des Peltzer ampts Augustinus Remensnider vnd Berndt hartoge Gildemeisters des Remensnider ampts Cordt Sabelmaker vnd Brandt Glasemaker Gildemesters des Schilderampts Euerdt Brughe vnd herman löbbekind Gildemeisters der Loeder ampt Frauwin van Essen vnd Hinrick hemmeking des knockenhauders Ampt vnd Johan Voeß alleine Gildemeisters des Wilgeruers Ampil nu thor tydt gemebne gildemeistere vnser eluenn Ampte bynnen vnser Stadt Osenbrügge Vnd hebben dorch de Ersamen Egbert van Schapenn vnd Johan Dreßen groten Gildemeisteren vorgl. vortellen vnd seggen latenn wo se alle vp vorgeuen der beiden groten Gildemeisters vp vnse behach vnd vorwillinge tho nutte vnd behoff der elen Ampte vnd des gemeinen besten vor gudt angesehen dat so dicke vnd vaken eynen Jderen ampte eynen denst edder mer tho bonde wedderfart vnd briegernt vor den sulven denst sollen de Gildemeisters vnd Ampt eynen breedtliken pennynck na geboere eynes Jeren ampti nhemen vnd tho behoeff eres Ampti vplegen Werth auers sacke dat man van sodanen denste vnd gelde Ja ehni thunne bers brinden wolde solde alle tydt starn by den gildemeisteren des sulfften ampt sodans louerwilligen edder des nha nuttichteit vnd prosile beuulfften ampti touerweigerenn dußen comen macht vnd gewalt hebben. Wer old sacke eynen Juwelikenn ampte etlich gelt edder renthe affgelost worde edder bath etlich gelt dem ampte thoqueme dat sulffte gelt sal man nycht wedder beleggen edder vonn sick doen dat were dan sacke dat men dat rogen ock keren tho behoff dissulften ampti vor ehne gheborliken pennynck thotigen vnd thakopen wustenn tho behoeff des sellsten ampti gildebroreren brentoleggenn welk alle vorgl. sael nha rade das selssten Ampti gildemeisterenn gescheen vnd ock in guber vormaringhe ghenamen werdenn. Vnd dyt vth wo bauen geschruen hebben de brebern Gildemeisters eynes Jeweliken Ampt vorgl. eres ampts gemeynen gildebroreren also vor gudt angesehnn vnd vorgeholdenn dar vp de gsemeynen gildebroder eynes Jderenn ampte ere acht vnd berath ghenomen Vnd hebben solks alle vorgl. tho nueth vnd behaf eynes Jderenn ampti vor syck vnnd ere nacomelinge vor gudt angesehenn vnd dat se des alle eren gildemeisteren truweliken solgen wolden. Also wes de beiden Gildemeisters eynes Jewelikn ampti hir Inne beden vnd vor gudt eynes Jderenn ampti beslenn ansehenn solden thor tidt eres ampti gildemeisters vorgl. vor sick vnd ere nacomelinge morgich vnd machtig wesenn Vnd eynes Ideren Ampti gildebroeder wolden solcks stede vaste vnuerbrocken sunder Jenighe Insage dud wedderrede vnd sunder weddaropen holdean Vnd wer sack bir nae macks Jenich ampt besundern vnd gespert worde de tegen desse vorgl. Jnsate vnd auerkumpst wo vorgl. bede nicht handenn edder munde vorbricks, dat sulueste ampte off gildebroders sollen den gemeynen gildemeisterenn der eluen ampte sunder gnade thostraffen vorfallen synn Vnnd dat solcks alle vorgl. van den vorgemelt gildemeisterenn vnser eluen ampte also vnd Jamalben wo vorgL scholde vnuorbroken gheholden vnd vullentagen werden Szo sunt vor das gekomen de vorbn. Gildemeisters vnd hebbenn semptliken vnd eynn Jder Jnsunderheit vor sick vnd ere nacomelinge vnd von wegen vnd bruelle eynes jewelicken Ampts Gildebroderenn vnd eren nacomelingen vns Borgermester vnd Raith der Stadt Osenbr. gelauet vnd hantastinge gedaenn solcks alle vorgheschreuen nu vnd in tho kumpstigen tyden vnwedderropelich sunder Jenige Jnsage vnd wedderrede thoboldenn Vnd wy Borgermeister vnd Ratb vorgl. hebben ock solcks alle vorgL thobeboff vnser eluen Ampte vnd vor dat gemeyne beste vor gudt angesehenn Vnnd willen solcks alle vorgl. vor vns vnd onse nacomelinge confirmert autorisert vnd approbert hebbenn Vnd wer sick sacke hir nhamacks Jenich ampt edder gildebroder besunden de hir inne vnsen ghemeynen gildemeisteren vngheborsaem wordenn vnd solts nicht folgenn woldenn sunder dar wedder sechten edder bedenn wyll wy onsen Gildemeistern vnser eluen ampte vor vns vnd onse nacomelinge de selfften vngheborsamen tho aller vnderdanicheit vnd ghehorsaem verhelpen vnd nha geboer eynes Jderen dat straffen. Worder so oick de gemeyne gildemeisters der Eluen Ampte vor sick vnd ere nacomelinge vor gudt angesehen dat se sick der gemeynen Gildemeisters teringe de eynen Jeweliden ampte tho groter onkost korpt vme nueth vnd profit der elden ampt eyne tidt langst op vnser behaegent vnd wolgefallenn entholdenn vnd affkarn woldenn doch nicht den vorbescheide dat so dann wen vorschendinge de van vns den gemeynen Gildemeisteren tbobehoff angelagener teringe Jarlix gekert vnd gegeuen wort dat de den gemeynen Gildemeisterenn de tor tidt myt vns den Raith befillenn vnd siede op vnse vorbordt ghehorsaem son moethenn sodann wen vorschentinge Jarlix onder mallanderen (solange vns solcks beleuede vnd behagede) drucken vnd deilen mochten dewile nu solte teringe den gemeynen Ampten nonen gheringen schaden vnd nadeill Inbrachte will wy Borgermeister vnd Raith vor vns vnd onse nacomelinge oick vor gudt ansehen vnd vorwilliget hebbenn dat sodane wynteringe eyne tydland op vnse behagent beruegstelt vnd afgedaen werdt Op dat de gemeynen Gildemeistere de den Raith tor tidt medt besitten der wen vorschendinge de wy em Jarlix tor teringe gestadenn dat se de noch alsgewol hebben vnd onder anderen deilen vnd gebrucken morgenn so lange wy vnd vnse gemeyne Gildemesters des anderd auer eyn komen Vnd vorwilligen vor vns vnd vnse nacomelinghe, dat vnse gemeyne Gildemustere de tor tidt mpt vus tho Rabe horen In wedderstadinge solicker wynvorschendinge sollen Jarlix twemacks eyns tho Passchen vnd eyns op Mitwinkere dar wy onsen wyn dann nhemen oick von vns eren wyn hebben thor selfften tidt so wy onsen wyn nhemen den oick eren wyn thobeilen. Vnd myt onsen Radessruuden vnd tehneren In

ehne wyn ezedelen gesaeth werden Komptlicken den beiden groten Gildemeisteren malck eyn verdell vnd den anderen Gildemeisteren malck eyn halff
verdell wyns gegeuen werdenn So ock vnser eluen ampte habe den gemeynen Gildemesterenn war wy vnsen wyn nhemen vnd op walth tydenn
se den haelen schoellenn vor kundigen vnd anseggen sael Vnd oick tor tydt
vnse Secretarius dat Register der vorschendinge benheuen vnsen Register
opthoschriuen vnd anthotekenn saell belaben synn dar vor schoellen de beiden
thor tydt vnser Stadt Secretarius vnd ock vnser gemeynen Eluen Loupte
habe tho Inwelcker tydt malck eyn halff verdell wyns vor ere beloninge
hebben alle vorgheschreuen sunder argelist vnd geuerde. desses vorgl. breues
hebben de gemeynen Gildemeistere eynes Jewelides ampti tho behoff eres
Ampti eyne warhafftige Copien vnd affschrifte vp pergament gescreuen
dorch vnsen Secretarien Meister Joste hetlaghenn alse eynen gemeynen
apenbaren Notarien myt syner egen handt vndergeschreuen vnd Ansultert
by sick genamen vnd thobehoff eynes Iheren Ampti Gildemeisteren gildebroderen vnd eren nacomelingen by sick gelacht, Vnd des Iegenwardige
principael vorsegelde breff sal alletyne by den gemeynen gildemeisteren vnser
Eluen Ampte vor sick vnd ere nacomelinge gelacht vnd geholden werden
Vnnd wy Borgermeister vnd Raidt hebben oick desses Iegenwordigen
breues warhafftige Copien vnd affschriffte In vnser Stadt boick laten
schriuen Vnd dat dith alle vorgheschreuen van vns vnsen gemeynen Gildemesteren vnd vnsen nacomelingen also schael geholden werden hebbe wy
vnser Stadt groter Ingesegell willickenn vnd bekentlicken an dessen breff
heten hangen Im Iare na vnses herrn gebort dusent visshundert vnd Eyn
vnd dertich am donnerdage nha Michaelis.

XIX.
Beschluß der Eilf Aemter über den Einkauf in das Backamt 1541.
Zu p. 67.

Aus der Lade des Amtes.

Wy Lübeke grotehues wortholder Johan Berman Bisittere vnd vort
sampttlicken Gildemestere der Eluen Ampte to Osenbrügk doen kundt vn
bekennen vormitz desser Rollelen. Ro dem sich de Gildemestere vn sempt-
licken gilbrobere des Backamptes yher Olden vnd Nienstadt to Osenbr. hir
breuenes to meren malen vnn Jegenwordichlich hoichlichen beclagen dat
vnnne geringicheit der deinste vnn Innheminge eres Ampts so dell gilbrobere sich to dem Backampte hen Indrengen vnd dessuluen ampte gebruken dat darmede nicht alleen der neringe ores Amptes merckelichen aff-
gebroken werde sunder dat sodans oick dem gemeynen besten der Stadt
Osenbrugk durch vngeschicklicheyt des backens nadelich etc. Mit frundtlicker
ock noitwendiger bth vnn boger dat vorben. Backampt to wynnen vn so
kopen bouen dat genne sußlange dat vor to geuen gewontlich myt vnser
aller vorwillinge, myt achte goll gulden vorhoget mochte werden dwile
wy nu sodaner clage vnn beswer des vorgl. Backampts gudt medewetten

dregen vnn er begerde nicht vor vnnbillich erachten synt wy semptlichen
Gildemestere vor berorter Eluen Ampte na geholden ripen berade eyns geworden vnn hebben vort Ingefatt vorgundt vnn togelaten so wy od dir
mede Jegenwordichlichen vergünnen vnn tolaten dat man Idermennich-
lich na dato desser Rollen so dat Backampt to Ofenbr. winnen vnn
kopen willen dat sulvige Ampt bovem de gewontlichen Vnkost drinste vn
kopgelt mm dar sustlange vorgegruen mht achte goldenem gulden verbogen
sollen vnn mogen. Dar vor wy semptlichen Gildemestere van den vorgl.
Backampteren ehne fründliche vorringe to gnoge an vns genomm hebben,
allet vorgl. sunder argelist. desser Rollelen synt dre toboff der Eluen
Ampte vorgl. vnn der Backample vpr Olden vnn Nienstadt to Osenbrüge
eynes Inholdes vorserbiget vn mht einer handt geschreuen. datt Im Jare
na vnses Salichmakers gebort dusent vifhundert eyn vnn vertich Jar am
Auende Natiuitatis Johannis baptiste.

XX.
Rolle des Backamts 1584.
Zu pag. 68.

Aus der Lade des Amtes.

Tho weten sy Jedermennichlit vnsers Backamptes dat Im Jare nha
Christi geborl 1584 den 26 Februarii Is vnse Ampt eins geworden
Also nemliken mith Jost Drep Rathsheren Jasper Ringelmhan Older-
man, Johan Eberdink Johan Hanemahn Helberth Pötder Johann Huge
Gildemestere op der Oldenstadt vnd od mith dem gildemestere der Nienstadt Alse Nemliken Henneke Grouwen Rathsherre Johan Vogelsank, Herman Drop Jürgen Euerbink gildemesters volgens mith beiden siben Alt
nemlich der olden vnd Nienstadt Senioren vnde ganhen amptes Ein-
drechtichlik besfalen vnde eins geworden Nu vnnde tho allen tiden tho holden wie volgeht.

1. Thom Ersten wer vnser Ampt kopen will schal geuen vehr stige
Rifes Daler.
2. Thom anderen wan vnsers amptes sohne will datt Ampt hebben so
schal he to des oldsten Sittenden Gildemesters huse sine handtsringe
dohn Vnndt dan nach Erkenntniß derer so darby geworderrt werden
schall ehme datt Ampt gegeuen werden Vnd schall dem Ampte achte
daler vnde eynen ledbernen Emmer geuen.
3. Thom brütten wen ein Becherknecht sid ahn vnsers Amptes dochter
befreyett vnde dat Ampt wil brukenn so schall he thouorn Sos Jar
by Vnserm Ampte alhir tho Osenbrügg gedent hebben vnde sine
handt srunge tohn in des Oldesten sittenden gildemesters huse vnde
den Nha erkenntniß derer so dar by geforderdt werdenn schall ehme
dat Ampt gegeuen werden vnd schall Teyn daler vnde einen ledbernen Emmer geuen.
4. Thom verten wann ein Wedefruwe sid ahn vnsers Amptes knecht
befreyett vndt datt Ampt wil brukem de schal dem Ampte twintich

Daler vnde einen leddernen Emmer geuen vndt fine handtfeunge dohn wie bouen geschreen.

In Marg: Ao. 1650 mit vollbort des gantzen Amptes ist es gesetzet auff 16 thlr.

5. Thom vosten wan eine webefruwe sick begerdt tho befrhem Ahn einen Mahn ober Jungengesellen vnde begerdi nicht tho backen, Wein solck Ampt tho bewaren tho behoff ehrer Kinder de schal geuen twintich Daler vnde einen leddernen Emmer.

In Marg: Ao. 1650 diefes auch auf 16 thlr.

6. Thom Ersten wen einer Vnse Ampt lehren will de schal vnserm Ampte gruen twe (überschrieben dre) Daler dem gildebrober de Jbt ehme lehreth dem schal hr geuen Söß Daler Vnde schall fry vnde echt geboren fein vnd twe (überschrieben dre) Jar in der lehre fin.

7. Thom Seueden Vnsers Amptes knecht scholen Afgahn vnde weddervmb thogaren Wetidt op Paschen Mandach vnde volgens op Michaelisbach. Solchs stebe vnde vrsle tho holdende findt besser Rottelen twe eines inholdes opgerichtet vnde dem Beckerample der Oldenstadt vnde Nienstadt einen Jctliken ein thogestelt.

Des scholen de suluigen (wo bauen geschruen) de de handtfeunge dohn den gildemesters geuen Vnde so darby gefordert werden einen baler vnde vor soß Schillinge Brodt van der handtfeunge.

— · —

XXI.

Beschluß der Eilf Aemter über die Einkaufsgelder des Schmiedeamts 1556.

Zu p. 67.

Aus einer Copie von 1808.

V. D. M. J. E.

Vermittels desser Rottule vn to wetten dat im Jahre na Christi vnsers seligmackers Geburth dusent fiefhundert und ses und fiftig up den 21 Nbris wo de fittende Gildemester der Elwen Aemter binnen Offenbrügge alse Nemlifen,

Johan von Hörsten und Hinrich Grabenkamp von den Schomacker Ampte

Johan Alwes und Johan Clawesinck von den Schmiede Ampte,
Hinrich von Damme und Roelf Hammacker von den Kramer Ampte
Johan Ewerdinck und Hinrich Potger von den Becker Ampte
Gerdt Wiedenbrugge und Hinrich Rabe von den Schnieder Ampte
Gerdt Huge und Gerdt Wesseling von den Löber Ampte
Albert Brockman und Rötgert Kösler von den Remenschnider Ampte
Arent Böbeker und de Lange Johan von den Pelter Ampte
Herman Hammacker und Jost Dossehal von den Schilder Ampte
Herman von Essen und Johan Bleder von den Knochenbauer Ampte
find to samede up den buse gewesen ettiche gebrecke tho Verklarende, so find albar vor uns erschienen de Gildemester des Schmiede Ampts nemt-

lifen Johan Alwes und Johan Clawesind und hebben Vortellet wo dane wys ere Ampt in ene merklike Derklenerunge Käme und Derringert werde bat badurch der Gildebroder Töchter und Wilfrauens Verschmadet werden und befellen bliefen, od darum bat der Gildebroder Delle geworden sind und ere Ampt mit Personen Bremerei werde dadorch dan od de Narunge merkliken Derringert und Derkortet würde, und sik besörchten so deme mit den Besten nicht vorgekommen würde den Gildebrödern und gantzen Ampte einen grot Afbröde und Schade up alle Künftigen Tieden tho erwaßen mit lengern Jnholde und spreken, us de Gildemesters des Vorbenannten Schmede Ampts angebracht und Vortellet hebben unde van us begert wy nümer gnrobig unde unsers guden Rades mehr tho delen so bannen unde andern Gebrecken Vorthokommende und lauweden mit eren denste den Elwen Ämtern so dane af tho Derdenende nach allen geböre eine möglich wäre. Darup sik uße Frunde bedacht und hebben vor gut angeseihen, so ein Frembling dat Schmede Ampt to Kopen begere und de sulwige auf des Amptes würdig wäre solle he darsor geven Dor denst und auf Dor principal tosamende söstig Goldgulden twey Tonne Bers, twey Schinden, und twey Backhäße und dann Dort sulwigen to dem Ampte nemen, und mede Berechtigen glick den ölteßen Gildebroder in dem Ampte, na mehren und andern Thilden (?) und Gewohnheiten des Vorbenannten Schmede Ampts alles sünder Argelist, dit vorgeschrewen hebben de Gildemester des Schmede Ampts Vorbenannt mit Danksegung van us angenomen und des begert von den Elwen-Ämtern und erem Olderlüden also Nemetliken van den Achtbahren und Vorsichtgen Johan von Hößlen und Johan Alves eine afschrift ofte Nottuln so daner gawe und tolatung eine to behoef eres Amptes to gewinde des wy enne försbrunge des Gemeinen Stades Beßten nicht wegern möchten davor sik jegen den Elwenämtern mit einer gebörliken Fründschup hebben beweiset da dem alle wo bawen geschrieben in Beseßigung der Wahrheit geschehen is düsser Nottuln twey eines Jnholdes mit einer hand geschrewen, de eine ut der andern geschrieben unde in de eine in der Elwenämter Schrein gelegt, de andre dem Schmiede Ampte gegewen.

datum ut supra.

XXII.

Knochenhauer-Ordnungen von 1472, 1577, 1613 u. 1614.
Zu pag. 70.

a. Eyn vordrach van den Knokenhouwern wo se sick heba solen mit den rinderen to slane ann to vorkopen sequitur.

Aus dem Stadtbuche.

Also vaken dn vele clage is gewesen to Osenbr. dan vlefche in den knokenhouwer Ampte to vorkopen. Dat men menet so wal in eren Ampte als vor dat gemene gud vnn beste nutte sy nicht geslagen en werde, so dat twe oder dre myn off mer tor tyt to samende ehn rind deslange varene geslagen hebn dar dmine men so guden kop in den fcharnen als wal behoff were nicht hebn en kon Alsulck dan angesen vor dat gemene beste sind wy borgermestere vn Rad des Stades to Osenbr. mit vnssen frunten de mit vns to rade genegen in dem Jare vnses heren als men scref dusent verhundert twe ende seventich vp den neisten gudensdach na sunte Egidii dage samentlike vnn endrechtlike ouerkomen van ehns geworden van den Knokenhouwer Ampte to Osenbr. vorgl. dat eyn ielick gildebroder in den vorgl. ampte nemmer na dessen vorbrage sal allene in den scharnen slaen vnn vorkopen ho tor lol eyn egen rind twe dre beer mon oder mer (in marg: dat nicht wandelbar sunder gue vnn gud sy) to siner egenen behoff vp walke dach eder wo vele he kan eder wil. dar nemant anders van ienigen gildebroderen medehandelinge anwachtinge nut eder vordrach mede offte daran hebn en sal sunder wal wo vele, oder wo dalene eyn gildebroder slan kan vnn wil mach he doen, vn sal allene to sinen besten wesen so vorgl. is sunder Argelist. Vn offt hir enbouen ienich gildebroder mit iemande sinen medegildebroderen ienich vordrach makede an den slane vn bit so vorgl. is vorbreke vnn dar ouer bevunden worde kentlike de en solde bynnen eynen den neisten iar dar na nicht in den scharnen slaen eder vlesch vorkopen vnn dat solen melden de gildemesters by der int in den Ampte vorgl. vn ersulven gildemestere in den Knokenhouwer Ampte solen dit all iar wan se to gildemesteren geforn sint vor den Borgermesteren vnn rade by der int ton hilgen sweren dit aldus in eren ampte to holdene vnn to meldene so vorgl. is Vn dit od aldus to holden in den Knokenhouwer ampte vp der nyenstat dat od de gildemestere dar solen sweren vor dem Rade vp der nyenstat in eren ampte dit to holden vn to meldene gelick vp der oldenstat so vorgl. is

(Späterer Zusatz.)

Er vonnen koker In den Knokenhouwer ample gesat werden sollen alle jar ton hilligen sweren dat se besten vnn vorwaren dat In der scharnen to osenbr. nyn vlesch vorkost werde dat wandelbar vnn nicht grue en sy vnn wat van vlessche ouerbliuet des Sondages dat men dat des dingedages dar na nicht en sal weder In der scharnen verkopen noch dat des dinsedages ouerblist des donderdages, verkopen noch dat des donderdages ouerblist dat des sondages vorkopn dar mede so to holdende van methbage went mychael.

Zusatz vom Jahre 1577:

b. Item dat bullen op de sondage vnd verrhochtides Feste gahr nicht noch old de wecken in der scharen verkofft werden, Es ligge dan ein witt laken darunder tom afstelen gelick binnigen sroynem by pyna viff daler einen Erb: Rade vnnhalatig totalen vnd solches dem Louherrn tor stundt antogeuen, darbeneffen dat jn der scharne touerkopenden Zegenbucken ethwas felles vnd haar beßhaluen am sterrte gelaten werde,

Anno 77 tor bestedigung concludert.

c. Der knackenhoerwer Ordnung 1613.

Aus dem Rathsarchiv.

Es hebben sid verhalten vnser voirveder In den knochenhauwer Ampte,

1. Es geburdt ein gillebror op de band tholegchgen Einerley Rindtfleisch, datsulbige ersten thovorkopen, Ehr man ein ander Rinde, wedder vp de band thohouwen ebber lecht,

2. Es geburdt ein gillebroder, von Meigdage bis micheln opthovorkopen allerleig fleisck, Ihn twendagen dat mhen thor scharren slachtet, oder bringedt.
3. Es geburdt ein gillebroder suluest Bi seine bandt tho seinen, onde dat fleisck thovorkopen, Es wer sake dath Ehr ohhrimesck wher, Noithwendige Dinge zuuerrichten habde, dat Idt geburdt thovorkopen, doch seinen sonne Offte briner de thogelaten Is vor dem ampte.
4. Es geburdt ein gillebroder, opthovorkopen allerleig fleisck dat ehr slachtet beft den donnerdach, Nicht wedder den sondach Inthobringen.
5. Es geburdt kein gillebroder, when Ehr vorreiselt Is oth der salth. Ock wen ehr krank Is, sein husfrowe nicht tho slachten laten, Ihn sein hus tho vorkopen, edder In de scharren thobringen.
6. Es geburdt kein gillebroder kaluer tho slachten see sein dre wecken alth, onde der scharren werdich, ond de gillebroder suluest Inthokopen, edder doch seinen sonne Offte briner, de tho gelaitm Is.
7. Es geburdt kein gillebroder slachten krank goith, Ock nicht van steilen, Ebder weide, dar bester afstorden sein, edder krank gewesen Binnen Mainth tides es geschehe mith rade der gillemester.
8. Es geburdt kein gillebroder In de scharren thostainen, Des Eluen slege, Es si sake dat Er mobl op vorkopen.
9. Es geburdt kein gillebroder voirsaithlich bester thokopen, de der scharren nicht werdich sein, Es modit onuerseinlich geschein, wen man dath guith nicht walbekomen kan Ihn der meightt, dat men de gillemester darbi vorderen, Ihn de scharren thobringen, edder nicht, Offte In sein hus thovorkopen Bi verdell edder bi stucken, etc.

d. **Wie es mit dem Slachten In Knochenhower Ambte gehalten werden Soll 1614.**

Aus dem Rathsarchio.

Als geraume Zeitt hero Vom Fleische Im knochenhower Ampte Zuvorkauffenn, allerhandt Vnrichtigkeitt ond geprechenn furgelauffenn, daher dan viel Clagen sich verursachet, demselbenn aber gepurendermaßen abzuhelffenn, So haben wir Burgermistere ond Rhatt der Stadt Oßnabr., mit ons zu rhate gehorigen Stenden onnd freunden, zu mehrer Befurterung des gemeinen bestenn onnd erhaltung gutter richtigkeitt, Im fleisch Zuborkauffenn, ons aus den hiruber errichtelen alten Satzungen ond ordnungen dieser Sachengelegenheitt mit fleiß ersehenn ond sonstien erkundigt, Vnd demnach Im Jahr nach Christi Geburt, Tausentt, Sechßhundertt ond Vierzehen, Montags den Achtzehendem Aprilis, Vnß dieserwegenn eintrechtiglich Drgelichen, auch darauff Vur ons ond onsre Nachkummen statuirt ond Vorordnett, Daß ein Jeder Gildebruder Im knochenhower Ambte nun hinfurter ond zu Jeder Zeitt allein In den Scharnen slachten ond Verkauffen soll,

Je zur Zeitt ein rigem Rindt 2. 3. 4. min oder mehr, das nicht wandelbahr, sondern geut ond gutt seh, Zu seiner eigen Behueff, oss wilchenn tagh Er kan ond will, daran niemandt anders von einigem Gildebrudern part, anwachtungh, nutz oder Vordragh haben soll, sondern was, wie viele ond wie offt ein Gildebruder slachten kan ond will, Das soll allein zu seinem peßenn sein. Es sol auch ein Jeder Gildebruder zur Zeitt nur von einem Rindt das fleisch off die Banck legen vnd Verkauffenn, Ehr vnd bevhor ein ander Rindt oder fleisch darauffgelegel vnd gehowen wirt, Vnnd soll ein Jeder Gildebruder selbst In der Persohn für seiner Banck sein, Das fleisch hawen vnnd Verkauffen, Es wehre dan, daß Er reddtlich Verhindertt wurde, Vnnd sulchs also durch seinen Sohn oder Diener, so vom Ambtte Zugelassenn, vorrichten liesse, Wan auch ein Gildebruder kranck oder verreisset, So soll dessen Haußfr. Inmittelst nicht flachenn mugenn,

Die kelber Sollen vnter drey Wochen alt, vnd wan Sie sonst der Scharnen nicht wurdigh, nicht eingekaufft, geschlachtet vnd das fleisch Verkaufft werdenn, ebenmessig soll kein kranck guill geschlachtet, noch auch von Städen oder weiden, Da Viehe aboerstorben oder kranck gewesen, Innerhalb einer Monatsfrist darnach nicht gekaufft vnd geschlachtet werden, Vnnd soll ein Jeder Gildebruder die kelber vnnd Rinder, so Er zum Scharnen flachten will, selbst oder durch seinen Sohn oder Diener, so vom Ambtte dazu tuchtig vnd genugsamb befunden vnd Zugelassen, einkauffen vnd barann sein, das tugliche vnd gutte feiste Rinder vnd kelber eingekaufft vnd Zum Scharnen gebracht werdenn,

Weiters soll kein fleisch von Rindern oder kelbern, die wandelbar vnd nicht geue ist, In dem Scharnen Vorkaufft werden, vnd was vom fleische des Sontags vberpleibt, Das soll hernacher des Dingstages In den Scharnen nicht gebracht, noch das des Dingstags vberpleibt, des Donnerstages, Noch auch Was des Donnertages Vberpleibt, des Sontages bornach, In den Scharnen nicht verkaufft werdenn, Vnnd sol dieß also Von Meitage biß Michaelis gehaltenn werdn, Von Michaelis aber biß Meytag wiederumb den Winter oder soll alle das fleisch In der Wochen als es geschlachtet, verkaufft, vnd auß einer Wochen In die andern, was vberpleibt, Zum Scharnen nicht gebracht vnd verkaufft, Das kalbfleisch des Sommers In einem, bei Winter Zeitt aber In Zwein tagenn Verkaufft werdenn,

Vnd da nun einige Gilderuder diese Vorgesche. ordnungh Verbrechen vnd daruber befundenn wurde, derselb soll Innerhalb einem Jahre banegst In den Schaenen nicht schlachten noch fleisch verkauffen, Vnd hirauff sollen die Gildemeister vnd Binnenkeichtere Im kochenbower Ambte Zur Zeitt fleissige aufsicht haben, vnd wan wieder diese ordnung gehandell, dasselb vermelden vnd anbrengen, Gestall auch die Gildemeister vnd Binnenkeichtere, Wan Sie dazu gekoren seindt, dieß also Zu halten, auch fleissige aufsicht Zu haben, vnd die Vbertrettere nicht Zu verschweigenn, Vur vnß Burgermeistern vnd Rathe sambt Vnsern Zu rhate gehorigen Stenden, Zu Gott vnd seinem heilig Euangelio schweren sollen, Alles mitt diesem fernern anhangh vnd Verwarnungh, Dafern die Gildemeister vnd Binnenkrichtere keine fleissige aufsicht haben, vnd die Verbrechere nicht angeben werden, da alstan Zugleich die Gildemeistere vnd Binnenkeichtere neben den Verbrechern von vnß dem Rathe gestraffel werdenn sollen.

XXIII.
Beschluß der Eilf Aemter über die Meisterstücke des Schmiedeamts 1581.
Zu p. 76.

Aus einer Copie von 1808.

Wy Jasper Ringelman und Gerdt Brune Johan jetziger Tiedt Olderlüde der Elwen Ampte binnen Ossenbrügge don Kundt und bekennen vor uns und unse Nakömlinge und van wegen der Elwen Ampts Vorgedacht, Krafft desser Noitulen vor allermänniglich openbahr betügent, dat Vor uns und in bewesen der sämptlichen Elwen Ampte beren oik olden und Ihen Gildemestern upen olden Rathhuse der oldenstadt osenbrück erschienen und Vorgekommen sind, de Ehrsahmen Ewert von Schledehusen und Johan to Brincke jetziger Tiedt des Schmedt Ampts Gildemester und mit einen ere andern Gildemester und ölfsten des sülwigen Ampts und hebben sich darsülwest von wegen gedachtes eres Schmede Ampts beklaget, welcher Gestalt Ihen Gildebroder in Vortieden eres Ampts in erster dersülwigen Ankunst ein Mesterstück gemaket hebben, doch solches eine Tiedt lang sollen laten, und also bisher so Mesterstück gemaket, darher don allerley Misgunne und Beßheitenn (?) Gilbebröder entstanden. So wäre nu des Schmede Amts bitte und begerde, de gemeinen Gildemester der Elwen Ampte wollen sich nicht mißgesallen laten, besondern günstlichen gestaden und bewulborden dott na düsser Tiedt und hinforder stetiglichen ein jeder eres Ampts ankommende Ihen Gildebröder bevoren de sülwigen ton Ampte Verstadet ere Mesterstück to maken verbunden syn mochten und nehmlich, de Grosschmedt eine breide Byle, oder im salle se sick dessen beschwerden eine Timmer Exe und hand Byle. De Kleinschmiede ein sprinckschlott tween scheten Riegeln, dat Ingerichte gelödet und mit ses ressen eber ein falschlott mit tween fallen, dat Ingerichte gelödet und oik mit ses ressen doch eines gestaldes, und in solle he mit Löderwerk to arbeiten begerde, solle he oik ein Kistenschlott mit tween Bogen Verfertigen. Ein Büchsenschmedt einen langen Lop, von tween Ellen achter Verkant binnen und buten woll bereitet, stem ein (?) süerschlott mit eine Krumme federn unde porkelen, und mit einem Schwanhahnen; de Gelgeters einen Missinges Luchter mit einer piepen und den Luchter uth einen stück gegolten, einen Voruth lopenden hanen uth Leinen (Lerne) geschneden und einen Pott. Ein Poltgeter eine Vorme und geten einen Pott von ses punden. Ein Kopperschmedt einen Schincken Kettel, und eine Kerstensormr. De Kannengeters eine syede Halserdrils Wienkannen Vormr und eine Kanne darinnen stan eine quarte Kannensormr, und eine schlagen Kanne darin gemaket oik eine satt sorme von berkehals punden und ein satt darin gemaket. De Mestemacker einen Knodenhouwer, und einen wohlbereiteten Pot. De Schwertfegers ein Kruß und Knop ton Schwerde sulurst schouten; ein Schwert bereiten, oik mit Scheden und verbande unsträslich fertig so macken. Ein hoiffschmedt ein hoifskern in tween betten schmeden. De Spormacker einen Mulkorf, ein Gebette, ein Paar Sporen und ein Paar Bögel doch alles wohl gemacket. Darup Wy Olderlüde mit sampt den heren und anderen Gildemestern der Aempter vorgedacht uns beraden und bedacht und na geholdenen Bedenken dalt Schmede Ampt von wegen dessen datt Jbt ein gut Werck sollen laten erstlich in Bothe und Strafe genommen einen halben Ohm Wunes und demnach, de wils solche Bitte nicht Untumlich besonders to beförderung und Vorstellung des Schmede-Ampts gericht, up empfanger Verehrung nehmlich einen gantzen Ohm Wienes, solche gebedene Misursstücke Autorisirt, bestedigt und besulbordet. Und doin solches Hiermede und in Krafft dieses Jegenwärdigligen, wollen oid balt na dissen Dage und stetiglichen datt Schmede Ampt tre ankommende Nyen Gildebröder darhen holden sollen, datt de sölwigen in Mat wo obsteit ein jeder syn Mesterstück vor erst make, besichtigen laten und bevorn solches geschehen tom Ampt nicht gestadet werde, bey Vermeidung voriger und anderer noch schwerer Uplage und Strafe ohne alle Geseerde und Argelist. Und des to stediger Besthaldung vorgedacht Puncten sind desser Nottuln twey, eines geluede eine to Behuf der Elwen und de andere in Behuf des Schmede Ampts up gericht und durch den Nahmen stediglichelt uth einander geschreben de gegewen sind im Jahre nach Christi Gebart da man schreif dusend steffhundert ein und achten den, d. treinden Monat Dag Junii.

XXIV.
Beschluß des Schuhmacher-Amts über die Lehrzeit 1464 und 1499.
Zu p. 76.

Aus dem Original der Schuhmacher-Amts-Lade.

In dem Jahre onses herrn do men schreff Eindusent Veerhundert viff und Sestich Is onse gantze gemeine Ammet overkomen Unde eins geworden dat nemandt manck onsen Gildebrödern nenen leer Jungen sall tosetten den he leren will to bauen Sestein Jahr albe sy. Unde den Jungen sall he ersten dem Gildemestern seen laten ehr he Enne settr. unde man sall den Jungen hebben*) Jahr In der Lehr onde is dat sake dat Eme de Junge to willen is so mach he den Jungen dat negest halue Jahr na holden, is dat sake dat he Enne begeret he des oick nicht so is he dar onbedwungen tho Unde we ditt vorbreke de sall onsen Ammete geuen eine Tunnen beers sunder gnade onde sall den Jungen nochlanß daren laten desse puncte onde artikel stede vaste onvorbroken to holden so lange dat onse Ammet anders weß eindrechtichliken eins werde.

In dem Jare onses heren de man schreff Eindusent Veerhundert Negen und Negentich Is onse Ammet eindrechtichliken eins geworden dat nen Gildebroder en sall nene knechte op setten de jn Wibbolden gelert hebben Se en hebben ersten twe Jahr oth gelert sunder argelist Vörder so en sall nemandt nene knechte tosetten de op dorpern gelert hebben Wert sake dat et jemand vorbreke, de solde breken den suluesten broke de op de leerjungen gesatt ist Offte welke Knecht were de anders srede dant

---
*) Die Zahl der Jahre ist so überschrieben, daß man das Ursprüngliche nicht mehr sicher erkennen kann.

gefunden wordt de en sall binnen Osenbrügge nicht arbeiden bit vaste vnd
vnuorbroken toholden went vnse Ammet wes eindrechtlich eins werden.

> Concordat cum ipsa veteri annotatione
> quod Jodocus Meier alias Sorgk (rect.
> Storgk) Notarius approbatus hac manu
> sua ppria testatur.

XXV.
Beschluß der Eilf Aemter über die Fähigkeit zur Lehre 1549.
Zu p. 77.
Aus dem Original der Schuhmacher-Amts-Lade.

Im Jare vnses hern do men schreff Ein Dusendt Viff hundert Negen vnd Vertich sint Bienander gewesen de Eluen Ambte tho Osenbrug
dieses vorgeschreuen Jahrs gekorne Gildemeistere Vnd tho nutte vnd behoff
derseluen eluen Ambte eindrechtichliken beraden gesloten Vnd Stride Vast
vnd Vnuorbruchlich tho holten Vorriniget vnd samtlichen auergegan
Also datt nemandt Van alle den Gildebrodern in den Eluen Ambten tho
Osenbruge schal oder mach Jenigen Jungen ein Ambt leren Jdt si den
sake deselue also geboren vnd geleuet si datt se datt selue Ambt in tho-
kumpstigen liben tho Osenbruge besitten vnd gebruken, wardich erkandt
vnd gefunden kan werden Na erkentnisse od seden Vnd gewonheiden dersuluen Ambten vorgeschreuen Of de ein Vapen kindt geboren, Vnd de
luschen rechten luden van einer Amien geboren Vnd od de noch Eigen
sindt schollen vnd mogen tho Jennigen Ambte tho leren oder gebruken
binnen Osenbrüge nicht gestadet Offt gegunnet werden Dnd so Jetmandt
in den Eluen Ambten jegen disse Ordenunge vnd sate Vorsumich vnd
Vngehorsam gefunden wordt schal na erkentnisse siner Gildemeister Vnd
Ambte in eine Straffe gefallen Vnd darfur Angesehen werden Vnd also
vort thor Stunde sodanen Jungen welch des Amptes tho gebruken nicht
werdig Von sich vorlaten vnd schal deselue Junge henforder tho nenen
Ambte tho leren gestadet vnd thogelaten werden Alles sunder Argelist vnd
behendicheit.

XXVI.
Beschluß des Schuhamts über das Gesellenwesen um 1400.
Zu pag. 79.
Aus dem Original der Schuhmacher-Amts-Lade.

Imme tucht er vn vortgand vnses amptes vnn to vnser knechte
egenre bedarff vnn horsamheyt synd vnse gyldemestere vn gantze gemeyne
ampt eyns geworden vnn hebben ouerstroken samentlyke vnn eyndrechtlyke
gesloten Also dat eyn Jewelick vnser gyldebroder jhenen knechten nyne

hillige dage lonen zal vnn zynen besten knechten nicht mehr lones ter
weckene dan xxvij ₰ vnn dem anderen nicht mere dan xxvlij ₰ (vielleicht xxiiij) de he vor eynen Jungen holden whl. byt loen mach he zynen
knechte na eren werke vormynneren sunder nicht enbouen gruen vnn de
twe knechte vorgl. hruel de en zal nynen ledertower holden vnn offt be-
sulffte vnse ghldebroder zynen jungen in kost neme de en zal nicht mer
mogen off konen verdehnen dan achtehn penninge zunder argelyst Offt he
zolde den sulven broks gelden de hyr in geschreuen steit vn men zal nynen
knechte mehr dan vi ₰ to wynkope gruen, wer zacke dat em jemand geue
offt geuen lehte jemande vom zyner wegene bouen zyn loen offt wynkop
dan vorgl. he zunder ienigerleye argelist darto to antwordene de zal
breken iij ₰. zunder genade Of en solel de knechte off jungen vp nyne
Werkeldage spelen garn vigeschl. to almals tyden want men de Knechte
to bringt vnn to guden mandage vnn to vastauende et en wer dat ze
andere rebelike zake hebben, welk knecht de dyt vorbrefe de zal vor eynem
gewelken bach geuen vnsen ample ½ pund wasses vnn des en zal eyn
mester nicht vorhelen sunder he zall den ghldemesteren openbaren Offt he
des nicht en bede zo brekt he des amptes broke so vaken als he manigen
bach gespelet hefft.

Of en zal nyn ghldebroder mere den eynen knecht holden vn eynen
jungen it en were dat he eynen lerjungen holden wolde, vtgesecht des
amptes ghldemester iegenwordich, de mach de tyd he ghldemester ys eyns
knechtes mer holden. wer ouer zake dat Jument in vnsen ample mer
knechte off jungen holde dan vorgl. he in zynen behynste offt mer lons
geue de zolde breken eyne tunne berts sunder genade vnn zolde noch den
knecht baren saten.

Of en zal nemant in vnsen ample den knechten eder jungen loen
louen err dan he ene jegenwordich in zynen behynste heuet de har enligen
bede zolde breken des amptes broke vnn besse puncte stede vast vnn vnvorbroken to holdene bent tor tyd vnse ampt eynbrechtlyke anders wes
eyns worde. desse vorgl. puncte stuke vn arthekele zyn beordest na jede
vn wonheyt vns amptes wylkore vnn dyt zal men lezen twye in deme
Jare want wy vnses amptes morgensprake holden.

XXVII.
Rathsschluß über die Kränze der Bäcker und Wandmacher 1510.
Zu p. 81.

Aus dem Stadtbuche.

Im Jare na gebort xpi vnses lruen heren man screeff x v vn tehn
vp den mandach na deme Sondage Trinitatis als dar beuoren vns
Borgermesterm vn Rade to Osenbr. vorgekomen was dat de knecht van
den Backample an ehner vnn der wulnerknapen an de anderen syden
bouen vnsse insate wo vnderschedeliken se mit erem krensen sick hebn solden
allikewal splitterich weren vnn mochten vermeten hebn to wreuelen sulks
vnwillen vnn vordret to verhoden sind wy mit vnssen frunden ouerkomen

vnn hebn den beyden parten vnn eren Gildemesteren vnn Gildebroderen vor vns vordaget Ingestalt vnn geboden ewiliken onvorbroken to holden so dat de mulleners vnn mullenknapen mogen hebn vn beholden den roden rossenkranss so se wentherto gehad vnn geoirt hebn. Sunder de van den Backampte wal dat de eren krans plegen to mengen mit witten vnn roden rosen sollen se ummer to ewigen tyden eren kranss halff van witten vnn halff van roeden rosen hebn so dat de halue rundicheit dess kransses allene van witten vnn de ander halue rundicheit allene van roeden rosen sy vnn welker van wo vaken der parte vorgl. en sulke insale nicht enholde of vorbreke sal gefallen syn In pene tehn mark to den gemenen besten der stat Osenbr. sunder genade vth to gevende vnn to betalende.

XXVIII.
Statuten des Backamts 1413 und 1457.
Zu p. 85.
Aus dem Original der Backamts-Lade.

Wy Johan van der Wyden Richter des Stades to Osenbr. Erkennet vnn betüget openbare in dessem breue dat de Borgermester vnn Rad des Rades to Osenbr. in eren zittenden Stole desseluen Stades de Gyldemestere vnn gemenen Becker Ampte op der Oldenstad vp ehne zyd vnn de gemeonen beckere op der Nyenstad to Osenbr. op de anderen zyd vor vns alse In gerichte zick lesliken vnn vernitliken gescheden hebbet vmme schellinge vn twydracht de albuslange tusschen en gewesen heuet In besser whyse, wert dat jenich scherlinge ober oplop schege ober velle tusschen en allen ober jemande van den eren he were zulueren ober knecht van eren ampte der ehn van der Oldenstad vn ehn van der Nyenstat to Osenbr. weren den des to donde is de mach dat clagen den Gildemesteren der Becker Ampte op der Oldenstad de zolen den ghenen dar de van ouer claget dar by vorbodem laten vnn na des clagers Ansprake vnn na des anderen wedertale zolen de suluen Gildemestere op der oldenstat der schelinge richter wesen na zede vn wonheit eres amptes van dar mogen de gildemestere vnde gemenen beckere der nyenstat dan by stan al ofte ehn beyl offt se willen vtgesproken blotwundinge vnn schuldich gelt vn gut. In were de zake dan also gelegen dat dar broke vorvellen van beyden partyen ober van erer ehn de broke sal men leggen by de suluen gildemestere op der Oldenstat to Osenbr. vorgl. de des of manere wesen zolen. ghinge dan de broke ouer eynen zulfheren ober knecht dann der nyenstad wanner den de gildemestere der Becker Ampte op der oldenstad den broke esscheden dar mogen dan der becker gildemestere op der Nyenstat bystan. Duchte den dan dat den von der Nyenstad de broke vngmedelike van esschet worde den nyen becker ober beckerknecht op der Oldenstat dat mochten desseluen gildemestere op der nyenstat wederspreken vnn bringen dat dan an de anderen gemenen gildemestere der Ampte to Osenbr. de to rade plegen to ghann on de zolen je dar ehns vmme maken. vnn de vorgl. broke zolen dat Becker ampt von der Oldenstad vnn de gemenen Beckere op der Nyenstat to Osenbr. ehns in dem Jare also des neisten Sundages

vor gudenmanbage to zamende vorteren houesliken vn vrebeliken. vnn alle
Jare eyns in deme Jare zolen de gemeynen beckern op der Nyenstat den
beckere Ampte op der Oldenstat volgen wauer ze dat van en esschen latet
vn zo daten in deme Jar also den beckern op der oldenstat zake an-
liggende zind de eren ample offte jenigen eren gildebroderen anrorende
zind waner de suluen gildemester op der Oldenstat ze dan bidden latet so
solen ze mit den gemeynen beckern op der Nyenstad to en komen, were
ok dat dar jenich van den beckeren op der nyenstat dan van krancheit eder
von anderer notsake dar van nicht by komen en konde de moge orlouß
bidden van den gildemesteren op der Nyenstat vorgl. Item were dat men
mit em dan dar zunderlinges wat to zakene hadde den en solden ze nyn
orloff geuen vtgebroken krulliche noetsake sunder Argelist. Were ok dat de
gemenen Beckere op der Nyenstat vorgl. eder erer jenich to zakende hadden
vor Raed eder vor gerichte byunen Osenbr. dar ze der Oldenstedder beckere
to behoueden So mogen de gildemestere op der Nyenstat gan by de gildemester op der Oldenstad vnn openbarn en dr zake vn dar zolen de gildemester op der Oldenstab vnde by gaen vn salen dar mede by vorboden
erer gildebrodere al offte eyn drel dar na dat en van des dunket noet wesen na legenicheit der zake. Vnn of alle zede vn wonheit der becker Ampte
op der oldenstat zolen di gemenen becker op der Nyenstat volgen bewaren
vn holden gelyk en vn eren gildebroderen suluen sonder argelist op dat
drede vn eyndracht tusschen en to beyden ziden blyue to ewigen tiden vtgesproken desse nageser. artikule Alse dat de Nyensteder beckern gildebrodere
entfan mogen buten den beckern op der Oldenstat alse ze alduslange gedan hebbet, vnn ofte schelinge eder oplop schege tusschen den beckern op
der nyenstat be were zulfthere eder knecht dar nyn becker eder becker knecht
op der oldenstab mede to sakende hadde dat mogen ze richten op der nyenstat, vn od dat de beckere op der nyenstat, den gildebroderen op der
Oldenstat wan ze doet zynd, nicht to grauen noch to begenknisse dorueн
volgen. Des gelikes enboruen od de Oldensteder becker nyne volge doen
den beckeren op der nyenstab to grauen noch to begenknisse sunder Argelist.
Of zind dar vor vns gekomen In der suluen tyt also in gerichte Gerd
de bos vnn Johan schelineg gildemestere der becker ample op der Oldenstab alse van eres Amples wegen op ene zyd vn Johan willeholle vn
Johan hafeman gildemestere der Becker op der Nyenstat to Osenbr. alse
van der suluen becker wegenn op de anderen zyd vnn loueden vnn vulborbeden erer gewelid van eres ample wegen alle desse vorgl. schedinge
In aller wise alse vorgl. is. Hyr weren an vnn ouer Gerd muchorst,
Brun hazebyd, herman Bykewell, Arnd van Essen, Euerd de smet, herman dynckelage, herman landuord, lübeke brutschat vnn ander guder lübe
genoch. In premissorum testimonium sigillum nrm pntib9 est appensl
datum Anno dni M° cccc° tertio decimo feria quinta proxima ante dnicam
palmarum.

Wy Michael Bonynd Richter des Stades to Osenbr. Erkennet vnn
betüget openbare in dessen breue dat vor vns gekomen zind Ingerichte
Johan Stenhus vnn Johan van der hube nu to tiden Gildemestere des
Backamptes op der Oldenstat to Osenbr. op de eynen, lübbeke de Becker
vnn herman buckwilsckineg nu to tiden Gildemestere des backamptes op
der nyenstat to Osenbr. op de anderen ziden vnn entanten an beiden

gibben So als lange tyt In eren gemenen Ampte van beiden steden vorgl. hebbe twist gebrud onn onwille gewesen wanner eyn gildebroder daren wolde van der eynen Stad op de anderen to wonende etc. dat je dar vme samentliken on eyndrechtliken na rade onn mit willen onn vulborde alle erer gemenen gildebroder eres Amptes van beiden steden vorgl. vor sik on vor alle er nacomelinge sik hebn verdregen onn gescheden onn eyndrechtliken onder sik ghesloten to ewigen tiden to bliuenn onn to holdenn albus Wanner dat eyn vulgildebroder darvt von der eynen stat to Osenbr. op de anderen to wonenn de sal geuen den gemenen backampte der Stat dar he dan daret den mark penninege alse to Osenbr. ginge on gene sind Eyne tunnen bers onn twe backharste onn wen he dat utgegeuen hebbe so mach he von gelik anderen gildebroderen Mit dessen onderschede dat nemant mit vorsate sal gildebroder werden op der eynen stat onn dan daren wonenn op de anderen Stat vnn od dat alle scriffte brue onn rechlicheit oldussange tusschen beiden Ampten vorgl. gewesen hir mede nicht entsolen verandert oste getrendet wesen men gesterket onn in vuller macht bliuen sunder Argelist. hir weren an on ouer Johan oppen orde Euert schulte vor tuchlöbe hir to gresschel onn gebeden In premissorum testimonium sigillum nrm pntib9 est appensum datum Anno dni M° cccc° ltseptimo feria secunda p. festum beate katherine vgl.

XXIX.
Vertrag über den Herrenbäcker 1496.
Zu p. 90.

Copie des 17. Jahrh.

Wy Willem Tiesingt Sogroue unde des Stades Richter to Osenbrügge, In saken nabeschreuen, sonderlings bewillet, Erkennet unde don Kundt openbahr in desem Brue belügende, dat vor Ons erschenen unde gekomen sint im Gerichte de werdigen undt Ehrsamen Mester Johan Schoten, der hilligen Schrifft Licentiatus Herr Willem Witlind, Herr Arendt Fabri Werckmeister, Herr Herman Sebelte, Herr Peter Gilman, Herr Hinrich von Meppen, van wegen Eren sulvest undt der gemeinen vicariorum der Domkerken to osenbrügge an Eine Onde Henrich Querbingt, Roleff Honeberg, Herman Jossingehus, Roleff Honeberch, Grim Grothus genandt Streuke, Johans Herenberch, Wessel Honeberch Herman Schurman, Herman Baumester, olde unde Nie gildemeister unde gildebroder des Amptes der Becker to Osenbrügge an de anderen sieden, Onde beide parte erkanden vor sich undt eren Nakomelingen, dat ein güttlick Gründtlich ouerkumpst undt ouerbracht tüschen beiden parten wer, also dat de Vorgl. Gildemeister unde gemeine Gildebroder vom Becker Ambte vor sich und eren Nakommelingen van guden willen gegönnet, gestadet, lugeloten undt bewillet heben, undt jegenwerdiglichen bewillenden ewelisen to burende, den gemeinen vicarien der Domkerten Vorgl. dat se alle tidt so vaken den suluen vicarijs desen noth undt Behoff off Dritig is, einen Becker an sienen Eigenen off gehürenden Huse er Brot to backene uth ehrem Ambte vorgemelt nemmen undt hebben mögen sothane Brodt to backene, unde so ehren eigenen tafelen unde nütt tho gebrukende. Item en weren erer welcke mit iemande in Kost genge dan dar dat Brodt solgen to laten, od assolck Brodt nenen Leyen verkopen willen noch en sollen, und alse dan de gemeinen Gildebröderen des vorgemelten Ambtes menberen, alsolck den gemeinen Gildebröderen und Ambte möchte schädelick syn, so de vicarij in Vorlieden den Gildebröderen Brol plegen aff to kopen, hebben de vorgemelte Herrn vicarij dat angesehen, unde nicht gerne solden hinderlick syn, dem Ambte vorgemelt eder iemande, undt hebben darumb uth Drym willen undt gunsten, od ümme Leffmodigheit, undt einbracht under anderen to bewaren, den vorgemelten Gildemeisteren undt Beder ambte, in weder stabunge off dat sulve Ampt dar ienigen schaden af heben möchte, gegewen Undt vor Uns Willem Tiesingk Richtern vorgemelt getalet, undt overgeleuert, acht unde twintich osenbrügger mark de to beleggen to behoff des gemeinen Amptes, und darvan tomakene ein unde twintich schillinge geldes iährlicher Rente, der to gebrukende tu eren Ampte nüt undt besten vor sick undt eren Nakomelingen to ewigen Tyden, de de vorgemelte Gildemeistere undt Ambt vor Uns entfangen, undt also to beleggen gelovet hebben, undt den vicarijssen der güttlicken overgereket bedanckende undt loveden vor sick undt eren Ambtes Nakomelingen solches vorgerörten Verdrages unde Bruetlicken overtransportes, den Vorgemelten Herrn Vicarien alle tydt tovtstande, bekandt to wesende stede vast und vnverbroken, vor sick vor er Erum undt Nakomellnge to ewygen Tyden, sünder ienige einbracht, hinder off iechtswas des, men dar entegen bedenken möge, gelösslicken wal to holdende unde warschop to doende, ane argelist, Also dat vorbmömote güttlick Vordracht undt avverkumpst geschah, weren bi an undt over der Erbahren und vorsichtigen Erdtwin Erdtman Hinrich van Laden Seligen Hinrickes Söhne Borgermeistere Johan Pente, Raetman der Stadt Osenbrügge, Schwedre Nolden undt Herman Hölscher dar salves Gildemeister, de dit mede hörenden undt sagen vor getüge so vor Uns ton besten der geistlicken Origheit, undt mit willen des Ambts vorgemelt beleuet, undt dessen to Ewiger bechrüße hebben beyde parte gebeden Uns Richter vorgemelt Unser Segel an desen Breffs to hangen, Wy also geben hebben Datum Anno Domini M. CCCC. X. C. sexto, sabbato post festum Martini Episcopi. —

XXX.
Vertrag über den Schuhmacher des Klosters Gertrudenberg 1491.
Zu p. 97.

Aus einer Copie von 1808.

In den Namen Godes amen. Is to wetenn dat im Jar na Gebort Uns Heren Jhesu xpi men screff Dusent Verhundert Eyn vnn Negentlich Vp Avent sunte Siluester des Pavess is tüsschen der werdigen Vnn erbarn Browen, Jussern Vnn Conuents Vp sünte Gertrudesberge vor Osenbrugge belegen an eyner Vnn der Schomaker Ampte to Osenbrugge an

der andern Syden. Umme Unwillen tüsschen en sick habbe erhouen Van
wegenn ehns Schomakers upn Berge so bebbende besprocken gebregedinget
Van entlick gestolen, auermitselst den erbarn Hinricke von Ledern Borgermester to Osnbrügge Van wegen des Conuentl. Vgl. Unn Johan Olden-
werlde Van Herman Holscher Gildemestere Van wegen des Amptl. vorgl.
Also dat de Drowe Unn Conuente off ere Vorwarer mogen nb dortmer
ewilike nemen eynen Schomaker Uth den Schomaker Ampte to Osn-
brugge Vgl. de dat Ampt hebbe Unn des mit en gebrucke, se den Vgl.
Conuente ed eren Geshnde Unn Densten scho Clossen, Unn wes se des
tho donde hebn, maken moge Upn Berge Vgl. Unn van erer wegenn
numende anderß, doch also dat desulwe Schomaker, Vgl. en nicht ensole
sorder maken ben dat Conuent Junffern Vgl. susues behouet noch eren
Geshnde Un Densten Vgl. anders dan er Scho, de en Van den Conuente
gelouet Unn gegeuen werdel Sunter oft dat Conuent vgl. en Schoe oft
anders was maken laten wolde yn Mengel (?) to vorkopende Unn also
to sihtende, en sal hir ynne nicht mede bescheden wesen, noch de Schomaker vgl. des sole Macht hebn mogen. Des yn eyn Genoge off Weder-
stat de erb. Hinrick von Ledern dem Ampte Vgl. Negen Osenbrugger Marck
Pennige gegeuen heft Unn wal vernoget Unn mit dessen Underscheide,
were desulue Schomaker, dat Conuent vorgl. welker Thyl habde sick dar
mede nicht Vordeigen entkonde ofte den Conuente nicht gedeiich entwere mogen se eynen andern alle wege Uth den Ampte so Vgl. steit reder yn
des Stede nemen Unn den se Vor gehad hebben verlaten. Worden ock
dat Conuent Unn desulue er Schomaker Unwillich Under mallanderen,
dar Umme solen Van wissen des Amptl. Vgl. Gildemester de Vgl. parte
gutliken scheiden Unn van eyn leggen Unde Wente ouer dat Conuent Vgl.
eynen Bromeden Schomaker Unn anders dan Vgl. is annime, kan so sal
desse Vordrach Ungedegedinget sin Unn dat Ampt vgl. Weder yn sine
Rechticheit stan, Unn allidewal te Vgl. gebordem Summe ynn beholden
to Behoff des Amptl. Vgl. alle sunder Argelist Van des is ewige Gedechtnisse Unn Urkunde der warheyt sin desser Rottulen twe eyns ludende
eyner Hand gegeuen de eyn Uth der anderen durch den Namen Emanuel
gesneden der eyn Juwelick part eyn heft, gegeuen Unn —— Im Jar Unn
Upp Dage Vgl. In Biwesende Albert Polings Hinrick Asrelans Hermans
Donderberges Wychenant Zuten Bruns Unn anderen gemeynlike Uth den
Schomaker Ampte to Osnbr. Vgl.

XXXI.
Vertrag der Lohgerber und Schuhmacher 1453.
Zu p. 100.

Aus einer Copie des 16. Jahrh.

To wilene so als de twe Ampte bynamen der Loer und der Schomaker to Osnbr. aldußlange wente an datum desser nottelen vnder
einander hibn twyst vnd schelinge gehat als vmme leder to loene vnde
anders wo de schelinge geschapen zb rc. vnde van desuluen twe Ampte
vorgl. zodane gebrock vnd schelinge vorgl. hebn gesat an de twe olderen

ouerften Gildemeftere nu to liden bonamen Johan Stenhufe vnd Hinri-
cufe von der Wyk ze dat vmme Vruntlike to fcheden vnd dat to fo
den vorgl. olden twen Gildemefteren hebn befuluen twe Ampte vorgl.
by iewelkert zyd gefat vnd gekorn twe bedinges lůde to eren Gildemefteren Alfe bynamm von des Loeamptes wegen Volberte den Vrzen vnd
Merten Stoppelkalke to ere twe Gildemefter beffuluen Loamptes alf Her-
manne Warendorpe vnd Deppe de Loer ende van des Schomaker Amptes wegen Hinrike Bruninch vnd Johanne Runge od to eren twen Gildemefteren des Schomaker Amptes alfe Alberte Polød vnd Gerde Teue-
mane vnd fo hebben de feyn Schedeslůde by namen de Der Gildemeifter
vnd Der fchedeslůde der twyer Ampte Vorgl. mit den twen olderen Gilde-
meftren Daßineg op datum beßer nottelen nabefr. de vorgl. twe Ampte in
bywefen vnd legenwordicheit alle der gemenen gildebroder der twyer Ampte
vorgl. leffliken Druntliken vnd gruntliken genfliken deger vnn al eyndrechtliken vorenigt vnn gefcheden vme gebred twyft vnde fchelinge tufichen
de twe Ampte vorgl. fo her nagefer. fteit. Alfo dat de Schomaker in
eren Ampte nu mer na deßen vordrage nemande nyn leder loen en folen
dan ey itlik to finer behoff offte en ful od nyn loet leder vngefwertet
vermandt feken verkopen offte gruen Litgefecht It en wer dat Eyn den
anderr eyn par zbdern offte eyn ander ftůde leders grue Auer Vmme zyner
armote willen funder argelift vnd wer zake dat welk Schomaker dat vorbrefe dat wetlik wer de fal finen broke dat vmme liden wellen fcheyt
vorgl. alle te gemenen Gildebroder der twyer Ampte vorgl. feurden vnn
vulbordeden Om orkunde dan eyn itlik err fine degedingesfůde vnn
Schedeslůde vorgl. hir to gemechtiget vnn gekorn hebbe vnn loueden vnn
wilkorden vor Sik vnd ere Nacomelinge deßen fchrift fo vorgl. iß an
beiden fiden eer eyn deme anderen fo ewigen tiden ftede Vaft vnn vn-
uorbrofen to holden vnn hyr mede fo folen andre zede vnde wonheit vnn
wes in des Stades boek fteit vnuerbrofen vnn vnuerandert wefen funder
argelift beffer nottelen hß twe eyn vte der anderen gefruden geßt inne
holden der eyn iewelik Ampt van der twen vorgl. eyn heurt. Datum
Anno Dni M° cccc° quinquagesimo tertio prox. Dnica post festum
Sti Aegidij. conf.

       Pro copia, cum originall, verbotenus
       concordante, Hermannus Wede caesa-
       reus et publicus, Notarius subscripsit.

XXXII.
Scheidung der Sattler und Riemenschneider über Stegreifsleder von 1360.

Zu p. 98.

*Aus dem Original in der Riemen-
schneider-Amts-Lade.*

Kundych vnde openbar ys den Lederfnider ammete dat de Zedeler
anfpreken dr lederfnider dat fe makeden ftegkretres leder. Dar fchuldegbe-
den vort de lederfnider de zedeler vnde fpreken ze wedrr an dat ze makeden halteren mgl wernelen. Dyt quam vort vor den Rad en vor de

mennen Gildemeſtere. Dar vorden te alduß gheſchehden dat de Zedeler moghen maken halteren vnde doen dat rynge hn funder nene wernel vnde de ledersnyder moghen snyden stegherepeß leder vnde zelen dat hn Rynge zonder nene boghele. Vortmehr da deſſe ſcheet ſchach weren Borghermeſter Arn Dunker vnde Dethart van Dummeſtorpe Oſ tho der ſulven thd weren der zedeler gyllemeſter de olde Powe vn Johan von Monſter. Vortmer de ghllemeſtere der lederſnyder weren Claweß von Muſſe vn Johan Nyghr.

Dethart v. Dumſtorp und Arnd Dunker waren Bürgermeiſter 1354, 1855 und 1858.

XXXIII.
Scheidung der Sattler und Riemenſchneider über Gebrauch von Weißleder 1480.
Zu p. 100.

Aus dem Stadtbuche.

Anno dni M cccc lxxx° feria ſecunda poſt eliſabeth vidue Sind vor vnß Borgermeſter vnde rade der ſtad Oſnbr. vnde de mit vnß to rade horen gekomen de gildemeſtere vnn dat Schilderampt op de enen vn de Gildemeſtere vnn dat Remenſniderampt op der anderen ſyden vnn alſo ere gebrecke vnde ſchelinge vor vnß laten vertellen ſo dat de ſchilder vnn zedeler witleder geraden vnn allumben, halteren maleben mit wrwelen vnde darto witleder bearbeidden in zadelen remen vnn anderß dat de lederſniber menden ſik dat nicht ſolde gebören vnn in ere ampt rorde vnn en allene to ſolke horen dat de ſchilder vnn zedeler weder op antworden alſulk habn er voruaren in eren ampte alſo gehalden onbeſpraket vtgeſett allene dat ſi nyn witleder maken vnn allunen mochten dan dat ſe onder eren meſteren vorarbeidoden vn en mochten anderß in nönen ſtüden witleder vorkopen dan ſe ſultes to vorgl. iß in zadelen, tomen geriden halteren remen vnn to erer reſſcop behoueden vnn erboden ſik deß mit eren oldeſten van beholl mit eren eden op to donde, dar wi vnß op bereden vnde ſtededen de vorgl. ſchilder vn zadeler dat behall to donde, deme ze mil mathevſe zedeler, hinrike den meler opn rampe Claweſe glaſemaler vn hinrike zedeler alſo deden vnn Sworen vnn beheleden dat, darmede de parte alſo geſcheden werden vn alſo vorder ſal mer geholden worden. Deß in orkunde vnn in gedechtniſſe to bliuende hebbe wy dit in vnſſe Stadeß bock von ſcriuen.

XXXIV.
Scheidung zwiſchen den Pelzern und Riemenſchneidern über Schaffelle 1493.
Zu p. 101.

Aus einer Copie von 1836.

In dem Namen godeß Amen Iß to wetten dat in dem Jare vnſers heren alß men ſchreff duſent verhundert dre vndt negentich, Op den donnerstdach na Unser L. frowen gebortsdage, sint so der tidt Dudt och lange tidt to vor schaelhafsig gewesen de Ersamen beide Empter der Pelser vnd Remensnider to Osenbrügge dorch gebreck halven nabeschreven Vnd dan dorch Borrininge vndt vmme guder Vordrages willen hebben angesehen dat sulue gebreck de Ersamen gemeine gildemeistere der Stadt Osenbrügge vmme twidracht to vormiden, Vndt dorch beschedenheitt darbi geschicket, wo beschrebene ersame gildemeisters Nemplich Herman Holscher van den Schomaker Empte Vnd hinrick zedeler van den Schilder Empte desse nabeschrevne gebreke to oliene, Also dat dar de Ersam Ebbert kremer vndt froderich Klute gildemester des Pelzer ampts erleuden, bewilleden vnd vulborbeden vor sick vnd ere Nakomelinge, mit Willen vndt Welen eres gemeinen Amptz vorgl., dat idt Remensnider sollen vnd mogen kopen binnen Osenbrügge also vele Schapfelle, so dan behouen ton hansken to vobreren de se dan ock belen vndt ghern mogen, ein idtlick so vele he der behouet vndt eer ein en sal den andern ter nicht verkopen, ock sollen vnd mogen se binnen Osenb. so vele wiltwhare kopen vndt gheren, se to den bansken to besettn behouen vndt buten Osenbrügge sollen vnd mogen se kopen wat selwerck dat se willen, vndt wat se mehr kopen dan se behouen to eren Amptz sollen se den Pelzer Ample an beden to kopen, vmme ere gewerbe, willen se dan nicht, so mogen se dat vorkopen wor se willen Vnd hirentiegen erlauden de ersamen Johan Roes vnd Hinrick Harloge gildemeistere des Remensnider Amptz, bewilleden vndt vulborbeden vor sick vndt ere Nakomelinge mit willen vnd wetten eres gemeinen Amptes vorgl. dat idt Pelzer Ampt sollen vndt mogen kopen vndt vorarbeiden binnen Osenb. also vele houken (sic.) selle se to eren Pelzen behouen vnd nichts mehr, dan se en sollen nene buckfelle Rheefelle Jegenfelle Verdefelle ober Kalffselle kopen binnen Osenb. vtgesecht so vele Kalffelle se to eren Pelzen behouen, Vnd Kassen to (?) gheren Dan buten Osenb. sollen vndt mogen se alle selwerck kopen vnd vnsen Ampte dat ock beden to kopen vmme de gewerde, glick wie en boen sollen vnd willen so vorgl. is. Vnd we hir en bauen orbr van einem idtlickn desser vorsr. beider Amptes gildebroderen sal breken ein idtlick so vaken dat schege in sin ampt dre sl. sonder genade ditt allent von puncten to puncten als Vorsr. steit louede vndt willorde dat eine Ampt den andern vor sick vnd eren nacomelingen to ewigen tiden stede vast vndt vnvorbroken to holden ane wedderropinge sonder argelist In Orkunde der Warheitt hebbe wi twe Rotielen van einer handt boen schriuen itlick Ampt eine (to) hebben dorch den Namen Jesus gesneden Ego Theobericus Oldenzael v. Notarius et communis Cathedralis Scriptor ab hoc requisitus omnia ut supra fieri vidi et audivi proteftor manu mea propria. datum ut supra.

XXXV.
Scheidung des Krameramts und Schmiedeamts über Messerhandel 1553.
Zu p. 105.

Aus der Kramer-Amts-Lade.

Nach deme sich Inn vorledenen Jarenn tusschenn denn Gildemusteren vnnd sempitlichen Smede Ampte Elegerenn an eyne, olck denn Gildemet-

sterenn vnd kramer Ampte beclagtenn anderdeils vme de behnnge vnnd
kramerie allerlie meßere togebrukende anfencklich vor denn Gildemeisterenn
der Eluen Ample bynnen Osenbrugk gespenne vnnd vneynicheit erbauern.
war vth folgendes Clage vnnd vorantwordunge oick nach der Ampter
wonheit vnnd gebruck kunschafft vnnd getuchnisse erwassen gintgenn vnnd
vorgebracht. Dar vp oick dann denn Eluen Ampteren dessals beschribt
ouerkomen, Welches sich der tidt de gildemeistere vnnd kramer Ampt be-
swert erachtet vnnd sich dersuluigenn schelonge vnnd erkentnisse ann de
Erbarenn Ersammn vnn vursichtigenn Herenn Borgermeistere vnnd Roidt
der Stadt Osenbrugk to hogerem rechten beropenn. Darsuluest oick dann
denn partien etlicher malen anelage vnn vorantwordunge gescheen Also
bald sich de angeregte vnwille tusschenn denn bemelten Ampteren ohne thume
tidt erholdenn vnnd dann bagenn to bagenn gestegert vnd vormerckt allent
to Hogestenn missgefallenn vpgemelter Borgermeistere vnnd Rades oick werenn vnnd der dann denn Ampteren So sint de vorangetagenn gespenne
vneynicheit vnnd gebreche der berortenn beiden Smede vnnd kramer Ampte
oick der Eluen Amplere vnnd wes allenthaluen vor denn Eluen Ampteren erster Instancien vnnd folgendes vor Borgermeisterenn vnnd Rade
vpgemelt burch Clage vorantwordunge erkentnisse vnnd sunst vngudtlich
vpgenomen vnnd folgendes bar vth einem Iderenn (wie gemeinet) to sy-
nem nabeile beigemet vnnd ersprotten, oick warende vneynicheit eynem
Jewelichem deile sambt ober befunderen personen konde beiegenet togeme-
tenn offte vorgeworpenn synn, myht gudenn vormetern vulborde vnnd
vorwillunge belgenompter Borgermeistere vnnd Rades oick der sempttlichen
Eluen Ampiere, nach vilfoldiger vnderhandelonge vnnd tidtlichenn bedencken durch nabemelte dar to verordente vnderhendelers dato vndergeset.
op eynn vnwedderroplich stede ewich vorblift dann denn Gildemeisteren
vnd oldestenn des Smede Amptes oick denn gildemeisterenn vnnd oldestenn
des kramer Ampts vnnd van denn beyden oldersuben der Eluen Ample
In des Borgermeisters Hinrich Storcken Hande wompromittert vnnd ge-
sehenn ton ewigenn dagenn vorbregenn by vnnd hengelacht vnnd sollenn
vnwedderspreckflich vorbregenn by vnnd hengelacht synn vnnd blyuenn Inn
aller maten wo hir nageschreuen solgett

1. Vnnd ansencklich dat de gildemeistere van sempttliche Amptes bro-
dere des Amptes bynnen Osenbrugt sollenn vnnd mogenn hensorder sunder Insage ober verhinderonge des Smede Amptes Darsuluest Inn erem
krame to kope hebbenn allerleie Zart vann kleynen meßeren tom snede
gemakelt vnnd darbeneffen Brekenulder knopmeste Jdoch mit dem besche
wilkorlicher vorplichtonge vnnd vorwordenn dat des kramer Amptes gildemeistere vnnd sempttliche gildebrodere de iß genompten kleynen meßere vnnd
Brekenuelder butenn denn freyen Jarmarckeden Inn einer Jewelichenn we-
kenn nicht mer dann twe mal nomlichen des Mitwekens vnnd Sonquend
vp den Vensiere Int apenbare vthleggenn sollenn noch mogenn vnnd sall
dannoch onen denn kramern de vorangetagenn meßere vnnd Brekenuel-
bere vp alle andere dage Inn der weckenn bynnen eren Husenn vnnd
bodenn vth denn Regionen vnuerhindert touorkopende logelatenn vnnd
fry synn.

2. So vele ouer de Meßere belanget so alhir bynnen Osenbrugk
Inn dem Smede Ampte beredet werdenn vnnd de van dem kramer Ampte
alhir denn Meßmakerenn afftopenn, mogenn de Gildemeistere vnnd sempt-

liche Gildebrobere des Kramer Amptes besuluigen Osenbruggeschen mehere vann allen Zarten eleyn vnnd groit wo de by denn Meßmakerenn to kope gesundenn Ider sidt ane vnderschrift op der Kramer Venster otzleggen vel-bebbenn vnnd verkopenn Allet vorg. ane geseer arrich vnnd list Desses wir bouengeler. sint verordente vnderhendelere gewesen vnnd erstlich vann wegene Borgermustere vnnd Rades vpgemelt de achtbarenn vnnd Erentfrowen Hinrich Stork vnnd Lucas vann Endehouern bride Borgermeistere vnnd vann den Eluen Ampteren desse nabeschl. Gildemistere alse vth dem Schomaker Ampte Johann vann Borsten, Clames Backhus der pelsere, Jurgen Framesman der Beckere, Lubeke Langinck der Lober, Johann Dreyer der Schroder, Albert Brockman der Riemensnider, Herman Hammaker der Schilder, vnnd Hinrich Hemmelinck der Malenhouwer Gildemeistere Vnnd dwile desse verdrach Inn Jegenwordicheit beyder partien Inn maten wie vorg. vor dem semptlichen Rade vpgemelt vorlesenn bewilligett vnnd angenomen Is desse vordrages Notula behoff der beidenn Smede vnnd Kramer Ampteren vorsatel Inn des Rades der Stadt Osenbrugk Bock¹) Ingeschreuen vnnd dar vann Ider partie auschrift vorwilligett. Actum vpn Raidthuse der Stadt Osenbrugk Im Jare na Christi vnnses Salichmakers geborti als men schreff Dusent vissfhundert dre vnnd virrich Mandages na Fabiani et Sebastiani Martyrum

Desse Copie vorgelicket sich myt der original vordrages Notula In des Rades der Stadt Osenbrugk Boeck Ingeschreuen solchs bekenne ick Statius Rode Secretarius myt Jegenwordiger myner egenen Handtschrifft

Concordat cum originali de verbo ad verbum id quod ego Christophorus Ernberch sabbata pontificia potestate Notarios mea ipsius manu attestatur.

XXXVI.
Gildebriefe der Tischler von 1559, 1602 und 1622.
Zu p. 117.

Aus Acten des 18. Jahrh.

A.

Wy Borgermeistere und Rad der Stadt Osenbrugk doin Kundt und Bekennen Vor Uns, Unsere Nakömelinge, und jdermann openbahr betügende; Nachdem dat wy Von Unseren börgeren und Underdanen, so jtziger tidt des Kleinsnitker arbeides binnen unsere Stadt gebruken Umme to salinge twier olderlüde und bestedigunge etlicher puncte und artikel in Underdänigheit bitlich ersogt und angelanget: So hebben wy de sulvigen sake mit Unseren fründen erwogen und befunden, dat Von den sulvigen Kleinsnitkers nicht Unbilliches oder gesehrliches gesogt worden ist, bewogen wy erer bitt under nachfolgender meynunge und Vorbeholde stat und

---

¹) Diese so wie mehrere andere Zunfturkunden, in denen dieselbe Notiz enthalten, finden sich im Stadtbuche nicht. Es muß also dasselbe mitunter unvollständig oder noch ein anderes vorhanden gewesen sein.

gehör gewesen; Bewilligen und Verordenen demnach dat auch in forbergen Kleinsnitker alhier angekomen und hüßlich gesetten, de sich der Krosner schauen und des lymens mit Vorstricken, und wes sonst einem Kleinsnitker tosteit, underwinden wolle, und alhier gynes Meisters Sonne were, so sodannen arbeite Vergünstiget oder so gelaten werden solle, he so dan vorerst Uns mit dem gewontlichen borger Eide behafft und hebbe bemessen dem genochsam schin und bewiss Vorgebracht, dat he solches arbeides sine Lehrjahre Dullenkomen, ehrlich und fromlich bey eynem Meister uthgedenet, und na Uitgange seyner Lehrjaire noch eyn jair binnen einer löblichen Stadt bey einem Meister Vor einem gesellen gedenet und gearbeidet hebbe; Und soll dar negest ein Meister-Stück, als nemplich einen Uhtrecken bisch, und ein tamlich geschneden tresor oft bretgelischen, erstlich int Dreckante to stecken, und darnegest so Dullendigen Vornehmen, besichtigen, und darup erkennen laten; Und wen solches alles also Vorgegaen, sol he Uns to behoef des gemeinen besten Vor de Incaringe(?) tolatinge eine dubbelden Daken, und dem sämpttlichen Kleinsnitkers eine tunnen inbruven bers mit einem Schinken und Bachariste oder davor in gelde twe daler gewen und Vermögen. Ibt sollen ouck de Meisters, de eine dem anderen ere Knecht und gesellen nicht affspannen, auerreden, Verlocken, oder mit ungebörlichen Bone auersteden, und Verstygern; Und welcher geselle oder Knecht sich bey einem andern Meister to arbeide begewen wolle, sal lor Tzyd seynem Meister, darby he dennt solches to Virtteyn dage to Doren anzeigen, und darbewonen Von einem nicht affschreiben, ibt geschehe dan mit gunsten, erlossnisse und Willem: darmit ouck ein jeder Meister der Kleinsnitker Vorgeschrewen arbeit und narunge bekomen möge; sall in jeder Meister nicht mehr den twe Knechte hebben. und holden mögen. Im falle awer, dat jemand ein werck Vorhedde dat ilich geserdiget werden moste, mach he einen anderen Meister mit sonen Knechten to sich bewerwen, und söllig werd Dullendigen; Und darmit besser ordnunge, puncte, Und artikel eine gude Upsicht und folge geschern möge, so sall den Meistern erlowet syn jedes jaire, doch up Unsern Vorwetten, und bewilligunge, twe olbersude to kesen, de bessen dingen, wie obsteil, Vorwesen sollen; Und so in solchen arbeide tüsschen Meisterm offt Knechten sachen Vorsallen, die welcke de olbersude nicht schieren Konten, oder de Partien mit eren auescherbe nicht wollen fredich syn, solliches sal an Uns to erörteren gelangen mögen. Ibt sollen sich oick de sempttlichen Kleinsnitkers jegen Uns in allen gehorsahm erzeigern; Und sal durch desse ordnunge den growen Zimmerluden in eren arbeide, wes se maken Können, nichts affgaen, noch benommen syn; Tuck Uns Vorbeholden, dat wy Und Unsere Nakömelinge, so uns to jeniger Tidt raitsahm Nutte und gudt syn düchte, desse ordnunge Vorbetteren asdoin, korrigeren, und Verändereen mögen. Tuel Vorgeschrewen sunder Argelist. Dusses in ohrkundt der Warheit hebben wy Borgermeistere und Raid der Stadt osnabrügk desse ordnunge In Unser Stadt Bod ingeschrewen, und bessm bref mit Unser Stadt angehangenen Secreth Seegel bevestigen laten. Im jaire na Christi gebohrt bussent Vissthundert Negen und Vusstig. binzdages am auente Lurie Virginis.

B.

Wir Bürgermeistere und Rhat der Stadt oßnabrück, Thuen Kundt und bekennen, Vor Uns und Unsere Nachkommen, auch jedermänniglichen offenbahr Bezeugende, daß Uns Unsere Bürgere und Untertbanen, welche des Kleinsnitker arbeits jetziger Zeit binnen dießer Stadt gepraucben, etliche jar her Unterthänig Klagenen zu erkennen geben; Obwohl Unsere Löbliche Vorfahren Ihnen Ordnung und maße gegeben, und Vorgeschrieben, wie es mit ihrem Handwercke und arbeit unter Ihnen gehalten werden solle, daß Ihnen demnach allerhandt beschwerliche und Unleitsahme Sachen zu stunden; Als fürnehmlich, daß die frembden gesellen, so das Kleinsnitker Handwerck gelernet, und Von Anderswo her Inner kommen, sich alhie Niedersetzen, und nicht an Ihres Handwercks Meisters döchtern oder Wittiben sondern außerhalb deren, an andern Ihres gefallens (seintemal Sie Vor die prauchung sülcher arbeit Ihnen den Kleinsnitkern biß daher nichts besonders gegeben) Verheirathen, dadurch Ihre der Meister dochtern und Wittiben zu mehrmalen besitzen plieben, und in Armsahligkeit gerathen; dan auch daß die groben Zimmerleuthe Ihnen an Ihrer Kleinsnitker arbeit wider all herkummen und geprauch unentliche Jahr her eintragt zu thun sich angemaßet und bogenbogen zu schneiden, und unterm Vermeinten schein mit Schnitker Arbeit zu verzieren; Imgleichen Kreuzfenster mit geschnittenen Bröslörten (?) und gedräheten Stäben, welches je und alle wege Bey Ihrer der Kleinsnitker Voreltern auch ihren Zeiten, bevorab Schnitker Arbeit gewesen und noch ohnangesehen sie für die groben Zimmerleuth nichts täglichs davon machen Kunden, Zu machen Vermeintlich unterstanden; Und demnach sie die Kleinsnitkern inständigs fleißes Unterthänig und demuhtig gebetten Obrigkeit wegen zu zulaßen, und anzuordnen daß die frembdern ankommende gesellen, so sich Oberzaltermaßen alhie Heußlich niedersetzen, der Kleinsnitker arbeit gepraucben, und nicht an derselben Ihres Handwercks Meisters döchtern oder Wittiben Verheirateten würden Ihnen den semptlichen Kleinsnitkern Vor die mit prauchung sülcher arbeit Uber die biß dahero gegebene tonne Bier, Schinken und Backharst, etwa achtzehen oder Zwanzig reichsthaler geben möglen, welche Sie gleichwohl nicht Verzehren oder ohnnützlich zupringen, sondern zu beförderung und auffnabme Ihrer Societät, und sonderlich beschaffung eines Roggen Vorraths anlegen und verwenden wolten; desgleichen den groben Zimmerleuten obspecifizirten Ihrer Schnitker arbeit, hinfürter zu gepraucben oder anzumaken ernstlich zu Inbibiren.

Dan nun Wir Bürgermeister und Rath obgemelt, Uns die Von Unsern Lieben VorEltern Ihnen den Klein Schnittern die bevor graebenen ordnung fürpringen laßen, Uns beschaffenheit daraus zu ersehen, auch erwogen, was jetzmalß von den Kleinsnittern ferner geklagt, gesucht und gebetten worden; Und dan sülche Unserer Voreltern ordnung ihres inhalts richtig, auch der Kleinschnitker jetziges suchen mehrentheils der pilligkeit gemäß befunden; So haben Wir mit recht und belieben Unßer fründen mit zu Rahte gehörig sülche Vorige Ordnung renovirt, Verbeßert und extendiret; ordnen, belieben und setzen demnach auch hiemit für Uns und Unsere Nachkummen; daß nun hinfürter Kein Kleinschnitker, der sich alhie niedersetzen, der Kroener schauen, des Biernes mit Versteden, auch Vergabedden ohetern und listen wie im gleichen Thorbogen groß oder Klein;

Item fensterstäbe mit geschnittenen lobern gedreihet, und was sonst dem Kleinschnitker Handwerck zustehet, gebrauchen wolle, und albie Keines dieses Handwercks Meisters Sohn wäre, zu derselben Societät und prauchung solcher arbeit, nicht zugelaßen, gestattet oder auffgenommen werden solle; Er sey dan zuförderst Vor Uns und Unsern Nachkommen zum Bürger angenommen betribet, und habe dahnegst seines Ehrlichen Herkommens gebuhrt und Verhaltens, und daß Er sulch Handwerck reblich gelernet, auch seine Lehrjahre bey einem redlichen Meister sollenkommen ehrlich und förmblich außgehalten und gedienet, und nach Umbgangen sülcher Lehrjahren, noch ein jahr binnen einer Löblichen Stadt bey einem Ehrlichen Meister Vür einen sollenkommen gesellen gearbeitet, genugsahmen Schein und beweiß beygebracht, und auffgelegt; dan auch ein Meister Stücke, alß nhemlich einen außtreckenden Tisch, und ein zimblich geschnitten Trisor oder dergleichen gemacht, sulchs erstlich ins Verkonte gestochen, darnach Vollenbigtt, und durch die sämbtliche Meistere des Kleinschnitker Handwercks darüber erkennen laßen; Und wan sulchs alles Vorgangen, und für genugsamb tüglich und gut befunden, und erkant, so soll derselbige Uns dem Rathe In behuff des gemeinen besten Vür die Zulaßung ein dobbelde Hacken, den sämbtlichen Kleinschnitker aber zu mehrer besürderung und Aufnahme Ihrer Societät, und sonderlich eines Roggen Vorraths zwölf alte Reichsthaler wenn er nicht eines dieses Handwerckts Meisters Sohn seyn, oder sich an eines Meisters tochter oder Wittiben Verheyrathen würde; da beneben anstatt der bißhero gewöhnlichen Tonnen Bier, Schincken undt Backharst zwein (?) reichsthaler und nicht mehr geben entrichten, und darnach zu sulcher Kleinschnitker arbeit zugelaßen und aufgenommen werden; Was nun dieses Handwercks Meisters Söhne, und diejenige, so sich zu die Societät an eines Meisters dochter oder Wittiben Verheirathen werden, anlangt dieselbige Zwölff Reichsthaler in behuff der Societät nicht sondern nur allein Zwin thaler Vür eine tonne Bier, Schincken und Backharst gleich den anderen zu geben schuldig und gehalten sein; Es sollen auch die Meistere der einer dem andern ihre Knechte oder Gesellen nicht abschauen, noch durch Versteigerung oder Verhöhung der besoldung noch einige andere wege abhendig machen. Und welcher Knecht oder geselle sich bei einen andern Meister zum arbeit begeben wolle, derselbige solle zur Zeit seinen Meister, dabey er gedienet, solches zum wenigsten Wiertzehn tage Zeit vor ankündigen, und dabevor Von demselben nicht abscheiden, es geschehe dan mit gutem willen und erlaubniß; damit auch ein jeder Meister dieser Kleinschnitker Societät arbeit und Nahrung habe und bekommen könne, soll ein jeder Meister nicht mehr alß zwei Knechte haben oder halten mögen.

Im sal aber jemand arbeit Vorhanden hätte, welch eilig gefertiget werden müße, derselbig soll einen andern Meister mit seinen Knechten, zu Vollnführung sulcher arbeit, zu sich zu bewerben ermechtigt seyn; Und damit dieser Ordnung Puncten articuln gute Auffsicht beschehen, und gepührende folge geleistet werden möge; Alß solle dem sämbtlichen Kleinschnitker erlaubet seyn, alle und jedes jahrs, doch mit Unsern fürwißen unde belieben, zwei Allerleute Auß Ihren Mittel zu erwählen, welche diesen Sachen, Inmaßen Bürgerschleben, ob seyn sollen. Und wie in sulchen arbeit zwischen Meistern oder Knechten streit oder gebrechen einfallen werde, welche die Alterleute nicht entschriden Können, oder die Partheyen mit denselben ausspruch nicht friedig seyn wollen; Als sollen sulche sachen zu gepührlicher erörterung Uns der Obergkeit angepracht werden; Und sollen auch sonsten die sempiliche Kleinschnitker sich jegen Uns in allen Unterthänigen gehorsamb bezeigen, und Verhalten; So Viel nun die groben Zimmerleuthe betrifft, sollen dieselbige sich nun hinfürter obspecificirter und anderer Kleinschnitker arbeit gäntzlich müßigen und enthalten; sonsten aber denselben thörenbogen groß oder Klein fensterstäbe, dohren und fenster auf der Baßen oder Hockeln abgebrochen, zu machen und zu Verfertigen, auch die Dabellen balden und bende mit Schulpen Rosen und dergleichen ornamenten zu Verzieren frey stehen; Inmaßen dan auch diese Ordnung Ihnen den Zimmerleuthen an Ihrer groben arbeit ohnnachtheilig seyn soll; Lestlich haben Uns auch Vor Uns und Unsere Nachkommen, diese ordnung jederzeit, und so oftmals wir sulches rhadsahm nütz und gut zu seyn befinden werden, Zu Verbeßern, abzuthun zu Corrigiren, und zu Verändern fürbehalten, Alles ohne gefehrde und argelist; Und dieses zu Uhrkund der warheit, haben Wir Bürgermeistere und Rhat der Stadt oßnabrück diese Ordnung mit Unser Stadt großern anhangenden Eingesiegell wissentlich munttren und befestigen laßen. Im Jahre nach Christi Gebuhrt, tausend Sechshundert und zwey; Am Donnerstage den Neunten Monatz Decembris./.

C.

Wir Bürgermeistere und Rhat der Stadt oßnabrück, bezeugen Vor Uns und Unsern Nachkommen Krafft dieses daß wir zu mehrer beförderung der Schreiner oder Kleinschnitker Gilde in dieser Unser Stadt, und damit Ihre Wittiben und Töchtern desto beßer zur beirath geholffen, sonsten auch diese Zunft oder Gilde mit tügtsahmen Meistern ferner besetzet werden möge, Verordnet und nachgegeben; wie Wir dan Verordnen und Nachgeben hiemit und Krafft dieses, daß hinsfuhro, wenn ein frembder oder außerhalb dieser Stadt gebohrener, dieses Kleinschnitker Gilde Kauffen, und sich an ihrer Gilde Wittiben oder Töchtern nicht Verheirathen wolte, daß derselb Vor anlauffung solcher Gilde Gerechtigkeit derselben Vorstehern an Statt der gewöhnlichen Zwölfe, hinsfuhro Schtzehen Reichs-Thalern, und Unsern Lohnherrn in behuff des gemeinen besten Vier reichs thalern geben; da es sonsten mit dem Ampt-Kindern, oder denen, die sich an die Ampts Wittiben oder Töchtern besetzen, wie auch in allen andreen Puncten nach außweisung der Zuruck geschriebener alter privilegien werden soll; Verbieten aber dabey ernstlich und wollen, daß nun, hinsfuhro Kein Kleinschnitzler er sey ein frembder, oder in der Gilde gebohrenen, zu dieser Zunfft Verstattet, oder zugelaßen werde; Er habe dan zufördrst selbst ohn hülff oder zuthun eines anderen die gewöhnliche Meister-stücke, nach der rechten Meister-Kunst in eine Visirung, und darauff folgents die Vollenkommen Arbeith und also das gantze Meisterwerd Unsern Eltern Bürgermeister und Lohnherrn, gleich auch Ihren Ampts Vorstehern Vorzeigen laßen; Wie dan die pro tempore dieser Zunfft Vorgesetzte Alterleuthe hiemit befehligt seyn; sich bei Verlust Ihrer Ampts Gerechtigkeit mit Einrichtung solchen Visirung hernachher zu verhalern, ohne geseshrde. In Uhrkundt haben Wir diese Verbesserung zurück uff diesem Privilegiums-Brieff durch Unsern Nachbemelten Secretarium zu schreiben befohlen. So geschehen und geben am Neunzehenden Decembris des tausend, sechs hundert zwei und zwanzigsten Jahrs.

XXXVII.
Vereinbarung der Böttcher von 1612.
Zu p. 117.

Aus gleichzeitiger Abschrift des Rathsarchivs.

In Gades namen, Amen, Krafft dieses sy Allen Und Jedermanniclich Kundt apenkar Und to wetten, dat im Jahre na Christi geboirdt Dusent Sesshundert Und Twolue Thienb. Indiction zc. Donnerstages den betheinb. monats February, olden Calenders, by tiden der Romischen Kriserlichen Maiestät Sedis vacantz etc. Namiddages tüschen Twen und dren Uhren, tho Osenbrügk Uper Oldenstadt Ju des Achtbaren Cordt Töleken bürgers eldar gewondtlichen Behusinge Vor der oltten Porten, de Ersamen Eberdt Rhineke, Jürgen Koneman, herman by dem Kumme, Johan Bödeker, Lübbert hulsman, Johan Ebbelink, Berendt Strime, Wilhelm Penthe, heinrich Böneker, heinrich Gudman, Johann Möller, herman Swechman, Johan Brockhoff, Lübeke Auerberch, Jürgen büntelman Und Johan tor Möllen, dann oick folgende Mitweckens den Elfften monatts Marcy, Namiddages oick tüschen Twen Und dren Uhren to Osenbrügk Börgl. Upr Ryenstadt In myner to endt benantes Notary gewondtlicher behusinge Jegen der Augustiner Kerden, de oick Ersamen herbordt Tabe, herman tho Buiten Sweder Elisela(?), heinrich Voget, Gerdt Spelbrink Und Johan Puls, alle Bürgere Und Jtziger tidt Meistern des Bödeker handtwerks to Osenbrügl, Vor my to endt benanten apenbaren Notario, by sins nabeschreuenen getuigen persönlich erschienen Und Vörgekommen sint, Und de Vorbenömpte semptliche Meister vor sich eren affwesenden handtwerks Mitbroder Thomass by dem Kumme (welcher jhner Ingesallenen Ungelegenheit haluen nicht hebde persönlich mede erscheinen können gelichwoll die nabeschreuene Vereinigung gelich vor nöbich Und rathsamb angesehen hebbe) als Se sachtenn, Aller mathenn dann oick alsuoril na Verrichtung dieses besuluige Thomass by dem Kumme solches Vor My Notario gestendiget, dann oick vor erer alle Nakommlingen Unnd Jedermenniglich; Sachten Unnd bekanden sampt Und sondere öpentlich, Welcher gestalt In wenich affgelopenen Jaren de Meistere eires handiwercks (so Jtziger tidt weren) sich temelicher mathenn alhir to Osenbrügt Vermehret hebbenn, Zuerst bettherto durch er Vörsahren Unnd als oick durch Se nicht were angeordnet, noch oick derhaluen Under Ehnen gebrücklich gewesen, Jennich Meister stücke eres arbeides off handwerks to macken, So hebbe sich oick vor dieser tidt verscheidtliche mahle togetragen datt ettliche knechte vnnd Jungens, so by ere ettlichenn Unnd oick andern vorigen Meistern eres handtwercks Alhir, datsuluige er handtwerck to lehren angefangen, Zuerst nicht gantz vnnd fullenkommentlich Uthgelehret hebbenn, Unnd gelichwoll sich Underfstahn, Allerhande Bödeker wahre to malen,

Unnd nicht alleine buten dieser Stadt Im Stifte hin und wedder touer-
handelen sondern oick herintobringen Unnd sowoll Onder denn Burgern
alhir, alß frombden touerkopenn, derwegenn dann nu Vorlengest sich ansehenn lathenn, Als solbenn ehre wahre, vngeacht desuluigen Vnstraffbar,
düchtig vnnd gut syn, Inn Veracht Vnnd also oick Inn geringen wörbt
kommen, darjegenn auerst de Uthlendische Unnd andere vonn buthenn her
kommende wahre, Ungeacht ere Undüchtsamheit, den Dörtoch beholdenn,
Unnd Se als erer tidtlichenn nähringe Inn Verkleinerung, nadeil Unnd
affganges geradenn mochtenn, Vor Eins, Thom Andern so were oick nicht
ohne, bath de Bödeker, welche sich also buten dieser Statt, bil handtwerck
to gebruiken nebbersettlebenn, henn Unnd wedder dat beste, bequemste
Vnnd stärkeste bandthold, welche Se, de Bödekere alhir Umme den bil-
lichen Koep hebbenn to bekommen plegen, by ganhen sodern op Vnnd
ann sich koffienn, darburch Ehnen, denn Bödekern alhir bat bandtholdt
Im Inkope versteigert wörde, Unnd Se also ere wahre denn Burgern
Vnnd sonst angeblich buirer, dann louderer gehenn, geuen mösten, Tham
derden, off oick woll Se, de Bödekere alhir sich Iho temelich woll, Inn
mathenn, wie Vörgemelt, Dermehret hebben Und hirumme oick woll
Christlich und billich were, dat de eine dem andern vnd bessuluigen huess-
gesinde, wie by andern handtwerckstuiten Und Erbaren Gesellschafften, oick
sonst to Osenbrügk gebrüiklich sy, tor begreffnisse folgeden, Auerst hirower
betherto oick nehne besondere Vereinigung ober anordnung Under Ehnen
beredet noch vpgerichtet, So wehrt solche folge betherto by Ehnen nicht
touerlatlich ober gewiß, sondern gant vnbestenbig, geringe Unnd gahr Un-
achtsam, oick alß de begreffnisse Unnder Ehnen gant Verkleinerlich, (wat
Vnnd smähelich gewesen, darmit nhu solchenn It vörberörten Ungelegen-
heiten sowohl Ehnen were oick mit ratification vnd bewilligung eines Erbarn Raths erer gebödenden Luerickeit alhir, In mathenn Se hirbrunom
vonn denn Ehruesten Und wolweisen herrn hanß Wildt als regerenden
Burgrmeister Vertröstet weren, geschen konnte, durch ordentliche middel
Und wege vörgenouet werdenn möchte, So hebben Se tosoderst mit gun-
stiger erlöffniß Itz gedachtes herrn Regerenden Burgermeisters etlicher
Verscheddener Articul ober so unter haluen Vor sich Unnd er Naskome-
lingen solgender gestalt sich mit einander vereiniget, oick henforder alß to
holden besloten,

Erstlich, dat de Jenne welche nhu düsser licht alhir to Osenbrügk,
alß ein Meister dat Bödeker handtwerck gebruken wolde, sich ansentglich
solle by behnenn Under Ehnenn nu henforder Verordneten Upsehern ober
Vorstendern angeben demnegest Inn eines des öldestenn ober Verordneten
huse, Inwendich Voerthein dagenn som Meisterstücke maken, Vor erst Eine
Böden Biff solche thum vnd wybt vonn guben nhen drögeisen holle
Und mitt eiken benden gebunden, Item eine alhir gewöndliche beer
Tunnen vnd dartho eine Karnen oick vonn eiken holte, wie Vorgl. Alles
unstrafflich. Unnd wannehr dann als solche dre Meisterstücke gemakt syn,
Alßdann desuluigen durch Dere andere bessuluigen handtwerks dartho sonderlich verordnete Meistere besichtiget werdenn, sollenn, solgenbls nha be-
sinding solcher dreher gemakeben Meisterstücke Vnstraflichheit, desuluige
Junge Meister Verordneten Derer Besichtigern Ein Börbendeil, wortho
bann desuluigen Verordneten Besichtiger Einen, Twe off mehr andere
bessuluigen handtwerks Meistere tho mogen fordern lathenn, Tho behme,

ehr Vnnd beuoren de nye Meister fullenkumentlich togelathen werdt, solle
deffuluige, woferne he eines Meisters Söhne alhir ist, denn andern semptlichenn Meistern eine haluen tunnen gudes Ingebruwenn berrs. Ein
frembder, nye Meister auerst eine gantze tunnen deffululgen beers gelicher
gestaltt geuen Vnd so kommen lathen.

Dissemnha solle ein Meister dieses Handwercks tidtlichs wenn einenn
Knecht Vnnd Jungen holden mögenn, Vnnd wannehr ein frembder Knecht
dieses handtwercks vonn buthen her wandern komme, Als dann solle mit
demsululgen einer von dehnen alhir arbeidedenn Knechtenn, oder auerst
der Jungeste Meister de andere semptlichenn Meister von öldesten bett
tom Jüngestenn Umme arbeidt ersuchen, Und welcher Meister solchen Knechte
arbeidt geuen wolde, de solle densuluen Knecht vorresst achtt oder Vertheilen
dage Umme touerfocken, annemmen, darnha by haluen Jahrenn arbeidenn
lathen, Vnnd des lohns haluen, na befindung der Arbeidt, mit einander
einich werdenn.

Ferner solle ein Meister, welcher einen lehr-Jungenn hebben wolde,
densuluen dre Jahr langk Inn de Lihr nemmen, Vnnd vor Vthgangk
oder Verlope, salcher dryer Jahre sich keines anderen Jungenn, denn besulue Meister od lähren wolde, kroeigenn, Idt were dann, dall de angenommene Junge denn Meister Inmiddelst ohne hebbenden Orsaken
Vth der lehr entlopenn wörde, Und de eine Junge, welcher vorberörter
mathenn Vth der lehr entlöpe Und darnha wedder by ditt handtwerck wolde,
ehr Vnnd beudren he wedderumme daroh gestadet wörde, denn semptlichenn Meistern 1 thlr. geben.

So soll oick ein Junge, welcher de bestemple dre Jahrlangk Inn der
Lehr gewesen, Vnnd Vthgelehret hebbe, baurn solche dre Jahr hir binnen
oder dutenn dieser Stadt up ditt handtwerck tom wenigstenn noch twe
Jahrlangk Vor einenn Knechtl arbeidenn, ehr Vnnd beudoren besuluigt
tom Meister dieses handtwercks togelathen werde, Vnnd ist hirby southe
de Jennen welche ditt handtwerck alhir binnen Osenbrugk lehrenn wolbenn,
anlanget Draffreheit Vnnd bestottenn, dat desuluigen Vor anfange der
lehr, sollenn Twe gutlgeachtede börgern stellenn vor de Lehre Vnd das
dieser sate Vnnd ordnung sich in alle wege gemeff Verhaltenn solle so
hastenn Vnnd gull to syn, Belangent voybers de begreffnisse Inn mathenn wie Vörgemelt, darmitt desuluigenn so Vörsallender gelegenheit
desto ehrlicher Vnnd mitt mehreren angesehenn Verrichtet werdenn möch-
tenn, So soldenn de semptlichenn Meistere dieses handwercks, welche der
tidt so hueff Vnnd mitt nehner Krankheitt oder andere gebreklicheit behafft noch oick sonst durch ehafft wetlmlich verhindert werdenn, dem Ver-
storuenen Meistern, Wie dann oick deren huesfrouwen, Kindern Vnnd
anderen huesgesinde, so Inn des Meisters brode gewesenn, by einer poenn
vonn Seß Osenbruggeschenn penningen, tor begreffnisse folgenn, dal Vor-
dagent auerst to solchenn begreffnisten wie dann oick so andern dieses
handtwercks Meistere bysamenkumplenn, solle Jedesmahls de Jungeste Meister dohn, dett so lange darto ein besonder dade Vnder Ehnenn bestellt
werde, Vnd to Jedere begreffnisse tuerdagenn einenn Osenbruggeschenn
schillingk genehen, So sollenn oick dat bodendrägenn southe andere be
Jüngesten, als Jeder tidt dartho nödich syn wörden, suluest Verrichtenn,
oder andere In ere stede dartowinnen oder bestrllenn mögenn, wortho
dann oick woll de Jennigen, so dieses handtwercks nicht werenn, gewunnen

ober bestelt werdenn mochtenn, Dusenntza sachtenn Vnnd bekanndenn ferner de Vorbenömpte Meistere des obberörtenn Böbeker handwercks, sampt Vnnd sonders vor sich Vnnd ehre Nafolgern, ferner inheitlich Deraffredet sin, Inn mathem Sr dann oich vor My Notario Vnnd dehnen anwesenden getuigen sich mitt handen Vnnd munde verpflichtenn bedenn, Welcher Meister Vnder Ehnen oder ehrenn Nakömmelingen diesrs, wie vorgemellt, Inn einenn ober andernn punct nicht holdenn Vnnd also diese ordnung verbrechenn wörde, desuluige so offt oder dackenn solches geschege denn Vorstehern tor tidt Inn behoff des gemeinen besten alhir, angegebenn Vnnd nach Befindung des decretis von derselben gestraft werde, von welcher straf der britte Part den sembtlichen handtwerk zum besten kommen soll. Vnnd woldenn sonsst. Jeder tibt Sr sampt unnd sonders wie Inn gelöbetin oich ere Nakömmelingenn soldenn ehrenn tor lidt erwoltenn Vnnd gesetienden Vörstendern geboerlich gebot, folge Vnnd gehorsamb leistenn, Lounde nochmahls vor sich, ehre Nasolgere Vnnd Iedermenniglichl. oich eren Jeder vor sin böuel Zegenwordlich, Vermidderst gelriflieder handtgelöffte, by ehrenn Vnnd truwen, ditt alles Und Iedes, wie vörgl., Jeder tidt vor Allermenniglichl. geslendig Vnnd bekandt to sin, oich up Ungetwiuelbe gunstige ratification Vnd bewilligung Ern gedachtes Erbarn Raths als ehrer gebördenden Duricheit, Und weß deßen barber nicht wedderspröchenn Vnnd affgeschaffet worde stete Unnd vast, oich Vnuerbrochenn woll to holden Vnnd geholdenn werden soll, Alles mit dem angehengtenn Vorbeholde, dieses, wie Vörgl. ganz oder tom deil na Vorsalbender gelegenheit oich radtsamen gudt bedünkenn Unnd consent eines Erbarn Radts Vörgl. Jeder tidt to verändern, touerbritern, touerminderen oder touermehrenn, Unnd woldenn stätlich My Notarien ganz flissich ersucht hebbenn, Ehnen und ehren Nakömmelingen tho nutt vnd gude, oich stediger narichtung hierover eins oder mehr gelofwerdig schriftlich Instrumentert Schon Und bewyß uptorichtenn Und Ehnenn, to sorderst einen Erbarn Rathe Vorthozeignen Umme de gebör mittodeilenn, wortho kann, mit Uithdrücklicher preseruation wolgedachtes eines Erbarn wolweisen Rathes, alß ordentlicher Durrichett Vorwissen Vnnd approbation, Ich Notarius, In betrachtung myner obliggenden Ambtspflicht, Mi nicht weiniger willig als schuldig erkläret, Geschein sint diese Dinge Im Jare, Indiction, monaten, dagen, stunden Unnd ann dehnen örttern, wie verscheidentlich bauen geschreuen. Darmede by an Vnnd aver werenn getülige de Achtbare Vnnd Ehrensfrommer Cordt Toleke bauen genömpt, Jürgenn hugo Gildemeister Vnnd Melchior Rose herr Jaspar Lipman Vnnd heinrich Schröder genaandt Köster, Burgern der Stadt Osenbrugk donn My Notario hirtho sonderlich erfordert Vnnd gebedenn/.

Vnnd beweise ditt alles Vnnd Jedes wie Vörgl. Von My Jost Meyer genant Storgl Keiserlichem approbeten Notario Vnnd dehnen Vorbenömpten getuigen geschein Vnnd ergangen, hebbe ich datt alles, vp derwegen geschehene requisition in notam genommen, darover dill openn Instrument concipert, upgerichtet Vnd tofor derst up diese Seß papperen bladere libells wife verferdiget, mit eigener handt Ingrossiert Vnnd geschreuen. Volgendts to mehrer Vrkundl Vnnd getuichnisse mit monen dop Vnnd thonamen, oich gewondlichen Notariat teckenn Vnnd signet Vnderschreuen, signert Vnnd bekrefftiget, Tho behme wie by dergelichen Instrumenten, welche Inn Libells oder folium gestalt Verserbigel werdenn, gebruicflich, mit durchgetragenem faden ann einander gehefftet, oil upgedrucktem mynen angebornen Vnd In solch sällenn gewöntlichenn Jngesegell beveftiget, Alles mit ter proteftation Vnnd bedingung Jn diesem fall mehrwolgedachten Erbarn Rathe oder olt landtesfürftlicher Querichtteit respective Im geringften nicht Jnbrechlich oder Vörgrvplich, sondern up Derhapenrlliche ratiocation geschehen to syn. Sonft. auerft vonn obligembe Ampte wegen Jnsonderheit gebörender wohff hirtho requiriret, ersuchtt Unnd gebeden'/.

XXXVIII.
Gildebriefe der Böttcher von 1619, 1628 und 1641.
Zu p. 117.

Aus einer Abschrift von 1808.

A.

Wir Bürgermeistere und Rath der Stadt Osnabrück thuen kundt und zeugen hiermit offentlich, und in Krafft dieses Brieffs Vor Uns, Unsern Nachkommen und männiglichen, daß Uns die sempttliche Unser Stadt einwohnende Böttcher oder Faßbänder, vor und nach Klagendt zu erkennen geben, welcher gestaltt, Alß in diessen nechft abgewichenen Jahre, die Meistern selbigen, Ihres Handwercks sich zimblich gebrufftet, daß auch ohnangesehen einer solch ein Handwerck vor sich oder bei einem bewehrten Meister übell oder woll gelernt, sich dennoch, (wenn Er nur zur Bürgerschafft gerathen mögte) vor einen Meister alhier außgeben, unt seine Arbeit um oder außerhalb diser Stadt verkauffen mögte; daher denn erfolget, daß Jhr untauglam Arbeit der andern bewehrten Meister woll bereitte Gefäß (als welche uff den gemeinen Dorff-Marketen unter Nahmen Osnabrückischer Berennung verkaufft würden) Verrnichtet Sie allesampt deswegen verkleinert, und in Ihrer Nahrung also zurückgesetzet würden, daß sich auch mit der Zeit allerhandt bötticher uff die benachbahrten Dörffern niederliessen, welch Ihr schlecht gleich der Osnabrückischen woll berreibden Arbeit verkauffen, auch über das gute und beßere Gelegenheit hätten, damit Sie die Bequemfte Staff und Bandholtz zu schaden und erfolgter Theurung, der hiegigen Bötticher hauffen weise an sich bringen könnten, welches denn alles daher verursachet würde, daß sie sich biß anhero keine Einigkeit gebrauchet, noch auch den eingang Ihrer Meisterschafft durch ein bewehrtes Probstück zu ersehen gehalten worden, Und uns derhalben gebeten, Wir Ihnen so günftig erscheinen, und sie semptlich in gewiße Ordnung und Gesetze also Verknüpffen mögten, daß diesen Gebrechen vorgebauet, Ihnen auch sonsten nach aller Ehrbahrer Gesellschaften Kenntlichen Gebrauch alhie eine Maße zu der Jhrigen Begräbniß, und wir weit ein jeder unter Ihnen derselben beyzuwohnen schuldig seyn solte, gegeben würde; worin wir uns dann also bemzenigen, was zu Unser obgemelten Stadt und dero Bürgerschaffi besten, Nuß und Wollsahrt gereichen kann, besten Fleißes nach zu kommen, schuldig erkennen, und dieße der mehrgemelten Böticher oder Faßbänder suplication und bitt nit ungeziermblich, sondern bielmehr dieser Stadt nüßlich zu seyn erachtet: So haben wir auch mit reiffen Rath und vorbedachtem Wißen und Willen auß Kraft tragender Obrigkeit Ampts dahin geschloßen, und wollen, daß

1. hinfühtro zu allen Zeiten keiner zum Bötticher Handwercks-Meister albie in dießer Unser Stadt verstattet werden soll, Er habe den zuförderst (wie nachgehends zu ersehen) selbig sein Handwerck auffrichtig gelernet; und wenn etwa ein Knecht uff nachgesäzte maße sein Handwerck vollkömblich erlernet, und sich albie zum Meister gebrauchen laßen wolte, Soll er sich zuförderst bey den, von Uns verordneten Uffsehern und Vorstehern angeben, und darauff in des Meisters Haus, der Ihm von solchen Vorstehern ernennet werde wolte, verfügen, und daselbst sein Meisterstück verfertigen, Als erstlich ein runder Boden von fünff Fußen hoch, mit richen Bönden; zum andern eine albie gewöhnliche Biertonne, und zum dritten eine vollkomen Kazen, alles von trockenen richen Holze, Und wenn solche drey stücke, von dem angehenden Meister gefertigt, sollen sie durch den Vorsteher, und etwa drey oder vier andern vorgemelten alten Meistern fleißig besichtigt und Ihr Judicium darüber ob selbige stücke nach der Kunst gemacht, also daß er zum Meister könne verstattet werden, interponiren; wie dan auch bey solcher Zulaßung derselbiger angehender Meister, wenn Er eines Meisters Sohn albie ist, Uns dem Rathe zu behuff des gemeinen Besten alsdan eine Musquetten oder an beßer Statt anderthalb Reichsthaler, und den gemeinen Böttcher Meistern einen Reichsthaler, sonsten wenn Er ein frembder und keines Meisters Sohn, alsdan Uns dem Rathe zu vorigem ende auch eine Musquett, und den gemeinen Meister zwey Reichsthaler einhändigen soll.

2. Dießennach soll ein jeder Meister dießes Handwercks zur Zeit mehr nit als einen Knecht und einen Jungen zur stetigen Arbeit, und Dienste bei sich haben, würde aber etwa ein frembder Knecht von außen anhero wandern kommen, soll derselbe entweder von dem jüngsten Meister des Ampts, oder einem Knechte von dem ältesten Meister bis zu dem jüngsten, doch also, daß uff folgende Zeit, wenn noch ein ander Wandern Kähme Von denselben, dahy man jetzt uffgehöret, wiederanfangen, und demselben Meister solchen Knecht zu Dimste praesentiren soll, und mag alßdann selbiger Meister angereisten Knecht etwa acht oder viertzehn Tage zu versuchen, annehmen, und darauf von halben jahren biß zu halben Jahren bei sich dienen laßen.

3. So soll auch ferner ein Meister, welcher einen Lehrjungen annehmen will, denselben drey Jahr lang bey sich in der Lehre haben, und vor derselben Jahren außgang, ein Knecht zu arbeiten nit verstatten, Immaßen den ein Junge selbige Jahr ehrlich außzuhalten, bey eingang seiner Lehrjahren durch zwey gute Bürgen, und daß er nach dießer Ordnung und sile sich alle Zeit gemäß verhalten wolle, angeloben soll, und soll der Meister, wie obgemelt, keine mehr als einen Lehrjungen zusetzen, und in Dimste haben dürffen; Würde nun Ein Junge aus selbigen angesetzten Lehrjahren verlauffen, soll er nit zum Handwerk wieder verstattet werden mögen, Er erlegge den zuförderst den sempltlichen Meistern einen Reichsthaler.

4. Ehr nun und bevor solch ein Junge nach volenbigten Lehr-Jahren zum Meister angenommen werde möge, soll Er noch in oder außerhalb dießer Stadt by einen bewehrten Bötticher Meister zwey Jahre nach

einander, vor einen Gesellen gedient haben, und vor solcher außgedienter Zeit vor keinem Meister zugelaßen werden.

5. Anlangend die Begräbniß damit dieselbe bey dieser Gesellschafft, gleich andern ehrlich gehalten werden möge. So sollen die semptliche Meistern dieses Handwercks, welche zu Hauß, und durch Kranckheit undt kenntliche Gebrechlichkeit nicht verhindert werden, den verstorbenen Meister, deßen Haußfrauen, Kinder oder Dienste, so in seinem Brodt seyn, zur Begräbniß folgen. Es sollen aber die jüngsten Meistern, so viel dazu nöthig, durch sich oder andern bequemen persohnen, den Todten Leichnam zur erde bringen, wie sie denn dazu, und die Vorgemelte semptliche Meistern, oder etwa einen sonderlichen bottem citiret, und beclagt, denselben auch vor jede Verlagung ein Schilling gegeben, und hingegen zu dieser Begräbniß der nicht erscheinende Meister umb drey Schillinge gebrüchtet werde solle.

6. Dabey den Von Uns Bürgermeister und Rath hiermit geordnet seyn, und bleiben soll, daferne einiger Meister in eine oder anderen puncten dießer Ordnung sich verlauffen würde, soll derselbe, so offt es geschieht, von den ältesten Meistern Unseren Rathherrn denunciert, und nach Befindung von denselben gestraffet werden, von welcher Straffe der dritte Pfenning dießer Gesellschaft zum besten verfallen soll.

7. Wir denn auch ferner hiemit ordnen und wollen, daß hinführo die Oßnabrückesche Tonnen und halbe Tonnen etwas Langlechtig, und nach art der Münsterschen Tonnen gemacht, auch jede Tonne von unsern dazu verordneten Wröger mit Waßer gewröget, und vor derselben, so viel Vierteil sie hellet mit radem und das übrige bei Kannen mit gebrannt werden, und uff hundert und zwölf Kannen bereitet werden sollen.

8. Nach demmahle dan Wir Bürgermeistern und Rath selbigen Unsern Bürgern und Faßbendern dieße Ordnung zu Ihrer selbst nutz gegeben und bestätigt haben; So wollen Wir auch zu derselben beßerer Vorsetzung Ihnen den bötticher Jährlich, oder nach Gelegenheit, ein oder mehr Vorstehere anordnen, welchen dann die sämptliche Glieder dießer Societät, gebürliche Folge und respect erzeigen, und beweißen sollen; Dabey Wir Uns den hiemit außdrücklich vorbehalten haben, dieße Ordnung nach Gelegenheit zu beßern, — — mehren, zu beründern, oder gestalten sachen nach gäntzlich abzuthunn, denselben mehrgemelten Bötichern, dero Dienern, Mägten, Gesinne und mäniglich ernstlich gebietend, daß sich unterwerfen sollen, fleißig hüten und hinführo Unsern Alten und Neuen Stadt Landtwehre, mit bahawen, und in einige Weise beschädigen; mit der Comminnation, daß woferne einer darwider gethaen zu haben, bezeugt würde, daß Wir durch Unsern Vorgemelte Rathherrn, wider den oder dieselbe mit der Schärfe und ernstlicher Straffe zu procediren mitbeschloßen. Alles in Uhrkundt unsers großen zu endt gehangenen Stadt Siegels; So geschehen und geben am dreißigsten Septembris des tausend, Sechßhundert Neunzehenden Jahrs.

B.

Zu wißen sey hiemit, demnach beym Erbahren und Wollweißen Rahte, die Ehrliebende Gilde der Faßbänder oder Böttcher allhie, supplicative umb erhöhung der Access Gelder von denen, so außerhalb dieser Stadt und Ihrer Gilde gebohren, und in Ihrer Gilde sich zu begeben auch vorhabens seyndt, auch Abschaffung der, von Außheimischen Meistern gefertigten Hölzern Geschirren Kannen und Däßern gestalt dieselb alhie (außgenommen den offenen freyen Jahrmarkten) nicht zu gemeinen feihlen Kauff einzutragen; zu deß mehrer Nußbahrer Erhaltung Ihrer Gilde Dienstliche Ansuchung gethan und zwahr Ihre Erb: 2 thlr. in dießen suchen gemelte Gilde etlicher Maße Gratisielrt; dann noch und folglich aber uff außführlicher aller dieser manifesten, auch Ihrer Gilde Beschaffenheit gepührliche Remonstration, nach jetzigem Conjuncturen gewilliget nachgeben verstattet und befohlen haben, daß obgemelter Gilde Vorstehern und Angehörige, in Absörderung bedeuteter Access-Gelder (jedoch ohne Abbruch ihrer 2 thlr. praeservirte Competenz) sich hiesigen Kleine schnitzleren, und deren habenden von Wollgemelten Rahte ertheilte Ordnungen nach für dießmahl schießen und halten, auch alle Hölzerne Geschirr und Däßer, welche hießige Daßbender oder Böttischer eben so gut machen können (die Harzwoldische Arbeith außgenommen) aber außerhalb gemeinen offenen Jahrmarkten Umbgetragen werden pflegen, nicht Gebulden, sondern bey öffentlichen feihlen außkauf, mit Zuziehung Ihres protempore Lohnherrn abhalten, und nach Befindung, die Distrahentes Vorbehaltlich I. Erb: 2 thlr. gepührnis bestraffen sollen und mögen. Signatum d. 22ten Decembrel A. 1628.

C.

Wir Bürgermeistern und Rhat der Stadt Osnabruck, Uhrkunden und bezeugen Dermit. und in Krafft dieses, demnach Unsern der Faßbänder oder Bötticher ehrliebender Gilde, zugethanne Bürgern, Uns ein zeithero supplicative zu erkennen geben, daß eigen Hölzerne Toiten von denen so nicht unter Ihrer Gilde seyn, verkaufft würden, welches sie zu verbieten Unterdienstlich gebetten, auch zugleich Nuß- und dienlich zu seyn erinnert, daß bey Verfertigung der Meister-Stücke eine Hölzerne Toiten mitgemacht würde, mit weiteren dienstlichen Suchen, weilen wegen der access Gelder Sie die Böttichern und Faßbänder, In Anno 1628 den 22ten Decembrii sich hießigen Kleinschnitzlern, und deren habenden ertheilten Ordnung nach, zu schieden und zu halten verwiesen seyen, daß Wir auß gemelter Kleinschnitzler privilegio, dasjenige so Sie concernirte, und erprießlich sein möge, extrahiren zu lassen anbefehlen wollen, daß Wir der Faßbänder oder Bötticher suchen nicht Ungezimlich erachtet, Und als zu Ihrer Gilde auffnehmen gereichet Unß, trasttragender Obrigkeitlichen Amts, gern angelegen seyn laßen, Ordnen und Confirmiren demnach nochmals hiemit, und in Krafft dieses, alles dasjenige, was die Bötticher oder Faßbänder von Unsers Ambts Vormehseneu und Vorfahren dem Rahte alhie respective im Jahre 1617 und 1628 pro Privilegio erhalten, und in dero Buch geschrieben, Mit dieser erleuterung und außtrücklicher Vernehmung daß Reimandl, Er sey, wer da wolle, welcher nicht in der Faßbänder Gilde ist hinführo Hölzerne Toiten (die Harzwoldische Arbeit, und öffentlichen Jahrmarkts Zeiten außgeschloßen) zu Fensterfehen nicht beymacht seyn, sondern sich solcher zu Fenstern setzung enthalten sollen, und pleibt solches den Böttichern allein bevor, soweit sie Bötticher die Toiten selber gemacht haben; Sodann ferner, daß Kriemandt zu die Gilde gelaßen werde solle, er habe zuvor, zum Meisterstück auch mit, eine Hölzerne Togtoiten gemacht, und von zum dritten,

Damit der Faßbönder oder Bötticher Wittiben, und Kinder desto beßer zur Hehrath kommen möchten verordnen und nachgeben Wir hiermit, daß hieführo, wenn ein frembder, um oder außerhalb dieser Stadt gebohren, dieser Faßbänder oder Bötticher Gilde Kauffe und sich an Ihrer Gilde Wittiben und Töchter nicht verhehrathen wollen, daß derselbe vor Ankauffung solcher Gilde-Gerechtigkeit derselben Vorstehern Achtzehen Reichs-Thaler, und Unsern Lohnherrn in behuff des gemeinen besten Vier Reichsthaler geben, dahingegen die Meisters-Söhne, und welche sich von den frembden an der Gilde Wittiben und Töchter verhehrathen würden, nur zwey Reichsthaler der Gilde, jedoch ohne Abbruch Unserer praeservirten Competenz der Musqueiten, entrichten sollen;

Dabey wir uns außdrücklich vorbehalten, diese Declaration und vorige Ordnung nach Gelegenheit zu beßern innoviren, mehren und verändern, oder gestalten sachen gäntzlich abzuthuen, Und haben diese Leuterung Unserm Secretario, zu Ihrer der Böttichter Nachricht anhero wie auch in derofelben Buch zu schreiben anbefohlen. Decretum ex signatum am 20. Februarii Anno Christo 1641.

(L. S.
 M.)
               Johannes von Essen
               Secretarius in fidem subp. mpp.

XXXIX.
Goltschmede handtwercks Ordnung von 1483.
Zu p. 123.

               Aus dem Stadtbuche.

To weten dat in dem Jare vnß heren MccccIxxx tercio op den neisten Frigdagh na sunte Thome apli dage sind wy Borgermestere vnn Raid des Stades to Osenbrugge mit vnssen brunden de mit vns to rade gengen samenptliken ouerkomen vnn eyndrechtliken ouerkomen vnn ens geworden van den goltsmedehantwerke on hebn gesat on settet vmme des gemenen besten willen dar mede in vnser Stad geholden solle werden so hirnagesettt is. Int eirste dat nemant bynnen Osenbrugge goltsmede hantwerck en sal arbeyden he en sy von erstten van vns der to georlouet on togelaten vnn he hebbe ock ton eirsten bynnen osenbrugge oftte in anderen louelikken steden vns vnn vnssen naromelingen ane genoge Twe Jar lanck mit einen goltsmede gedeinet vnn gearbeidet Ok en sal he nyn papen kynd noch in wamboirt alse van süden de on der billigen echte vorbunden weren geboren sin. Vn we van vns to der goltsmede vorsamelinge togelaten wert de sal vns to vnß stades gemenem besten Twe marck gruen vnn ock twe marck den ghenen de den in der versamelunge sind vmme vortkumpst der futuren versamelinge vnn sal dan vort souen vnn vorwillekoren de punctt vnn artiele by penen so hir na volget. Int eirste dat nyn goltsmet in vnsser stad sal Jenich sylver vorwercken dar gebreck anne sy sunder dat sylver dat he vorwercken wil sal also gud wesen, alse men dat to Cöllen Dorpmunde vnn munster to holden plegt Also bescheideliken dat se sollen arbeyden gut werck sylver de marck oppe vissteyn soit sonnynckfylers vn nicht lyder, nbt werde en gebracht eder se smeltent suluek. Vnn oft erer welk dat suluen smeltede off branthe. kopsuden off anderen luten de dat mit sich hen nemen wolten on sulk sylver nicht op erer werckstede solte werden vorarbeydet dat sal dan de ghene de dat gesmolten off gebrant hedde tekenen mit vnsses stades vn mit sines suluen tekene dar men by bekennen vn mercken moge dat hy syn vnn gud sy Vn nemant anders sal sylver bernen offt smelten dan de Goltsmede in vnsser stad wonende. Df en sal nyn goltsmet kopperwerck off des gelyken versuluren hy en werde getekent mit synen teken dar dat Kopper dar schynt so dat men clarliken rekennen konne dat Kopper op dat dar anne nemant bedrogen en werde Od en sal nyn goltsmet van kopperwerck Jenich kleynwerck maken dat bedroch dan komen mach nichtes vlgescheben. Desuluen goltsmede en solen ock nyne ringe van kopper off van massynge maken de se vergulden zollen Noch od nyne gulden off onder gelt vorgulden dar valscheyl hynne werts*) Df en sal nyn stücke bestach suluen maken op dat men de beth werk dat nyn quart sylver vorwerckel en werde vnn ost yemant besse puncte In jenigen deile vorbreke dat kentlick werde de solde dan sunder genade vnd to Stades gemeinen beste dre marck vn dem de van in der goltsmede vorsamelinge weren twe marck Osenbrüggsche vorbroken hebn vn In sulse peine der diff marck voruallen wesen de men dan van eme manen mach sunder argelist Vn op dat dyt so vorgl. bynnen vnsser stat Osenbrugge to ewigen tyden geholden werde so hebn wy dat von scriuen tor gedechtnisse to vnss Stades boeck. —

XXXX.

Ordnung der Schuhmacher über die Morgensprache 1552.
Zu p. 128.

Aus der Schuhmacher-Amts-Lade.

Ein jedeemennichlich Insunderheit Vnses Ambtes Gildebroderen se witlich wo dermathen Im Jhar Na vnsers Sallichmakers geborth busent Visthundert twe vnd vifftich op Manbach na Esto mihi do Vnses Ambtes gildemeistere Rechenschap gedaen hebben Vnd weder Johan Berman vnd Johan F .. huß Dnses Ambtes geforen Gildemeister de Stede des Ambtes na gewonheit bekleidet hebden als do uth einer frien Acht durch des Ambtes Wortholder hebben Ingebrecht, od darna eindrechtlick geordnet Vnd bestolten mit wetten willen vnde wolbedachten rade ditt alse hirna

---

*) Zu dieser Stelle ist auf dem Rande folgender Zusatz von etwas neuerer Hand gemacht: Dr süsten Goltsmtr en solen ock nicht to sic kopen Jenich tobroden noch unboreden soluerwerck en gebracht werden vormande dar Jenige begistinge an werd dat onrechte mochte getregen son, edr gestolen Sunder solen en sulk by sick beholden so lange se des clarliche erfaringe dragen wol en erst getregen so.

boschoerum steit thom Ersten datt man alle Jahr tweemal eine echte rechte Morgenspralte schall holden eine na Ostern de ander na Michaelis wan dan des Amptes Gildemeistern vnd dett Ambt am besten mögen des bekomen, Thom anderen schall man in dessen Morgensprachen na older Gewonheit Vnses Ambtes Rottulen laten lesen Vnd dem Ambte laten anseggen Vnses Amptes olde vnd nie gewonheit gerechtigheit vnd weß derhaluen sich op solcke sacken mochte Turrings luben.

Thom drüdden schal man den kleinen brote insoderen sunder langen Verloch. Hirbeneuen so sich Jenich twist hader oder Vnniindheit erwassen were tusschen vnses Amblies Gildebroderen Schal alsdan vorbragen werden. Thom verden so sich mochte tho dragen dat Jenich groet Vnwille were erwassen twischen eplichen Gildebroderen mit worden ofte werken war eth erwassen mochte — — — oder so dat Ambt tho Jenigen Gildebroder hebde tho voende mach datt Ambt thosamen gefordert werden na older gewonheit Von vnses Amblies Gildemeistern Vnd solche sacke slichten vnd verdragen vnd de schuldich gefunden werde na older gewonheit Klöden ein Afsbracht machen od darna solchen Afsbracht schal angelekent werden. — — — na gewonheit ingesordert werden, na der tit der Gildebroder Brodhasti geworden vor vnd er dan de Morgenspralte geholden schall werden. Idi is auerst insunderheil vor vnd angesen worden van vnses Amblies Gildemeisteren vnd semtlichen Gildebroderen tho behoff vnd Nutticheit Vnses Amblies vnd tho vormiden Vnrost vnd schaden de derhaluen Je lenger mehr erwasen mochte dat men solcke Brode klein vn grot samtlichen schal henstellen vnd vnuortert bliuen, so lange düsse twe vorgeschreuen Morgenspralte holden werden, Jdoch vorbeholblich der gerechtigheit vnses Amblies Gildemeisteren in Alle dessen vorgeschreuen. ditt schall vast geholden werden so lange vnst Ambt wes Anders bescheitt mochte mit Godes helpe vorwachten oder eins werden.

XXXXI.

Gogerichts-Urtheil über den Handel mit frembdem Leder 1517.

Zu p. 147.

Original auf Papier. Lade des Lohamts.

Wy Ludeke van horsten des Hoichwerdigen Dorluchtigen hoichgebornen fürsten in gode Vaders vnn heren hern Ericks van godes genaden Bisscops to Osenbrugge vndr Paderborne Hertogen to Brunswydt vnß genedigen leuen herrn swooren Gogreue to Osenbr. Erkennel vn betuget openbare in dessen breue dat vor vns gekomen he ingerichte dat loampt to Osenbr. an eyne vn Johan van bremmen an de anderen syden vnn Johan von Bremm vor vns to gerichte van des loampts. wegen vorbodet was vmme recht to wisen so des gerichtes wrone der berbodinge vor vns tostant in den suluen gerichte Badt vns dat loampt wy op ere gesynnen Johanne van Bremen wolden manen, so wy deden he op sullen ordel von des loampts. wegen tegen Hinrick loer to nygenkercken vor vns gefraget an eme besiadet wisen solde dat recht were De na vnser vdfsuchunge leth vor vns ingerichte lesen so dat ordel gefraget was ludende alsus:

227

De van den loampte latet ordels fragen Na deme hinrick loer to nygenkercken heffte geloet leder, buten Osnbr. geloet was, bynnen Osnbr. verlt gebracht onde ghrueket onde gekturrt tegen jede vnn wonheyt des loramptl. dar se od tegen den Ersamen Rade to Osenbr. ghewilliken ann gedan heft so hopet de van locampte hinrick loer so schuldich dar vor beteringe vnde bote to donde na jede vnd wonheyt deffuluen loeampt. vnde der eluen ampte to Osenbrugge, bestadet an Johanne von Breme dar vp to zeggen dat recht sy. Ohr entegen hinrick loer to nygenkercken enbrachte syn ordel nicht yn. Do alsulken Ordel vorgl. vor vns gelesen was ourrbede vns Johan von bremen vorgl. eyne eedelen vnn jede wes de vnn helde wisede be op sulken vorgl. ordele vor recht ludende alsus Vp ordel der van den Loampte vmme recht bestadet an my Johanne von Bremen Na des rechtl. beterunge wyse ick vor recht. Als van hinrick loer van nigenkercken vs geloet leder bynnen osenbr. geruket vn gekomen de van den Loampte dat bekundet hat tegen eres amtl. jede vn wonheyt so vn dar mede tegen ere vnn de eluen amte gedaen hebbe sy alsulks dan eme nicht vorboden vnn nicht geweten enhebbe dar entegen were, so ys he schuldich en dar vor na genade beteringe to donde. hebbe he ghedaen tegen dat ampt were so moet he na des amptl. jede vnde Wonheit dar vor to betrennde. Do altus vor recht vnbeschulden ghewyset was seeth dat locampt vorgl. noch eyns rechten ordels fragen. Na deme hinrick loer to nigenkerken gerichtschuldig tegen dat locampt vorgl. georbelt vnn syn ordell nicht vnne enbrecht Was dat locamt dar mede ghewunnen vnde ghewonnen hebbe, dar wert op gewyset vor recht hinrick loer so schuldich den loampte vorgl. kost vn schaden to richtenn vnn der sake nederseillich vnde ortluftich vnn so plichlich beteringe vn bote deme ampte dar vor to donde Des seeth dat sulue locampt van vns tsschen deffen besegelden richtesdom. Dar by an vn ouer weren tügen to ghetufschet vnn ghebeden Otte Oldenborp vnd Johan ridder vn meer guder lüde genoich. Desses to rechten orkunde vnde vullenkomen tüchnisse der warheit hebben wy lübeke von horsten Gogreue vorgl. vnsse Ingesegele wytliken beneden an desses breff gehangen Dat. Anno dni Millesimo Quingentesimo decimo septimo feria secunda post beati martini epi.

Sig. decidit.

15*

III.
Kirchspiels-Beschreibungen.
(Siehe Mittheilungen VI., S. 243.)

Amt Wittlage.
1. Kirchspiel Lintorf.

Dasselbe besteht aus den Bauerschaften 1) Dorf Lintorf, 2) Heidhausen oder Heidhöfen, 3) Wimmer, 4) Hördinghausen, und 5) Dalinghausen.

§. 1. Landesfürstliche Gebäude finden sich im Kirchspiele Lintorf nicht.

§. 2. Auch kein Vogteihaus.

§. 3. Die Kirche ist im Dorfe Lintorf belegen und befindet sich außerhalb derselben in der Bauerschaft Wimmer noch eine besondere Kapelle, welche von den Bauerschaften Wimmer und Heidhöfen unterhalten wird.

§. 4. Die Pfarre zu Lintorf ist evangelisch, und hat der Archidiaconus zu Lübbecke, aus Mittel des Domkapitels zu Minden, darüber das Patronatrecht.

Das Pastorathaus zu Lintorf ist vom Kirchhofe durch den Pastoratgarten abgesondert und befindet sich dabei noch ein Nebenhaus, so nicht bewohnt wird. Bei der Angelbecker Markttheilung sind behuf der Pastoral zwei Meyertheile ausgewiesen, und wird dabei prätendirt, daß der zeitige Pastor wie zwei Meyer oder volle Erbemeyer in der Mark intressirt sei.

Die Küsterei befindet sich auch im Dorfe, und hat sich der Archidiaconus zu Lintorf der Collation über dieselbe angenommen. Bei der Angelbecker Marktheilung hat der Küster, welcher als ein Vollerbe in der Mark berechtigt zu sein prätendirt, in solcher Maße seinen Mark- oder Holztheil empfangen.

Der Schule ist ein besonderer Schulmeister vorgesetzt, welcher auch in der Kirche den Cantum versieht, und zuletzt vom Archidiaconus zu Lintorf präsentirt ist. Bei der Angelbecker Marktheilung ist für die Schule ein besonderer Erb- oder Meyertheil ausgewiesen und wird auch für die Schule in solcher Maße das Recht eines Vollmeyers in der Mark behauptet.

§. 5. Rath- und Kirchenspeicher, Rathhäuser oder andere Versammlungs-Gebäude finden sich im Kirchspiele Lintorf nicht.

§. 6. Auch keine Armenhäuser und Spitäler.

§. 7. Eine besondere Schule befindet sich zu Wimmer bei der dasigen Kapelle, und wird das Schulhaus von den Eingesessenen der Bauerschaft Wimmer und Heidhöfen unterhalten. Den Dienst conferirt der Archidiaconus zu Lintorf. Bei der Marktheilung ist dieser Schule ein voller Meyertheil beigelegt.

§. 8. Die gemeine Feuerspritze wird in einem zu Lintorf auf dem sogenannten Glockenbrinke des Endes besonders aufgerichteten Gebäude aufbehalten.

§. 9. Sonstige gemeine Gebäude, als Arrestanten-, Hirten-, Wage-, Abdecker- und dergleichen gemeine Häuser sind nicht vorfindlich.

§. 10. Klöster oder Gotteshäuser sind im Kirchspiele Lintorf nicht vorhanden.

§. 11. Im Kirchspiele Lintorf, und zwar in der Bauerschaft Wimmer, liegt ein adeliges Gut, so nach seinen vorigen Besitzern Pladiesen, sonst aber insgemein nach der Bauerschaft Haus Wimmer genannt wird. Außer dem Wohnhause finden sich dabei keine Nebenwohnungen und ist dasselbe mit den dazu gehörigen Gründen zwischen oder neben andern schatzbaren Höfen und Ländereien belegen.

§. 12. Adeligfreie Güter befinden sich in diesem Kirchspiele nicht.

§. 13. Exemt sind:
1. die Rumpshorst oder Krumshorst zu Wimmer;
2. der Kattenpohl zu Wimmer, wovon gleichfalls §. 16;
3. die Bossen oder Büsscherheiden in §. 16;
4. Wulfmanns vacantes Erbe zu Lintorf vid. §§. 44 und 47.

§. 14. Exemte Amthöfe sind im Kirchspiele Lintorf nicht.

§. 15. Auch finden sich daselbst keine klösterliche Uthöfe.

§. 16. Von der Rumpshorst oder Krumshorst zu Wimmer ist bei Unterweisung der Exempten vom 7. Octbr. bemerkt, daß selbige auf der Fischerei des Hauses Ippenburg fundirt sei, und dazu nichts gehöre, als der Wall, so zwischen den beiden Gruften oder Graben liege.

Nach dem Bericht des Amtsvogts gehören dermalen dazu, außer dem Garten und Saatlande, so aus dem Walle und einem Theil der Gräben entstanden, verschiedene sonstige Grundstücke, so einem Colono, der im Leibeigenthume des Hauses Ippenburg steht, und neben dem Erbwohnhause ein bewohntes Nebenhaus hat, untergeben sind. Das Vieh desselben benutzt die Mark und ist auch bei der Marktheilung für selbigen ein Holztheil ohne Bemerkung der Qualität angewiesen. Gemeine Reihe oder sonstige Pflichten werden nicht prästirt.

2. Der Kattenpohl, sonst Daman-Kotten zu Wimmer, ist vormals ein Eigenthum des Hauses Crisenstein gewesen und im Jahre 1729 von einem Besitzer dieses Hauses als schatzfrei verkauft worden. Da dieser Kotten sich so wenig im Schatzenkataster, als im Exemten-Register findet, so ist im Landrathe vom 27. April 1776 resolvirt, daß es annoch näher zu untersuchen sei, wenn dieser Kotten zuerst errichtet worden, und daß, wenn sich fände, daß die Errichtung nach dem Jahre 1667 geschehen, sodann solcher zum Rauchschatze angesetzt werden müsse. Das Vieh des Bewohners genießt der Mark; bei der Marktheilung ist jedoch für selbigen nichts angewiesen.

3. Ohnweit dem Dorfe Barkhausen au der Ravensbergschen Grenze, zwischen den Angelbecker und Buerschen Marken, liegt die sogenannte Bosse- oder Büsscher-Heide, und darin acht verschiedene Colonate, wovon zwei mit Erbmännern und 6 mit Köttern besetzt sind, und welche den Häusern Hünnefeld und Ippenburg zustehen. Es gehören nämlich an das Haus Ippenburg: 1) der Meyer Christoph Meyer mit zwei Nebenhäusern, 2) der Meyer Jost Meyer, welcher außer seinem Erbhause kein Nebenhaus hat, 3) der Kötter Hehemeyer

An das Haus Hünnefeld gehören: 4) der Kötter Staupel, 5) der Kötter Becker, 6) der Kötter Kötter, 7) der Kötter Stoffers und 8) der Kötter Wilms, welche letztere fünf jeder ein Nebenhaus haben.

Bei der Angelbecker Marktheilung haben die Büsche-Heider verschiedene Gründe angekauft, selbige sind aber sonst in solcher Mark nicht interessirt, concurriren zu keinen gemeinen Reihepflichten und werden für adelig frei gehalten.

Diese Büsscherheider sind übrigens im Ravensbergschen Amte Limberg zu Börninghausen eingepfarret.

§. 17. Vormalige offizialfreie Häuser, so im Jahre 1667 und nachher wegen ihrer damaligen Besitzer keinen Anschlag zum Monatsschatz erhalten, finden sich zwar nicht; in gewisser Maßen ist jedoch des Frobieters Markotten hieher zu referiren. Dieser ist im Jahre 1667 als wüstliegend gar nicht, nachher aber demta quarta zu 9 ß per Monat angeschlagen, solcher Anschlag gleichwohl in der Zeit, da der Amtsvogt Busch den Kotten besessen, so wenig als nachher praestirt. Einen Theil dieses Kottens hat die Gutsherrschaft an sich genommen. Den Rauchschatz und die übrigen Reihepflichten entrichten die Bewohner dieses Kottens.

§. 18. Der ehemalige Untervogt Gercke Blancke ist zwar im Jahre 1667 zum Monatsschatze, jedoch nur zu 2 ß angesetzt, wogegen seine Nachbaren zu 9 ß angeschlagen sind. Derselbe ist cessante officio noch zu keinem höhern Anschlag gebracht worden.

Sonstige Unterbedientenstellen für Amtsdiener, Halbmeister und Gefangenhalter finden sich nicht.

§. 19. Der Erbkötter Kahmeyer im Dorfe ist im Kirchspiele Lintorf der einzige Briefträger und muß alle an ihn kommende außer Amts und Landes gerichtete Briefe und Bestellungen besorgen, welche ihm vom Amte, oder dem Amtsvogte durch den Briefträger Fricke zu Rabber oder sonst zukommen. Da indessen diese Bestellungen so gar oft nicht vorfallen, so überwiegen seine Freiheiten die Dienstpflicht. Jene bestehen in der Exemtion von den Monats- und Rauchschatzungen auf sämmtliche gemeine Reihepflichten und vorfallenden Ausgaben.

§. 20. Außer 4 Dorfbaumschließern, so bereits früher ihres Dienstes wieder entlassen worden, haben sich, bis zur Verordnung vom Jahre 1719, wegen Entlassung der Baumschließer, folgende Baumschließer im Kirchspiele Lintorf befunden:

a. zu Lintorf 1) Halberbe Peter Wißmann,

b. zu Wimmer 2) Johann Blase und 3) Hermann Lange, beide Markkötter,

c. zu Hördinghausen 4) der Markkötter Berend vor der Hacke

und

d. zu Dalinghausen 5) der Markkötter Gerke Klusmeyer.

Alle diese praestiren je Monat als Rauchschatzungen bis auf den Markkötter Bernd vor der Hacke, welcher im Jahre 1667 als vacant, und nachher wegen des Baumschließerdienstes zum Monatsschatz nicht angeschlagen ist. Inzwischen wird davon jährlich 1 Rthlr. 6 ß an das Coers halbe Erbe, wovon dieser Kotte genommen sein soll, zum Monatsschatze beigetragen, auch der Rauchschatz in der Ordnung entrichtet. Wahrscheinlich mögen auch die übrigen wegen ihres Dienstes einen in etwa geringeren Anschlag zum Monatsschatze erhalten haben.

Als Baumschließer sind selbige vom Gografendienste, ordinairen Jagden, Wachten, Flußräumungen, Wegebesserungen und sonstigen außerhalb der Bauerschaft vorfallenden Arbeiten, soweit sie nicht in Fuhren bestehen, frei gewesen. Die Bauerschaftslasten haben selbige hingegen in der Ordnung prästirt.

§. 21. Bördevogte giebts im Kirchspiele Lintorf nicht.

§. 22. Auch finden sich daselbst keine Holzverwahrer, Leichverwahrer, Fischer, Jäger, Kohlenbrecher und andere dergleichen Aufseher und Besteller.

§. 23. Beständige Kirchspiels- und Bauerschafts-Vorsteher, Führer, Fähnriche, Trommelschläger und Schützenkönige sind im Kirchspiele Lintorf zwar nicht, wohl aber befinden sich daselbst erstlich bei der Kapelle zu Wimmer ein Küster, der Markkötter Franz Johann, welcher zu den Betstunden und dem Gottesdienste, der zu gewissen Zeiten in der Kapelle zu

Wimmer gehalten wird, jedesmal ein Geläute geben, und die Kapellen-Uhr, so oft es nöthig, aufziehen, sodann täglich dreimal kleppen, die Leichen, so lange solche unbeerdigt sind, täglich zweimal beläuten, auch so oft der ganzen Bauerschaft etwas kund zu machen ist, die Glocken ziehen muß; und desfalls von der Land-Amts- und Bauerschaftsfolge, imgleichen vom Monds- und Rauchschatze frei ist, nicht minder ein Stück Feldland von einem Scheffel, so das Kleppstück genannt wird, zu genießen hat.

Auch versammelt sich die Bauerschaft bei Zusammenkünften in seiner Wohnung. Der Bewohner des Nebenhauses ist zur Präftation des Rauchschatzes angewiesen und entrichtet denselben jedesmal mit 10 ß 6 ₰.

2) Zwei Bauerschaftsboten, nämlich

 a. der Erbkötter Engelke Hermann zu Wimmer und

 b. der Markkötter Johann Schufter zu Hörbinghausen. Der erste muß die in der obern Bauerschaft Wimmer vorkommenden Bestellungen verrichten. Der andere aber die in der Bauerschaft Hörbinghausen vorfallenden Bestellungen besorgen. Beide sind dieserhalb von der Land-Amts- und Bauerschaftsfolge frei, geben jedoch Monats- und Rauchschatz. Von den übrigen Bauerschaften vid. §. 34.

§. 24. Erbholzrichter und Erbholzgrafen, deren Dienst sicheren Stätten annex ist, sind im Kirchspiel Lintorf nicht vorhanden. conf. §. 37.

§. 25. Daselbst befindet sich nur ein einziger Sabelhöfer, nämlich der Halberbe Gerke Wlecke zu Wimmer. Dieser ist, so wie die übrigen Sabelhöfer im Amte Wittlage, verpflichtet, jährlich einen Tag am Amte Einen Handdienst zu verrichten, welcher Tag vom Amte nach Willkür bestimmt wird, bei Criminal-Executionen das dazu nöthige Holz auf- und abzuladen, die daraus gefertigten Galgen und Rad mit aufzurichten, die Leitern daran auf- und absetzen zu helfen, und wenn dem

Verbrecher das Todes=Urtheil vorgelesen und derselbe justifi=
cirt wird, den ersten Kreis zu schließen, demnächst aber die zur
Execution gebrauchte Leiter wieder fortzunehmen und solche
bei Tark zu Rabber niederzulegen. Er genießt dieserhalb die
Freiheit von Gografendiensten, ordinairen Jagden, Wachten,
Flußräumungen und solchen Wegebesserungen, wobei keine
Fuhren erfordert werden, auch allen außerhalb der Bauer=
schaft vorfallenden Hand=Arbeiten. Alle übrigen Verrichtungen
muß er, gleich andern halben Erben, verrichten, und genießt
in Ansehung der Bauerschaftslasten keine Freiheit; und prästirt
sowohl Monats= als Rauchschatz.

§. 26. In den Bauerschaften Lintorf, Heidhöfen, Wim=
mer und Hörbinghausen sind 98 freie Dienstpflichtige, wovon
jedesmal eilf im Jahre an das Amt Wittlage einen wöchent=
lichen Handdienst, oder dafür drei Thaler in Gelde prästiren.
Diese Dienstverrichtung wechselt alle 7*) Jahre um, und in dem
Jahre, da der Dienst verrichtet wird, sind sie vom Gografen=
dienste, ordinairen Jagden, Wachten, Flußräumungen, Wege=
besserungen und sonstigen außerhalb der Bauerschaft vorfal=
lenden gemeinen Handdiensten frei, die übrigen Bauerschafts=
lasten aber verrichten selbige nachbargleich. Bei der Dienst=
verrichtung kommen jährlich 3 aus dem Dorfe Lintorf, 5 aus
Heidhöfen und Wimmer und 3 aus Hörbinghausen. Die Pflich=
tigen sind namentlich:

1. zu Lintorf 1) Herm. Klinge, 2) Gerdum, 3) Kameyer,
4) Grummert oder Walter, 5) Jürgen Schmidt, 6) Herm.
Fönmge, 7) Johann Wißmann, 8) Engelke Gronemeyer,
9) Jacob Lahrmann, 10) Albert Kellermann, 11) Pieper,
12) Herm Wehrmann, 13) Paul auf'm Höfen, 14) Johann
Lahrmann, 15) Rahen Johann, 16) Trine in den Boden,
17) Herm. Lühr, 18) Albert Wehrmann, 19) Tonnies Schmidt,

---

*) In den Ziffern wird wohl ein Schreibfehler unsers Copisten sein.
D. R.

20) Jürgen Barlag, 21) Johann Schröder, 22) Paul Schumacher, 24) Heinrich auf'm Lager, 25) Johann Koster, 26) Gerd Blancke, 27) Johann Kuhirte, 28) Johann Detering, 29) Henrich Gronemeyer und 30) Johann Blancke;

2. zu Heidhöfen 1) Kaumeyer, 2) Albert Hinnich, 3) Erbwyn Steinbrügge, 4) Clamor in der Heyde und 5) Claus Schäper;

3. zu Wimmer 1) Dets Lüke, 2) Utrecht, 3) Johann Krems, 4) Heinrich Koster, 5) Jurgen Voigt, 6) Alberts Johann, 7) Engelken Herm, 8) Clamor auf'm Garten, 9) Arnd Wormann, 10) Herm. Krems, 11) Johann Wewes, 12) Jurgen Schmidt, 13) Deterts Clamor, 14) Albert Lücke, 15) Gerke Klostermann, 16) Kuhlmann, 17) Tonnies Balz, 18) Johann Blase, 19) Gerdes Jürgen, 20) Eggert Schmidt, 21) Jürgen Beute, 22) Jürgen Melcher, 23) Cord Schäper, 24) Marten Ahlert, 25) Johan Schröder, 26) Cord Bente, 27) Balz Wilking, 28) Tonnies aufe Kuhlen, 29) Jürgen Hageborn, 30) Johann Ajo, 31) Clamor Schmidt, 32) Herm. Melcher, 33) Metto Detering, 34) Henrich Wiecke, 35) Lührs Annecke, 36) Herm Beute, 37) Johann Josting, 38) Johann Hageborn, 39) Lindemann, 40) Johann Volbert, 41) Hillenkotte, 42) Unland junior;

4. zu Hördinghausen 1) Bernd bey der Hacke, 2) Jürgen Weser, 3) Richter, 4) Albert Jösting, 5) Jürgen Schroder, 6) Wendeln Engelke, 7) Timmer Johann, 8) Jürgen Borgmann, 9) Johann Dresing, 10) Henrich Clostermann, 11) Engelke Schröder, 12) Johann Fricke, 13) Welbige Helmichs, 14) Peter Krigers, 15) Johann Schusters, 16) Langen Johann, 17) Engelken Johann, 18) Daniel Wiemeyer, 19) Eggert Teves, 20) Lencke Dresing und 21) Pape.

§. 27. Der Marktkötter Johann Schumacher zu Lintorf ist als Mönchsdiener aufgeführt, weil er den Franciscanern zu Bielefeld und Dominicanern zu Osnabrück, wenn sie im Junius Butter und im October Rocken einsammeln, zu assistiren pflegt. Er genießt dieserhalb die Freiheit von Gografendiensten, ordinairen Jagden, Wachten, Flußräumungen, Wegebesserungen und anderen gemeinen Handdiensten. Sonstige in und außerhalb der Bauerschaft vorfallende Reihepflichten muß er aber, wie andere Marktkötter, präsliren, auch Monats= und Rauchschatz bezahlen.

Wegen des Marktkötters Walther oder Remmerts zu Lintorf siehe §. 41.

§. 28. Hausgenossen und Petersfrete sind im Kirchspiele Lintorf nicht angegeben.

§. 29. Amts= und Gerichtspersonen=Fiscale und Vögte und deren Wittwen, auch Pastoren=Wittwen, wohnen dermalen im Kirchspiel Lintorf nicht.

§. 30. Auch sind daselbst keine Amtsführer, Amts= und Gerichtsdiener, Holzknechte, Amtsjäger, Halbmeister, Fußknechte.

§. 31. Im Kirchspiel Lintorf ist nur ein einziger Untervogt, welcher auf den Vorschlag des Amtsvogts vom Amte angesetzt wird, sich wöchentlich einmal bei dem Amtsvogt einfindet, um dessen Aufträge zu empfangen, wenn er aber mehrmalen erscheinen soll, dazu besonders gefordert wird.

§. 32. Der Amtsvogt zu Wittlage befreiet im Kirchspiel Lintorf 7 verschiedene Erbbestände von Gografendiensten, ordinairen Jagden, Wachten, Flußräumungen, Wegebesserungen und sonstigen außerhalb der Bauerschaft vorfallenden gemeinen Handdiensten, und mögen dazu so Erbmänner als Kötter gewählt werden, weil deren Verpflichtungen hierunter gleich sind. Die übrigen in und außerhalb der Bauerschaft vorfallenden Dienste und Abgaben müssen selbige nachbargleich verrichten. Für jene Befreiung erhält der Amtsvogt von jedem Einen Reichsthaler.

Der jetzige Untervogt des Kirchspiels Lintorf befreiet 6 Erbbestände von ordinairen gemeinen Jagden, Wachten, Flußräumungen und solchen Wegebesserungen, welche keine Fuhren erfordern. Auch genießt einer von diesen 6 die Freiheit von Gografendiensten. Letzterer bezahlt dafür an den Untervogt Einen Thaler. Die übrigen aber 14 β oder 10 β 6 ₰. Alle übrigen Pflichten müssen diese einstweilen Befreieten, welche der Untervogt auswählen mag, in ihrer Ordnung mitprästiren.

§. 33. Die Provisoren müssen außer dem Kirchendienste, so sie zu versehen haben, auch bei allen außerhalb der Bauerschaft vorfallenden Arbeiten als Mitaufseher erscheinen, die Aufsicht auf die angeschafften Feuer-Geräthschaften mithaben, bei Visitationen und andern beim Amte vorkommenden Fällen sich gebrauchen lassen. Es sind deren zwei und können dazu sowohl Erb- und Marktkötter, als Erbmänner genommen werden. Ein jeder genießt aus der Monatsschatzung jährlich drei Reichsthaler, und von der Kirche für seine ordinairen Bemühungen 1 Rthlr. und 1 Scheffel Gersten. Die extraordinairen Bemühungen werden besonders vergütet. Noch hat ein Provisor die Freiheit von Gografendiensten, Jagden, Wachten, Wegebesserungen, Flußräumungen und sonstigen gemeinen Handdiensten, sonst aber muß er alles in und außer der Bauerschaft nachbargleich verrichten.

§. 34. In jeder Bauerschaft sind zwei Bauerrichter, welche den Dienst gemeinschaftlich verrichten, ohne daß jedem ein besonderer Distrikt angewiesen wäre. Sie wechseln jährlich ab, und geschieht diese Umwechselung zu Lintorf, Heidhöfen und Dalinghausen auf Michaelis, zu Wimmer und Hörbinghausen aber um Fastabend. Zu Heidhöfen werden alle Eingesessene zu Bauerrichtern genommen, in den übrigen Bauerschaften aber nur Voll- und Halberben, außer daß jedoch zu Lintorf auch die Erbkötter Wulf, Blase, Grummert oder Walter Jost aufm Garten, Herm. Jönmge, Albert Kellermann und Pieper diesen Dienst in der Ordnung mit übernehmen müssen. Die Pflicht eines Bauerrichters ist, daß er die Bauerschafts-Rechnungen führen, bei den Wegebesserungen, Flußräumungen und sonstigen, sowohl in als außerhalb der Bauerschaft vorfallenden Arbeiten über seine Bauerschaft die Aufsicht haben, die ihm vom Amte zukommenden Befehle entweder selbst ausrichten oder zur Ausführung bringen, mithin alles, was in Bauerschafts-Sachen vorfällt, berechnen muß. Er ist dagegen von der Land-Amts- und Bauerschaftsfolge frei, muß aber, wenn der Bauerschaft etwas berechnet wird, das seinige in der Ordnung beitragen; und genießt zur besonderen Vergütung für jeden Gang, den er in den Bauerschaftssachen außerhalb Amts thut, eine Belohnung, die nach der Entfernung des Orts abgemessen wird, und so viel die Dörfer-Bauerschaft insonderheit betrifft, auch für jeden Gang in Bauerschafts-Angelegenheiten innerhalb Amts einen Schilling.

Außer den Bauerrichtern sind in den Bauerschaften Lintorf, Wimmer, Hördinghausen und Dalinghausen noch besondere Dorf- und Bauerschaftsboten, so den dasigen Bauerrichtern mit zu Rathen kommen und in den Bauerschaften vorkommende Bestellungen verrichten müssen. Selbige sind von der Land-Amts- und Bauerschaftsfolge frei und sind dazu bisher gewöhnlich Kötter genommen.

Der Dorfbote zu Lintorf wird von der dasigen Bauerschaft gewählt. Zu Wimmer sind 2 Dorfboten, wovon der erste die Bestellungen in der obern Bauerschaft und der zweite die Bestellungen in der untern Bauerschaft zu verrichten hat. Der erste ist beständiger Dorfbote, nämlich der Erbkötter Engelke Hermann (vid. §. 23), den andern wählt die Bauerschaft.

Zu Hördinghausen ist gleichfalls ein beständiger Dorfbote, nämlich der Markkötter Johann Schuster vid. §. 23.

Der Dorfbote zu Dalinghausen wird von der Bauer=
schaft gewählt und versieht diesen Dienst der Marktkötter
Kahlenberg.

Alle diese Dorfboten prästiren die gewöhnlichen Schatzun=
gen, außer daß der Marktkötter Johann Schuster im Jahre
1667 mit dem Monatsschatze als Nuntius der Bauerschaft
übersehen, auch bis dahin mit solchen nicht belegt ist.

Von dem Küster Franz Johann zu Wimmer vid. §. 23.

§. 35. Nebenschulmeister, so bei andern wohnen oder
keine besondere zur Schule beständig bestimmte Wohnung ha=
ben, sind im Kirchspiele Lintorf nicht, wohl aber ist daselbst
ein Calcant bei der Kirche, welchen der Pastor und Küster
ansetzen und welcher, außer dem Balgentreten bei der Orgel,
sich auch beim Lichtermachen als Aufwärter gebrauchen lassen
muß. Derselbe erhält dafür aus der Kirchen=Rechnung zwei
Thaler und genießt die Freiheit von Gografendiensten, ordi=
nairen Jagden, Wachten, Flußräumungen, Wegebesserungen
und andern außerhalb der Bauerschaft vorfallenden gemeinen
Handdiensten. Alles, was sonst, sowohl in als außer der
Bauerschaft vorfällt, muß er jedoch nachbargleich verrichten.

§. 36. Im Kirchspiele Lintorf findet sich ein Kirchspiels=
Fähndrich, welchen die Beamte und der Amtsvogt ansetzen,
und dessen officium darin besteht, daß er bei erforderlichen
Fällen (insonderheit beim Lintorfer Markttage und Hinrich=
tung der Uebelthäter) die Kirchspielsfahne tragen, bei ge=
meinschaftlichen Arbeiten, als Flußräumen, Wegebesserungen
u. s. w. als Mitaufseher erscheinen und sich bei Musterungen,
auszustellenden Wachen, Visitationen und sonstigen Begeben=
heiten gebrauchen lassen muß. Dafür hat er nicht nur für
sich die Freiheit vom Gografendienst, Jagden, Wachten, Fluß=
räumungen, Wegebesserungen und sonstigen außerhalb der
Bauerschaft vorfallenden gemeinen Handdiensten, sondern be=

frelet auch noch einen andern Eingeſeſſenen von ordinairen Jagden, Wachten, Flußräumungen und Wegebeſſerungen, inſofern letztere keine Fuhren erfordern und erhält dafür 10 β 6 ₰. Die übrigen Bauerſchaftslaſten muß der Fähnbrich aber, ſo wie ſeine Befreiten, in der Ordnung mit präſtiren. Der Dienſt bauert der Regel nach auf die Lebenszeit des angeſetzten Fähnbrichs. Die Fahne wird bei jedesmaliger Veränderung des Landesfürſten neuangeſchafft, mit deſſen Wappen verſehen und in der Kirche aufbewahret.

Außer dem Kirchſpiels-Fähnbrich befindet ſich in jeder Bauerſchaft ein Corporal, welcher von dem Amtsvogt angeſetzt wird, bei den außerhalb der Bauerſchaft vorfallenden Arbeiten als Mitaufſeher erſcheinen und bei Arreſtirungen und Viſitationen, auszuſtellenden Wachen und was ſonſt vorfällt, bei der Hand ſein muß. Jeder Corporal iſt frei von Gografendienſten, Jagden, Wachten, Flußräumungen und Wegebeſſerungen, inſofern letztere keine Fuhren erfordern, und andern außerhalb der Bauerſchaft vorfallenden Arbeiten; auch befreien die Corporale zu Lintorf, Heidhöfen, Hördinghauſen und Dalinghauſen jeder Einen, der Corporal zu Wimmer aber zwei von ordinairen und gemeinen Jagden, Wachten, Flußräumungen und Wegebeſſerungen, ſo keine Fuhren erfordern, wofür ſie von jedem der Befreieten bald 14 β, bald 10 β 6 ₰ erhalten; alle ſonſtigen in und außerhalb der Bauerſchaft vorfallenden Verpflichtungen müſſen die Corporale und ihre Befreiete nachbargleich präſtiren.

§. 37. In der Bauerſchaft Lintorf, Wimmer, Hördinghauſen und Dalinghauſen, und zwar in jeder derſelben, nicht aber zu Heidhöfen, ſo nur in 15 Erbgeſeſſenen beſteht, befindet ſich ein Trommelſchläger, welchen der Amtsvogt anſetzt und welcher in vorkommenden Fällen die Trommel rühren, auch die eiſerne Schlage der Bauerſchaft in Verwahr haben, solche bei Wegebesserungen herbeibringen und damit, so lange er kann, die großen Steine zerschlagen muß. Die Trommelschläger genießen mit den Corporalen für ihre Person gleiche Freiheit. Die Freiheit von Gografendiensten, ordinairen Jagden, Wachten, Flußräumen, Wegebesserungen, insofern letztere nicht mit Steinen gefahren, und sonstigen gemeinen Handdiensten; alles übrige, welches in und außerhalb der Bauerschaft zu leisten ist, müssen sie nachbargleich verrichten.

§. 38. Besonders angesetzte Grabenmeister und Wegaufseher befinden sich im Kirchspiele Lintorf nicht. In Lintorf ist ein Nachtwächter, welcher von den Eingesessenen angesetzt und belohnt wird, sonst aber keine Freiheiten hat.

Auch ist in jeder Bauerschaft ein besonderer Armenjäger, welcher von den Eingesessenen ausgemittelt und dem Amtsvogte angezeigt wird; auch außer der Besoldung keine Vortheile oder Freiheiten hat.

§. 39. Die Leibzüchter werden in Absicht der gemeinen Reihepflichten den Heuerleuten völlig gleich gehalten, und genießen also keine besondere Freiheiten.

§. 40. Folgende Markkotten, a. in Heidhöfen: 1) Heinrich Lange, 2) Otto Koop; b. zu Wimmer: 3) Jürgen Schmidt, 4) Kuhlmann, 5) Frerich Schaqut, 6) Johann Lücke Lühr, 7) Johann Jösting; c. zu Hörbinghausen: 8) Sincke Dresing, 9) Johan Kruse, 10) Pape, praestiren ihre Reihepflichten an Wachten, Flußräumungen, Wegebesserungen und andern außerhalb der Bauerschaft vorfallenden gemeinen Handdiensten nur als Heuerleute, alle übrigen aber, sowohl in als außerhalb der Bauerschaft, allen Markköttern gleich.

Der Heinrich Lange, welcher dem Markkötter Herman Lange monatlich 5 ß 3 ₰ zum Schatze beiträgt, ist aus einem Pertinenz desselben Herman Langen Markkotten; der Johann Bose aus dem Nebenhause des Albert Krämers Markkotten und der Tepe aus einem Nebenhause vom Lencke Dresings Marktkotten entstanden. Letztere beiden geben noch zur Zeit keinen Monatsschatz. Der Lencke Dresing zu Hörbinghausen ist im Jahre 1667 als vacant nicht zum Monatsschatz angesetzt, auch bisher dazu nicht gezogen.

Von dem Walther oder Remmerts Kotten zu Lintorf vid. §. 41.

§. 41. Der Walther oder Remmerts Kotten, welcher nach dem Jahre 1667 aus einem Pertinenz von Walthers Erbkotten entstanden und vormals von einer Pastoren=Wittwe bewohnt ist, praestirt bisher allein den Beitrag zum osnabrückschen Wachtholz, nicht aber die sonstigen Reihepflichten.

Dieser und auch die vorher ad §. 40 gedachten Marktkötter und Otto Koop, Henrich Lange zu Heidhöfen und Johann Bose und Pape zu Hörbinghausen sind namentlich als Neuwohner anzusehen.

§. 42. Zu Lintorf finden sich 17 Kirchhöfer unter folgenden Namen: 1) Jobst Schaaf, 2) Ebbecke Jurgens, 3) Balz Küster, 4) Wiebebusch, 5) Johann Keller, 6) Pieper, 7) Otto Möller, 8) Heggehoff, 9) Christoff Schlüter, 10) Jost Kramer, 11) Johann Brand, 12) Pladiesenhaus, 13) Heinrich Becker, 14) Bibua Kramer, 15) Boismann, 16) Johann Kirchhöfer, 17) Clamor Schnieder. Von diesen sind die sub № 2, 4, 5, 6, 9 und 15 benannten eingegangen und werden die Plätze, worauf die Buden gestanden, mit dazu gehörigen Holztheilen und sonstigen Gründen von den Nachbaren benutzt. Zu den sub № 6 gehört jedoch kein Holztheil. Von diesen eingegangenen Kirchhof=Speichern wird jetzt nichts präſtirt, die übrigen hingegen, von denen die sub № 1, 3, 10, 11, 13, 14 und 17 Monats= und Rauchschatz, die sub № 16 aber nur letzten allein präſtiren, müssen zu jedem Thaler, welcher im Dorfe Lintorf berechnet wird, Einen

Pfennig beitragen, auch zu Wegebesserungen, so im Dorfe geschehen, mit der Hand gleich andern Dorfseingesessenen concurriren, nur daß der jetzige Besitzer der Heggehofs-Bude, als zeitiger Untervogt, von den Reihediensten frei ist. Das Vieh dieser Kirchhöfer geußet der gemeinen Weide, und hat jeder bei der Angelbecker Marktheilung ohngefähr zwei Scheffel Holzwachs erhalten.

§. 43. Die Heuerleute müssen zu den Wegebesserungen, wenn sie extraordinair und binnen Amts sind, gegen die Erbgesessenen ein ums andere mal mit der Hand dienen; concurriren zu den Hunterräumungen auf gleiche Art und leisten jährlich am Amte Einmal einen Handdienst.

§. 44. Folgende Schatzpflichtige Kotten sind noch zur Zeit nicht zum Monatsschatze angesetzt:

a. Zu Lintorf 1) der Erbkötter Kameyer als Briefträger. vid. §. 19.

2) Der Marktkötter Johann Güller, so im Jahre 1667 als vacant nicht zum Monatsschatz angesetzt, auch noch zur Zeit mit keiner Wohnung versehen ist.

3) Walther oder Remmert, ein Neuwohner, vid. §. 41.

4) Heinrich Freund, so 1667 wegen seiner Armuth keinen Anschlag erhalten und unter den abgehenden Stätten weiter vorkommt.

b. Zu Heibhöfen 5) der Marktkötter Heinrich Lange und 6) der Marktkötter Otto Koop. vid. §. 41.

c. Zu Wimmer 7) der Marktkötter Franz Johann als Küster bei der Kapelle zu Wimmer. vide §. 23 et 34.

d. Zu Hörbinghausen 8) der Marktkötter Frobieter als . . . . . . und nachher vom Amtsvogte Busch besessen. vid. §. 71. 9) Der Marktkötter Berend vor der Hacke als vacant und nachheriger Baumschließer. Es wird jedoch von diesem Kotten jährlich Ein Rthlr. 6 ß an das Cort halbe Erbe, wovon er genommen sein soll, zur Schatzung präſtirt. vid. §. 20. 10) Johann Schuſter als Bauerſchafts-Bote. vid. §. 23 et 34. 11) Der Marktötter Lende Dreſing, ſo 1667 als vacant nicht zum Monatsſchatz angeſetzt. vid. §. 40. 12) Johann Boſe, welcher aus einem Nebenhauſe des Albert Krämer Marktotten und 13) Pape, welcher aus einem Nebenhauſe des Lende Dreſing Marktotten entſtanden iſt. vid. §. 40.

e. Zu Dalinghauſen 14) der Marktötter Hermann Pieper, ſo 1667 als vacant und nicht mehr vorhanden, übergangen, auch jetzt nicht mehr vorfindlich iſt.

Noch die Kirchhöfer 15) Evecke Jurgens, 16) Johan Keller, 17) Pieper, 18) Otto Möller, 19) Chriſtoph Schlüter, ſo insgeſammt nicht mehr vorhanden und zu den benachbarten Kirchhofsſtätten eingezogen ſind. 20) Plabieſen, jetzo Grevers Haus, ſo 1667 nicht zum Anſchlage gekommen und 21) Boismans Spieker, ſo vom Colono Buimann als Eigenthümer eingezogen iſt.

Wegen der Damanns oder Kattenpohls, jetzt Utrechts Stätte zu Wimmer vid. §. 16.

Vacante Stätten ſind a. zu Lintorf:

1) Wulfmann, ein Vollerbe, ſo 1667 zu gar keinem Anſchlage gebracht worden, auch damit bis jetzt überſehen iſt. Im Cataſter von 1667 iſt dabei bemerkt: Nach Ippenburg. Der Kotten iſt unter dem Namen Joſtmeyer oder Fortmann unter den Marktöttern im Anſchlage. Die Ländereien des Wulfmanns prädii ſind einzeln vertheuert, und ſind überhaupt auf ſelbigem keine Gebäude vorhanden. Auch iſt bei der Angelbecker Marktheilung behuf deſſelben nichts angewieſen. Reihedienſte werden davon nicht verrichtet. cf. §. 13 et 47.

2) Hermann Güller, ein Marktötter. Hievon iſt das Wohnhaus eingegangen; und werden davon keine Reihepflichten präſtirt.

3) Johann Güller, ein Marktkötter, so 1667 und auch nachher als vacant gar nicht zum monatlichen Schatz-Anschlage gebracht worden. Ein Wohnhaus ist bisher nicht erbauet. Die Gebäude davon hat aber der Erbkötter Wulf unter, und ist auch bei der Marktheilung ein Marktkötterteil angewiesen. Die gemeinen Reihelasten sind bisher nicht abgetragen.

b. Zu Wimmer 4) Johann Hageborn, ein Halberbe, so zwar 1667 nach den dazu gehörigen Ländereien zum Anschlage gebracht worden, welcher jedoch nicht allerdings präftirt wird, indem jene Ländereien mehrentheils zum adeligen Hause Wimmer eingezogen sein sollen. Die Reihedienste werden gar nicht geleistet, indessen ist jedoch bei der Marktheilung ein halber Erbtheil für die Hageborns Stätte ausgewiesen. Wegen Rebintegration des Erbtheils hat der Advocatus patriae den Besitzer in Anspruch genommen.

c. Zu Hörbinghausen 5) Buhrmann, ein Vollerbe, der Kirche zu Lintorf gehörig, so zwar unbesetzt und mit keinen Häusern versehen ist, wovon gleichwohl selbige Schatzungen und Reihelasten präftirt werden.

d. Zu Dalinghausen 6) Jürgen Schriever, ein Marktkötter, dessen Wohnhaus ist nicht weiter vorhanden und werden zwar die Schatzungen, nicht aber die Reihedienste präftirt; bei der Marktheilung ist bei diesem ein Marktkötterteil angewiesen.

Nachfolgende Kirchhöfer a. Ebbecken Jürgens, b. Wiedebusch, c. Johan Reller, d. Pieper und e. Christoph Schlüter, auch f. Boismanns Speicher vid. §. 42.

Getheilte Stätten von der Art, daß jeder Theil verhältnißmäßig gesammte Lasten trüge, sind nicht vorhanden; von Stätten, so aus andern erwachsen, vid. §. 40 ibique Heinrich Lange zu Wimmer, Johann Bose und Pape zu Hörbinghausen. Addatur §. 20 ibique Berend vor der Hacke zu Hörbinghausen.

Von dismembrirten Stätten vid. §. 17 ibique Frobieter und oben in diesem unter dem vacanten Hageborn.

Im neuen Schatzregister vom Jahre 1776 sind folgende Stätten als abgehend bemerkt:

a. Im Dorfe Lintorf 1) Heinrich Freund. Es soll jedoch dieser Kotten in des Lahrmanns Garten gestanden sein und davon das Kottland der Marktkötter Kasten Kuhirte unter haben.

b. Zu Dalinghausen 2) der Marktkötter Hermann Pieper, so schon im Jahre 1667 als vacant und nicht mehr vorhanden, zu keinem Schatz-Ausschlage gebracht ist.

§. 45. Folgende sind von der Bezahlung des Rauchschatzes für die Leibzucht, so nicht vorhanden ist, vorerst frei erklärt:

a. zu Lintorf 1) Meyer, 2) Grönemeyer, 3) Engelke Lahrmann, 4) Wehrmann, 5) Boismann, 6) Peter Wißmann;

b. zu Wimmer 7) Detering, 8) Nobbe, 9) Melcher, 10) Cord Klostermann, 11) Hille, 12) Thomas Meyer, 13) Jacob Meyer;

c. zu Hörbinghausen 14) Cord, 15) Klostermann, 16) Welpinghus;

d. zu Dalinghausen 17) Hageborn, 18) Wehrmann, 19) Huesmann, 20) Broier.

§. 46. Von Grundstücken, so gewissen Gemeinheiten zustehen, besitzet:

a. die Bauerschaft Wimmer ein Gehölze, so dieselbe mit Eichen besetzt hat, im Wimmerschen Oberfelde liegt, das Kleine Loh genannt wird, ohngefähr 3 Scheffel Saat groß ist und woraus das Holz zu Brücken, Schlagbäumen genommen wird;

b. die Bauerschaft Heibhöfen ein dergleichen Gehölze,

ohngefähr 1½ Scheffel groß, in der Oberheide ohnweit Heidhöfen.

§. 47. In Lintorf besitzen einzelne Grundstücke:
1) Das Haus Jppenburg, 2) das Haus Critenstein, 3) das Haus Hünnefeld, 4) der Rentmeister Schmidtmann zu Jburg und 5) das Domcapitel zu Osnabrück, desgleichen im Dalinghauser Felde die Ravensbergschen Coloni Fortmeyer, Weingartner, Pollert, Tiemann und Nierhagel zu Harlinghausen, auch Reuper und Staas zu Schröttinghausen, wie solches darüber ad acta befindliche Nachweisung vom 16. Mai vig. näher enthält.

— — —

Anmerkungen.*)

Zu §. 3 und §. 4. Der Name Lintorf hat entweder mit dem Lintberge, wie der Limberg in dem historisch-geographischen Handatlas von Carl von Sprunner geschrieben steht, gleichen Ursprung, oder kann auch die Lage des Dorfes bezeichnen sollen, indem dieses an den Berg sich anlehnt, und wäre in dem letzteren Falle aus dem altsächsischen Worte Ihinen, lehnen, und Dorf zusammengesetzt. In welchem Jahre die Parochie zu Lintorf errichtet ist, wird wohl nicht zu bestimmen sein. Da das Kirchspiel Lintorf ehemals zum Fürstenthum Minden gehörte, so ist es wahrscheinlich, daß ein Bischof zu Minden die Kirche fundirte. Patronus derselben war er gewiß, denn nur als solcher konnte er das Jus patronatus über die Kirche zu Lintorf im Jahre 1227 dem Archidiaconus zu Lübbeck schenken, wie es aus dem documentum fundationis des Stiftes zu Levern hervorgeht.**) Dieser war bis dahin Archidiaconus der Kirche zu Levern gewesen und wurde, da das jus patronatus über selbige dem neu gegründeten Stifte übergeben wurde, mit dem Patronatsrechte über die Kirche in Lintorf entschädigt. Das jetzige Gotteshaus ist, wie aus einer Inschrift am ersten Seitenpfeiler hervorgeht, im Jahre 1499 gebaut, aber erst 1567 vollendet und zwar, wie eine Inschrift über der der Wehbum zugekehrten Seitenthür der Kirche vermeldet, sub cura des ersten

---

*) Die Anmerkungen rühren, mit Ausnahme der zu §. 36, von dem Herrn Dr. Hartmann in Lintorf her.
**) Stüve, Geschichte des Hochstifts Osnabrück pag. 87.

protestantischen Predigers, des Pastors Mölmann zu Lintorf. Darnach müßte die Gemeinde zu Lintorf schon bald nach Einführung der Reformation in das Hochstift Osnabrück reformirt worden sein, was mit dem Umstande, daß an den alten Thurmpriechen die Wappen der Plateisen und von Born zusammen ausgehauen waren, den Verfasser der historischen Notizen, wie sie sich im Lagerbuche der Pfarre zu Lintorf vorfinden, bewogen hat, eine Verwandtschaft zwischen dem adeligen Hause Wimmer und der Gemahlin des Dr. Martin Luther, Katharina von Bora, anzunehmen.

Die Kirche zu Lintorf ist im gothischen oder germanischen Styl gebaut und zeigt im Bau des Spitzbogengewölbes mit den aus gehauenen Steinen bestehenden Gurten und hohen Spitzbogenfenstern eine leichte und freie Behandlung der Formen. Die Kirche hat den St. Johannes Baptista, dessen Haupt über dem Altar im Schlußsteine des Chorgewölbes ausgehauen ist, zum Schutzpatron.

Im dreißigjährigen Kriege hatte auch die Gemeinde Lintorf viel zu leiden, wechselte die Prediger beider Confessionen nach dem Glück der Waffen ihrer Vorsechter, und nur der Umstand ist merkwürdig, daß die beiden Prediger, der katholische Richter und der protestantische Prediger Hülseman und der schwedische Offizier Hagedorn, welcher den ersteren, gegen welchen die unzufriedene Gemeinde bei den siegreichen Schweden in Osnabrück Hülfe suchte, nach Willage abführte, aus dem Kirchspiel Lintorf gebürtig waren. Dem zuerst weichenden Pastor Hülseman wird nachgesagt, daß er die Kirchenacten aus Wuth und Haß seinem katholischen Nachfolger nicht ausgeliefert, sondern eigenmächtig verbrannt habe. Unter dem Pastor Joh. Conr. Dunder, welcher 1718 starb, brannte die Wehdum ab und gingen bei diesem Brande viele Nachrichten verloren. 1755 brannten abermals die Wehdum und mit ihr die Kirche und 42 Häuser ab.

Die Kapelle zu Wimmer scheint die ältere zu sein. Der Verfasser der geschichtlichen Notizen im Pfarrlagerbuche scheint derselben Ansicht zu sein. Die Kapelle ist dem heiligen Erzengel Michael gewidmet und ist grade dieser Umstand als Beweismittel für das hohe Alter derselben wichtig. Es substituirten nämlich die Bekehrer unserer heidnischen Vorfahren zum Christenthum den heidnischen Göttern christliche Heilige und so erklärt sich die merkwürdige Erscheinung, daß an Stellen, welche den heidnischen Göttern geweiht waren, christliche Kirchen mit Schutzheiligen erstehen, welche an Rang oder in ihrem Wesen jenen ähnlich sind. So baute Winfried aus der gefällten Donnereiche bei Hofgeismar dem Petrus ein Kirchlein, so wurden von ihm und auch später Michaels-Kirchen und Kapellen gebaut, an Stellen, wo Wodansaltäre gestanden hatten und so verschwimmen die Gestalten des Donar und Petrus, des Wodan und des Erzengel Michael in einander. Späterhin, wie der Heiligencultus sich mehr entwickelt hatte, trat die geistige, körperlich schwer zu fassende Gestalt des Erzengel Michael mehr zurück und die des heiligen Martin mit Mantel und Hut auf weißem Rosse, ein treues Contrefei des Gottes Wodan, mehr in den Vordergrund. Dieser Umstand spricht um so mehr für das Alter der Michaels-Kirchen und Kapellen. Der Verfasser der geschichtlichen Notizen meint, daß eine Dehme mit den ältesten Kapellen verbunden gewesen, um die neubekehrten, aber nur zu oft rückfälligen Gemeinden im Zwange zu halten, daß ein solches grißliches Gericht auch bei der Kapelle zu Wimmer gewesen und daher der Name Wimmer entstanden sei.

Als die Kapelle behuf Einrichtung derselben zur Schule einen Umbau erfuhr, fanden sich viele Todtenknochen in der Umgebung. Sollte nicht dieser Umstand schließen lassen, daß die Kapelle anfänglich kirchlich selbstständig gewesen, also kein Vicarial der Lintorfer Kirche, da die Entfernung von Wimmer zu gering ist, um die Eingesessenen jener Bauerschaft zu bewegen, ihre Todten nicht nach dem Parochialkirchhofe zu bringen? Endlich läßt noch die Sage die Kapelle in Wimmer früher als die Kirche zu Lintorf entstanden sein. Urkundliche Notizen finden sich über die Kapelle zu Wimmer nicht. Solche sollen allerdings in derselben vorhanden gewesen, aber aus Unkenntniß verloren gegangen sein. Später war die Kapelle allerdings zu einem Vicariat der Lintorfer Kirche geworden, wie dies aus einer in lateinischer Sprache abgefaßten Handschrift hervorgeht, welche sich unter den Lintorfer Kirchenpapieren vorgefunden hat. Das Vicariat soll vom Benedictinerkloster zu Minden aus verwaltet worden sein und der Vicar in dem der Schule gegenüber liegenden Hause gewohnt haben. In der Kapelle war Altar und Kanzel. Am Michaelitage wird noch jährlich Gottesdienst in der Kapelle gehalten.

Zu §. 11.

1543.

PLADISE

Das Haus Wimmer,

gemeiniglich Pladiesen-Haus genannt, gehörte ursprünglich den Pladiesen. Diese gehörten wahrscheinlich zu dem Dienstmannengeschlechte gleichen

Namens, welches auf dem Simberge und auf der Wittlage saß. In den Fehden unter Bischof Johann III. von Diepholz, zu Anfang des funfzehnten Jahrhunderts, werden die Pladiesen oft genannt. So zerstörten die Osnabrücker Hubenbeck in einer Fehde mit Johan Pladiese.*) In der Lehnrechtsordnung des Stifts Osnabrück, wie sie Landrath Dr. Stübe mit Bemerkungen in den Mittheilungen des historischen Vereins zu Osnabrück herausgegeben hat, wird unter anderen ein Henrich Pladeise mit Dolbert's Hofe zu Wimmer belehnt. Der jetzige Besitzer des Dolbert's Hofes hat sich vor einigen Jahren freigekauft, und weiß noch viel von Pachtkorn, Präbendien, Hof- und Spanndiensten zu erzählen, welche er als Eigenbhöriger des Pladiesenhauses an die Krebsburg hat entrichten müssen. Die Herren von Morsey auf Krebsburg waren nämlich durch Erbschaft in den Besitz des Pladiesenhauses gekommen. Sie setzten Verwalter auf dasselbe, vermietheten die zugehörigen Ländereien an die kleineren Eingesessenen in der Bauerschaft Wimmer und hielten eine bedeutende Schäferei. Die älteren Dorfbewohner erinnern sich noch deutlich des Pladiesen-Hauses. An der Straße zu Wimmer nach Levern zu und zwar am nördlichen Ende, lagen rechts die das Haus Pladiese ausmachenden drei Gebäude, nämlich das Wohnhaus, der Pferde- und der Schafstall. Ein großer von einer Mauer umschlossener Garten schloß sich an, welcher mit vielen Obstbäumen besetzt, nachher zu 200 ℔ das Scheffelsaat verkauft, von den umliegenden Colonen zerstückelt wurde. Nachdem im Anfange dieses Jahrhunderts von dem damaligen Besitzer die zugehörigen Ländereien ebenfalls größten Theils verkauft worden waren, wurden der Schafstall und das Wohnhaus abgebrochen, und es trat vor ungefähr 30 Jahren das Haus Ippenburg durch Ankauf des Uebriggebliebenen in den Besitz des Hauses Wimmer, welches jetzt durch die hinzugekommenen Markengründe vergrößert, in der Nähe von Wimmer aufs neue erstanden ist. Von Morsey hatte dafür, daß er für den Schaden, welchen seine Schafe in den Feldern ausüben konnten, gut sagte, einen Kamp von der Bauerschaft Wimmer bekommen. Vordem mußte Alles, was in dem für die Winterfrucht bestimmten Felde nach der Erndte an Frucht sich vorfand, sofern es nicht durch Hecken geschützt war, den Heerden preisgegeben werden. An diesen Kamp hatte noch von Morsey 1812 die abgebrochenen Häuser wieder aufbauen lassen. Der Pferdestall blieb auf dem alten Platze stehen und an ihm, wenn auch vielfach verändert, hasten die letzten Erinnerungen an das alte Pladiesen-Haus. Im Dorfe, und zwar in östlicher Richtung vom Pladiesen-Hause, lagen noch zwei

---
*) Stüve, Geschichte des Hochstifts Osnabrück pag. 384.

Fischteiche, deren Gräben zugefallt, den jetzigen Besitzern fette Weiden bieten. Außerdem erinnert noch der Schafdamm, über welchen die dem Pladiesen-Hause zugehörigen Heerden getrieben wurden, an frühere Zeiten.

Zu §. 13.

Die Rumpeshorst

gehörte dem mächtigen Dienstmanngeschlechte von Horst, welches auf den Horsten des Bruchlandes saß. Kreushorst, Streithorst und Rumpeshorst liegen in den Bruchen, welche sich an die Hunte weithin erstrecken. Die Rumpeshorst wurde in der Mitte des vierzehnten Jahrhunderts zerstört, indem der Bischof von Minden und die Grafen von Ravensberg und Diepholz, erbittert durch den Schaden, welchen ihnen Arnold und Helembert von Horst von ihrer Rumpeshorst aus zufügten, beschlossen, die Burg zu brechen, auch nicht zu dulden, daß eine andere Burg zwischen Wittlage und Lübbecke erbaut werde.*) Späterhin finden wir Ippenburg in Besitz der Rumpeshorst, wie wir auch die Streithorst und Horsthof in den Händen der Busschen sehen. Von Ippenburg aus wurde Fischerei in den Gräben, welche den Burgplatz und Wall umgaben, getrieben. Der Wall, welcher drei Scheffelsaat groß sein mochte, war einem Eigenbehörigen des Hauses Ippenburg übergeben worden und auch noch sonstiges Land, welches demselben zugehörig, in der Nähe lag, hinzugefügt. Das Wohnhaus des Rummeyer lag früher auf dem Burgplatze. Der erste Graben umschloß es ganz und konnte man nur vermittelst einer Zugbrücke zu demselben gelangen. Der zweite Graben und der zwischen beiden Gräben liegende Wall waren nicht vollständig, sondern ließen den Zugang offen. Das jetzige Wohnhaus, welches 1796 gebaut wurde, liegt nur einige Schritte vom früheren Burg- oder Wohnplatz entfernt, und zwar zwischen den beiden Enden des Walles, da wo früher der Eingang in die Burg war. Auch jetzt noch lassen sich die Gräben deutlich verfolgen, indem der Wall nicht vollständig geebnet wurde, und von dem äußern Graben ist das westliche Segment noch offen. Der Burgplatz hat einen Umfang von ungefähr 200 Schritten, der innere und der äußere Graben haben eine Breite von 12, der zwischen liegende Wall von 24 Schritten. Ursprünglich scheint allerdings zur Rumpeshorst nichts mehr, als was zwischen den Gräben lag, gehört zu haben. Die große Wiese vor dem Hofe ist gegen Markengründe von dem Hause Hünnefeld eingetauscht und was hinter den Gräben an Wiesengrund hinzugekommen und eingefriedigt ist, gehört früher zum Lahrmann's Vollerbe zu Lintorf. Das sogenannte Neuland ist ziemlich weit vom Hofe entfernt. Die Bewohner der Rumpeshorst hatten die Mahd in den Gräben,

---

*) Stüve, Geschichte des Hochstifts Osnabrück pag. 180.

mußten dieselben reinigen, zu welchen Zwecken ein Kahn vorhanden
war, und die Fischgräben hüten, durften aber selbst kein Fischnetz im
Hause haben, wenn sie nicht straffällig werden wollten. Sonst waren sie
exempt und es durfte ihnen kein Untervogt auf den Hof kommen.

Zu §. 25. Im Kirchspiel Lintorf befindet sich nur ein einziger Sadelhöfer, im Kirchspiel Barkhausen sind zwei und im Kirchspiel Essen ihrer
sieben. Der Executionsplatz befand sich in Memerts Loh an der Osnabrück-
Mindener Chaussee, Lintorf gegenüber. Wenn der Verbrecher, an dem
das Todesurtheil vollzogen werden sollte, aus dem Wittlager Thurm geführt worden war, um seinen letzten Gang anzutreten, so empfingen ihn
die Lehrer aus dem Kirchspiel Essen mit ihren Schülern und gingen ihm
mit Gesang voran, bis da, wo jetzt Greven Haus steht. Hier empfingen
ihn die Lehrer und Schüler aus dem Kirchspiel Barkhausen und bei der
sogenannten Maultrommel, an der Grenze zwischen Kirchspiel Lintorf und
Barkhausen, erwarteten den Zug die Lehrer und Schüler aus dem Kirchspiel Lintorf. Der Sadelhöfer Meyer zu Essen brach auf dem Executions-
platze nach Verlesung des Todesurtheils den Stab mit den gebräuchlichen
Worten und hatte die andern Sadelhöfer zu kommandiren.

Zu §. 26. Die Freien gehörten theils in den Stein des Limbergs
und hatten Ravensbergischen Schutz; theils waren sie Osnabrückisch und
hatten, wie es scheint, den h. Andreas zum Schutzpatron. vgl. Stüve, Gesch.
des Hochst. Osnabr. bis 1508 p. 376 u. 425. Die Ravensberger Freien
werden durch den Vertrag von 1604 an Osnabrück gekommen sein.

Zu §. 36. Vor Beginn des Lintorfer Marktes versammelten sich alle
Kirchspielsinteressenten unter der Linde, welche zur Seite der Kreuzungs-
stelle der Osnabrück-Mindener Chaussee mit dem Wege, der von Lintorf
nach Wimmer führt, und zwar an der Stelle, welche noch jetzt durch zwei
steinerne Kreuze bezeichnet ist, stand, und zogen die Voll- und Halberben
mit Flinten, die Andern mit Piken bewaffnet, unter Vortritt des Fähn-
drichs und der Trommelschläger und unter Anführung des Amtsvogtes
nach Lintorf, um so den Markt zu eröffnen. Alte Leute erinnern sich noch,
in der Linde den letzten aufgestopften Wolfsbalg gesehen zu haben. Auch
wurde in der Sacristei zu Lintorf noch lange ein großes Wolfsgarn aufbewahrt.

Die Lintorfer Kirchspielsfahne, welche in der Kirche zu Lintorf auf-
gehängt ist, trägt das englische Wappen mit dem Namenszuge Georg IV.

2. Kirchspiel Barkhausen,

welches aus 4 Bauerschaften besteht, nämlich 1) Barkhausen, 2) Rabber, 3) Linne und 4) Brockhausen.

A.

§. 1. Landesfürstliche Schlösser, Amthäuser, Mühlen und andere Gebäude befinden sich im Kirchspiele Barkhausen nicht.

§. 2. Auch kein Vogteihaus.

§. 3. Die Kirche ist im Dorfe Barkhausen belegen und befindet sich außerdem in der Bauerschaft Rabber noch eine besondere Kapelle.

§. 4. Die Pfarre zu Barkhausen, welche durch einen Pastor versehen wird, ist evangelischer Religion und steht dem Benedictiner=Kloster St. Simonis und Mauritii zu Minden die Collation zu.

Das Pfarrhaus liegt etwa 200 Schritte von der Kirche entfernt und ist außer demselben noch ein Nebenhaus vorhanden, so dermalen der Pastor emeritus Olsenius bewohnt, auch ist auf dem Hofe noch ein Wagenhaus.

Bei der Angelbecker Marktheilung sind zwei Meyertheile zur Pfarre angewiesen.

Der zeitige Küster zu Barkhausen versieht zugleich die Schule und hat sich der zeitige Archidiaconus der Collation dieses Dienstes angenommen.

Bei der Angelbecker Marktheilung ist für den Küster ein Meyertheil ausgesetzt, weshalb sich derselbe in Rücksicht der mitzuhaltenden Schule beschwert halten will.

§. 5. Rath= und Kirchenspeicher, Richthäuser und andere Versammlungs=Gebäude sind nicht vorhanden, indem das unter den Namen Alte Pastorsche, auf'm Kirchhofe zu Barkhausen befindlich gewesene Haus an den Kaufmann Schwane verkauft und mit dem Teckemeyerschen Speicher vereinigt worden (wovon §. 42.).

§. 6. Auch kein Armen- oder Krankenhaus.

§. 7. Zu Rabber befindet sich außer der Kapelle auch noch ein besonderes Schulhaus für diese Bauerschaft, und hat das Haus Ippenburg das Collationsrecht über den Schuldienst.

§. 8. Das Kirchspiels-Spritzenhaus ist auf dem Kirchhofe zu Rabber belegen und befindet sich darin eine gemeine Feuer-Spritze.

§. 9. Sonstige gemeine Gebäude, als Arrestanten-, Hirten-, Wage-, Abdecker- und dergleichen gemeine Häuser finden sich nicht.

§. 10. Klöster und Gotteshäuser sind nicht vorhanden.

B.

§. 11. Das Haus Critenstein ist das einzige adelige Gut in diesem Kirchspiele. Dessen Gebäude sind

a. das Wohnhaus,

b. das Viehhaus, Pforthaus und Hofdiener-Stall,

c. die Mühle, welche der Müller bewohnt,

d. das Schäferhaus, welches auf einem von der Gemeinheit abquirirten Grund gebauet sein soll. Dasselbe liegt unmittelbar an den Wrechten und wird vom Pächter der Schafhude bewohnt.

Die Bewohner dieser Gebäude betreiben mit ihrem Vieh die gemeine Mark, haben jedoch weiter kein Gewerbe, als daß sie sich mit ihrer Pacht und Ackerbau beschäftigen.

§. 12. Besondere adelige freie Güter sind so wenig, als

§. 13. Exemte Güter im Kirchspiele Barkhausen vorhanden. Indessen hat das Haus Critenstein drei freie Köttereien, nämlich

a. Fleming,
b. Jürgen in der Stege und
c. Schaefer aufm Hopfengarten, und das Haus Ippenburg
d. die Barthauser Mühle, wovon unten §. 16.

C.

§. 14. Befreiete landesfürstliche Amtshöfe und
§. 15. Klösterliche Uthöfe finden sich nicht.
§. 16. Das adelige Haus Critenstein besitzt ein geschlossenes Gehölze oder Sundern, und darin einen eigenbehörigen Kötter, Fiening genannt. Dieser hat keine Marktgerechtigkeit und beschäftigt sich blos mit dem Ackerbau. Gedachtes Haus besitzt ferner zwei eigenbehörige Marktkotten, nämlich

1. Jürgen in der Stege und
2. Schaefer aufm Hopfengarten,

welche auf Critensteinschen Gründen errichtet sein sollen; und beim Examine exemtorum im Jahre 1667 schatzfrei erklärt sind.

Bei der Marktheilung hat jeder dieser beiden Markötter einen Bergtheil erhalten, und concurrirt auch jeder zu den Bauerschafts=Wegebesserungen, nicht aber zu sonstigen Reihepflichten.

Die jetzt an das Haus Ippenburg gehörige Mühle zu Barkhausen soll vormals an das schatzpflichtige Glaumeyers Erbe daselbst gehört haben, und wird von dem Müller bewohnt, welcher zuweilen auch Branntewein brennt. Zur Schätzung ist diese Mühle bisher nicht gezogen. Bei der Angelbecker Marktheilung hat solche einen Bergtheil erhalten.

D.

§. 17. Der ehemalige Zöllner Marktötter Tiemann zu Rabber ist cessante officio bisher so wenig zu Monats= und

Rauchschatzungen, als gemeinen Reihediensten gezogen. Indessen muß derselbe noch jetzt von der Kapelle zu Rabber die Rechnung über Einnahme und Ausgabe führen und als Amts-Conducteur oder Amtsführer in landesfürstlichen Angelegenheiten die Fuhren bis Minden, Petershagen, Bremen u. s. w. begleiten. Der ehemalige Fußknecht, Markkötter Frimmler sive Vennecker zu Barkhausen, ist cessante officio zwar nur erst zum Rauchschatze gezogen, zum Monatsschatze jedoch noch zur Zeit nicht angesetzt.

Von den ehemaligen Baumschließern vid. infra §. 20.

§. 18. Der Markkötter Johann Pott zu Brockhausen ist als Hausvogt am Amte Wittlage nicht zur Schatzung gezogen und muß zwar die Bauerschaftslasten nachträglich prästiren, genießt aber von den übrigen Reihediensten außerhalb der Bauerschaft die Freiheit. Da der Besitzer jetzt zur Versehung seines Dienstes selbst untüchtig ist, so muß er den statt seiner substituirten Amtsdiener unterhalten.

§. 19. Briefträger sind außer dem Markkötter Fricken Grete zu Rabber nicht, welcher die Bestellungen vom Amte und Amtsvogte von Rabber aus an den Untervogt zu Lintorf besorgen muß, und deshalb die Freiheit vom Rauch- und Monatsschatze, auch allen Reihelasten genießt, wobei dafür gehalten ist, daß Beides, seine Dienstobliegenheiten und Freiheiten, in einem billigen Verhältnisse stehen.

§. 20. Die ehemaligen Baumschließer (Vollerbe) Meyer zu Barkhausen, (Vollerbe) Splete zu Linne, (Vollerbe) Volking und (Erbkötter) Herm bey der Brüggen zu Rabber prästiren zwar den Rauch- und Monatsschatz, sind jedoch zu den Gografendiensten, Jagden, Wachten, Flußräumungen, Wegebesserungen und sonstigen außerhalb der Bauerschaft vorfallenden gemeinen Arbeiten, wenn sie nicht in Fuhren bestehen,

noch nicht wieder gezogen. Die Fuhren und Bauerschafts=
lasten werden hingegen von selbigen verrichtet.

Vom ehemaligen Zöllner Tiemann vid. supra §. 17.

§. 21. Bosse oder Busse, ein Marktötter zu Rabber, ist
Bördevogt des Benedictiner=Klosters St. Simeonis et Mauritii
zu Minden und daher nicht zum Schatz=Anschlage gebracht,
auch prästirt derselbe die gemeinen Reihepflichten nicht.

§. 22. Besondere Holzwahrer, Teichwahrer, Jäger, Fi=
scher und andere dergleichen Aufseher und Besteller sind nicht
vorhanden.

§. 23. Im Kirchspiele Barkhausen sind 5 Dorfboten, und
zwar 2 in der Bauerschaft Rabber, nämlich:

die Marktötter Hüsemann und Knippenberg.

Einer zu Barkhausen, nämlich der Besitzer Maria unterm
Brinke.

Einer zu Linne, der Marktötter Jürgen Schröder, und
zu Brockhausen, der Marktötter Grete Schlüter, welche die
Amts= und Bauerschafts=Angelegenheiten den Dorf= und
Bauerschafts=Eingesessenen ansagen und bekannt machen müs=
sen; selbige präsliren zwar bis auf den Brinksitzer Maria un=
term Brinke alle Schatzungen, sind jedoch frei von den ge=
meinen Reihediensten. Der Besitzer Maria unterm Brinke zu
Barkhausen ist bisher zum Monatsschatze nicht angesetzt, son=
dern nur zum Rauchschatze gezogen.

Sonstige erbliche Renten (?) für Vorsteher, Führer, Fähn=
driche, Trommelschläger und Schützenkönige finden sich nicht.

§. 24. Erbholzmeister und Unterholzgrafen sind nicht
vorhanden.

§. 25. Die beiden Sadelhöfer, nämlich (Vollerbe) Gla=
meyer zu Barkhausen und (Vollerbe) Heckermann zu Linne,
präsliren die Schatzungen, sind jedoch von Gografendiensten,
ordinairen Jagden und Wachten, auch solchen Flußräumun=

gen und Wegebesserungen, welche die Bauerschaft, worin sie wohnen, nicht betreffen und wozu keine Fuhren erfordert werden, befreiet. Die Verpflichtungen, welche sie mit den übrigen Sabelhöfern des Amts Wittlage gemein haben, sind, daß sie jährlich Einen Handdienst am Amte präftiren, auch bei Criminal=Vorfällen das dabei nöthige Holz auf= und abladen, Galgen und Rad aufrichten, die Leitern daran auf= und ab= setzen helfen und bei Verkündigung der Todesurtheile und Execution den Kreis schließen.

§. 26. Von mehreren freien Amtsdienstpflichtigen präftiren jährlich acht am Amthause einen wöchentlichen Handdienst oder bezahlen dafür 3 ℔. Selbige sind dagegen während des Dienstjahres von Gografendiensten, ordinairen Jagden, Wachten und sonstigen Verrichtungen, welche mit der Hand geschehen, soweit sie nicht in der Bauerschaft vorfallen, frei.

§. 27. Bei der Kirche zu Barkhausen ist der Erbkötter Kerkstäter zu Rabber Kirchendiener, so den nöthigen Communicanten=Wein anholen muß und dagegen von der Land=, Amts= und Bauerschaftsfolge frei ist, übrigens aber die Schatzungen präftirt. Da dermalen zu Barkhausen selbst der nöthige Wein zu haben ist, so wird zwar der Dienst nicht weiter geleistet, jedoch dem Küster dafür ein jährliches Geld= quantum gegeben.

Der Erbkötter Eickermann zu Rabber ist Mönchediener und geht, wenn die Franciskaner aus Bielefeld und die Dominikaner aus Osnabrück im Kirchspiele Barkhausen ihren sogenannten Butter= und Rocken=Termin halten, zur Begleitung mit, wobei er das Butterfaß und den Sack zu tragen hat. Er ist dagegen von Gografendiensten, ordinairen Jagden, Wachten und andern Handdiensten außerhalb der Bauerschaft frei, die übrigen Verpflichtungen aber muß derselbe, so wie auch die Bauerschaftslasten und Schatzungen in der Ordnung prästiren.

§. 28. Hausgenossen und Petersfreie sind nicht vorhanden.

E.

§. 29. Amts- und Gerichtspersonen, Fiscale und Vögte wohnen dermalen nicht im Kirchspiele Barkhausen, als eine Wittwe derselben.

§. 30. Auch keine Amtsführer, Amts- und Gerichtsdiener, Holzknechte, Amtsjäger, Halbmeister, Fußknechte.

§. 31. Im ganzen Kirchspiele ist nur ein einziger Untervogt, welchen der Amtsvogt vorschlägt und das Amt approbirt und beeidigt.

§. 32. Der zeitige Amtsvogt befreiet fünf Personen von den Gografendiensten, ordinairen Jagden, Wachten und andern gemeinen Handdiensten, und zwar 1 zu Barkhausen, 1 zu Linne, 2 zu Rabber und 1 zu Brockhausen. Er erhält dafür von jedem Einen Reichsthaler. Die Bauerschaftslasten müssen selbige jedoch mit verrichten.

Auf gleiche Weise befreiet der zeitige Untervogt fünf Personen, jedoch mit dem Unterschiede, daß nur Einer von dem Gografendienste frei ist und die übrigen, welche solchen prästiren, demselben nur 14 ß entrichten.

§. 33. Zu Barkhausen sind 2 Kirchen-Provisoren, welche für ihren Dienst aus den Monatsschatzungen jährlich 3 ₰, und aus der Kirchen-Rechnung jährlich zwei Reichsthaler erhalten, und von Gografendiensten, Jagden, Wachten und andern gemeinen Handdiensten außerhalb der Bauerschaft frei sind.

§. 34. Bauerrichter sind in der Bauerschaft Rabber und Brockhausen zwei, in Barkhausen und Linne aber nur Einer. Diese sind von den gemeinen Reihepflichten frei, und führen bei Wegebesserungen, Flußräumungen und sonstigen in und außerhalb der Bauerschaft vorfallenden Arbeiten die Aufsicht; berechnen die Bauerschafts=Gelder, besorgen die ihnen vom Amte zukommenden Befehle und was in Bauerschafts=Angelegenheiten überhaupt vorfällt. Die beiden Bauerrichter zu Rabber genießen für die extraordinairen Bemühungen die Hälfte des von der Bauer=Rente, nach Abzug von 5 ℳ, bleibenden ungewissen Ueberschusses, und die beiden Bauerrichter zu Brockhausen desfalls das nämliche nach Abzug von vier Reichsthalern. Der Bauerrichter zu Linne genießt für jeden Gang in Bauerschafts=Angelegenheiten innerhalb Amts, jedoch außerhalb der Bauerschaft 1 β; außerhalb des Amts aber nach Entfernung des Orts ein Mehreres. Eben diese Vergütung hat auch der Bauerrichter zu Barkhausen.

Wegen der Bauerschaftsboten, welche ebenfalls in den Bauerschaften einige Bestellungen verrichten, vid. §. 23.

§. 35. Neben=Schulhalter, so bei anderen wohnen, oder keine besondere zur Schule beständige Wohnung haben, sind nicht verzeichnet.

§. 36. Im Kirchspiele Barkhausen wird ein Fähndrich vom Amte und Amtsvogte gemeinschaftlich angesetzt, welcher bei erforderlichen Fällen die Kirchspiels=Fahne tragen, bei Arrestirungen, auszustellenden Wachen, Visitationen und sonstigen Vorfallenheiten aufwärtig sein, auch bei gemeinschaftlichen Arbeiten, als Flußräumungen, Wegebesserungen u. s. w. als Mitaufseher erscheinen muß. Dagegen ist derselbe nicht nur selbst frei von Gograsendiensten, Jagden, Wachten und andern außerhalb der Bauerschaft vorfallenden gemeinen Handdiensten, sondern befreiet auch noch einen andern von Jagden, Wachten, Flußräumungen und Wegebesserungen, sofern letztere keine Fuhren erfordern, und erhält dafür von selbigem insgemein 14 β. Die Bauerschaftslasten aber muß jeder in der Ordnung prästiren.

Corporale sind zu Barkhausen und Linne vier (welche beide hierunter nur Eine Bauerschaft ausmachen), zu Rabber Einer und zu Brockhausen Einer. Die Verpflichtung derselben besteht darin, daß sie bei Arrestirungen und Visitationen, auch zu stellenden Wachen sich gebrauchen lassen, auch bei den außerhalb der Bauerschaft eintretenden gemeinen Arbeiten als Mitaufseher erscheinen müssen. Sie haben deßhalb die Freiheit von Gografendienst, Jagden, Wachten, Flußräumungen, Wegebesserungen und andern außerhalb der Bauerschaft vorfallenden Arbeiten, insofern solche keine Fuhren erfordern. Sie befreien auch außerdem in ihren Bauerschaften noch einen andern von diesen Verpflichtungen mit Ausschluß der Gografendienste, wofür sie von den Befreiten insgemein 14 β erhalten. Die Bauerschaftslasten müssen jedoch beide nachbargleich prästiren.

Trommelschläger sind zu Barkhausen und Linne Einer, zu Rabber Einer und zu Brockhausen Einer, selbige werden vom Amtsvogt angesetzt und müssen in vorkommenden Fällen die Trommel schlagen, welche von den Bauerschafts-Eingesessenen angeschafft wird; die Trommel und die Bauerschaftseiserne Schlage in Verwahr haben, auch letztere bei Wegebesserungen, die mit Steinen geschehen, herbeibringen und nach Vermögen die großen Steine zerschlagen. Dagegen sind dieselben von Gografendiensten, ordinairen Jagden, Wachten, Flußräumungen, Wegebesserungen, sofern letztere nicht mit Steinen geschehen, und sonstigen außerhalb der Bauerschaft vorfallenden gemeinen Handdiensten frei. In der Bauerschaft aber müssen selbige alles nachbargleich prästiren.

§. 37. Besondere Unterholzgrafen sind im Kirchspiele Barkhausen nicht, welches ganze Kirchspiel zur Angelbecker Mark gehört. Mahlleute aber aus diesem Kirchspiele vier, vom Amte Wittlage als nachgesetzten Holzgrafen angesetzt, welche bei den Holzgerichten vom Gografen beeidet werden. Selbige haben keine besondere Freiheiten.

§. 38. Besondere Grabenmeister, Wegaufseher und Nachtwächter sind zu Barkhausen nicht.

Zur Kirchspiels-Spritze ist ein Spritzenmeister angesetzt, welcher eine Vergütung an Gelde erhält, sonst aber keine Freiheiten hat.

Armenjäger sind zu Barkhausen und Linne Einer, zu Rabber Einer und zu Brockhausen Einer. Selbige erhalten Besoldung, haben aber keine Freiheiten.

F.

§. 39. Die Leibzüchter werden in Absicht der gemeinen Reihepflichten den Heuerleuten durchgängig gleich gehalten und genießen also keine besondere Freiheiten.

§. 40. Im Kirchspiele Barkhausen sind einige kleine Marktkötter, so ihren Beitrag zu den Reihelasten in geringerer Maße als die übrigen, und theils nur als Heuerleute, prästiren. Diese sind zu Linne (22) Schierbaum, (23) Jürgen Schröder, (25) Berend Küster, (27) Wibbeler, (31) Thille, (32) Lücke aufr Leimkuhle, (33) Wilfmann, (34) Teves auf der Heyde, welche Acht nur so viel, als Ein Vollerbe beiträgt, contribuiren, da sonst Sechs Marktkötter auf Ein Vollerbe gerechnet werden.

Zu Rabber (31) Schlüter, (37) Schmitz aufm Kamp, (39) Becke, (40) Gerke Böster, (42) Aune bei der Hunte, (43) Wulf, (44) Henrich Schwegmann, (52) Hüsemann, (53) Jaspar aufm Brinke, (54) Sommer, (56) Herman Obrock, (57) Knippenberg, (58) Mibbendorf, (64) Weslerfeld, (65) Schnitker, (68) Kruse, (69) Jürgen Hamping, von denen gleichfalls acht auf Ein Erbe gerechnet werden.

Zu Brockhausen (55) Jurgen Wilkener, so auf gleiche

Weise nur zum achten Theil, (57) Kutscher, so gar nichts, mithin nur als ein Heuermann und (58) Schulte, so nur zu Geldbeiträgen wie Wilkener, bei Strohlieferungen aber gar nicht, und im übrigen nur als ein Heuermann contribuirt.

§. 41. Die Neuwohner sind unter den kleinen Mark=köttern mit bemerkt und prästiren, insonderheit der Schulte und Kutscher zu Brockhausen und Kruse zu Rabber, die Reihelasten nicht in gehöriger Maße, sondern zum Theil nur als Heuerleute.

§. 42. Von den Kirchhöfern 1) Jost Schlömann, 2) Schwane, vorhin Leckemeyer und Alte Pastorsche, als welche beide zusammengezogen sind, 3) Grete Böning und 4) Johann Harde, ist bisher nur der erstere zum Monats=schatz, alle aber sind zum Rauchschatz angesetzt. Die gemeinen Reihedienste prästiren sie nicht, indessen ist jedem bei der An=gelbecker Marktheilung ein Antheil von 3 G. ¼ B. Holzwachs zugelegt.

§. 43. Die Heuerleute tragen außer dem Rauchschatze zu den gemeinen Auflagen und Reihepflichten nicht weiter bei, als daß sie Einen Tag am Amte dienen und zu den Wege=besserungen, wenn solche extraordinair und binnen Amts ge=schehen. Desgleichen zur Hunteräumung gegen die Erbgesesse=nen um's andere Mal den Handdienst verrichten müssen.

§. 44. Außer den bereits benannten praediis sind die übrigen zum Monatsschatze angesetzt.

Vacant ist das Heckermannsche Vollerbe zu Linne.

Dismembrirt ist das Schlütersche Halberbe zu Rabber, so der Anzeige nach zum Gute Critenstein eingezogen worden, bis auf denjenigen Theil, woraus der Schlütersche Marktkotten entstanden ist.

Der im Jahre 1667 wegen Armuth der Besitzerin zum

Monatsschatz nicht angesetzte Maria Schrievers Marktotten geht ganz ab.

§. 45. Leibzuchten fehlen in Rabber beim Vollerben Schwegmann und bei den Halberben Hamping, Huge und Herrn Meyer, auch prästirt der Schwegmann den Leibzuchts-Rauchschatz nicht.

§. 46. Die Bauerschaft Brockhausen hat Einen Garten von ohngefähr Einen Scheffel groß.

§. 47. Der Amts-Rentmeister Schmidtmann zu Iburg besitzt 9 verschiedene Grundstücke, welche insgesammt ohngefähr 12 Malter Saat groß sind.

Das Haus Ippenburg besitzt daselbst 4 Malter.

Der Schulmeister zu Hilsede 4 Scheffel Weide-Grund. Außerdem haben die Coloni Büscher, Gronemeyer und Doßhalt zu Wittlage Einige Wiesen und Ackerländereien, respective ad 2 Scheffel, 5 Sch. und 12 Scheffel.

§. 48. Das ganze Kirchspiel Barkhausen gehört in die Angelbecker Mark und hat darin seine besondere Weisung.

Anmerkungen.

Zu §. 3. Der Name Barkhausen wird von Berg, Birke (plattdeutsch Berke) oder von dem plattdeutschen Wort Bark (hochdeutsch Rinde) abzuleiten sein, und da das Dorf zwischen bewaldeten Bergen liegt, so konnte die Ableitung von allen dreien im Gegensatz zu Brokhausen, welches im Broke, Bruche liegt, gleiche Wahrscheinlichkeit haben. Von der Entstehung der Kirche zu Barkhausen ist im Pfarrarchive keine Notiz vorhanden. Man vermuthet darin jedoch mit Recht, daß sie mit zu den ältesten im Lande gehört. Sie ist dem St. Martin und der heiligen Katharina geweiht. Der erste Schutzheilige, welchem auch die alte Kirche in Buer geweiht war, dessen Bild, wie im Bericht des Pastor Pötter zu Barkhausen aus dem Anfang des 18. Jahrhunderts steht, daselbst hinter dem Altar auf einem Pferde reitend und den Hut auf einem Ohr zu sehen gewesen sei, gehört zu denen, welchen neben dem Erzengel Michael und St. Petrus eine große Menge uralter Kirchen geweiht war. Wenn nun auch nicht immer der heilige Martin an die Stelle Wodans trat und unter seinem Namen eine Kirche im Wodan-Heiligthume verdrängte, so läßt sich doch unter den meisten Fällen annehmen, daß, da der Martinscultus gleich anfangs sehr verbreitet war, die Kirchen, welche seinen Namen tragen, zu den ältesten im Lande gehören. Ursprünglich soll die Kirche nur eine Kapelle, oder wie im Kirchenbuche von Pastor Hilman, „Diener Christi an der Gemeinde zu Barkhausen", steht: „klein, sehr alt Kirchlein gewesen" sein. Daß das Chor späteren Ursprungs ist, geht deutlich aus der Verschiedenheit des Baustyls hervor, indem das Chor viel zierlicher mit Gewölbgurten von behauenen Steinen und Schlußstein, das jetzige Schiff der Kirche sehr plump und gedrückt im Rundbogenstyl gebaut ist, so daß das Gewölbe große Aehnlichkeit mit einem Tonnengewölbe hat, indem zwischen je zwei flachen und breiten Gurtbogen sich zwar ein Kreuzgewölbe erhebt, aber mit so wenig ausgesprochenen Formen und ohne scharf ausgemauerte Gratbogen, daß der Eindruck, welchen die breiten Gurtbogen machen, der überwiegende ist. Außerdem steigt man mit einigen Stufen in den Raum der Kirche hinab. Alles dieses beweist, daß wir es mit einer sehr alten Kirche zu thun haben, wo der romanische Baustyl in der rohesten Form uns geboten wird und noch keine Spur von den freieren Formen des germanischen Baustyls zu finden ist, welcher in der Mitte des 13. Jahrhunderts seine Vollendung erreicht und für den Kirchbau maßgebend wurde.

Auch der Umstand, daß die Kirche zwei Schutzheilige hat, spricht für eine nachherige Vergrößerung derselben, indem man dem alten Schutzpatron, welchen man nicht verwerfen wollte, bei der jetzt erzielten größeren Bedeutung der Kirche unter der Gestalt der heiligen Katharina eine Schutzgehülfin gab. Naiver ist allerdings der Grund, welchen Pastor Pötker geltend macht, nämlich der, daß der erste „vor die Männer, die zweite vor die Frauen" habe gelten sollen. Das Chor soll vor 100 Jahren gebaut sein und glaubt man sich zu dieser Annahme durch den Umstand berechtigt, daß sich in einem auf dem Chor befindlichen Fenster, in dem einen Fache das Busch'sche Wappen mit den Worten: Johan von dem Busche, in dem andern: Gerhardus Abba in Minda vorgefunden haben. Jener nun soll kein anderer sein, als der Johan von Busche, welcher im Jahre 1421 vom Bischof zu Osnabrück und Münster, Otto von Hoya, die Erlaubniß erhielt, auf dem Hause Ippenburg eine Kapelle zu stiften. 1663 waren auf dem Thurm drei Glocken, deren Aufschriften in Hilmans Kirchenbuche aufbewahrt sind.

Auf der größten Glocke stand:

Albertus de essen nunc curatus Johan Vrese me fusit Anno Domini M. CCCC. XCIIII Maria hete ick, Marien löve ick. Mitten auf ihr war ein Marienbild und unter demselben die Worte angebracht: Ave Maria. —

Die zweite Glocke war umschrieben: Sanctus Martinus Epishapus patronus noster anno Domini M. CCCC. XCIIII.

Auf der dritten und kleinsten las man:

Gaudia divina tu posce famulis Catharina. O Rex glorie veni in pace. anno Domini M. CCCC. XCV.

Dem Benedictinerkloster St. Simeonis und Mauritii zu Minden stand das jus patronatus über die Kirche zu Barkhausen zu und mochten von da aus Mönche zur Verwaltung der Pfarre und des Gottesdienstes entsandt werden. Wie das Benedictinerkloster dieses Recht acquirirte, ist nicht bekannt. Es kann sein, daß, da der Benedictinerorden in alter Zeit hoch angesehen war, man ihm eine tüchtige Bestellung der Pfarre zutraute. Es hatte das Kloster im Kirchspiele Barkhausen viele Eigenbehörige, welche aber nur ein laudemium, etliche, die auch Pacht bezahlen mußten. In Rabber und Linne hatte es den Korn- und Blutzehnten.

In der Kirche zu Barkhausen zeigt der Thurmprechen die Jahreszahl 1592. Um 1660 waren noch 2 Altäre vorhanden und noch jetzt fallen dem Besucher der Kirche die mit ungewöhnlicher Eleganz verfertigten 6 Chorstühle auf, welche durchaus nicht zu der etwas ärmlichen Nachbarschaft passen wollen. Der Pastor Helman sagt, daß sie Niemanden eigen sind. Sie mögen vom Kirchenpatron an die Kirche geschenkt sein. Der erste evangelische Prediger war Danckmeyer, welcher 1650 genannt wird und bis 1607 gelebt hat. Den evangelischen Pastor Hoffroge vertrieben im dreißigjährigen Kriege die Kaiserlichen, den an seiner Statt fungirenden Pater Torwesten die Schweden. Der erstere wurde wieder restituirt, erlebte aber das Ende des Krieges nicht. Seinem von den Schweden eingesetzten Nachfolger Knippenberg wurde nach dem Friedensschluß bedeutet, daß er von neuem die Collation beim Kloster zu Minden nachzusuchen habe. Sein Nachfolger, Magister Helman, findet in der Kirche und auf der Wehdum Alles verwüstet. Er scheint nach dem Kirchenbuche, welches er angelegt und aus dem diese Notizen entnommen sind, und nach den Zeugnissen seiner Nachfolger ein unterrichteter Mann, guter Seelsorger und tüchtiger Verwalter der Pfarre zu Barkhausen gewesen zu sein. Unter den andern Pastoren hat sich nichts ereignet, was zur besondern Aufzeichnung auffordern könnte.

Es gehörte an die Wehdum von altersher die Freiheit, in der Hunte und Glane zu fischen, so weit diese im Barkhäuser Revier fließen, ein Recht, welches ihr von Critenstein (oder Krietenstein) aus vergeblich streitig gemacht wurde. Außerdem besaß die Wehbum 6 Rechr. Man sieht daraus, daß es den mönchischen Pfarrverwaltern an schmackhaften Fastenspeisen nicht kann gefehlt haben, um so weniger, da sowohl die Hunte als die Glane die schönsten Forellen aufweisen können. Endlich gehörte noch an den Wehbum eine freie Schafhude.

Die Kirchspielsfahne, welche in der Kirche zu Barkhausen aufbewahrt wird, zeigt das englische Wappen mit dem Namenszuge Friedrichs, Herzogs von York und Bischofs von Osnabrück. —

Von der Kapelle zu Rabber ist geschichtlich wenig bekannt. Maria, die Mutter Gottes, ist Patronin. Der Gottesdienst bei der Kapelle zu Rabber soll vor der Reformation durch einen Vicarius versehen sein. Die Kapelle hat ein vollständiges Kircheninventar, auf dem Altar sind die Wappen der von Bussche und von Mönchhausen angebracht. Es wird auch jetzt noch zwei Mal im Jahr in der Kapelle Gottesdienst gehalten.

§. 4. Es hat sich unter den Kirchenpapieren gefunden, daß die Wahl des Küsters der Gemeinde zusteht. Es wählen der Pastor und die Provisoren mit 2 Deputirten aus jeder Bauerschaft.

Zu §. 4.

1543.

GROTHAUS.

Die Junghrrren von Grotthaus, welche lange im Besitz von Krietenstein waren, gehören wahrscheinlich zum tecklenburgschen Dienstmannsgeschlechte gleichen Namens, dessen Stüve in seiner Geschichte des Hochstifts Osnabrück erwähnt. Das jetzige Wohnhaus ist erst gegen Ende des vorigen Jahrhunderts vollendet, indem es um die Hälfte vergrößert wurde. Die erste Hälfte, der rechte Flügel, ist wohl um 1543 gebaut, wie das adlige Wappen derer von Grotthaus, welches über der Gartenthür mit dem der Ptabiesen vereinigt angebracht ist, andeutet. Da über der eigentlichen Eingangsthür ein Raum leer gelassen, um ein Wappen aufzunehmen, aber nicht ausgefüllt ist, so läßt sich hieraus mit Bestimmtheit schließen, daß dieses zu dem Zwecke intendirt war, um, wie an der andern Seite das alte wieder eingemauerte Wappen den Anfang des Baus mit der Jahreszahl 1543 documentirte, die Vollendung des Baues durch Wappen und Jahreszahl ebenfalls zu kennzeichnen. Von den Jungherren Grothaus auf Krietenstein ist wenig bekannt. Der Vorname Philipp scheint gebräuchlich gewesen zu sein. Der Pastor Helman erzählt uns, daß der damalige Gutsherr auf Krietenstein, Jungherr Phillpp von Grothaus, das Recht eines Burgmanns oder Obergildemeisters über die Barkhauser Kirche sich angemaßt habe oder habe beanspruchen wollen, welches ihm aber decretaliter abgeschlagen wurde. Eben so vergeblich hal derselbe der Wehbum zu Barkhausen die Fischgerechtigkeit in der Hunte und Glane und die freie Schafhude streitig zu machen versucht, wobei denn der Pastor darauf hinweist, daß er Zeugnisse habe, wie die Paslöre zu Barkhausen schon seit vielen hundert Jahren diese Gerechtsame ausgeübt, der Krietenstein aber erst seit 100 Jahren gestanden. Helman lebte um 1660 und wenn man hundert Jahre zurückzählt, so stimmt dessen Angabe ziemlich genau mit der Jahreszahl 1543 unter dem Wappen überein. — In der Kirche zu Barkhausen hängen zwei Trauerwappen der von Grothaus. Das eine, an dessen Seite ein Degen und ein Sporn an der Wand befestigt sind, trägt keinen Namen, nur den Todestag und die Jahreszahl 1675, vielleicht gilt dieses dem Philipp von Grothaus, mit dem der Pastor Helman den bekannten Proceß führte. Das zweite, welches neben dem ersten hängt, ist dem Andenken des letzten Jungherren von Grothaus gewidmet, welcher als Hauptmann zu Göttingen, im Jahre 1772 in der Fulda ertrank. Sein Name und Titel sind auf dem Trauerwappen angegeben, ebenso Geburts-Tag und Jahr, wie auch Datum seines gewaltsamen Todes. Er hieß Friedrich Ernst Philipp von Grothaus, Herr von Krietenstein, war Capitain und Wegcommissair, geboren 1734, gestorben im Jahre 1772. Ein Herr von Krietenstein soll vor Bergen op Zoom gefallen sein. Nach dem Absterben des letzten Jungherrn von Grothaus ging Krietenstein auf dessen Schwager, Herrn von Langreher, über. Dieser verkaufte es an den Grafen von Münster-Langelegen, der es wieder an den Geheimrath von Redeker in Minden veräußerte. Dieser vermachte es an den Vater des jetzigen Besitzers, den Regierungsrath von Pestel. —

Es gehörte zur Leibzucht von Krietenstein der alte Hof, welcher, bei Barkhausen gelegen, vor 60 Jahren verkauft wurde.

b. Der Hofdienerstall lag früher zwischen Pfort- und Blekhaus.

Zu §. 10. Die Angabe, daß die jetzt dem Hause Ippenburg gehörige Mühle zu Barkhausen früher an das Glanmeyers Erbe daselbst gehört habe, ist sehr wahrscheinlich. Die Mühle ist auf Glanmeyers Grund und Boden gelegen und fällt der Glanmeyer das Holz bis an das Wasser. Der jetzige Besitzer des Glanmeyers Vollerbe zu Barkhausen behauptet, daß einer seiner Vorfahren die Mühle als Pathenstück an Ippenburg verschenkt habe, was aus Papieren erhellige, welche sich auf dem Gute vorfänden.

3. Verzeichniß

derjenigen, die im Kirchspiele Venne einer Freiheit

A. vom Schatze,

B. von der Landfolge

und

C. von sonstigen gemeinen Lasten

genießen.

A. Vom Schatze.

I. Die landesherrliche Mühle im Dorfe Venne.

Vid. adj. 1.

II. Das adelige Haus Borgwedde mit folgenden Nebenfeuerstätten:

a. binnen den Wrechten:

2. das kleine Haus auf dem Platze,
3. Altonauen Haus,
4. das Haus am untern Felde,
5. die Mühle,
6. das Haus am Fahren-Kampe;

b. außerhalb den Wrechten:

7. das Haus am obern Felde,
8. das Sommer-Haus,
9. Hassebrocks Kotten.

Vid. adj. 2.

III. Barlingmeyers Halb-Erbe sive Barlinghof in der Bauerschaft Niewedde.

Vid. adj. 3.

IV. Folgende Kirchen- und Schul-Gebäude:

1. das Pastorat-Haus,
2. die Küsterei,
3. das Schulhaus.

Vid. adj. 4.

V. Burgermeisters Markkotten in der Bauerschaft Wahle, jetziges Vogtei-Haus.

Vid. adj. 5.

VI. Der vacante Markkotte Gehrd Bunte in der Bauerschaft Wahle.

Vid. adj. 6.

VII. Der vacante Markkotte Arend in Wibow in der Bauerschaft Broxten.

Vid. adj. 0.

B. Von der Landfolge

genießen vorstehende von No. I bis VII und mit denen nachfolgende der Freiheit.

VIII. Der vacante Markkotte Gehrd Rehme in der Bauerschaft Broxten.

Vid. adj. 7.

IX. Der vacante Markkotte Mettenschmidt in der Bauerschaft Broxten.

Vid. adj. 7.

X. Der vacante Markkotte Claus in der Stege in der Bauerschaft Broxten.

Vid. adj. 9.

XI. Folgende Briefträger:

1. der Markkötter Landwehr und
2. „   „   Niehans in der Bauerschaft Niewebbe,
3. „   „   Dierking s. Diercks in der Bauerschaft Broxten.

(Vid. adj. 10.

XII. Der Untervogt.
Vid. adj. 11.

† † †

XIII. Die Kirchhöfer sollen nach der Anzeige des Amts-Vogts von allen Kirchspiels- und Bauerschafts-Lasten frei sein, sie haben jedoch zu den letzten Landfolgen contribuirt. Es sind folgende:
1. Ebbecke Morrian,
2. Schnieder,
3. Borries,
4. Schlomer,
5. Schletbaum s. Schleibaum,
6. Claus Rehme s. Schröder,
7. Gehrd Morrian,
8. Lampe Brinkmann,
9. Joh. Buckm. Ellermann.
Vid. adj. 12.

C. Von sonstigen gemeinen Kirchspiels- und Bauerschafts-Lasten.

Die sub No. I bis XIII vorangeführten sind auch von sonstigen gemeinen Kirchspiels- und Bauerschafts-Lasten frei, und nachstehende genießen der beigesetzten Freiheiten.

I. Folgende Hüerträger:
1. der Erbkötter Havekotte in der Bauerschaft Broxten und
2. der Erbkötter Mettwurst in der Bauerschaft Vorwahle,
von Kirchspiels-Lasten, Wegebesserungen, Gografen- und sonstigen Diensten.
Vid. adj. 13.

II. Die beiden zeitigen Kirchen-Provisoren von Wachten und Gografen-Diensten, von der außerhalb des Kirchspiels

vorfallenden Handarbeit und von den Fuhren zur Wegebesserung binnen des Kirchspiels.
Vid. adj. 14.

III. Die zeitigen drei Bauerrichter — von der Handarbeit binnen und außer dem Kirchspiele und von den binnen dem Kirchspiele erforderlichen Rundefuhren.
Vid. adj. 15.

IV. 1) Der Fähnbrich — von Wachten und Gografendiensten, von vorfallenden Handdiensten und von den binnen dem Kirchspiele zu Wegebesserungen erforderlichen Rundefuhren.
Vid. adj. 16.

2) Die 3 zeitigen Corporals — von Gografendiensten und Wachten, von den binnen dem Kirchspiele behuf Wegebesserungen erforderlichen Fuhren und überdies hält jeder in seiner Bauerschaft einen Mann vom gemeinen Handdienste frei.
Vid. adj. 16.

3) Der Tambour ist auch als Kirchhöfer von den Kirchspiels- und Bauerschaftslasten frei.
Vid. adj. 16.

V. Die zum sogenannten freien Rott gehörigen 7 kleinen Marktkötter

1. Unland,
2. Struck,
3. Gehrd Hackmann,
4. Otten,
5. Schnieder a. Schlüter,
6. Schmidt und
7. Linnenschmidt

werden nicht zu den Amts-Wachten gezogen und prätendiren auch die Freiheit von Hunteräumen und Wegebesserungen.
Vid. adj. 17.

Von den Kirchspiels- und Bauerschafts-Lasten ꝛc. im Kirchspiel Benne.

Wenn im Kirchspiele Venne die Fuhren, Handdienste, Collecten, außerordentliche Contributionen und dergleichen nur eine oder andere Bauerschaft allein angehen, so werden solche Bauerschafts-Lasten, dafern sie aber das ganze Kirchspiel betreffen, Kirchspiels-Lasten genannt; es hat aber der Amtsvogt nicht specifico anführen mögen, was eigentlich zur einen oder anderen Art gehört.

Vid. Vol. spec. 15 adj. 6. 7.

Außer der Landfolge und den Rundediensten sind folgende Pflichten bemerklich gemacht:

1. die Wachten,
2. das Hunteräumen,
3. die Jagden und
4. die Gografendienste.

1. Die Wachten werden nicht allein bei Vorfallenheiten am Amtshause, sondern auch im Kirchspiele, z. E. bei ansteckenden Seuchen, Visitationen, Besetzung der Pässe und Wege, bei Arresten und wann es sonst erforderlich ist, verrichtet.

2. Das Hunteräumen geschieht jährlich ein, zwei oder mehrmal nach erfordernder Nothdurft, da dann das ganze Kirchspiel dazu auf einen Tag aufgeboten, und in einem sicheren vormals zwischen den dreien Kirchspielen des Amts verabredeten Districte der Hunte gebraucht — und solcher Dienst auf keine andere Art verwendet wird.

3. Von der Pflicht der Jagd ist dem Amtsvogte nichts weiter bekannt, als daß die Eingesessenen vor einigen Jahren zur Wolfs-Jagd gebraucht wurden.

4. Zum Gografen-Dienst ist jeder schatzpflichtige Erb-

mann, er sei Voll- oder Halb-Erbe oder Kötter, jährlich zwei Tage und jeder Heuersmann jährlich einen Tag verpflichtet. Die Dienste der Erbleute pflegen von der Landes-Regierung oder Cammer einem oder andern angewiesen zu werden, die Dienste der Heuerleute aber werden beim Amte Wittlage jährlich verbraucht.
Vid. Vol. spec. 15 adj. 17.

Zu den Rundefuhren sind außer denen, die oben im Verzeichnisse als davon befreiet angegeben, die Voll- und Halb-Erben ohne Unterschied verpflichtet, die Erb- und Marktkötter aber nur alsdann, wenn sie Pferde halten.
Vid. Vol. spec. 15 adj. 4. 8.

a. Welchermaßen die Rundefuhren von den Voll- und Halb-Erben, Erb- und Marktköttern gestellt werden, und wie viel Pferde aus jeder Bauerschaft erfolgen.
Vid. Vol. spec. 15 adj. 1. 3.

b. welche zur Rundefuhr verpflichtet und welche davon befreiet
Vid. Vol. spec. 15 adj. 2. 4.

c. wie die Rundefuhren in verschiedenen Classen vertheilt und welchermaßen solche verrichtet werden
Vid. Vol. spec. 15 adj. 2.

d. was desfalls zu bemerken gefunden
Vid. Vol. spec. 15 adj. 4. 5.

davon geben die angeführten adjuncta näher Nachricht, und wie

o. die in diesem Kirchspiele vorhandene ungleiche und verworrene Einrichtung wegen der Rundefuhren abzuändern sein möchte, desfalls finden sich Vorschläge der Beamte
in Vol. spec. 30 vom Kirchspiele Osterkappeln, adj. 9, welche jedoch, wie sie selbst sehr richtig bemerken, einer näheren Prüfung bedürfen.

Wenn Fuhren in der Runde geschehen, wobei auch Handdienste nöthig sind, so werden solche von den Költern, die keine Pferde halten, mithin keine Fuhren leisten, und von den Heuerleuten — und zwar aus jeder Feuer=Stätte, mit einem Mann verrichtet.

Dafern nur blos Handdienste in der Runde nöthig sind, so muß aus jedem Voll= und Halb=Erbe, Erb= und Mark-kotten — auch aus jedem Heuerhause ein Mann gestellt wer=den, wobei jedoch diejenigen Heuerhäuser, worin nur eine Parthei wohnt, in dem Falle, da die Arbeit weitläuftig ist, und die Reihe oft herumkommt, das zweite Mal vorbeige=gangen werden.

Vid. Vol. spec. 15 adj. 6. 8.

Die Bestellung geschieht auf Befehl des Amts=Vogts von den Bauerrichtern.

Vid. Vol. spec. 15 adj. 6.

Die landesherrliche Mühle zu Benne.

Bei selbiger ist keine Wohnung vorhanden, sie hat auch keine Marktgerechtigkeit, und es wird so wenig Schatz als andere Dienste davon verlangt.

Vid. Vol. spec. 1 adj. 1.

Das adelige Haus Borgwedde.

Bei dem Examine Exemtorum anno 1666 hat der da=malige Besitzer dieses Guts von Preuge schriftlichen Bericht eingegeben, daß es ein uraltes adeliges Gut und Haus sei, auch die Baren davon zu Landtagen beschrieben worden,

Vid. Vol. spec. 2 adj. 2. 3.

und da es auf keinen Schatzregistern befunden,

Vid. Vol. spec. adj. 2.

so ist es am 17. Februar 1667 beschlossen worden, daß es für schatzfrei zu halten sei.

Vid. Vol. spec. 2 adj. 4.

Wegen eines zu diesem Gute gehörigen Wäldeners — Namens Haffebrock's — ist bereits im Jahre 1659 Frage vorgekommen und im Landrathe resolvirt worden:

weil man aus dem übergebenen Documente sehe, daß die Erbauung (des Koltens) aus gemeiner Mark geschehen, und ohne Zweifel der Mark genieße, als müsse der Kotte geben oder die Exemtion beweisen,
Vid. Vol. spec. 2 adj. 5.

und obwohl der von Prenge bei dem Examine Exemtorum im Jahre 1666 schriftlich vorgestellet hat, daß der Kotte in seinen Wälden belegen, der Bewohner zur Aufsicht der Drechten und Schlagbäume gebraucht werde, und nie zum Schatze contribuirt habe,
Vid. Vol. spec. 2 adj. 8.

so ist derselbe doch in alten Registern, daß er Schatz gegeben, aufgefunden,
Vid. Vol. spec. 2 adj. 7.

und daher im Landrathe den 4. Mart. 1667 beschlossen worden:

daß, da er sich auf alten Registern finde, er den Schatz geben müsse,
Vid. Vol. spec. 2 adj. 9a.

wie dann auch aus den Landtags-Handlungen vom Jahre 1667 erhellet, daß er mit 6 β zum vollen Monats-Schatze hat angesetzet werden sollen.
Vid. Vol. spec. 2 adj. 9b.

Bei Untersuchung der Schatzhebungs-Register im Jahre 1774 ꝛc. hat sich gefunden, daß der Monats-Schatz von Haffebrock's Kotten mit 9 ₰ dta 4ta und der Rauchschatz mit 1 ₰, weil der Kotten vacant, in Abgang gebracht worden, und obwohl der Amtsvoigt Meyer zu Hunteburg am 31. Mai

1748 der Hochfürstlichen Canzlei berichtet hat, daß die Gründe dieses vacanten Kotten 1 ℳ an Heuer thun könnten,

Vid. acta die Untersuchung der Schatzhebungs=Register des Amts Hunteburg Vol 1. No. 79.

so hat sich doch nach der vom Amtsvoigte Schöning einge= zogenen, am 30. November 1776 gelieferten Nachricht, der Platz, wo das Haus gestanden und der Garten belegen, nicht finden wollen.

Vid. acta cit. No. 97 1.

Da derselbe aber vorher am 21. Januar 1775 berich= tet hat:

bei dem adeligen Hause Borgwebbe sei ein Garten, wel= cher wohl Hassebrock's Garten genannt werde, auch ein zur Mark gehöriger offener Platz, der Hassebrock heiße,

Vid. acta cit. No. 43.

und ferner von ihm in obgedachter Nachricht angeführt wird, daß in beregtem Garten ein Leimenreicher Platz sei, woraus vielleicht vermuthet werden möge, daß daselbst ein Haus ge= standen, so ist wahrscheinlich, daß beregter vom Hause Borg= webbe genutzt werdender Garten zu Hassebrock's Kotten ge= höret habe.

Man hat daher in dem neueren Hebungs=Register den Rauchschatz in der Linie mit 1 ℳ und den Monats=Schatz vor der Linie mit 9 ₰ aufgeführt, und in einer besonderen Bemerkung höherer Entschließung überlassen, ob zur Aufsu= chung der angeblich verlorenen Gründe und Herbeischaffung des Schatzes von dem, der solche unter hat, das Nöthige ver= fügt werden solle.

Vid. das neue Hebungs=Register die zweite Anmerkung beim Kirchspiel Venne für hochfürstliche Canzlei.

Obwohl bei den Examinibus Restantiarum der Jahre 1089, 1699, 1700, 1701, 1702, 1705 und 1706 stets an=

gegeben wird, daß die Bewohner verarmet oder nichts mehr vorhanden sei,

Vid. Vol. spec. 2 adj. 10. 11.

so ist doch bereits am 16. Dec. 1701 bemerkt,

es sei zu untersuchen, weil auf Prengers Grunde gestanden,

und es finden sich ferner folgende Resolutiones:

16. Mai 1709.

weil verlautet, daß hiebei ein Garten gehöret, der von Prengen eingezogen, als hat der Voigt hiernächst daraus den Schatz beizutreiben.

Vid. Vol. spec. 2 adj. 12.

Solvant detentores des Gartens, und hatte der Voigt von selbigem beizutreiben 1 ₰ 2 β 9 ₰.

Vid. Vol. spec. 2 adj. 13.

Hasselbrock restat von beiden Jahren mit 1 ₰. Praefectus hat von dem von Prengen als Inhaber des Hasselbrocks Garten diesen geringen Schatz beizutreiben.

Vid. Vol. spec. 2 adj. 14.

Hasselbrock restirt von allen vier Jahren in toto 1 ₰ 14 β 6 ₰. Solvat., welches der Voigt quovis meliori modo juxta prot. exam. rest. de anno 1713 beizutreiben quoad praeteritum et futurorum.

Vid. Vol. spec. 2 adj. 15.

Da sich hieraus hinlänglich ergiebt, wo der Garten und Platz geblieben ist, so wird sich das Nöthige um so eher verfügen lassen.

Zu dem Hause Borgwedde, welches jetzt dem Herrn von Bar zustehet, gehören dermalen, außer den Guts-Gebäuden, folgende Nebenfeuerstätten:

a. binnen den Wrechten:

2. das kleine Haus auf dem Platze,

3. Allonauen Haus,
4. das Haus am untern Felde,
5. die Mühle,
6. das Haus am Dahren=Kampe;

b. außerhalb — doch neben den Wrechten und auf altem Grunde:

7. das Haus am obern Felde,
8. das Sommer=Haus.

Die Mühle ist an den Müller in Erbpacht ausgethan, und die übrigen Häuser sind an Leute verheuert, die keine Handlierung treiben, von Handarbeit leben, der Mark, wie Heuersleute genießen, und von denen weder Schatzung, Land= folge noch sonstige Lasten getragen werden.

Vid. Vol. spec. 2 adj. 17. 18. 19.

Bauerschaft Wahle.

Burgemeister, ein Marktkotte.

Dieser Kotte ist im Schatz=Calaster vom Jahre 1667 als das Vogtei=Haus zwar angeführt, aber nicht zum An= schlage gebracht.

Da der Amtsvoigt jetzt seine Wohnung auf dem Amts= hause Hunteburg hat, so bewohnt er diesen Kotten nicht selbst, nutzet ihn jedoch mit seinem Zubehör und genießet für selbi= gen nach dem Landraths=Schlusse vom 28. April 1775 ferner die Freiheit vom Schatze, bringt auch überdies den Rauch= schatz eines Erbkotten jedesmal in Abgang.

Vid. Vol. spec. 5 adj. 2. 3.

Im Anfange dieses Seculi haben die Voigte zu Benne, weil es eine schlechte Voigtei — und selbige noch nicht mit der Hunteburgischen und Osterkappelschen verbunden war, den Versuch gemacht, noch ein anderes Erbe zu ihrem Vortheil vom Schatze zu befreien, welches ihnen aber abgeschlagen worden.

Vid. Vol. spec. 5 adj. 1. 4. 5.

Zu diesem Voigtei-Hause gehört der dabei gelegene Garten, ein Theil auf dem Torfmoore, eine kleine Wiesen-Placke und eine Voigtei-Wiese, welches alles dermalen zu 18 ℳ jährlich vermiethet ist, und vom Kirchspiele unterhalten werden muß.

Das Haus ist in der Mark zur Weide, Hütung des Viehes und Plaggen-Mähen berechtigt, und die Bewohner genießen der Freiheit von Kirchspiels- und Bauerschafts-Lasten.

Vid. Vol. spec. 5 adj. 6. 7.

Briefträger und Markkötter.

1. Laudwehr,
2. Niehaus,   } Bauerschaft Niewedde,
3. Diercking s. Dierks in der Bauerschaft Broxten.

Diese drei Briefträger haben bereits im Jahre 1656 unter der Anführung, daß sie geringe Markkötter, und nicht allein aus dem Amte Hunteburg, sondern auch aus allen umliegenden Aemtern die Briefe tragen müssen, und desfalls die Woche oft nicht ein oder zwei Tage bei ihrer Arbeit bleiben könnten, darum angesucht, daß sie, so wie in andern Kirchspielen, mit der Schatzung verschont und bei der althergebrachten Freiheit manutenirt werden möchten.

Vid. Vol. spec. 8 adj. 1. 2.

beim Landrathe am 15. Dec. 1656 ist aber beschlossen:

> daß sie auf die alten Register verwiesen, vermöge deren sie geben sollten oder nicht.

Vid. Vol. spec. 8 adj. 3.

und im Calaster vom Jahre 1667 sind sie zum Monats-

Schatze angeschlagen, welchen sie, so wie den Rauchschatz, auch jetzt entrichten.

Sie sind alle drei verpflichtet, die in herrschaftlichen Sachen vorfallenden Briefe zu bestellen, welches nach Beschaffenheit der Geschäfte zuweilen oft, zuweilen minder vorkommt und unter ihnen abwechselt.

Vid. Vol. spec. 8 adj. 9.

Sie genießen dagegen der Freiheit von allen Kirchspiels- und Bauerschafts-Lasten, auch besonders von Sografen-Diensten und Wegebesserungen.

Vid. Vol. spec. 8 adj. 6. 7. 8. 10. 11. und den Rundefuhren.

Vid. Vol. generale n. act. 4.

Vom Untervoigte.

Im Kirchspiele Venne ist ein Untervoigt vorhanden, der vom Voigte benannt und dem Amte präsentirt wird.

Es kann dazu ein Heuersmann oder ein Erbgesessener genommen werden, und außerdem, was solcher Untervoigt vermöge der Voigts-Ordnung aus der Stifts-Casse erhält, hat er für die zu besorgende Bestellung und Aufsicht bei gemeinschaftlicher Arbeit die Freiheit von Kirchspiels- und Bauerschafts-Lasten, hält auch in jeder Bauerschaft für sich einen von der gemeinen Handarbeit frei.

Vid. Vol. spec. 9 adj. 3. 2.

Die Lasten, wozu er verbunden, wenn er ein Erbgesessener ist, kann der Amtsvoigt nicht benennen.

Vid. Vol. spec. 9 adj. 4.

es leidet aber wohl keinen Zweifel, daß er alsdann, und wenn er Pferde hält, mit solchen gleich anderen zur Landfolge concurriren müsse.

Vid. Vol. generale n. act. 15.

Die Kirchhöfer

sind von allen Kirchspiels= und Bauerschafts=Lasten — besonders auch von den Wegebesserungen und Gogerichts=Diensten frei, entrichten jedoch den Schatz und haben zu den Laubfolgen wegen der Wallenhorster Brücke das Ihrige beigetragen.

Vid. Vol. spec. 7 adj. 1.

Nach dem neuen Schatz=Register sind daselbst folgende Feuerstätten auf dem Kirchhofe vorhanden:

1. Ebbecke Morrian,
2. Schnieder,
3. Borries,
4. Schlomer,
5. Schletbaum s. Schleibaum,
6. Claus Rehme s. Schröder,
7. Gerd Morrian,
8. Lampe Brinckmann,
9. Joh. Buck mod. Ellermann,
10. Hurrelbrink.

Von den Kirchen-Provisoren.

Im Kirchspiele Benne sind 2 Kirchen=Provisoren, deren Obliegenheit darin besteht, daß sie die Kirchen= und Armen=Rechnungen führen, auf Kirchen= und Schul=Gebäude sehen, dasjenige, was die Kirche sonst angeht, beachten, und als Vorsteher des Kirchspiels bei gemeinschaftlichen Zusammenkünften und Arbeiten gegenwärtig sein müssen.

Die Abwechselung geschieht nicht jährlich, sondern nach Beschaffenheit der Umstände, und pflegen die mehrsten selbst darum nachzusuchen, der Pastor, der Amtsvoigt und die Gemeinde bringen alsdann ein oder anderes Subject, welches sie dazu dienlich finden, ohne Rücksicht, ob es ein Erbmann oder

Erb- und Markkötter sei, in Vorschlag, welches sodann vom Archidiacono angenommen und bestätigt wird.

Die Rechnung müssen sie öffentlich in der Kirche vor dem Archidiacono in Gegenwart des Pastors, Amts-Voigts und der Gemeinde ablegen.

Wegen ihres Dienstes erhalten sie jährlich jeder 3 ₰ aus dem Monats-Schatze, und genießen, so lange sie im Dienste sind, der Freiheiten von Wachten und Gografendiensten, auch von der außerhalb des Kirchspiels vorfallenden Handarbeit, geschieht aber letztere binnen dem Kirchspiele, so müssen sie dabei gegenwärtig sein und darauf achten; zu den Rundfuhren müssen sie gleich andern ihre Pferde stellen und die Fuhren mit verrichten, bei den Wegebesserungen aber, die im Kirchspiele oder der Bauerschaft vorfallen, pflegen sie mit den Fuhren übersehen zu werden, weil sie Anweisung thun und auf die Arbeit achten müssen.

Vid. Vol. spec. 11 adj. 1. 2.

Bei den letzten Landfolgen behuf der Wallenhorster Brücke sind sie mit ihren Beiträgen in Abgang gebracht.

Von den Bauerrichtern.

Im Kirchspiel Venne sind 3 Bauerschaften, nämlich Vorwalde, Niewedde und Broxten und in jeder Bauerschaft ist ein Bauerrichter.

Die Bauerrichterschaft geht unter den Voll- und Halb-Erben in gewisser Ordnung um, in der Bauerschaft Broxten gehören jedoch dazu auch 2 Erbkötter.

Die Umwechselung geschieht jährlich am Montage nach Pfingsten, und da die Bauerschaften keine besondere Auskünfte haben, so werden die Vorfälle von den Bauerrichtern der Bauerschaft angezeigt, ohne daß der Amts-Voigt, welcher jedoch dabei gegenwärtig sein kann, dazu berufen wird.

Die Obliegenheiten bestehen darin, daß jeder Bauerrichter die Eingesessenen zu den Rundefuhren, gemeinschaftlichen Arbeiten und sonstigen Vorfällen bestellen, darunter Ordnung halten und auf die Arbeit achten, auf die öffentlichen Wege sehen und sonstige Kirchspiels= und Bauerschafts=Angelegenheiten beachten müsse.

Ihre Vergeltung dafür besteht darin, daß sie, da sie die Aufsicht verrichten, von der Handarbeit binnen und außer dem Kirchspiele frei sind, und auch mit den binnen dem Kirchspiele vorfallenden Rundfuhren dem Herkommen gemäß, und weil sie binnen Kirchspiels die Aufsicht führen müssen, übersehen werden.

Vid. Vol. spec. 12 adj. 1. 2. 3.
„ „ generale n. act. 15.

Vom Fähndrich, den Corporals und Tambour.

1. Vom Fähndrich.

Im Kirchspiele Venne ist ein Fähndrich vorhanden, der vom Amts=Voigte angesetzt wird.

Dessen Verrichtungen bestehen darin, daß er, wenn das Kirchspiel mit Gewehr zusammenkommt, die in der Kirche aufbewahrt werdende Fahne führt, auch wenn die Kirchspiels=Eingesessenen zu gemeinschaftlicher Arbeit, zu Visitationen oder sonstiger Geschäfte halber zusammenkommen, darauf acht geben und Anweisung thun muß.

Er genießet dagegen die Freiheit von Wachten und Gografen=Diensten; auch von den Handarbeiten, vorfallenden Wegebesserungen werden sie auch in Rücksicht, daß sie die Einrichtung und Aufsicht besorgen, dem Herkommen nach mit den Fuhren übersehen.

Vid. Vol. spec. 13 adj. 1. 2. 7.
„ „ generale n. act. 15.

2. Von den Corporals.

In jeder Bauerschaft des Kirchspiels Venne ist ein Corporal, mithin sind überhaupt deren 3 befindlich, die vom Amtsvoigte angesetzt werden.

Ihre Geschäfte bestehen darin, daß sie in jeden Vorfällen, z. E. bei Wachten, Visitationen, Arresten, Feuersbrünsten ꝛc. die Eingesessenen ausbieten und anführen.

Sie sind dagegen frei von Gografen=Diensten und Wachten, halten auch jeder einen in ihrer Bauerschaft von Wachten und gemeinschaftlicher Handarbeit frei und werden, wenn Wegebesserungen binnen dem Kirchspiele vorfallen, in der Rücksicht, daß ihnen die Aufsicht und Einrichtung obliegt, hergebrachter Maßen mit den Fuhren übersehen.

Vid. Vol. spec. 13 adj. 3. 4. 7.
„   „   generale n. act. 15.

3. Vom Tambour.

Aus einem von weiland Rentmeister Schmittmann am 18. Januar 1676 erstatteten Berichte erhellet, daß Edle Morrian auf dem Kirchhofe zu Venne seinen Spiker auf dem Kirchhofe cum consensu archidiaconali erweitert und dagegen übernommen habe, aus selbigen dem Kirchspiele Venne zu gemeinschaftlicher Landfolge einen Trommelschläger zu verschaffen.

Vid. Vol. spec. 13 adj. 6.

Die Trommel ist auch noch in gedachtem Spiker, und vermuthlich sind die Besitzer oder Bewohner desselben seit der Zeit her Trommelschläger gewesen.

Die Obliegenheit desselben besteht darin, daß er bei Zusammenkünften des Kirchspiels mit der Fahne, bei Wolfs= und dergleichen Jagden, auch bei Feuersnoth und sonstigen Vorfällen die vom Kirchspiele angeschafft werdende Trommel rühren muß.

Vid. Vol. spec. 13 adj. 5.

Er hat dagegen und als ein Kirchhöfer die Freiheit von Kirchspiels- und Bauerschafts-Lasten.

Vid. Vol. spec. 13 adj. 6. 7.

Bauerschaft Vorwalde.

Die zum sogenannten freien Rott gehörenden 7 kleinen Markkötter

Unland,

Strunck,

Gehrd Hackmann,

Otten,

Schnieder s. Schlüter,

Schmidt und

Linnenschmidt

werden, wenn Jemand zu arrestiren — oder sonst ohne Aufschub dergleichen vorzunehmen ist, als Schützen gebraucht, da sie dann sofort erscheinen müssen, und dagegen nicht zu den Amts-Wachen gezogen werden; wie sie dann auch die Freiheit von Hunteräumen und Wegebesserungen prätendiren, und als sie desfalls vom Amtsvoigte beim Brüchten-Gerichte angezeigt worden, so soll doch darauf nichts erfolgt sein — und sie selbiger Freiheit fortdauernd genießen.

Vid. Vol. spec. 14 adj. 1. 2.
„   „   generale n. act. 15.

Sie nutzen die Mark gleich andern Markköttern, bezahlen den Monats- und Rauchschatz, verrichten die Gografen-Dienste, sind sonst am Amte mit keiner Abgabe verpflichtet und haben ihren Beitrag zu den letzten Landfolgen bezahlt.

Vid. Vol. spec. 14 adj. 1. 3.

Bei Untersuchung der Kundefuhren am Amte im Jahre 1773 sind diese Markkötter nicht als frei angegeben, mithin, wenn sie Pferde halten, dazu verpflichtet.

Vide acta generalia n. 15.

IV.

Goldene und silberne Kunstwerke bis zum Jahre 1633 im Dome zu Osnabrück.

Wie die Kunstgeschichte überhaupt, namentlich die Geschichte der Baukunst, seit einer Reihe von Jahren treffliche Bearbeiter gefunden hat und man in Folge dieser Bestrebungen auch in Deutschland auf eine Menge von werthvollen Denkmälern, besonders der kirchlichen Kunst, aufmerksam geworden ist, die früher unbeachtet und fast vergessen waren, so hat auch ein ganz specieller Zweig der mittelalterlichen Kunst, die der Goldschmiede und Sticker die Aufmerksamkeit der Forscher auf sich gezogen, und wir besitzen bereits über die Kunstschätze dieser Art, die noch jetzt in Cöln in großer Zahl sich befinden — und viele sind in der französischen Zeit abhanden gekommen — ein ausgezeichnetes Werk von Franz Bock unter dem Titel: Das heilige Cöln. Beschreibung der mittelalterlichen Kunstschätze in seinen Kirchen und Sacristeien aus dem Bereiche des Goldschmiedegewerkes und der Paramentik.

Auf die werthvollen Schätze dieser Art, welche noch jetzt in den Kirchen Osnabrücks sich befinden, hat Lübke in seinem vortrefflichen Buche über die mittelalterliche Kunst in Westfalen bereits aufmerksam gemacht und dieselben eingehend beschrieben. Wenn er aber Osnabrück überhaupt reich nennt an Schätzen alter Prachtkunstwerke (S. 413), so scheint dieser Reichthum doch nur ein geringer Rest zu sein von dem, was ehemals an Schätzen der Goldschmiedekunst vorhanden war. Der größte Theil derselben ist nämlich im dreißigjährigen Kriege eingeschmolzen worden; aber nicht, wie die gemeine Sage geht, von den Schweden gestohlen, sondern das Domcapitel hat diese Sachen an Goldschmiede nach dem Metallwerthe verkauft; von dem Kunstwerthe, den dieselben hatten, hatte wahrscheinlich weder das Capitel noch sonst jemand damals eine Idee. Die Sache verhält sich nämlich so.

Die schwedischen Waffen waren in Deutschland siegreich gewesen. Am 28. Juni 1633 war der kaiserliche General Merobe bei Oldendorf an der Weser geschlagen worden. In Folge dieses Sieges rückten Herzog Georg von Braunschweig und General Dobo von Knyphausen vor Osnabrück und nahmen ihr Hauptquartier auf dem Gertrudenberge. Im September mußte die Stadt capitulieren und die kaiserlichen Truppen zogen in die befestigte Petersburg. Im October mußte auch diese geräumt werden. In der Capitulation vom 2. September war dem Domcapitel und der Stadt für den gegebenen Pardon auch Abwendung der Soldatesca von Raub und Plünderung eine Zahlung von 60,000 Reichsthalern in Species auferlegt, zu welcher das Domcapitel 20,000 Rthlr. beizutragen hatte, während die Stadt 40,000 Rthlr. zahlte, von denen die Hälfte der Ritterschaft zur Last fallen sollte, die aber später der Zahlung sich weigerte.

Zu dem Antheile, welchen das Capitel zu zahlen hatte, trugen auch das Capitel zu St. Johann, die Komthureien, Klöster, so wie die übrigen Geistlichen bei; sogar die Weltlichen, die am Domhofe und der Freiheit wohnten, mußten 214 Rthlr. hergeben. Was durch diese Beiträge nicht aufkam, beschloß man durch den Verkauf der Gold- und Silbersachen des Doms zu decken.

In einer sehr seltenen gedruckten Proceßschrift des Domcapitels gegen Ritterschaft und Städte von 1720 ist unter den Anlagen ein Verzeichniß der damals verkauften Schätze nebst den dafür erlangten Preisen mitgetheilt. Es wird für manchen Interesse haben, dasselbe durchzumustern, deshalb mag es hier folgen. Leider ist eine Beschreibung der Kunstwerke nicht dabei.   D. M.

Was an Silber-Geschier ist geliefert worden folget hernacher:

Erstlich eines Ehrwürdig Thumb-Capituls Silber-Werck, so in Coena Domini gebrauchet worden 34. Pfund 16. Loth das Loth ad 9 ß. facit . .   473 ₰   3 ß   — ₰

item Noch an Brust-Schilder und prophanirten Kelchen, so sich in die Geerkammer befunden 9. Pfund 24½ Loth, das Loth ad 9. ß. facit . . . . .   133 „ 19 „ 6 „

item Einen silbernen Wey-Kessel hat gewogen 4. Pfund 12½ Loth, das Loth ad 9. ß. facit. . . . .   60 „ 4 „ 6 „

item Eine Guldene Kette mit einen kleinen Guldenen Pfennig, so aus den Thumb genommen und an das silberen Marien-Bild gehangen, hat gewogen 9⅞ Loths, das Loth, ad 5. Thlr. facit   49 „ 7 „ 10½ „

item Ein geschmolzen Stück Golts aus dem Thumb ad 9½ Loth, das Loth ad 4½ Thlr. facit . . . .   42 „ 15 „ 9 „

item Noch ein Stücklen Golds außm

Thumb von 3¾. Loths ist außgeben
worden vor . . : . . . . 16 ₰ 10 β 7 ₰

 item Die übergülbte Taffel im Hohen Altar, sambt den dabey befundenen erhoben und geschlagenen Bilderen, hat gewogen 136. Pfund 30½ Loth, das Loth ad 9 β. facit . . . . 1878 „ 4 „ 6 „

 item Von der Tomben S. Reginae 33. übergülbte geschlagen und erhobene Bilder, haben in alles gewogen 33. Pfund 14. Loth, das Loth ad 9. β. facit . . 458 „ 12 „ — „

 item Noch an unterschiedlichen vergulbten Kelchen und sonsten silber Parcollen so aus der Wapffen=Kist genommen haben in sambt gewogen 6. Pfund 28. Loth, das Loth ad 9. β . . . . 94 „ 6 „ — „

 item Außm Thumb acht silberen Aposteln haben gewogen 39. Pfund 20. Loth, das Loth ad 9. β. facit . . 543 „ 9 „ — „

 item Zwey Kelch, zehen Patenen, ein Bild von der Rast, vier darunter zwei vergulbte Ampullen, ein Hostien=Büxle, Thuribulum mit dem Schiff haben in sambt gewogen 11. Pfund 16. Loth, das Loth ad 9. β. facit . . . . . 157 „ 15 „ — „

 item 17. Calices und 6. Patenen haben gewogen 20. Pfund 10. Loth, das Loth ad 9. β. facit . . . . 278 „ 12 „ — „

 item Zwey gegossene Platten und ein silberen Pfeil von ein Umbhang eines Himmels darunter Venerabile getragen,

haben gewogen 3. Pfund 24. Loth, das Loth ad 9. ß. facit	51 ₰	9 ß	— ₰
item Zwey gegoſſene Stück Goldes ſo von einem S. Peters und Marien-Bild abkommen haben gewogen 58¼ Loth, das Loth ad 5. Thaler facit . .	291 „	5 „	3 „
item Der Gold-Schmidt Münſterman vor 160. Loth Silber an Kelchen und Patenen, das Loth ad 10. ß. 6 ₰ zahlt facit	80 „	— „	— „
item Hat der Herr Thumb-Probſt zwey Kelche eingelöſet vor	24 „	— „	— „
item Antonius Soling vor redimirung ſeins Kelchs	16 „	— „	— „

Daß dieſe Copey mit der in Archivio Rmi Capituli Osnabrugensis befindlicher Designation übereinſtimme, beſcheinige ich hiermit

F. P. A. Hesselmeir, Secr. Mp.

Additamentum sub Lit. JJ.

Specification allerley Silber-Werck ſo hiebevorn, vor der Schwediſchen Belagerung, bei der Thumb-Kirchen befunden und zum Accord, Anno 1633. außgegeben.

Silber-Werck ſo in Coena Domini gebrauchet worden. Als

Ein überguldet Becher ſampt einem ſilbern Deckel	50 Loth
item Ein Becher mit einem Deckel verguldet . .	47 „
item Noch ein groß ſilber vergülter Becher mit dem Deckel	55 „
item Noch ein groſſer ſilbern Becher mit dem Deckel ad	97 „
item Zwey in einander ſchlieſſende Becher . . .	56 „

item Noch drei silberne Becher neben ben Deckels 93 Loth
item Noch 2 silberne Becher . . . . 43 „
item Zwey kleine silberne Becher mit Joachims=
    Thlr. im Boden ad. . . . . 22 „
item Ein silbern Nepken etwa vergüldet . . . 25 „
item 14. groß und kleine silberne Confect Schalen ad 217 „
item Eine groß und zwei kleine silberne Wein=
    Kannen oben und unten vergüldet . . . . 233 „
item Zwey silberne Hand=Becken mit vergüldten
    Rändern . . . . 266 „

Kirchen-Silber-Werck.

Ein silbern und vergüldenes Weyrauchs=Faß . . 95 Loth
item Noch ein groß silbern Weyrauchs=Faß . . 115 „
item Noch ein klein silbern vergulbenes Wey=
    rauchs=Faß. . . . . 47 „
item 8. silbern verglübten Brust=Platen so vorn
    an ben Chor=Kappen gesessen . . . . . 203 „
item 2. vergulbene Ampullen . . . . 47 „
item Noch 2. silberne Ampullen . . . . 32 „
item Ein Hostien=Büchse ein= und auswendig ver=
    gülbet ad . . . . 18 „
item Ein silbern Hostien=Büchse ad . . . . . 9 „
item Noch zwey kleine silberne Hostien=Büchse mit
    2. kleinen vergulbenen Leffelen ad . . . . 9 „
item Ein grosser silbern übergulbener und außwen=
    big gebilbeter Kelch mit der Patena . . . 202 „
item Noch ein vergülbeter Kelch cum Patena . 74 „
item Noch ein vergülbeter Kelch cum Patena . 29 „
item Noch ein vergülbeter Kelch cum Patena . 33 „
item Noch ein übergülbeter Kelch cum Patena . 28 „

item Noch ein übergüldeter Kelch cum Patena . 30 Loth
item Noch ein Kelch cum Patena . . . . . 29 „
item Noch ein vergüldeter Kelch cum Patena . 21 „
item Noch ein übergülbeter Kelch cum Patena . 29 „
item Noch ein übergüldeter Kelch cum Patena . 37 „
item Noch einer cum Patena. . . . . . . 19 „
item Ein silber Weih=Kessel . . . . 140 „
item De Tumba S. Reginae haben sich befunden
33. übergüldte Bilder, welche gewogen zusammen 1092 „
item Aus dem Hohen Altar das übergüldete Sil=
ber, so die gülden Taffel geheissen, hat gewogen 438 „
item Aus gemeldtem Altar neun Stück' an fil=
bern Bildern so in sambt gewogen . . . 1112 „
item Ein Crucifix, vier Engelen, ein Taube . 228 „
item Das Bildnüs Christi und Maria auff einer
silbern Banck sitzende . . . . 238 „
item Der Engel Gabriel . . . . 256 „
item In gemeldtem Altar 15. silberne Seulen so
allerseits vergulbet gewesen ad . . . . . 936 „
item 3. Cronamenten (sic.) ad . . . . . . 220 „
item 4. Cronamenten neben einen Ochsen= und
Esels=Kopff ad . . . . 312 „
item in bemeldten Altar die silberne Apostel, be=
ren Sieben, als Johannes gewogen . . . 166 „
item Andreas gewogen . . . . 164 „
Jacobus Major gewogen . . . . 172 „
Jacobus Minor . . . . 160 „
Philippus . . . . 118 „
Bartholomaeus . . . . 168 „
Matthias . . . . 148 „
Noch Simon Thadaeus gewogen . . . . . 188 „
item Zwey Reliquien=Kasten eins übergüldet, das

ander weiß Silber von sehl. Hn. Thumb=
Cüster Lütten gegeben ad . . . . 89 Loth
item Noch ein klein silbern Crucifix von wohlgem.
sehl. Hn. Thumb=Cüstern Lütten ad . . . 16½„

Item Dero Vicarien zu deroselben Altaren gehörende
Kelche, Als:

Hr. Andreas Frebeleef ein Kelch cum Patena . 28 Loth
Conradus Stortenzaun ein Kelch cum Patena . 25 „
Conradus Naestrup ein Kelch cum Patena . . 20 „
Theodorus Eißing ein Kelch cum Patena . . . 32 „
Joannes Helbeck & Gerh. Couerde ein Kelch cum
Patena . . . . 25 „
item Wilh. Stortenzaun & Hilling ein Kelch cum
Patena . . . . 29½„
Joannes Grunfeld ein Kelch cum Patena . . . 32 „
Jacobus Buiren ein Kelch cum Patena . . . 20 „
Joannes Happerdinck ein Kelch cum Patena . . 36½„
Jodocus Uphaus . . . . 30 „
Ant. Solingen ein Kelch mit der Patena . . . 37½„
Abel Püß ein Kelch cum Patena . . . . . 29½„
Conradus Molanus ein Kelch cum Patena . . 28 „
Johannes Strahtmann ein Kelch cum Patena . 31 „
Georgius Buiren ein Kelch mit der Patena . . 31½„
Ewaldus Vlacius ein Kelch cum Patena . . . 24 „
David Grotthauß ein Kelch mit der Patena . . 28 „
Godfridt Mönch ein Kelch mit der Patena . . 16 „
Erdew. Auerberch & Joannes Borch ein Kelch ad 30½„
item achte Quartisten ad Capellam Crucis ein
Kelch cum Patena . . . . 31½„
Joannes Nieman ratione Vicariae Organistae
ein Kelch mit der Patena . . . . . . 32½„

Structuarius Stortenzaun ex incorporatis bene-
ficiis ein Kelch cum Patena . . . . . . 31 Loth
item unterschiedlich Silber so von kleinen Reli-
quien-Kasten gebrochen . . . . 41 „

Daß diese Copey mit der in Originali annoch vor=
handener und in Archivio Rmi Capituli Cathedralis Ecclesiae Osnabrugensis verwahrter Specification gleichstimmig seye, attestire ich hiermit

F. P. A. Hesselmeir Secr. Mp.

V.

Zwei Nachrichten über Wittekind.

Das Leben der Königin Mathilde, der Gemahlin König Heinrichs I., Tochter des Grafen Diebrich aus Wittekindischem Stamm, wurde schon wenige Jahre nach ihrem Tode († 14. März 968) beschrieben. Diese Beschreibung wurde abgefaßt im Kloster Nordhausen, welches sie als Wittwe gestiftet hatte, entweder von einer Nonne des Stifts, oder einem Priester, welcher der Königin im Leben nahe gestanden hatte und sonstige Mittheilungen über dieselbe von der Aebtissin Ricburg erhielt. Leider ist der geschichtliche Inhalt dieser Biographie höchst dürftig und der bedeutenden Persönlichkeit wenig entsprechend.

Sie war überdieß bis in die neuere Zeit nur in einer späteren noch mangelhafteren Bearbeitung bekannt, bis vor wenig Jahren R. Koepke die ältere Beschreibung in einer Göttinger Handschrift entdeckte und sie in dem zehnten Bande der Monumenta von Pertz herausgab. Wie der Verfasser gedankenlos und ohne Kritik aus allerlei Schriftstellern Redensfloskeln zusammentrug und wohl oder übel auf seine Heldin anwandte, hat Ph. Jaffé in seiner 1858 erschienenen Uebersetzung vollständig nachgewiesen.

Es konnte dennoch nicht fehlen, daß die Arbeit auch manche

gute und historisch wichtige Nachrichten enthielt, weshalb sie denn auch fleißig benutzt worden ist.

Ueber Wittekind enthält die ältere Bearbeitung zwei in der späteren übergangene Nachrichten, die wir unsern Lesern, welche sich für alles, was diesen unsern Nationalhelden angeht, lebhaft interessiren, nicht vorenthalten wollen.

Die erste ist sagenhaft. Wir geben sie nach Jaffé's Uebersetzung.

„Sie (Mathildis) stammte nämlich aus dem Geschlechte Wibekind's, des Herzogs von Sachsen, der ehedem in böser Geister Irrwahn befangen, aus Mangel an Predigern vor Abgöttern betete und die Christen nachdrücklich verfolgte. Karl der Große jedoch, welcher zu jener Zeit des Reiches Weste inne hatte, zog, wie er es gegen die Heiden gewohnt war, den Glauben zu verfechten mit Heeresmacht in den Krieg gegen jenen Wibekind. Und als sie zusammengetroffen, kamen beide Fürsten überein, daß sie allein mit einander zum Zweikampf schreiten und demjenigen das gesammte Kriegsvolk unbedenklich gehorchen sollte, dem das Geschick den Sieg gewährt. Nun griffen sie einander an und stritten lang und wacker, bis endlich, gerührt von der Christen Thränen, der Herr, wie der Glaub es verdiente, seinen getreuen Streiter über den Gegner triumphiren ließ."

Neu ist für uns diese Erzählung von dem Zweikampfe der beiden Helden. Aber nicht darüber, daß im 10. Jahrhundert schon die Sage an die Stelle der Geschichte getreten war, dürfen wir uns verwundern, da schon fast ein Jahrhundert früher „der Mönch von St. Gallen" eine Menge sagenhafter Züge aus dem Leben Karls erzählt; aber das kann uns auffallen, wie diese Erzählung mit der Sage von dem Streite Karls und Wittekinds bei den Steinen im Hone in so manchen Zügen übereinstimmt, daß es fast scheint, als habe sie für letztere die Grundlage gebildet, an welche das Mythische und Wunderbare allmählich sich angesetzt.*)

Historischen Gehalt dürfte dagegen die zweite Nachricht haben. Von der Kirche zu Enger behauptete die Sage schon immer, daß dieselbe von Wittekind gegründet sei. Die Geschichte wußte nur, und zwar aus der Stiftungsurkunde von 948, daß die Königin Mathilde dort ein Kloster gegründet habe. Ihr Biograph erzählt uns nun, und es ist kein Grund vorhanden, diese seine Nachricht für unwahr zu halten, daß schon Wittekind dort eine Art klösterlicher Stiftung begründete. Er sagt: „des Irrthums ledig aber kam Wibekind gläubig und reumüthig von selbst zur Erkenntniß der Wahrheit, und wie er vordem ein erbitterter Feind und Vernichter der Kirche gewesen, so erschien er nunmehr als der christlichste Verehrer der Kirchen und Gottes, dergestalt, daß er selbst verschiedene Zellen voll thätigen Eifers errichtete und mit gar vielen heiligen Reliquien sowohl wie der übrigen Geräthschaft versorgte. Noch heutzutage besteht vielen wohlbekannt eine derselben, die Engersche und enthält manches von der eben erwähnten Ausstattung." D. M.

---

*) S. Mitthell. III, 216. 306. 324 ꝛc.

VI.
Zur osnabrückschen Kirchen- und Schul-Historie.
(Aus den nachgelassenen Sammlungen des sel. Amtsassessors Friderici.)

Ao. 1542 auf Nikolai ist Hans Hönemann nach Lübeck geschickt.*)

Ao. 1543 den 25. Januar ist Bonnus angekommen, und hat den 2. Februar zuerst in St. Marien und folgenden Sonntag in St. Catharinen Kirchen geprebigt. Am Tage Mariae Magdalenae sind in St. Johanniskirche die päpstlichen Mißbräuche abgethan, welches auch bald darauf zu den Augustinern ist erfolgt.

Ao. 1544 ist mit Consens Bischofs Franz im Barfüßerkloster ein Gymnasium angelegt vom Rath, und W. Sandfurb aus der Kirchspiels-Schule zu St. Johann dahin trans-

---

*) Liliens Chronik: Als nu de Borgermeister und Raet eine Vorsegelunge van dem Fürsten erlanget hadden, dat Syne F. G. de Stadt Osenbrugge by eren Predikanten und dem Euangelio behandhaven, beschützen und beschermen, darna hebben de Borgermeisters und Raet twe erer Borgers, als Cordt Detten und Johannem Honemann, geschicket na den erbaren Borgermeisteren und Raet der Stadt Lübeck und van en schriftlichen begert, dat se enen lenen wolden eren Superintendenten der Predikanten, Meister Hermannum Bonnum, van Quakenbrugge geboren.

ferirt, alles mit Consens höchst erwähnter fürstl. Gnaden, wie daſſelbe die Conſenſions= und Donationsbriefe der Clöſter zum Auguſtinern, Barfüßern und Dominikanern oder zu Norblorf und bemeldter Clöſter Conventualen freiwillige Ueberlieferung, ſo datirt ao. 1542 und 1544, augenſcheinlich bezeugen können. Von Joh. Olfenio, Jo. Grevenſtein und Jo. Pollio vid. Joh. v. Münſter ablichen Diskurs pag. 217. Ao. 1548 iſt die evangeliſche Schule zugethan und die Kirchen und Clöſter wieder occupirt. Hinrich von Menden hielt Sonnabends nach Luciae wieder Meſſe in St. Cathrinenkirche. Diedrich Lilie ward pastor zu St. Marien. Beide Kirchen ſind hernach verſperrt und haben zugeſtanden ins dritte Jahr, bis Rembert von Kerßenbrock der Gewalt nach zum Paſtor in St. Marien verordnet Ottonen von Wilben ao. 1549, hat aber erſt vollkommenen Beſiß bekommen zu Ende von 1550 und ſein Saccllan Jo. Olthof ao 1553.

Ao. 1595 in die Galli 16. Octbr rectore Jodoco Kirchhofio iſt die Rathsſchule angegangen.

1633. 6. Sept. iſt zu St. Marien, a. eod. zu St. Catharinen, 1634. 31. Jan. zum Auguſtinern und die Raths= ſchule anno eod. in die Phil. Jac. wieder reſtituirt.

ex antiq. manuscr.

Zur Kirchengeſchichte des oſnabrückſchen Landes.

Diſſen. Evangeliſche Prediger ſind daſelbſt geweſen a tempore reformationis, nach des Hn. Paſt. Bruns gegebnen Verſicherung,

Pastores: 1. Joh. Sandhagen. 2. Jacob Veltmann. 3. Anton Matthias Veltmann. † 1692. 4. Joh. Schwarße Osnabr. † 1700. 5. Joh. Heinr. Tenge Osnabr. † 1714. 6. J. L. Bruns.

Sacellani: 1. Lucas Frickius. 2. Balthasar Simon. 3. Albert Bodemeister. 4. Bernhard Veltmann † 1692.

Essen. Joh. Rosenbahl ist 1579 Pastor daselbst gewesen. Ludwig Peithmann 1690.

Melle. Evangelische Prediger daselbst
A. vor Erbauung der neuen Kirche:
1. Joh. Dunker. 2. Gerhard Hessel 1624. 3. Caspar Engius. 4. Mag. Adam Wehrkamp.
B. Nach Erbauung der neuen Kirche:
1. Anton Seumenich geb. zu Rinteln 1623 gest. 1683, in ministerio 36. verh. mit Lucretia Sebas aus Minden, gest. 1679, alt 55 Jahr, wovon 4 Söhne und 8 Töchter. 2. Joh. Theodor Heinson, ging 1698 als Generalsup. und Hofprediger nach Aurich. 3. Gerh. Kahmann. 4. Hermann Eberh. Meyer.

Neuenkirchen. 1607 ist Jobocus Kramer, weil der vorige Pastor kränklich, von B. Sigismund mit dieser Pfarre expedirt worden und zwar unter der eidl. Versprechung, daß er keine andre Religion einführen wollte, als vordem da gewesen. 1608 ist er mit dieser Pfarre würklich expedirt. 1624 ist ein Sacellanus A. C. allhier Namens Suffichius; demnächst Christ. Mund, Hoffmann, Mylius, Schuhmacher (vid. Unfug und Ungrund p. 128) gewesen.

Daß Quackenbrück H. Bonni Vaterland sey, bezeuget folgendes, welches in einer zu Quackenbrück vorhandenen und 1533 zu Lübeck in folio gedruckten platdeutschen von Bugenhagio übersetzten Biebel geschrieben stehet: Hermanus Bonnus ecclesiae Lubccensis superintendens dedit haec biblia in usum ecclesiae Quackenbrugensis, natus honestis et probis parentibus, Arnoldo Bonno patre, hujus oppidi senatore, matre Hilla Dreckmanns, anno christi 1504. pridie Jdus Februarii, 1548 Lubecae aetalis anno 44 in coelestem patriam evocatus est.

Catalogus Pastorum Quackenbrugensium. 1. Vitus Buscherus qui 1647 prim. fest. Pentec primam concionom habuit et 1666 fest. Paschalis defunctus est. 2. M. Rudolph Molanus, Past. Prim. Buscherii Past. Prim. ipsis Cal. Jan. 1667 successor. 3. Justus Suantesius Secundarius, 19. Jan. 1668. demortuus. 4. Georgius Hceck (forsan Osnabr.) 1669 d. 20. Dec. introductus per Licent. Barckhausen † 19. Nov. 1673. 5. Sabacus (?) Meenzen Past. secundar. (hactenus in Neuenkirchen Vordensis praefecturae) introductus d. 24. Febr. 1674 per Barckhausen, vocatus Osnabr. Past. Prim. valedicens 1680 die sexages. 6. Jo. hermann Varenhorst, Secundarius Hallae Ravensbergensis, hactenus pastor Castrensis, introducitur pastor secundarius d. 1. Mart. 1680. p. M. Rudolph Molanum, Consistorialem † 1716. 30. Oct. 7. M. Jo. Eberh. Richter, † 1701 d. 15. Maji, fam 1695 ben 12. Jun. nach Quackenbrück. 8. M. Jo. Chrian. Schulenburg Primarius, hactenus Subrector et Rector Scholae cathedralis Bremensis et porro pastor primarius Wildeshusanus, successit Richtero 1701 d. 12. Oct. 9. Georg Chrian. Brockhusen Pastor secundarius, hactenus Pastor Iburgensis et Bissendorpiensis, successit Vahrenhorstio. 1717, introducitur per Peithmannum. 10. Hickmann, filius Hickmanni Pastoris Badbergensis.

Pastores Badbergae.

Pastores Catholici.

1. Reinerus Hardement. 2. Augustinus Gramfeld, deffen Bruber Chrian. Gramfeld ift Sacellanus worben, wie er

aber ein Eheweib namens Borchordings genommen, ist er von Franz Wilhelm verjaget. 3. Joannes Joannis. 4. Nicolaus Schatenius S. J. 5. Jodocus Gerarde Soc. J. Diese beiden Jesuiten sind auf Verordnung Fr. Wilhelms lange Zeit Vice-Curati zu Babbergen gewesen, um die gemeine zur paebstl. Religion zu bringen, welches ihnen aber nicht gelungen. 6. Henricus Kellerhauss. 7. Johannes Kerstiens. 8. Japhet Stendrup ein geborener Daene, jetzo Vicarius an der Dom=Kirche zu Osnabrück, quitirte Pastoratum 1720. 9. N. N., ab Hoya vocatus 1721.

Pastores Lutherani.

1. Gerhard Jütting, ein Sohn von dem im Kirchspiel Babbergen noch bekannten Erbe Jüttings zu Devern, soll erstlich Pastor am catholischen Closter zu Bersenbrück, nachmals Pastor Catholicus zu Babbergen worden sein. Selbiger hat an die Armen zu Babbergen ein ansehnliches Capital vermachet, ist auch zugleich ein päbstlicher Notarius gewesen, wie denn noch einige documenta auf dem hochadelichen Hause Schulenburg, von ihm verfertiget, sollen vorhanden seyn; ist ohngefehr gegen 1681 verstorben.

2. Gerh. Jütting, gemeldeten Pastoris catholici Brudern Sohn, welcher da das Licht des Evangelii in diesen Landen angebrochen, sogleich daran mit Fleiß vermittelst göttlicher Hülfe gearbeitet, daß zu Babbergen als in einer grossen Gemeinde selbiges auch bekannt werden möchte, ist beß Pastoris catholici, wie man vermuthet, adjunctus, und nachgehends der erste evangelische Pastor A. C. allhier gewesen. Der alte Gerhardus Jütting soll oft mit sehr harten Worten zu ihm gesagt haben: Wenn ich gewußt hätte, daß du der neuen Ketzerey so neulich zu Wittenberg entstanden, warest zugethan gewesen und selbige auch hier einzuführen dich woltest

gelüften laffen, so solteftu diesen Pastoren Dienst nicht gehabt haben. Ist bey dir 50 Jahr hier im Dienst gewesen, und soll a. 1621 oder 1622. Aetat. anno 85 mit Tode abgegangen.

3. Theodorus Jütting, vocatus 1621 † 1670 alt 82, off. 49. dieser hat währenden 30jährigen Kriege, als Fr. W. evangelicos verfolget, nach Ostfriesland mit Frau und Kindern sich retiriren müssen, allwo er zu Nordmore zum Pastoral vociret, und 7 jahr gestanden. Inzwischen ist er wenigstens jährlich 2 mal nach Babbergen kommen, und hat evangelicos zur Standhaftigkeit im Glauben angefrischet, auch auf dem evangelischen Hause Schulenburg Sacra administriret. Wie der Friede geschlossen, hat er wieder Vocation erhalten, die er auch angenommen.

4. Joachim Nethmann ist geboren zu Amelungen im Stift Corbey 1572. den 2. Febr. Ist aet. a. 10. nach Eimbeck in die Schule gesandt, von dannen er sich nach Braunschweig begeben, und (wiewohl bey grosser Dürftigkeit) sonderlich unter den rectore Baumanno vieles profitirt, und da er ferner nach Minden gezogen, hat er so gute fundamenta in humanioribus gelegt, daß er sich nach Helmstaedt begeben, von da er 1597 zum Subconrectorat nach Osnabrück beruffen, und da er demselben wohl vorgestanden und sich zu Zeiten im Predigen geübet, ist er 1614 zum ordentlichen Prediger zu St. Catharinen und 1626 den 2. Jan. nach Marien-Kirche hingesetzt und M. Gravens Collega worden. Da er aber nebst andern evangelischen Predigern von Osnabrück vertrieben, ist er zuerst von der Frau Wittwe von Busch und hernach von dem Herrn Wilhelm von der Wense zum Hof-Capellen Prediger angenommen, und da er in solchem Amt 1½ Jahr gestanden, hat er sich nach Oldenburg begeben, da er 1631 zum obersten Prediger der Gemeine zu Schortens berufen, in quo

officio † 1650 alt 79. officii in Kirchen und Schulen 53, da ihm Alardus Vauk (?) Superintendens zu Jever eine Leichenpredigt gehalten.

Iburg.

Evangelische Schloß Prediger daselbst. 1688 ist da gewesen Hieronymus Grote, welcher nachgehends Pastor Secundarius im Stift Levern geworden und daselbst verstorben. Als er noch zu Iburg gewesen, hat er mit einem Patre Ord. Praem. Raymundus Petri genannt, einige Streitschriften gewechselt, welche mir (J. A. S.)*) von beiderseits Partheyen des Hn. Groten hinterlassener Sohn, jetziger Pastor zu Alswede, in Msto. communiciret. NB. Phil. Sigismundus ließ zuerst hier lutherisch auf dem Schloß predigen, da er aber 1623 starb, und 33 Jahr evangelisch daselbst war gepredigt worden, so wurde der Leuchter des Evangelii weggenommen, bis 1662 Ernst August so gleich wieder evangelisch predigen, auch 1664 die noch stehende Schloß-Kirche erbauen ließ, worin M. Wilhelm Stratemann die Kirchweih=Predigt am Tage Philippi und Jacobi über die Worte Joh. X. 22 gehalten, welche auch zu Osnabrück in 4to gedruckt ist, 5 Bogen, und zugleich einen Catalogum der Osnabrückschen Bischöfe, wie auch einige historica von Osnabrück in sich hält.

Bissendorf.

Christoph Sack hat hier 1632 als Pastor gestanden und hat zu Cölln studirt. Foltrup const. 1684. 15. Mart. (Korf (?) Msc.) Heidsieck remotus 1716.

---

*) Diese Buchstaben werden aufzulösen sein in Johann Unlon Strubberg, Verfasser eines kurzen Entwurfes einer ausführlichen osnabr. Historie. Jena 1720. 6½ Bogen. R. d. R.

VII.
Osnabrückische Stammtafeln.
Aus dem Tribellrischen Nachlaß.

Von Leden und Hammacher.

Rudolph von Leden, Gildemeister zu Osnabrück, lebte im XV. und XVI. Saeculo, wovon:
Catharine von Leden, verheirathet mit Gerd Hammacher, Gildemeister und Glaser zu Osnabrück. Er starb 1529, wovon:
Rudolf Hammacher, geb. 1528, gest. 1594. Leinwandhändler und langjähriger Bürgermeister zu Osnabrück, der daselbst viel Hexen verbrennen lassen, verheirathet: a. mit Regine Cappelmann s. von Cappeln, Wittwe Jürgens von Lengerke 1552; b. mit Anna Schleibing 1589.

Kinder aus erster Ehe:
1. Regine Hammacher, geb. 1556, verheirathet an Heinrich Nitze den ältern, Rathsherrn und Bürgermeister zu Osnabrück 1573. Er starb 1618.
2. Gerhard und
3. Rudolf Hammacher, die jung starben.

Storck. Bremer. Nitze.

Heinrich Storck, Bürgermeister zu Osnabrück, † 1556, wovon:

1. Anton, Rathsherr zu Osnabrück,
2. Anna, verheirathet mit Dethlev Bremer, wovon:
   1. Dietrich Bremer junior, Rathsherr zu Osnabrück,
   2. Catharine, verheirathet mit Heinrich Nitze, Raths- und Lohnherrn zu Osnabrück, der 1589 starb. Sie starb 1617. wovon:
      1. Eberhard Nitze zu Quakenbrück,
      2. Heinrich Nitze senior, geb. 1555, gest. 1618, Bürgermeister zu Osnabrück, verheirathet mit Regine Hammacher 1579, wovon:

1. Eberhard. 2. Rudolf. 3. Heinrich Nitze junior, Bürgermeister zu Osnabrück. 4. Ein jung verstorbener Sohn. 5. Anna, verheirathet mit Wennamar Ispingroth, procurator. 6. Catharine, verheirathet mit dem Rathsherrn Rudolf Russel, ist 1639 als Hexe verbrannt. 7. Regine, verheirathet mit Johann Hönemann, Rathssenior zu Osnabrück. 8. 9. 10. drei jung verstorbene Töchter.

Hoenemann.

Hans Hönemann, Rathsherr zu Osnabrück, der als Deputirter der Evangelischen 1542 nach Lübeck ging, wovon:

1. Regina, verheirathet an Joh. von Lengerke, Rathsherrn zu Osnabrück,
2. Johann, wovon:
   1. Caspar, Vogt zu Vistel,
   2. Johann, g. 1579, Rathssenior zu Osnabrück, verheirathet mit Regina Nitze, wovon:

1. Heinrich. 2. Catharine, verheirathet an Georg Cegeber.
3. Margrete, verheirathet an Gerh. Cruse, Rathssenior.

4. **Ameling**, geb. 1617, † 1680, J. U. Dr. zu Osnabrück, verheirathet mit Anna Brouning 1658, wovon:
1. Catharine Gertrud, geb. 1659, gest. 1730, verheirathet mit Just. Itel Elberfeld, Bürgermeister zu Osnabrück.
2. Joh. Heinrich J. U. Dr.
3. Joh. Amaling, Kaufmann zu Amsterdam.
4. Cathr. Clare, verheirathet mit a. Joh. Rud. Klövekorn, b. Dr. Anton Elberfeld.
5. Joh. Wilhelm, kaiserlicher Officier.
6. Regine Elisabeth, verheirathet mit Gustav Peter Mühlenkamp, Dr. und Syndicus der Ritterschaft.

Elberfeld.

Johann Elberfeld, Bürger zu Osnabrück im XVI. Saeculo, wovon: (vermuthlich)

Jobst s. Jost Elberfeld, Rathsherr und Zinngießer zu Osnabrück, verheirathet mit Anna von Leben, wovon
1. Justus Elberfeld s. u.
2. Johann, Zinngießer zu Osnabrück.

Just Elberfeld, erst Zinngießer, nachher schwed. Lieutnant, ward 1633 Vogt zu Nulle, an des vertriebenen kathol. Vogts Hellberg Stelle, bis 1650 und starb als Obristwachtmeister auf der Insel Fühnen, war verheirathet mit Anna von Ankum, einer Tochter des Buchhändlers Gottschalk von Ankum zu Osnabrück.

wovon 2. Johann Heinrich, schwed. Capitain, geb. 1633, gest. 1661.
1. Justus, geb. 1628, gest. 1677. Notar und Procurator zu Osnabrück, verheirathet a. mit Cathar. Elisabeth Helberg, b. mit Cathar. Gertrud Vos aus Hille

Kinder erster Ehe: 1. Levina Elisabeth, verheirathet a. mit

Martin Lobtmann, Notar und Procurator, b. mit Joh. Justus Schwender. J. U. Dr. und Canzellist zu Osnabrück. 2. Anna Dorothea, verheirathet an den Cantor Weinmeister. 3. Justus Itel s. u. 4. Herrmann starb jung. Kinder zweiter Ehe: 5. Anton Casper J. U. Dr. 6. Anna Elisabeth, verheirathet mit Georg Itel Schwender, Dr. und Rathsherr, 6—12 starben jung.

Justus Itel Elberfeld, J. U. Dr. und Bürgermeister zu Osnabrück, geb. 1656, gest. 1738, verheirathet mit Cathr. Gertrud Hünemann. wovon:

1. Hermann, geb. 1693, gest. 1733 unverehelicht, Canzellist.
2. Anna Catharine, verheirathet mit Eberhard Berghof, Bürgermeister zu Osnabrück.
3. Regine Gertrud, geb. 1695, gest. 1758, verheirathet mit Joh. Zacharias Möser, Canzleidirector zu Osnabrück.
4. Ernestine Juliane, verheirathet mit Carl Clamor von Grothaus aus dem Hause Kritenstein, Obristlieutnant.
5. 6. 7. 8. 9. 10. 11. Sieben Söhne, so jung gestorben.

Bregenbech und Bartholdi.

Johann Bregenbech, Apotheker zu Osnabrück, † 1614, wovon:

1. Johann, Apotheker.
2. Anna, verheirathet mit

A. Adrian Bartholdi, Herzoglich Braunschweigscher Hauptmann und Commandanten zu Wolfenbüttel. Davon:

1. Levina, verheirathet an Jobst Hellberg, Vogt.
2. Maria, verheirathet an Heinrich Scherius.
3. Susanne, verheirathet an Andreas Graverus, Oberamtmann in Ostfriesland.

4. 5. 6. 7. Vier Söhne, wovon drei ao. 1622 in spanischen Kriegsdiensten.

B. Caspar Müller, Amtmann zu Gretziel in Friesland.

Helberg.

Anton Helberg, Vogt zu Wallenhorst und Rulle, starb 1618, wovon:

Jobst Helberg, Vogt zu Wallenhorst und Rulle nach seines Vaters Tode, ward von den Schweden, da er katholisch war, 1633 vertrieben, trat darauf als Lieutnant in kaiserliche Dienste und ward 1650 in seine Vogtei restituirt. Er starb 1665 und war verheirathet mit Levina Bartholdi, wovon:

1. Katharine Elisabeth Helberg, verheirathet 1652 an Just. Elberfeld, Notar und Procurator, † 1660.
2. Anna, verheirathet an Heinrich Faber.
3. Sixtus Caspar, Vogt zu Bissendorf.
4. Anton Philipp, Rentmeister zum Palsterkampe, nachher münsterscher Capitain.

Möser.

Georg Möser, Bürger und Rathsherr zu Brandenburg, verheirathet mit Elisabeth Matthias, wovon:

Zacharias Möser, geb. 1601, gest. 1682. Er war seit 1622 philosophiae Magister, und ward 1625 Conrector zu Magdeburg. Als Tilly 1631 diese Stadt eroberte, ward er an einen Pferdeschweif gebunden herausgebracht und mußte nachher das Lösegeld für seine Frau zusammenbetteln. Er ward 1632 Rector zu Kiel und 1646 Conrector am Johanneo zu Hamburg, wo er auch starb. Er war verheirathet mit

A. Barbara Schrage, Wittwe des M. Christian Vöglers,

Archidiaconi an St. Johann zu Magdeburg, wovon keine Kinder; verheirathet 1628, † 1658.
B. Gesa Staphorst, einer Tochter des Mag. Nicolaus Staphorst, Predigers an St. Johann zu Hamburg und Margretens von Eitzen, geb. 1641, gest. 1696, wovon:
1. Zacharias, Dr. med. zu Hamburg, unverheirathet.
2. Barbara Elisabeth, verheir. an Caspar Jenisch zu Lüneburg,
3. Johann f. u. 4. Barthold, Georg † jung. 5. Margrete Gertrud † jung. 6. Ursula † jung. 7. Nicolaus, starb auf der Universität.

Johann Möser, geb. 1663, gest. 1699, war Magister philosophiae und erster Prediger an St. Marien zu Osnabrück, war verheir. mit Anna Maria Mönnich seit 1689, wovon:

Johann Zacharias Möser, geb. 1690, gest. 1768, war J. U. Dr., Gograf zu Iburg, nachher Canzleirath und zuletzt Canzleidirector und Consistorial=Präsident zu Osnabrück, verheirathet mit Regine Gertrud Elberfeld seit 1716, wovon:

1. Cathar. Lucie, verheir. mit Caspar von Gülich.
2. Ein todter Sohn.
3. Justus, geb. 1720, gest. 1794, Syndicus der Ritterschaft und geheimer Referendarius der Regierung, führte den Titel als geh. Justizrath, war verheirathet seit 1746 mit Juliane Bronning, wovon:
    1. Eine jung verstorbene Tochter.
    2. Johanna, verheirathet mit Justus Gerlach von Voigts zu Melle.
    3. Justus, geb. 1753, gest. 1773.
4. Marg. Cathr. Elis. † jung.
5. Ein todter Sohn.

6. Joh. Zacharias, Criminalactuar, und
7. Itel Ludwig, Zwillinge, starben unverheirathet.
8. Ernestine Juliane, geb. 1729, gest. 1765, verheirathet an Johann Georg Friderici, Regierungsrath zu Blankenburg.
9. Cathr. Gertrud, starb jung.
10. Anne Marie Elis. † alt 19 Jahr.
11. Joh. Christian Friedrich † jung.

Mönnich.

Kaspar von Mönnich, vom Hause Eickhof im Kirchspiel Haseluune, war Canonicus ad Stum Joannem zu Osnabrück, † 1597, verheirathet mit Anna von Tecklenburg, † 1625. wovon:

Rudolf Mönnich, ein angesehener Bürger zu Osnabrück, geb. 1580, gest. 1642, war verheirathet mit
  A. Engel Rentrup, wovon:
    1. Anna Mönnich, verheir. mit Heinrich Schmit.
  B. Anna von Gülich, wovon:
    2. Caspar Franz Mönnich, J. U. D. und Bürgermeister zu Osnabrück.
    3. Anna Elis., verheirathet mit Eberh. Wetter, Weinhändler.
    4. Joh. Gerh. Mönnich f. u.
    5. Sara Maria Mönnich, verheirathet a. mit Hermann Fröhlich, b. mit Franz Peter Schröder, camerarius der Stadt Osnabrück.
    6. Anna Mönnich, verheirathet a. mit Samuel Marienborger, b. mit dem Chirurgus Langenberg.
    7. Heinrich Mönnich, J. U. D.

Joh. Gerh. Mönnich, geb. 1634, gest. 1686, J. U. Dr. und

Advocat zu Osnabrück, war verheirathet mit Regine Marie von Lengerke, wovon:
1. Gerh. Rud. Mönnich, gest. 1715.
2. Joh. Caspar Mönnich, J. U. Dr., gest. 1727.
3. Anna Maria Mönnich, geb. 1670, verheirathet 1689 mit Joh. Möser, pastor primarius ad Stam. Mariam zu Osnabrück, gest. 1710.
4. Catharine Marie Mönnich, verheir. mit Christ. Meier, Predigern ad St. Mar. zu Osnabrück.
5. Anna Lucie Mönnich, verheirathet mit Joh. Wilh. Gerding, Predigern zu Menslage.
6. Anton Eberh. Mönnich, Med. Dr. und physicus, auch Bürgermeister zu Herford.
7. Regine Marie Mönnich, verheirathet mit Dietr. Eberh. Stüve, Dr.
8. Anna Elisabeth, verheirathet mit Joh. Heinr. Meßner, Consistorialrathe und Pastor zu Buer.
9. Joh. Jobst Mönnich, geb. 1684, gest. 1753, war Camerarius der Stadt Osnabrück.

Von Gülich.

Franz von Gülich, genannt Bone, geb. 1547, gest. 1614, war Rathsherr zu Osnabrück und verheirathet mit
A. Susanne Hanemann, geb. 1558, verheirathet 1581, gest. 1601, wovon:
1. Sara, geb. 1589, verheirathet mit Joh. Baumeister, Kaufmann zu Osnabrück, ward 1639 als Hex verbrannt.
2. M. Gerh. v. Gülich, pastor primarius ad St. Cathr., war von 1628 bis 1633 vertrieben.
3. Cord, Kaufmann und Rathssenior, hatte 6 Frauen und 29 Kinder.
4. ꝛc.

B. **Anna** von **Lebebur**, wovon:
   9. **Anna** v. **Gülich**, geb. 1603, gest. 1656, verheirathet mit **Rudolf Mönnich**.
  10. **Maria**, verheirathet mit **Ameling von Lengerke**.
  11. **Heinrich**, wovon die v. **Gülich zu Wetzlar**.
  12. **Eberhard**.
  13. **Bartholomäus**, Kaufmann und Gildemeister zu Osnabrück, wovon:
     Heinrich v. **Gülich**, Kaufmann zu Osnabrück, gest. 1692, verheir. mit **Margrete von Blechen**, wovon:
       Caspar Franz v. **Gülich**, geb. 1675, gest. 1725, verheir. mit Reg. Elis. **Struckmann**, wovon:
        a. Joh. Casp., geb. 1712, gest. 1762, verheirathet mit Lucie **Möser**, ohne Kinder.
        b. Gerh. Friedrich, geb. 1716, † 1796, verheirathet mit Margrete Gertrud **Tenge**, wovon die v. **Gülich zu Osnabrück**.

Friderici.

Matthäus Friderich, Oberförster zu Wickerode im Stollbergischen und nachher Forst- und Justizbeamter zu Herrmannsacker, starb 1688 und war verheirathet mit:
A. Ursula **Friderichs**, gest. 1675, wovon:
  1. Eine Tochter, verheirathet an **Schäfer**, Pastor.
  2. Heinrich Justinus f. u.
  3. Johann Hieronymus, geb. 1672. Da einer von des Oberförsters M. Friderich Söhnen in kaiserlichen Diensten als Major gestanden hat und in Ungarn gestorben ist, so mag dieß vielleicht dieser Joh. Hieron. gewesen sein.
  4. Peter Simon, geb. und gest. 1675.

B. Dorothea Marie Eisenbeil, Wittwe Macke, verheir. 1676, gest. 1678, wovon:
5. Adam, geb. und gest. 1676.
C. Anna Ottilia Speisers aus Heringen, verheir. 1679, wovon:
6. Joh. Gottfried, geb. 1680.
7. und 8. Johann Caspar und Christopher Matthäus, Zwillinge, geb. 1684.

Heinrich Justinus Friderich, geb. 1670, gest. 1736, erst Administrator zu Sayn und Rath in Diensten des Landgrafen Friederich mit dem silbernen Beine, verwechselte damals seinen Familiennamen Friderich mit Friderici und ward zuletzt fürstl. schwarzb. Berg- und Commissions-Rath zu Rudolstadt. Er war verheirathet mit Martha Magdalena Henne, gest. 1770, wovon:
1. Auguste Johanne Susanne Friderici, geb. 1711 und verheirathet 1741 mit Joh. Georg Cellarius, Med. Dr. und Hofmedikus zu Rudolstadt, geb. 1691, gest. 1746.
2. Emilie Dorothea Friderici, geb. 1716, verheir. 1745 mit Tobias Gebler, Canzleidirector zu Greiz, geb. 1685, gest. 1753.
3. Johann Georg Friderici, geb. 1719, studierte zu Erfurt und Leipzig die Rechte und ward 1745 Lehrer am Collegio Carolino zu Braunschweig, kam 1750 als Regierungssecretär nach Blankenburg, ward 1760 Regierungsassessor und 1767 Regierungsrath daselbst und starb 1790. Er war verheirathet mit Juliane Möser aus Osnabrück, seit 1751, die 1765 starb, wovon:
    1. Wilhelm Friderici, geb. 1752, advocatus fisci, nachher Canzleisecretär und zuletzt Greffier am Tribunale erster Instanz zu Osnabrück, verheirathet seit 1786 mit Ilsabein Borgstede aus Melle, wovon:

a. Justus*), geb. 1787, Assessor beim Königl. westphäl. Tribunale zu Osnabrück 1810.
b. Johanna, geb. 1789, gest. 1807.
c. Juliane, geb. 1792.
d. Wilhelm, geb. 1795.
e. Bertha, geb. 1802.

2. Auguste Friderici, Zwilling, geb. 1754, verheirathet 1772 mit Carl Ludwig Buch, Generalempfänger zu Neuhaus, nachher kaiserl. procureur am Tribunale erster Instanz zu Münster.
3. Jeannette Friderici, Zwilling, geb. 1754, verlobt mit dem Hofrathe von Blum zu Wolfenbüttel, gest. 1784 vor der Hochzeit.
4. Hans Friderici, geb. 1755, anhalt=bernburgischer Drost 1786, gest. 1787.
5. Friderike Friderici, geb. 1757, verheirathet 1773 mit Justus Lobtmann, Canzleisecretär zu Osnabrück, seit 1780 Canzleirath und seit 1798 Canzleidirector und Consistorialpräsident daselbst, geb. 1743, gest. 1808.
6. Ludwig Friderici, geb. 1760, gest. 1761.
7. Charlotte Friderici, geb. 1762, gest. 1766.
8. Christian Friderici, geb. und gest. 1763.

Henne, Moritz und Pfeiffer.

Claudius Moritz, gebürtig aus Dänemark, war Kaufmann zu Erfurt, wovon:

Susanne Christine Moritz, verheirathet mit:

---

*) Die Biographie dieses vortrefflichen Mannes, der leider schon 1817 starb, findet sich in der Vorrede zum zweiten Theile der Geschichte der Stadt Osnabrück.

1. **Mag.** Rudolf Conrad Henne, Pastor zu Sömmerda im Erfurtschen Gebiete, wovon:
    a. Martha Magdalena Henne, verheirathet mit Heinrich Justinus Friderici, gest. 1770.
    b. Friber. Rud. Henne, starb jung.
2. Joh. Lorenz Pfeiffer, Dr. theol. senior ministerii evangelici, professor theologiae ordinarius und protoephorus des Rathsgymnasiums zu Erfurt, geb. 1662, verheirathet mit der Wittwe Henne 1700, gest. 1743. wovon:
    a. Joh. Christof P., Superintendent zu Gera.
    b. Martha Christine P., verheirathet 1. mit Joh. Wilh. Albrecht, Prof. der Med. zu Göttingen. 2. dem bekannten Abt Jerusalem zu Braunschweig.

Schleibing.

Magister Christian Schleibing aus Freckenhorst, Superintendent zu Osnabrück, † 1566, verheirathet mit Regine Wesseling, Tochter des osnabr. Rathsherrn, Jobst Wesseling, wovon:
1. Regina, verheirathet a. mit Jasper Johannidy, b. mit Jobst Grave, Bürgermeister der Neustadt. Sie starb 1616 zu Osnabrück.
2. Anna, geb. 1562, † 1643, verheirathet a. mit Rudolf Hammacher, Bürgermeister zu Osnabrück. b. mit Conrad Grave, Bürgermeister zu Osnabrück.
3. Christian, † 1590 als stud. juris zu Wittenberg.

Grave.

Eberhard Grave von Gravenhof, geb. 1520, † 1582.

Deſſen Kinder:
1. Anna, verheirathet mit Goswin Eiffler.
2. Arnold, Canonicus ad S. Joannem.
3. Eberhard, Bürgermeiſter zu Hamburg.
4. Jobſt, geb. 1553, † 1622, Wandſchneider, Raths=
herr 1593, und Bürgermeiſter der Neuſtadt Osna=
brück 1601, verheirathet
A. mit Regine von Lengerke, wovon
   a. Regine, verheirathet 1. mit Joh. Ellbemeiſter, Rentmeiſter zu Tecklenburg. 2. mit Anton von Lin=
gen, Rathsherrn zu Osnabrück.
   b. Eberhard, Wandſchneider zu Osnabrück.
   c. Mag. Gerh. Grave, Prediger an St. Marien zu Osnabrück.
   d. Anna, verheirathet mit Anton Fürſtenau.
   e. Jobſt ꝛc.
B. Regine Schleibing, Wittwe Johannich, wovon:
   f. Johann, unverheirathet.
   g. Maria, geb. 1608, verheirathet 1631 mit Gerhard von Lengerke, Rathsſenior zu Osnabrück, † 1689.
C. von Dincklage..
5. Conrad, Bürgermeiſter zu Osnabrück, verheirathet mit Anna Schleibing, Wittwe Hammachers.
6. Catharine, verheir. mit Rudolph von Lengerke, Rathsherrn zu Osnabrück.
7. Maria, verheirathet mit Rud. v. Lengerke.
8. Margrete, verheirathet mit Auguſtin Lodtmann.
9. Johann, Altermann zu Osnabrück, verheirathet mit Agnes von Lingen, deſſen Nachkommen zu Ham=
burg, Nienburg und zur Hoye gelebt und zum Theil nobilitiret worden ſind.

von Lengerke.

Jürgen von Lengerke, Leinwandhändler und Gildemeister zu Osnabrück, verheirathet mit Regine von Cappeln, die 1552 Rudolf Hammacher in zweiter Ehe heirathete.

Dessen Kinder:
1. Wilhelm, Altermann zu Osnabrück.
2. Catharina, Ehefrau Wesselings.
3. Johann s. u.
4. Ameling, Bürgermeister zu Kiel.
5. Georg, Stadtsecretär, nachher Stadtrichter und Rathsherr zu Osnabrück.
6. Heinrich, Bürger zu Osnabrück.
7. Rudolf, verheirathet mit Marie Grave.

Johann von Lengerke, Rathsherr zu Osnabrück, † 1603. verheirathet:
   A. mit Regine Hönemann, Tochter des Rathsherrn Hans Hönemann, wovon:
   1. Johann, † 1600. 2. Regine. 3. Ameling s. u.
   4. Rudolf. 5. Anna, verheir. mit Christoph Schlaeff.
   6. Catharine.
   B. mit Catharine Grave.

Ameling von Lengerke, Bürgermeister zu Osnabrück, starb 1607, verheirathet 1604 mit Catharine Schlaeff, wovon:
1. Johann, Bürgermeister zu Kiel.
2. Gerhard s. u.
3. Jobst, Oberalter zu Hamburg.
4. Ameling, Kaufmann zu Osnabrück.
5. Christoph.

Gerhard von Lengerke, geb. 1606, † 1667, Rathssenior zu Osnabrück, verheirathet mit Maria Grave, wovon . . . .

(Weiter geht das Manuscript nicht.)

VIII.

Beschreibungen einiger festlicher Aufzüge und Gebräuche und Mittheilung einer Sage vom Bischof Picott.

Von Dr. med. Hermann Hartmann.

Die Gebräuche, Aufzüge und Mummereien unserer Landleute sind meistentheils von unsern heidnischen Vorfahren auf sie vererbt und haben entweder ihre ursprüngliche Form behalten, wie z. B. das Todaustragen der Fastnacht, oder sind christianisirt worden, indem man sie für wichtig genug hielt, um sie für den christlichen Cultus zu adoptiren. Aber auch im letzteren Falle sieht der heidnische Kern deutlich genug aus der losen Umhüllung hervor. Ich habe an einer andern Stelle (Gedichte, Osnabrück bei H. Meinders, 1862) die Fastnacht und das Osterfest beschrieben. Es sei mir erlaubt, in Nachfolgendem noch einige festliche Gebräuche zu schildern, welche ich selbst in den zwanziger und dreißiger Jahren in Ankum mit angesehen habe. Es sind dieses die Aufzüge am Abend vor dem heiligen Dreikönigstage und am Nikolausfeste (6. December). Da letztere, die Nikolaus=Umzüge, wegen der geschlossenen Zeit, welche in der katholischen Kirche während der ganzen Advent= und Fasten=Zeit dauert, jetzt strenge verboten sind und die Erinnerung daran und die dabei gesungenen

Lieder bald gänzlich verwischt und vergessen sein werden, so glaube ich denen, welche sich mit der germanischen Vorzeit und den heidnischen Anklängen in der Jetztzeit gern beschäftigen, einen Gefallen zu erzeigen, wenn ich eine Beschreibung der Festlichkeiten und eine Aufzeichnung der dabei gesungenen Lieder versuche.

I.
Das Fest der Heiligen drei Könige (6. Januar).

Die zwölf heiligen Nächte, in welchen unsere heidnischen Vorfahren die Wintersonnenwende feierten, schließen mit der Nacht vor dem Feste der Heiligen drei Könige. An dem Vorabend hält Berchta, Pertha, Hertha, Hulda oder Nerthus, wie Tacitus sie nennt, die Göttin der Erde, die Gemahlin Wodans, die Belohnerin des häuslichen Fleißes, noch die letzte Umfahrt. Nach ihr heißt der Dreikönigstag noch in den Urkunden des Mittelalters Perchten- oder Berchten-Tag und mit ihm schließt das alte Kirchenjahr. Wie nun unsere heidnischen Vorfahren die Zeit der zwölf heiligen Nächte durch religiöse Aufzüge feierten und diese am Vorabend der Heiligen drei Könige ihren Höhen- und Glanzpunkt erreichten, so sehen wir auch jetzt noch am Vorabend des Dreikönigstages Aufzüge, aber zu Ehren der Heiligen drei Könige. Am Abend dieses Tages ziehen nun in verschiedenen Gegenden Deutschlands, auch im Limburgischen, Kinder als Magier herausgeputzt von Haus zu Haus und singen die Hausbewohner an. Das Lied, was die Kinder im Limburgischen singen, heißt:

> Dry Koningen mit een Sterrn
> Kwamen gereezen al van zoo verrn.
> Zy riepen alle gelyk: Offeranden!
> Lant wierook branden!
> Zy riepen alle gelyk: Vivat!

In der Uebersetzung würde es heißen:

> Drei Könige mit einem Stern
> Kamen auf ihrer Reise schon von fern.
> Sie riefen alle sogleich: Laßt uns opfern!
> Laßt uns Weihrauch brennen!
> Sie riefen alle sogleich: Divat!

Auch Adalbert Kuhn erwähnt dieser Sitte in seinen Sagen, Gebräuchen und Märchen aus Westfalen. In der Mittheilung des Lehrers Kuhn aus Hemschlar, welcher Adalbert Kuhn's Notizen entnommen sind, spricht sich das lebhafte Bedauern darüber aus, daß dem Berichterstatter die Worte, welche die als die drei Weisen verkleideten Knaben zu singen pflegten, entfallen sind.

In Ankum zogen nun auch am Dreikönigsabend Knaben, je drei zusammen, als die drei Weisen aus dem Morgenlande verkleidet, von Haus zu Haus. Sie hatten ihr Gesicht geschwärzt, weiße Hemden übergezogen und der größte von ihnen trug eine Laterne von geöltem Papier, welche auf einem Stocke befestigt und oben offen war. In der Mitte derselben brannte ein Licht und an den Seiten waren als besonderer Schmuck ausgeschnittene Heiligenbilder aufgeklebt. Während nun der Träger seine Laterne in immerwährender Drehung erhielt, sangen alle Drei folgendes Lied:

> „Glück zu, Glück zu, zum neuen Jahr,
> Das leuchten uns die Sterne klar.

> „Wir gehen und sehen die Sterne klar,
> Laßt uns hingehen und opfern dar.

> „Nach Bethlehem, in David's Stadt,
> Wohin uns der Stern gewiesen hat.

> „Wir kamen wohl durch den Berg herfür,
> Wir kamen wohl vor Herodes Thür.

„Herodes sprach mit falschem Sinn:
„Wo seid Ihr gewesen, wo wollt Ihr hin?"

„Wir sind die drei Weisen aus Morgenland,
Die Sonne hat uns so schwarz gebrannt.

„Nach Bethlehem steht unser Sinn,
Da sind wir gewesen, da wollen wir hin.

„Nach Bethlehem, nach David's Stadt,
Alwo der Stern ganz stille stand.

„Er stand so still und war so froh,
Und zeigte uns den Ort also."

Wenn die Sänger durch kleine Geschenke zufriedengestellt waren, dann schlossen sie mit folgenden Versen:

„Sie haben uns eine Bescheerung gegeben,
Der liebe Gott laß uns in Frieden leben.

„In Frieden leben wohl immerdar,
Das wünschen wir Euch zum neuen Jahr.

„Das neue Jahr, das alte Jahr,
Daß Euch kein Unglück widerfahr'."

Im Fall, daß nichts gegeben wurde, sangen sie:

„Sie haben uns keine Bescheerung gegeben,
Der liebe Gott laß Euch kein Tag mehr leben.

„Kein' Tag, kein' Stund', kein' Augenblick,
Der Teufel führ' Euch ins Galgenstrick!"

Andere, kleinere Kinder, nicht verkleidet und meistens Mädchen, welche ihre frierenden Händchen unter den Schürzen verbargen, sangen ebenfalls von Haus zu Haus und sammelten Gaben ein. Das größere Lied, was sie sangen, hieß:

„Kindken, kindken Jesus
Giv us ein pund deigns (Teig),
Lütke stücke,
Grot gelücke.
Selges nies jars avend,
As de kinner nar schole gingen,
Harrn se gern wat eten,
Harrn nich enen beeten.
Lewe moor, gaht na'n spiker,
Soeket wat ji finen koent,
Kelse und brod,
Godes lohn.
En stuecke van de teuten (Torten),
Da koenn wi scheun na fleuten.
En stuecke van de schinken,
Da koenn wi goot na drinken.
Rosenblad!
Schöne Stadt!
Schöne junge deeren,
Gevt us wat!
Drei mile (Meilen) Weges is no wiet,
Gevt us wat, so were ji us quiet!"

Ein kleineres, welches ebenfalls gesungen wurde, lautete:

„Hilgen drei konige sin doch geborn,
Mari moder Godes heft kindken verlorn.
Kindken was in Gipken (Aegypten) land,
Gipken land was wol bekand.
Da seiten drei Duefkens (Tauben) up een'e duer,
Dei eene was kolt, dei aure was warm,
Dei dridde nam Mari moder Godes in arm.

II.
Das St. Nikolaus-Fest.

Am St. Nikolaus-Abende, den 6. December, gehen Ver=
kleidete umher, welche die fleißigen Kinder beschenken, die un=
artigen strafen. In Schwaben und der Lausitz ist es der

Pelzmärte oder Martin, im deutschen Norden Knecht Ruprecht, in Tübingen und Franken Sant und Schante Klas, im Werrathale Herrsche Klas, bei uns Klausmann, in Ostfriesland und Holland Sünder Klaas. Entweder erscheint der heilige Spender persönlich als Schimmelreiter mit einem großen breitkrämpigen Hute, mit einem Korb in einem, einer Ruthe im andern Arm, oder er bringt ungesehen während der Nacht den artigen Kindern kleine Geschenke, zu welchem Behufe sie Holzschuhe vor die Fenster stellen. Ja selbst bis nach Amerika ist der heilige Nikolaus gedrungen und hat sich dort in einem wunderschönen krystallenen Eispalaste häuslich eingerichtet, worin er während des ganzen Jahres die niedlichen Spielsachen verfertigt, welche er an seinem Ehrentage an die artigen Kinder bringt und verschenkt. Er ist der Schutzpatron von Neu-York und auf dem Broadway steht eins der größten und schönsten Hotels der Welt, welches ihm zu Ehren St. Nikolaus-Hotel genannt wird. Das Klaasfest wird ebenfalls durch ganz Holland gefeiert und von da läßt sich der kinderfreundliche Heilige selbst den weiten Seeweg nach dem Cap der guten Hoffnung nicht verdrießen, um die Kinder der sogenannten „Boers" zu beschenken.

Mit Recht fragen wir nach der historischen Bedeutung des heiligen Nikolaus, um uns erklären zu können, weßhalb sein Fest eine so allgemeine Verbreitung gefunden hat, und hier müssen wir zu unserm Erstaunen erfahren, daß er allerdings einer der Haupttheiligen in der griechischen Kirche ist, seine Verehrung aber im Abendlande erst späterhin hie und da Eingang fand. Er wurde durch Zufall, indem er der Erste war, der zur Kirche ging, verabredetermaßen Bischof von Myra in Lykien. Allerdings unter Diocletian eingekerkert, bekam er unter Konstantin seine Freiheit wieder und soll von Jugend auf wohlthätig gewesen sein. Diese Vorgänge in

seinem Leben, welche weder ein bedeutendes Märtyrerthum
noch sonst auszeichnende Eigenschaften documentiren, können
uns unmöglich mit dem Gedanken vertraut machen, daß es
der heilige Nikolaus ist, dem zu Ehren ein so allgemein ver=
breitetes Fest gilt. Aber wer ist denn dieser Schimmelreiter
mit dem breitkrämpigen Hute? Es ist Wodan, der liebreich
und schalkisch genug aus der Umhüllung des Heiligen hervor=
schaut. Es ist bekanut, daß die verfolgten, heidnischen Götter
sich in die Gestalten der christlichen Heiligen flüchteten, ja,
daß solche erfunden wurden, um ihnen zu einer christlichen
Fortbauer hier zu verhelfen. Die Erscheinung des heiligen
Nikolaus paßt nun ganz zu der Ausstattung, welche die Vor=
stellung unserer heidnischen Vorfahren dem Gotte Wuotan
oder Wodan zu Theil werden ließ.

Es ist die Kirche zu Ankum dem heil. Nikolaus gewid=
met und die älteste in basiger Gegend, da der Ort schon in
einer Urkunde vom Jahre 977 erwähnt wird. Im Kirchspiel
Ankum in der Bauerschaft Grovern liegt das bekannte Giers=
feld mit seinen acht mächtigen Hünenbetten und seiner Sage
vom Altenkruge. Wenn wir annehmen, daß hier das numen
alcis, welches Tacitus erwähnt, verehrt wurde und daß das
Wort von dem gothischen alkeis, was die glänzenden, leuch=
tenden bedeutet, herstammt, und damit auf die Lichtgestalten
der Asen, deren höchster Wodan war, hinweist, so finden wir
auch darin Beziehungen zwischen Wodan und dem heil. Ni=
kolaus, dem Schutzpatron der Ankumer Kirche.

In Ankum setzen nun auch die Kinder Holzschuhe vor
die Fenster, in welche der Klausmann den Fleißigen allerhand
Naschwerk legte, und was auch jetzt noch geschehen mag. Den
Unartigen erschien er vermummt mit Ruthe und Schüsseltuch.
Früher wurde am Abend des Nikolaustages in 15 Häusern
getanzt und es fanden auch Verkleidungen statt. In jedem

Hause wurden Mettwürste gebraten und gegessen und weit und breit zogen die Fremden herbei, um in Ankum Mettwürste zu essen.

III.
Das Pievit-Läuten.

Der Bischof Pievit (Wibo II.?), der vor langen, langen Jahren in Osnabrück Bischof war (v. 1092—1101), hatte sich einstmals auf der Jagd, indem er von seinem Gefolge abgekommen war, im Walde verirrt. Nach vielen vergeblichen Versuchen, sich durch das dichte Unterholz durchzuarbeiten und wieder zu den Seinen zu kommen, sinkt er ermüdet und ermattet nieder und da auch schon die Nacht hereingebrochen war, so giebt er jede Hoffnung zur Rettung auf und empfiehlt seine Seele im frommen Gebete dem Herrn. Da auf ein Mal hört er in seiner Nähe ein Klosterglöcklein um zwölf Uhr Nachts zur Hora läuten. Er geht dem Schall nach und das Kloster nimmt den Geretteten auf. Aus Dankbarkeit stiftet er nun im Osnabrücker Lande ein Geläute mit allen Glocken, welches von Allerheiligen an bis Lichtmeß an jedem Sonnabend-Abend nach dem Vesperläuten eine Stunde dauert.

IX.
Die Babylonie.
Vom Dr. H. Hartmann.

Das westliche Süntelgebirge*), welches von der Holzhäuser Schlucht bis zur Porta westphalica in einer bogenförmigen Linie von Westen nach Osten verläuft, bis Lübbecke eine mehr nördliche Richtung nimmt, von da an bis zur Weser wieder nach Süden abfällt, ist reich an durch geschichtliche Erinnerungen merkwürdigen Punkten, noch mehr aber an solchen, welche die Sage mit ihrem Zaubergewand umkleidet hat. Der Limberg, welcher dicht bewaldet sein mit einer Thurmruine gekröntes Haupt über der Holzhäuser Schlucht erhebt, wird oft in den Fehden zwischen Osnabrück und Minden genannt. Es hausten auf dem Limberge Ravensburg'sche Dienstmannen. Ein solcher, Alhard von dem Bussche, nahm den tapfern Dietrich von Horne, welcher aus einem Dienstmannengeschlechte entsprossen von 1376—1402 auf dem Osnabrückschen Bischofssitze saß, verrätherisch ohne vorhergegangene Absage gefangen

---

*) Dies ist der urkundliche Name der Bergkette. Die Benennung Wiehengebirge ist eingeschmuggelt und wird von einem Kartenmacher dem andern nachgeschrieben; sie ist entlehnt von einem einzelnen Berge, dem Wiehenberge, an der Nordseite der Margareten-Klus bei Minden.
  A. d. R.

und brachte ihn auf den Limberg. In der Pforte des Lim=
berges begegnete dem gefangenen Bischofe erst der Knecht,
welcher die Fehdebriefe überbringen sollte, und veranlaßt dieser
Umstand den ersteren mit Recht zu spöttelnden Bemerkungen.
Doch dauerte die Gefangenschaft des Bischofs nicht lange.
Noch verhängnißvoller für Stift und Stadt Osnabrück war
die Schlacht am Holzhäuser Bache, welche von Dietrich von
der Mark, dem Vicarius des Stifts unter dem gelehrten aber
schwachen Bischof Johann II. Hoet gegen die Mindener ge=
schlagen und verloren wurde. Dietrich von der Mark wurde
verwundet und gefangen, mit ihm 62 der edelsten Bürger der
Stadt Osnabrück. Der Reineberg, welcher sich über Lübbecke
erhebt und ebenfalls eine Burg trug, von der nur wenige
Trümmer und eine prachtvolle alte Linde auf dem Burgplatze
übrig geblieben sind, ist ebenfalls Zeuge mancher blutigen
Fehde, welche an seinem Fuße ausgefochten wurde und wieder=
holten mächtigen Anrennens gegen sein bewährtes Haupt ge=
wesen. Anfänglich eine teklenburgsche Burg war sie späterhin
im Besitz von Minden.

Wenn man nun von der Holzhäuser Schlucht aus auf
die Berge steigt und den Pfad verfolgt, welcher über die
Bergesrücken wegführt, so tauchen vor den entzückten Blicken,
welche nach rechts in die Grafschaft Ravensberg, nach links
in die alte Grafschaft Stemwede fallen, Thürme und Burgen
auf, welche Erinnerungen an die verschiedenartigsten Epochen
der Geschichte wach rufen. Reich ist vor Allen die Grafschaft
Ravensberg an solchen, ein Garten, welcher sich in den rei=
zendsten Abwechselungen zwischen Berg und Thal, Wald und
Flur bis zum Osninggebirge ausbreitet. Da ist es die Ra=
vensburg, welche zunächst unsern Blick fesselt, die Stamm=
burg der Grafen von Ravensberg, deren Wappen: drei über=
einanderstehende Sparren man noch oft in unsern Bergen auf

Grenzsteinen antrifft. Weiter nach links tauchen die Thürme von **Bielefeld** hervor, der alten ravensbergschen Stadt und neben ihr der **Sparenberg**. Näher dem Beschauer liegt **Herford**, Hervorden, die uralte Sachsenstadt und nicht weit davon **Enger**, wo der alte Sachsenheld **Wittekind** begraben liegt. Während nach Westen die **Dietrichsburg**, wahrscheinlich eine alte sächsische Veste, mit ihrem neuen Thurme den Horizont schließt, schweift der Blick nach Osten und Süden ungehindert bis an die blauen Berge, den **Süntel** und das **Osninggebirge**. Und zu allem dem grüßt auch noch das unvollendete **Hermanns-Denkmal** herüber. Welch ein großes, reiches geschichtliches Feld hat sich da nicht mit der Grafschaft Ravensberg unsern staunenden Blicken erschlossen! Wir sehen einen Befreier des geknechteten Deutschlands auf den blauen Bergen erscheinen und einen gleich mannhaften Helden in einem andern spätern Befreiungskampfe in diesen Thälern unterliegen. Von dort winkt das leider unvollendete Denkmal des ersten, mit Sieg gekrönten Helden herüber und dort unten liegt der zweite gleich tapfere, aber minder glückliche Kämpfer für die Freiheit seines Volks und seinen häuslichen Herd begraben. Aber es ist, als hätte die Nachwelt die Manen des Letzteren mit seinem unverdienten Mißgeschick durch ein treues Andenken an sein heldenhaftes Ringen versöhnen wollen. Während das Denkmal des glücklichen Siegers unvollendet dasteht, ist das Grab des nach langem vergeblichen Ringen besiegten Helden mit allen Ehren geschmückt. Wir sehen selbst einen Kaiser des heiligen deutschen Reichs zu dem Grabe des großen Sachsenhelden Wittekind pilgern, um dem großen Todten ein würdig Grabmonument zu setzen. Es war Karl IV., der einzige deutsche Kaiser, welcher geschichtlich nachweisbar in unsre Gegend kam und eine bleibende Erinnerung an seinen Besuch zurückließ.

Der Blick in die alte Grafschaft Stemwede ist, wenn wir ihn nach links wenden, ebenfalls entzückend. Leider fehlen ihr geschichtlich merkwürdige Punkte. Der Sitz der Grafen von der Hoya, welche von der Seite dem Stifte zu Osnabrück so viel Böses zugefügt haben, liegt zu fern, um gesehen werden zu können, Minden hält sich hinter den Bergen verborgen und der alte Grafensitz derer von Diepholz wird von den Stemmerbergen verdeckt.

Wenden wir nun unsere Blicke wieder der Grafschaft Ravensberg zu, so sind es zunächst Herford, Enger und die Dietrichsburg, welche uns in die Zeiten der deutschen Geschichte zurückversetzen, in welchen die Sachsen den Kampf mit dem Frankenkönig aufnahmen und nach heldenhaftem Ringen mit der Uebermacht unterlagen. Es war in dieser Gegend der Wittekindsche Stamm reich begütert. Die Kaiserin Mathilde schenkte die von ihrem Vater, dem Grafen Dietrich, erhaltenen Güter dem von ihr an dem Ort Enger gestifteten Kloster. Und es heißt ausdrücklich von ihr, daß sie aus Wittekindschem Stamm entsprossen sei. Wenn ihr Vater Dietrich, von dem die Dietrichsburg ihren Namen haben soll, auf dem Grönenberg gewohnt hat, so sehen wir die Grafentochter aus Wittekindschem Stamm von hier aus dem sächsischen Erbprinzen, dem späteren Kaiser Heinrich I., dem Finkler, die Hand reichen. Die Großmutter der Kaiserin Mathilde war Aebtissin in Herford. Doch nicht nur die Geschichte kennt die Bedeutung dieser Gegend als Stammsitz des Wittekindschen Geschlechts; auch die Sage feiert den bedeutendsten Träger dieses Namens an vielen Punkten. So haben wir eine Wittekindsburg auf dem Wittekindsberge, auch Wekinsburg genannt, auf dem östlichen Ausläufer des Westfüntels, der einen Säule der Porta westphalica. Unter Bergkirchen, einem Dorfe, welches hoch oben an der Bergkette liegt, quillt noch heute der Wittekindsborn. Hier an diesem Born, welchen auf Verlangen des Heidenhelden nach einem Zeichen, ein christlicher Priester durch den Huf des sich bäumenden Rosses hat hervorschlagen lassen, kniete überzeugt von der Macht des ewigen Gottes der bekehrte Wittekind und baute eine Kirche an diesem heiligen Orte. Die hieß dann Berg= kirchen.

Der interessanteste Punkt in den Wittekindssagen an un= serm Gebirge ist aber unstreitig die Babylonie, auf die uns nun nachgerade, wenn wir nicht zu lange beim Anblick auf die reichen Thäler nach beiden Seiten verweilt haben, unser Pfad geführt hat.

Die Babylonie, im gewöhnlichen Leben die Babylönier genannt, ein stattlicher Berg in der Bergkette, erhebt sich oberhalb Blasheim, einem Dorf in der Nähe von Lübbecke, an der Osnabrück=Mindener Chaussee. Auf ihm hatte Witte= kind eine Burg, die Babylonie, nach welcher der Berg be= nannt ist und in diesen unter seine Burg verwünschte sich der geschlagene Held mit seinem ganzen Heerestroß nach der Schlacht auf dem Wittenfelde. Manchesmal sieht man ihn mit seinem Gefolge auf weißem Rosse in den Bergen reiten und wenn er mit lautem Getöse und Waffenlärm aus dem Berge hervorbricht, so bedeutet dies den Anwohnern Krieg.*)

---

*) Die Wittekindsburgen, der Wittekindsborn und Wittekindsgrab finden sich hier nahe zusammen und bezeichnen die Laufbahn des Helden, die Bekehrung und den Tod. Es sind die bedeutendsten Wittekindssagen, wie sie Bechstein S. 319 und 320 in seinem deutschen Sagenbuche er= zählt, am Süntel und in der Nähe desselben zu Hause, ein Beweis mehr, daß hier, wo er begraben liegt, auch die Wiege des großen Sachsenhelden gestanden hat. Auch bei Osnabrück wird eine Wittekindsburg genannt, aus welcher der verwunschene Heeresfürst hervorbricht und mit Waffen=

In diesem Berge liegt außerdem ein Schatz, ein weißes Fräulein läßt sich sehen, welches die Auserwählten, oder solche, welche sie durch ihre Kunst zwingen, zu den Schätzen führt und davon mittheilt und, wie denn gewöhnlich, auch nebenbei des Befreiers aus den Zauberbanden harrt. Die Babylonie ist oft von Schatzgräbern besucht und ich selbst kenne einen alten Mann, welcher sein Heil als Schatzgräber, wenn auch ohne augenblicklichen Erfolg, bei der Babylonie versucht hat; aber dennoch der festen Ueberzeugung lebt, daß der Schatz vorhanden ist und mit Hülfe der schwarzen Kunst gehoben werden kann. Von ihm habe ich die folgenden Erzählungen:

Ein Mönch (Pater) in Minden, welcher die schwarze Kunst verstanden hat, ein Bauer aus der Nähe von Lübbecke und der Großvater des Erzählers haben sich vorgenommen, den in der Babylonie befindlichen Schatz zu heben. Zu dem Ende haben diese drei vorerst eine Recognoscirung vorzunehmen beschlossen und sich auf drei Pferden von dem Hofe des Bauern aus nach der Babylonie begeben. Wie sie an den Berg kommen, sehen die Begleiter nichts Außerordentliches, nur Busch und Braken, wie der Erzähler sich ausdrückt. Auf Geheiß des Mönches steigen sie nun von den Pferden, und wie der Bauer sich nach einem Gegenstande umsieht, an welchen er die Pferde binden kann, beruhigt ihn der Mönch mit der Versicherung, daß dieselben sich nicht verlaufen würden, auch wenn er sie los und ledig ließe. Darauf zieht der Mönch ein Fläschchen hervor und läßt die beiden Gefährten daran riechen. Diesen ist jetzt zu Sinne, als könnten sie durch Mauern rennen und so gehen alle drei in den Berg hinein. Wie sie

---

lern über das grundlose Loch oder den grundlosen Kolk zu Jder fährt. Jedoch treten die Willekindsfagen am Süntel mehr in den Vordergrund und find mehr ins Bewußtsein des ganzen deutschen Volkes gedrungen.

nun drinnen sind, befinden sie sich in den Gängen einer Burg, der Wieksburg, und gelangen zu einer Treppe, welche sie hinunter in ein Gemach führt, in dessen Mitte ein mit einem weißen Tuche bedeckter Tisch steht und dessen Wände von einem in der Decke befindlichen Karfunkel hell beleuchtet werden. An dem Tische sitzen drei weißgekleidete Fräulein in einem traumartigen Zustande. Wie sich die drei in dem Gemache umhersehen, entdecken sie zu ihrer großen Freude 7 Tonnen mit Silber und eben so viele mit purem Golde gefüllt, aber auch zu ihrem größten Schrecken den Bösen unter der Treppe lauern. Nachdem sie Alles beschaut haben, gehen sie wieder zurück und treten aus dem Berge heraus ins Freie, wo sie ihre Pferde auf demselben Flecke wie angefesselt vorfinden. Begierig nach dem Besitz der Schätze, welche sie so eben besehen haben, fragen nun auf dem Rückwege die beiden Begleiter den Mönch, ob er keine Mittel und Wege wüßte, wie man sich des Schatzes bemächtigen könne. Dieser zeigt sich bereit zu dem Wagniß und bestimmt die Zeit, in welcher man dran wolle. Bevor aber diese herangenaht war, hat sowohl der Mönch als auch der Bauer das Zeitliche segnen müssen und somit ist aus der Hebung des Schatzes für dieses Mal nichts geworden.

Der Vater des Erzählers hat einen Schäfer gekannt, welcher in der Babylonie gewesen war und aus dessen eigenem Munde folgenden Bericht über sein Abenteuer gehört. Wie dieser, der Schäfer nämlich, eines Mittags ruhig seine Heerde auf dem Platze hütet, auf welchem, zwischen Lübbecke und Blasheim gelegen, jährlich der Blasheimer Markt abgehalten wird, fühlt er sich auf einmal emporgehoben und nach der Babylonie entführt. Hier in den Berg eingelassen, kommt auch er in das bekannte durch einen Karfunkel erhellte Gemach und findet ebenfalls die drei weißgekleideten Fräulein an dem weißbekleideten Tische fitzen, welche ihn freundlich nöthigen, von den Schätzen zu sich zu nehmen, zu jeder Nöthigung aber die Warnung hinzufügen, er möge das Beste nicht vergessen. Es liegt nämlich vor ihnen auf dem weißen Tischtuche eine Blume. Diese ist eine Springwurzel gewesen. Der Schäfer jedoch achtet ihrer nicht, sondern sein Blick ist nur auf die Schätze gerichtet und bei jeder neuen Mahnung, das Beste nicht zu vergessen, wühlt er gierig in denselben herum, um das Beste zu finden und vor Allen möglichst viel von ihnen einzusacken. Wie er nun mit gefüllten Taschen sich entfernt und der Blume nicht achtet, wird er von den hinter ihm zuschlagenden eisernen Thoren so heftig an den Fersen getroffen, daß er nie ordentlich wieder hat gehen können. In die Babylonie ist er nicht wieder hineingekommen. Hätte der Thörichte die Springwurzel nicht vergessen, so würde sich ihm bei jedem Besuch der Berg geöffnet haben.

Unser Erzähler hat nun auch selbst, als echter Sohn einer Schatzgräberfamilie, einen Versuch gemacht, den in der Babylonie befindlichen Schatz zu heben. Hierbei hat sich nun Folgendes zugetragen:

Ein Bauer, welcher die schwarze Kunst verstanden, ist von seinen beiden Brüdern benachrichtigt, daß in der Babylonie ein großer Schatz liege. Diese drei verabreden sich nun ohne Wissen des Erzählers, den Schatz gemeinschaftlich zu heben. Zuvor erkrankt jedoch einer der Brüder und nun wird unser Erzähler aufgefordert, in dessen Platz zu treten. Er ist dazu bereit und geht an dem bestimmten Tage früh Morgens von Haus weg, um seinen entfernt wohnenden Bruder abzuholen. Dieser empfängt ihn mit dem Bemerken, daß er sich freuen könne, so leicht daran zu kommen, es koste ihm nichts u. s. w., woraus der Erzähler schließt, daß die Andern wohl einen Pact mit dem Bösen abgeschlossen hätten, er aber als zufällig Mitwirkender diesem nicht unterwürfig gewesen sei. Wie nun die drei, nachdem auch der Bauer hinzugekommen, bei der Babylonie angelangt sind, fangen sie tüchtig an zu graben und kommen gegen Abend vor einen viereckigen hohen Stein, welcher gerade vor ihnen steht. Unser Erzähler ist überzeugt, daß dieser die Thür in den Berg gewesen, er selbst hat, nachdem Alles bis unten hin aufgeräumt war, unter den Stein weg mit der ganzen Länge des Armes in den Gang hineinfassen können. Leider ist die Sonne dem Untergange nahe gewesen; und weil nur bis dahin hat gearbeitet werden dürfen und auch nur an einem Mittwoch, so hat die Arbeit bis dahin aufgeschoben werden müssen. In den nächsten Tagen aber stirbt schon der eine von den dreien und unglücklicherweise gerade der Schwarzkünstler, und somit ist auch dieses Mal die Hebung des Schatzes vereitelt. Unser Erzähler hat sich aber von dem Vorhandensein des Ganges selbst überzeugt und versichert, daß der Schatz noch einmal mit Hülfe der schwarzen Kunst gehoben werden wird. —

Noch einmal taucht der Name Wittekind in unserer an Sagen sonst so armen Gegend auf und zwar bei den Schanzen in der Nähe von Levern. Im Levern Sundern sind noch auf zwei Stellen Schanzen vorhanden, welche ungefähr eine halbe Stunde von einander entfernt liegen. Die ersten aus vier Gräben bestehend, welche in langen Halbbögen und verschiedenen Zwischenräumen mit einander verlaufen, liegen in südöstlicher Richtung von den zweiten entfernt. Diese sind mit Tannen bewachsen und bilden einen einzigen hohen Wall. Hier hat nun der Sachsenheld Wittekind, in jenen der Frankenkönig sich gegenüber gestanden. Zuerst hat Wittekind sein Lager verlassen und ist in der Richtung nach dem Wittenfelde zurückgewichen. Ihm folgte König Karl auf den Fersen und noch wird zwischen Venne und Hunteburg

die Karlswiese und auf dieser eine Stelle gezeigt, wo Karls
Zelt gestanden hat, in welchem dieser vor der Schlacht auf
dem Wittenfelde geruht hat. —

Zusatz der Redaction:

Einer andern Erzählung folgt Redeker (Pastor zu Geh=
lenbeck) in den westphäl. Provinzialblättern I, 4, S. 49,
welche auch Kuhn in seine westphälischen Sagen herüber=
genommen hat. Da die Abweichungen nicht unbedeutend und
von Interesse sind, so mag auch sie hier Platz finden.

Weking in der Babilonie.

Zwischen Lübbecke und Holzhausen, oberhalb des
Dorfes Mehnen, liegt nahe an der Bergreihe ein Hügel,
der die Babilonie genannt wird. Hier hatte einst König
Weking eine mächtige Burg. Diese ist nun versunken. Und
der alte König sitzet darinnen und harret, bis seine Zeit kommt.
Es ist eine Thür vorhanden, welche von Außen in den Hü=
gel und zu dem Palaste führt. Allein nur selten geschieht es,
daß einer, ein besonders Begünstigter, sie erblickt.

Es mögen jetzt hundert Jahr sein, als ein Mann aus
Hille, Namens Gerling, welcher auf der Waghorst Schä=
fer war, seine Heerde an dem Mehner Berge weidete. Da
sah er an dem Hügel der Babilonie drei fremde lilienartige
Blumen und pflückte sie. Dennoch fand er des folgenden
Tages gerade an derselben Stelle wieder drei gleiche Blumen.
Er brach auch diese, und stehe, am andern Morgen waren
abermals an dem Orte eben dieselben aufgeblüht. Als er nun
diese gleichfalls genommen und sich dann in der Schwüle des
Mittags am Abhange hingesetzt hatte, so erschien ihm eine
schöne Jungfrau und fragte ihn, was er da habe, und machte
ihn aufmerksam auf einen Eingang in den Hügel, welchen er

sonst nie gesehen und der mit einer eisernen Thür verschlossen war. Sie hieß ihn nun mit den Blumen das Schloß berühren. Kaum that er es, so sprang das Thor auf und zeigte einen dunkeln Gang, an dessen Ende ein Licht schimmerte. Die Jungfrau ging voran und der Schäfer folgte, und gelangte durch das Dunkel in ein erleuchtetes Gemach. Gold und Silber und allerlei köstliches Geräth lag da auf einem Tische und an den Wänden umher. Unter dem Tische drohte ein schwarzer Hund. Doch als er die Blumen sah, ward er still und zog sich zurück. Im Hintergrunde aber saß ein alter Mann und ruhete, und das war König Weking. Als der Schäfer das Alles angesehen, sprach die Jungfrau zu ihm: „Nimm, was dir gefällt, nur vergiß das Beste nicht." Da legte er die Blumen aus der Hand auf den Tisch und erwählte sich von den Schätzen, was ihm das Beste schien und was er eben fassen konnte. Und nun eilte er, das unheimliche Gewölbe zu verlassen. Nochmals rief die Jungfrau ihm zu: „Vergiß doch das Beste nicht!" Er blieb stehen und blickte zurück und sah umher, welches denn wohl das Beste sei. Auch nahm er noch Einiges, was besonders köstlich schien. An die Blumen aber dachte er leider nicht, sondern ließ sie auf dem Tische liegen. Und diese waren doch das Beste, denn sie hatten ihm ja den Eingang verschafft. Ueberzeugt, gewiß nicht das Beste vergessen zu haben, ging er mit Schätzen beladen durch die dunkle Halle zurück. Eben trat er an das Tageslicht heraus, als das Eisenthor mit solcher Gewalt hinter ihm her fuhr, daß ihm die Ferse abgeschlagen wurde.

Dieser Schäfer liegt in der Kirche zu Hille auf dem Chore unter einem großen Steine begraben. Er hat nach diesem Ereignisse viele Jahre in großem Wohlstande gelebt. Allein den Eingang hat er nie wieder erblickt, und seine

Ferse ist nie heil geworden; so daß man ihn bis an seinen Tod nicht anders als mit einem niedergetretenen Schuh an diesem Fuße gesehen hat. Er hat manche Vermächtnisse nachgelassen, unter andern auch eins für die Kirche zu Hille. Und die Nachkommen seiner Erben besitzen noch gegenwärtig den Aswen-Hof in Hille, welcher von ihm angekauft ist.

X.

Ein Volksfest.

Mitgetheilt von Dr. Oscar Brosin in Wehdem, Kreis Lübbecke.

———

Wenn uns bei unsern Forschungen nach den Resten deutscher Vorzeit ein Volksfest entgegentritt, welches unverkennbare Spuren eines hohen Alterthums und deutscher Eigenthümlichkeit an sich trägt und dadurch, daß es sich nach allmählichem Erlöschen oder unfreiwilliger Abschaffung der meisten dieser uralten Einrichtungen bis auf die jüngste Zeit gehalten hat, eine Lebensfähigkeit verräth, welche nur eine Folge engen Verwachsenseins mit dem Bewußtsein des Volkes sein kann, so ist eine solche Thatsache wohl geeignet, das Interesse der Freunde deutsches Alterthums in Anspruch zu nehmen und würdig, zum Gegenstande einer kurzen Mittheilung gemacht zu werden.

Es feierten nämlich seit undenklicher Zeit bis vor ungefähr 8 Jahren die Bauerschaften der Gemeinde Wehdem (im Westphälischen Kreise Lübbecke), Wehdem, Oppendorf, Oppenwehde, mit Ausnahme der Bauerschaft Westrup, ein jährlich wiederkehrendes Fest, welches Germania (Germanie, Gumanie) hieß. Um die Pfingstzeit ward in jeder der drei genannten Bauerschaften aus den im zwölften bis vierzehnten Lebensjahre stehenden Mädchen das beliebteste und hübscheste auserkoren, ergriffen und festlich geschmückt, theils mit bunten Bändern, theils durch weiße Unterärmel, wie sie vor alten Zeiten hier getragen wurden. Ebenso bemächtigte man sich des beliebtesten Knaben aus demselben Lebensalter und zierte sein Haupt mit einer hohen durch Goldflitter, Bänder und buntes Papier ausgeschmückten Krone. Beide wurden dann, von der Jugend begleitet, unter Geschrei und Musik durch das Dorf geführt, und der festliche Aufzug endigte in einer fröhlichen Zusammenkunft bei Spiel und Tanz.

Die früheren Prediger der Gemeinde hatten das uralte Volksfest nicht allein geduldet, sondern auch den Festzug selbst mit angesehen; ihr jetziger Nachfolger glaubte es als Unsitte abschaffen zu müssen und es folgte auf sein Verbot dieses Volksfest seinen zahlreichen dahingeschiedenen Brüdern.

Ob es gerathen war, einen edlen Wetteifer der Jugend, sich unter ihres Gleichen so auszuzeichnen, daß sie dieser unzweifelhaft hohen Ehre sich werth machten, zu unterdrücken, lassen wir dahingestellt. Jedenfalls läßt sich behaupten, daß die Absicht, durch rühmliche Belohnung eines ausgezeichneten Betragens zur Nacheiferung aufzufordern, welche dem Feste zu Grunde lag, ein Moment ist, welches sich schon zu alten Zeiten auf das Beste bewährt hat und offenbar einen der Haupthebel zu der ewig bewunderungswürdigen Größe des alten Griechenlands bildete, wo jenes Moment in den wiederkehrenden Festversammlungen und Spielen hervortrat und an vielen andern vorzüglichen Staatseinrichtungen einen wenigstens mittelbaren Antheil hatte. Dies scheint uns die sittliche Berechtigung des Festes, welche auch dann bleibt, wenn wir den eigentlichen Ursprung desselben auf heidnische Menschenopfer zurückführen wollten. Zu dieser Ansicht nämlich hat einen Freund des Berichterstatters der ihm auffallend erscheinende Umstand geführt, daß, trotzdem es eine Ehre war, aus-

erwählt zu werden, dennoch, sobald die Namen der zu Wäh=
lenden bekannt geworden waren, diese sich zu verbergen pfleg=
ten und oft viele Stunden lang in den geheimsten Winkeln
des Hauses versteckt blieben, bis sie zuletzt doch gefunden und
unter heftigem Weinen und Sträuben hervorgeführt wurden.
Der gedachten Auslegung stehen bedeutende Gründe entgegen,
aus denen wir erstlich hervorheben wollen, daß wohl aus den
überwundenen feindlichen Stämmen ursprünglich Schlacht=
opfer ausgewählt sein mögen, nicht aber aus den Besten der
eigenen Gemeinde; daß, nachdem die Kunde des alten Ur=
sprunges verdunkelt und verschwunden war, die Erwählten
ja in der That nichts Schreckliches mehr zu fürchten hatten;
daß sich endlich Aeußerungen von Gemüthsbewegungen nicht
durch Brauch fortpflanzen lassen, wenn sie nicht äußerst ge=
zwungen erscheinen sollen, was doch erweislich nicht der Fall
war. Suchen wir also einfacher den Schlüssel jenes Sträu=
bens in ländlicher Schüchternheit.

Auffallend ist jedenfalls der undeutsche Name des alten
Festes, während hier auf eine Verpflanzung römischer Sitte
nichts hinweist und es andererseits kaum einem Zweifel unter=
worfen ist, daß der Name lateinisch ist. Ueber diesen Umstand,
so wie über die wirkliche Entstehung des Festes hat Bericht=
erstatter zwar seine Vermuthungen gehabt, mit diesen jedoch,
weil ihm selber keine derselben von genügender Wahrschein=
lichkeit zu sein schien, den Leser verschonen wollen.

Dagegen möchte er nicht unterlassen, auf einige andere
Erscheinungen aufmerksam zu machen, welche er auf dem Terri=
torium des genannten Volksfestes gemacht hat.

In den sandigen Haideflächen der Bauerschaften Weh=
bem, Oppendorf und Oppenwehde befinden sich noch jetzt viele
sogenannte Hünengräber, während die Mehrzahl schon durch
Spaten und Pflug verschwunden ist. Die meisten der ver=

schonten Gräber trifft man in der Osterhaide, welche sich von Oppendorf nach dem hannoverschen Dorfe Brokum hinzieht und zwischen der östlichen Spitze des Stemmweder Berges und dem Westrande des gleichnamigen Moores gelegen ist. Der Theil der Wehdemer Gemeinde, in welchem Kleiboden sich befindet, z. B. die Bauerschaft Westrup und der größte Theil der Bauerschaft Wehdem, zeigt keine Hünengräber, wohl aber finden sich hier viele Streitäxte, vom gemeinen Manne, der sie für ein Schutzmittel gegen das Einschlagen des Blitzes hält und, zu Pulver gestoßen, den Kindern gegen die Krämpfe eingiebt, Donnerkeile genannt. Sie sind ohne Stielloch und von verschiedener Größe und Steinart.

In den Sandflächen der Gemeinde Rahden, welche durch Deichfluß und Aue von Oppendorf getrennt sind, zeigen sich wieder Zeichen deutscher Vorzeit, die leider in den letzten Jahrzehnten zerstört sind. Es war namentlich ein zwischen Steinkamp und Töblenhaide gelegener Opferaltar, aus ungefähr zwanzig Trägern und zwei Decksteinen gebildet, welcher unter sich viele Todtenurnen barg. Ein zweiter Altar befand sich eine halbe Stunde näher nach Rahden vor dem Hause des Wirthes Jäger. In der Gemeinde Wehdem hat Berichterstatter keinen Opferaltar ausforschen können, doch sind zu Bauten in Oppenwehde Steine verwendet, deren Form und Aussehen darauf schließen läßt, daß auch dort solche Altäre vorhanden gewesen sind.

Bemerkung der Redaction.

Aehnliche Gebräuche und Feste, wie das vorstehend beschriebene, finden sich um die Pfingstzeit, jedoch mit zahlreichen Verschiedenheiten, fast in ganz Deutschland. S. J. Grims Deutsche Mythologie S. 746 ꝛc. (Ausgabe II.). Simrock,

Handbuch der deutschen Mythologie S. 564 ec. Kuhn, Sagen, Gebräuche und Märchen aus Westfalen II, S. 159 ec. An vielen Orten sind aber die bekränzten Kinder die, welche zuletzt aufgestanden sind oder ihr Vieh zuletzt ausgetrieben haben und die Bekränzung ist dann ein Schimpf. Man singt dann an einigen Orten:

> Pingstbrût,
> fûle hût!
> wörst da'n bitken frör opstân,
> wör't dì'n bitken béter gân.

Oder:

> Pingsterblome,
> fûle suoge (sau),
> harst du éer uppestaun,
> har et di kén leid andaun.

An anderen Orten wird das zuerst erschienene Mädchen und die zuerst erschienene Kuh bekränzt. Dann ist es natürlich eine Ehre, und das Mädchen ist die Königin des Festes.

An noch anderen Orten finden um Pfingsten allerlei Wettspiele statt; die, welche sich auszeichnen, erhalten einen Preis.

An manchen Orten erhalten um Pfingsten ordentliche Mädchen Maibüsche, unordentliche Dirnen aber einen Dornbusch oder auch wohl einen Strohmann.

Ueber die mythologischen Beziehungen dieser Feste vergleiche man die genannten Mythographen.

XI.
Zur Topographie der Grafschaft Lingen.

Die alten Heberegister der Abtei Werden aus dem neunten und zwölften Jahrhundert, deren Erläuterung, so weit die verzeichneten Güter innerhalb der alten Diöcese Osnabrück lagen, ich in dem sechsten Bande dieser Mittheilungen unternommen habe, haben den Herrn Amtsrichter Sudendorf in Lingen veranlaßt, weitere Forschungen über den Gegenstand anzustellen, und dabei hat er in der Registratur des Amts Lingen ein altes Lagerbuch aufgefunden, worin jeder Hof mit seinen Abgaben an das gräfliche Domanium und unter Angabe seiner Eigenschaft aufgeführt ist. Die mit sehr geringen Abgaben belasteten Abtfreien von Corvei und Werden, welche leider nicht auseinander gehalten sind, die Bauerschaftsverbände und sonstige Merkwürdigkeiten, die ein historisches Interesse haben können, hat Sudendorf für die Mittheilungen unseres Vereins extrahirt. Er bemerkt dabei noch folgendes: Hüvetfelde K. Lingen und Hüvede und Estringen K. Bramsche scheinen mit Bramsche ursprünglich eine Bauerschaft ausgemacht zu haben, und die Trennung scheint erst durch die Gründung der Kirche in Bramsche entstanden zu sein, denn Bramsche selbst wird up dem Hüvetfelde genannt. Vielleicht ist deswegen in dem Werdenschen Register, Register B. XXIII, statt Hunedfelde zu lesen Huuedfelde.

Balbeki, Register A. X ist Feilberten, K. Emsbüren. Letztere Bemerkung hatte mir schon früher Herr J. E. Berlage in Meppen gemacht, welcher hinzufügt, daß Berten noch jetzt in der Volkssprache Feilberten genannt werde. Derselbe vermuthet, daß Ostenslabon in A. X vielleicht Steibe, K. Salzbergen sei, welches urkundlich auch Stathebe genannt werde. Dürfte statt Herst, bemerkt Herr Berlage weiter, gelesen werden Herst, so fände sich dies vielleicht wieder in Hörstel bei Rheine, woselbst ja auch die drei unmittelbar vorher genannten Ortschaften Gellendorf, Bentlage und Robbe liegen.

Ich spreche beiden Herren für die Theilnahme, welche sie meiner Arbeit erwiesen haben, herzlichen Dank aus.

Nicht minder bin ich Herrn Dr. Kistemaker in Meppen zu Danke verpflichtet. In dem von mir mitgetheilten Documente über die Grenzen der bischöflichen Jagd im 15. Jahrhundert findet sich als Grenze im Amte Fürstenau angegeben: „bat velsterholt", über dessen Lage ich Zweifel ausdrückte. Herr Dr. Kistemaker bemerkt mir: „ohne Zweifel ist dieses das noch jetzt so benannte Fensterholt, an der Grenze des Fürstenthums Osnabrück und der Grafschaft Lingen, ein Theil der Handrup-Hestruper Mark an der Grenze der zum Amte Fürstenau gehörigen Vechteler Mark. Dieses „Holz" ist jetzt eine von der übrigen Mark sich durch nichts unterscheidende Haidfläche, ohne alles Holz."

Herrn Kistemaker's Emendation ist wohl begründet. Billig hätte ich selbst darauf kommen sollen, da ich schon in Mittheil. II, S. 99 bei Bestimmung des von Karl b. Gr. oder Otto I. dem Bischofe verliehenen Wildbanns der Fensterberge bei Fürstenau erwähnte, an welche der Fensterholt sich westlich anschließt. Dieser Grenzpunkt ist also uralt.

D. M.

Blaffert oder Lagerbuch vom ganzen Domanium in der Graffschaft Lingen, vom Rath und Commissions-Chef Dankelmann eingesandt im Nov. 1707.

A. Kirchspiel Lingen.
I. Stadt Lingen.
II. Bauersch. Carten mit den Erben to den Brögberren und in den Brockhusen.
III. B. Hüvetfeld mit nur 4½ Erben.
IV. B. Altenlingen mit nur 6½ Erben.
V. B. Holthusen.
B. Kirchspiel, Dorf und Bauerschaft Bawinkel mit den Brinksitzern to Cluesort und up den Brinke.
C. Kirchspiel Lengerich.
I. B. Langen (mit Espel und Bentrup):
  1. Kribber, ¼ Erbe, abteifrei, dem Freiherrn von Rhede gehörig oder an Fr. von Rhede,
  2. Rouschülle, ⅛ Erbe, abteifrei, an Freiherrn von Coeverden,
  3. Lull Freerick, 1 Erbe, abteifrei, an Fr. von Rhede,
  4. Luigermann, 1 Erbe, abteifrei, an Fr. von Rhede,
  5. Schuir Rolef, 1 Erbe, abteifrei, an Fr. von Rhede,
  6. Lülmann, ¼ Erbe, abteifrei, an Fr. von Rhede,
  7. Brinker, 1 Erbe, abteifrei, an Fr. von Rhede,
  8. Suhrmann, eigen an die Kirche zu Lengerich.
II. Bauerschaft Garsten und Droepen:
  1. Lindemann, 1 Erbe, abteifrei, an Fr. von Rhede,
  2. Buise, 1 Erbe, abteifrei, an Fr. von Rhede,
  3. Bye zu Droepe, 1 Erbe, abteifrei, an Fr. v. Rhede,
  4. Bregen Meinert, ½ Erbe, abtfrei, an Fr. v. Rhede.
III. B. Wettrup:
  1. Saal Wolke, 1 Erbe, Sabelfrei.

V. B. Lengerich mit den Erben zu Völkering, Raming,
Berlage und Wehe (i. e. Suderwehe.)
1. Glasker, ½ Erbe, abteifrei, an Fr. von Rhede.
2. Ryckermann, ½ Erbe, abtfrei, an Fr. v. Rhede.
3. Vellmann, 1 Erbe, abtfrei, an Fr. v. Rhede.
4. Dink Albert, 1 Erbe, abtfrei, an Fr. v. Rhede.
5. Beerlage, 1 Erbe, abtfrei, an Fr. v. Rhede.
6. Weermann, 1 Erbe, abtfrei, an Fr. v. Rhede.
7. Laage Meinert, 1 Erbe, abtfrei, an Fr. v. Rhede.
8. Call Johann, ½ Erbe, abtfrei, an Fr. v. Rhede.
9. Hendrick Callage, ½ Erbe, abtfrei, an Fr. v. Rhede.
   D. Kirchspiel Thuine.
I. B. Brümsel.
  1. Beckmann, 1 Erbe, abtfrei, an Fr. v. Coeverden.
II. B. Messingen.
III. Bauerschaft Loe (jetzt Laue) und Venslage (registr. Corb. Lay et Vinislay):
  1. Lonnemann, 1 Erbe, Sattelfrei,
  2. Nienhaus, 1 Erbe, Sattelfrei,
  3. Hemmer, 1 Erbe, Sattelfrei.
IV. B. Sultrup:
   Leben Jacob, 1 Erbe, Sattelfrei.
V. Dorf und Bauerschaft Thuine mit Cunkenbeck und der Cunkenvenne, worin die Hünensteine, wahrscheinlich die alte Thinglage des pagus Venkinne oder Fenkigau. Zu bemerken vielleicht:
  1. Cunkenmöller, ½ Erbe, eigen an den Hauge,
  2. Cornelis von Weerden, ½ Erbe, frei.
   E. Kirchspiel Freren.
I. B. Anderveune.
II. B. Ostrohe und Settlage.

III. Dorf und Bauerschaft oder Stadt Freren mit den Vor=
  städten Uphusen, Lüntzfeld, Königsstraße und Overwater:
  1. Hoffschulte, eigen an Teckl., 1 Erbe,
  2. Maarschall, ¼ Erbe, frei,
  3. Der Kaiser, ¼ Erbe, frei,
  4. Conink Schulte, 1 Erbe, eigen an den Hange,
  5. Conink Giesele, 1 Erbe, eigen an den Hange.

  F. Kirchspiel Schapen mit den Höfen auf dem
    Braem und Risouw,
  1. Johann Stoppel, 1 Kötter, abtfrei,
  2. Herm Veerkamp, 1 Kötter, ablfrei,
  3. Hoff Schulte, 1 Erbe, abtfrei, an Fr. v. Coeverden,
  4. Nederschulte, 1 Erbe, abtfrei,
  5. Bode, 1 Erbe, ableifrei,
  6. Blootkamp, ½ Erbe, abtfrei oder abteifrei,
  7. Wallmann, ½ Erbe, abtfrei.

  G. Kirchspiel Beesten:
  1. Hertelen, 1 Brinksitzer, abtfrei,
  2. Proin, ½ Erbe, ablfrei,
  3. Saudfoort, 1 Erbe, ablfrei,
  4. Eilermann, 1 Erbe, abtfrei,
  5. Rollermann, 1 Erbe, ableifrei.

  H. Kirchspiel Plantlünne:
  1. Berken Geert Junior, 1 Brinksitzer, abtfrei,
  2. Albers Wessel, 1 Kötter, abtfrei,
  3. Hilvers, 1 Erbe, abtfrei,
  4. Eilermann, 1 Erbe, abtfrei,
  5. Speermann, 1 Erbe, ablfrei,
  6. Asling, 1 Erbe, abtfrei,
  7. Der Schulte zu dem Venhause, ohne Angabe,
  8. Brinker, 1 Erbe, abtfrei,

9. Woele zu Spelle, 1 Erbe, abtfrei.
10. Brinker zu Altenlünne, 1 Erbe, abtfrei.
11. Brinker zu Barenrobe, 1 Erbe, eigen an Borghorst.

I. Kirchspiel Bramsche (Munderfum, Eistringen, Hüvede):
1. Innnink, 1 Erbe, abtfrei.
2. Hüvet Johann, 1 Erbe, abtfrei.
3. Schulte zu Eistringen, eigen an die Vicarie St. Andreä zu Lingen.

K. Kirchspiel Baccum mit Münningbühren, worin mehrere Erbe, welche an die Kirchen zu Lingen und Baccum eigen sind.

L. Kirchspiel Ibbenbühren.
I. Dorf Ibbenbühren mit Schirloe und Schaepsberg, Lindbeeke und an dem Berge.
II. Bauerschaft Alstede.
III. B. Osterlie mit den Brinksitzern auf der Atter.
IV. B. Laggenbeeke mit den beiden Schultenhöfen zu Baerendorf und Laggenbeek.
V. B. Doerenthe mit dem Schulten zu Croube und den Erben zu Strick.
VI. B. Boeckraden.
VII. B. Püsselbühren mit den Brinksitzern in dem Gellenesche.
1. Hermes, ¼ Erbe, abtfrei, an Fr. v. Rhede.

M. Kirchspiel Recke.
I. Sonderbauerschaft mit Erben zu den Twenhausen, in dem Felde und hinter dem Kamp.
II. B. Halverde mit Höfen zu Weese, hinter dem Esch und auf der Haar.

III. Bauerschaft Espel mit dem Meyer zu Andorf und Brinksitzern auf dem Bockelerfelde und bei dem Dieke.
IV. B. Steenbeke mit dem Schulten zu Hebberbecke.

N. Kirchspiel Mettingen.

I. Westerbauer mit Erben zu Ambergen und Flottouw.
II. Osterbauer.

O. Kirchspiel Brochterbecke.

I. B. Brochterbecke.
II. B. Hollhausen.

XII.
Erzählungen von Carl dem Großen.
(Aus einem osnabrückschen Lagerbuche.)

Im Rathsarchiv zu Osnabrück befindet sich ein geschriebener Foliobandꝛ der Handschrift nach aus dem 16. Jahrhundert herrührendꝛ mit dem Titel: „Lager=Buch alter statut: privileg: undt observantien der Stadt undt Stifftes Ständen von Osnabrück. de anno 1397." Derselbe mag dem Inhalt nach etwa zum Gebrauch eines unstudirten Rathsherrn bestimmt gewesen sein und enthält manche interessante Urkunden. So findet sich darin die einzige vollständige Handschrift der osnabrückschen Kirchenordnung von Hermann Bonnus aus dem Jahre 1543, indem bei der andern im Archiv befindlichen Handschrift ein großer Theil des Einganges fehlt. Noch wichtiger ist, daß dieser Band auch die Bestätigungsurkunde der osnabrückschen Kirchenreformation durch den Bischof Franz von Waldeck aus demselben Jahre enthält, woraus hervorgeht, daß der Bischof der ganzen Angelegenheit durchaus günstig war. Letztere Urkunde war bis jetzt nur durch die kurze Notiz in Rölings osnabrückscher Kirchengeschichte bekannt. Röling hat aber, wie die Randbemerkungen von seiner Hand zeigen, das Lagerbuch bereits benutzt.

Nicht uninteressant ist auch eine in unserm Bande unter Nro. 19 bis 41 enthaltene Erzählung der Thaten Carls des Großen, soweit sich dieselben auf Westphalen und Niedersachsen beziehen, wobei einiges Wahre mit vielen Fabeln durcheinander gemischt ist, ganz nach Art der älteren Chronisten. Sie soll hierunter in Abdruck erfolgen, und es sei vorher nur noch eine kurze Bemerkung erlaubt. Es drängt sich zunächst die Frage nach dem Ursprung und den Quellen dieser Relation auf, allein darauf möchte kaum eine genügende Antwort zu ertheilen sein. Manches findet sich zerstreut in verschiedenen Autoren, z. B. Turpin, Einhard, auch bei Kranß, Saxonia, u. s. w.; manches beruht wieder ganz auf mündlicher Ueberlieferung. Indessen ist die Bemerkung des Herrn Conrector Meyer hieselbst von Wichtigkeit, daß die meisten der von unserm Anonymus erzählten Facta im Henricus de Hervordia, einem Chronisten aus der Mitte des 14. Jahrhunderts, welcher aus vielen Schriftstellern compilirte, enthalten sind. Potthast in seiner Ausgabe (Liber de rebus memorabilibus sive chronicon Henrici de Hervordia ed. A. Potthast. Göttingae 1859) hat sorgfältig alle Quellen desselben am Rande angegeben. Aber unsere Erzählung enthält auch solche Angaben des Henricus, für welche Potthast keine weitern Quellen hat' auffinden können, und welche diesem danach eigenthümlich sind. Danach könnte man vermuthen, daß entweder unser Erzähler den Henricus als Quelle benutzt, oder daß beide gemeinsam aus einer andern und unbekannten Quelle geschöpft hätten. Ersteres scheint, abgesehen davon, daß vieles sich beim Henricus gar nicht findet, schon deshalb nicht möglich, weil die Erzählung überall vollständiger ist und in ganz anderem Tone gehalten. Auch führt Henricus ein kürzeres Stück der Stiftungsurkunde des osnabrückschen Bisthums von Carl dem Großen an, als unser Erzähler. Es scheint fast eine Schrift zum Grunde zu liegen, die auch Henricus benutzt hat, zusammengesetzt aus den bekannten Sagen und Berichten über Carl dem Großen. Als Quellen mögen darin unter andern, wie beim Henricus p. 4, genannt sein: Eusebii chronicon, etwa in der Fortsetzung des Hieronymus, welche sich vollständig oder im Auszug an der Spitze der meisten umfassenden Chroniken des Mittelalters findet (S. Wattenbach, Deutschlands Geschichtsquellen im Mittelalter, S. 36); ferner Harmannus Contractus aus Reichenau in Alemaunia, Martinus Polonus, und die historia tripartita des Cassiodorus. Diese Quellenangaben sind in sinnloser Weise mittelbar oder unmittelbar in unsere Erzählung aufgenommen; und auf dieselbe Weise mögen auch Irrthümer entstanden sein, die Henricus nicht hat, so z. B. über die Stiftung von Corvei und Hersfelle.

So viel steht jedenfalls fest, unsere Erzählung ist aus ganz verschiedenartigen Quellen ohne Kritik bunt zusammengesetzt. Einiges ist Schriftstellern entnommen und häufig ganz entstellt wiedergegeben, anderes beruht auf der mündlichen Volkssage; die Erzählung von der Taufe Wittekinds, die sich in ganz ähnlicher Weise, so weit mir bekannt, nicht findet, scheint ihrer ganzen Fassung nach aus geistlicher Feder geflossen zu sein. Manches ist auch eigener Zusatz des Verfassers, wie die Stelle, wo vom Landfrieden die Rede ist, wobei er die Landfriedensurkunde von 1385 vor sich hatte.

Wir begnügen uns im folgenden damit, auf die hauptsächlichsten Parallelstellen des Henricus nach der Ausgabe von Potthast hinzuweisen, da die ganze Erzählung nicht so vielen historischen Werth hat, daß es ersprießlich sein könnte, alle Quellen möglichst genau anzugeben, Geschichtliches von dem Sagenhaften zu sondern und die vielen Unrichtigkeiten anzumerken. Der in der Geschichte Niedersachsens Bewanderte wird leicht Wahres von Falschem unterscheiden.

Von Carolo Magno ein korter vttoch vth dem Cronicon Eusebij, Almanorum, Martini.

Enolphus was ein Hertoge van Franckriek, van dem geschlechte des Konninges von Troien Priami gebaren, In siner Jöget, vorwarff he mit siner frowen einen Sonne, Anchises geheten, Anchises der Hertoge vorwarff einen Sonne, Pipinus geheten, besulue leth Dionisium enthoueden, Pipinus der Hertoge, telde Carolum Marcellum, Carolus Marcellus, telede Steffanum papam secundum einen Konninck van Franckrike, na desses Dode transfererde men dat Römesche rike in Germanos.

Wat tidt Carolus Konninck gebaren, vnd wo lange he regerede.

Na Christi gebort, do men schreff 776, do wart Carolus Magnus, Pipini Sonne, ein Konninck auer Franckrich erwelet, vnd regerede darauer 32 Jar, vnd in dem Römeschen ryke — 14 Jar. Franckrike wart by eme meer gehegt vnd vormehret, dan by jennig Konninge, he was ock de erste Römesche Konning de to Rome gekrönet wart van dem Paweste Adriano primo. Wente de Römesche Kerke wart mannichmall auerfallen van dem Konninge van Lumberbien, Desiderius geheten. Vmme bedde desses Pawestes belagte Carolus Pauen, vnd nam dessen bosen Konning fencklich, vnd reddede do Römeschen Kercken van siner hant. Hirumb wart Carolus van der Römeschen Kercken vorhoget, Konning gekoren, macht to hebben einen Pawest to keisen, de der Romeschen Kerken nutte mochte sin, na sinen gefallen.

Von Caroli lengde, dogede, sterke, macht vnd herlicheit.¹)

Desser Carolus Magnus was van staturen, achte siner Voete langk, darby starck vnd wolgeschicket in allen ledden, ock risk, köne, vnd vorsichtig in allen sinen werden, metig in drincken, vnd gloriosus in etten. Ock in stride gelucklich, milde was ock Carolus, vnd den Armen guder teren, beide den Christen vnd den Heiden, darby was he rechtferdig, vnd in den Seuen frien Kunsten, wol geleret vnd erfaren. Ock hedde he einen langen barth, de wende eme wente op den Naffel. Vmme siner groten Dogede willen, Kronede em de Paweste Leo quartus to einem Keiser, in der Kerken Sanct Petri to Rome, in dem Jare 800. Dusser Carolus was so starck, dat he einen wolgewapenden Man, in siner stacken handt leth staen gaen, vnd bōrede den in der hant op van der erden, wente an sin houet. Ock op eine tidt delede he suer Viende einen in twe dele mit sinem Swerde, mit einem schlage einen gewapenden Ridder, alse he op einem perde satt. Grimmich was Carolus von angesichte, vnd wen he mit errigen ogen ansach, dem entgink thor stunde sin moet. Carolus habbe des nachtes so em vorwareden op den bedde 120 Ridders, de darto vorordenet weren. Der stonden vormitnachte, 10 tho sinen honede, 10 to sinen voten, 10 to siner rechteren siden, vnd 10 to siner luchteren siden, vnd hebben in der luchteren hant, eine brenende Kersen, vnd in der rechteren handt wapene were, vnd weren bereit to striden. In der middernacht, beneden eme de anderen vertig, geliker mate, vnd deßgeliken ock de anderen nametnachte.

---

¹) Henricus p. 22. 23.

Van Caroli Swerde Gaudiasa geheten, vnd des Swerdes Krafft.

Als nu be tidt quam na Gades gefallen, dat etlike Lande solben to den Christlicken gelouen bokeret werden, vnd dat sulue dorch Carolum solde beforderet werden, nach Gades willen, Schicke Gott Carolo vam Hemmel ein swert in einer Flammen, dar he de Heiden mede bedwingen solde, vnd ettlike Lande, we nafolgende, welker schwert ihundt noch to Dlickonberg ist, vnd to siner tidt gewiset wert, de flamme is to Paris affgebelvet, mit einem roden siden Doeke, einer elle breidt, vnd anderhalff ellen lang, mit dren siden questen geziret. Duße flamme in entginge van Gottlicher vorsichticheit, wert to siner tidt so klar, dat de vnglouigen ere Klarheit nicht vordregen konden in eren ogen, sunder storteben. Hirmedde ock in den lesten Dagen ein Konninck van Franckrike, de lesse Keiser, Jerusalem medde winnen sall. Dath Swert droch Carolus des Dages by sick, vnd bestribede darmedde deße naboschreuen Lande, mit togaende der flammen, vnd makede dar Christen vth mit Gades hulpe vnd wolgefallen.

Dith sint be Lande de Carolus bekrigede.

Dat Landt Hispanien, Italien, Aremandien, Slauonien, Aquiertanien, Britanien, Cicilien, Labrien, Burgonien, vnd dat Konningrike van Enger, darto losete he de Grekeschen Kerken vaken van auerfalle der Heiden, van wegen siner sterke.

Wo Pawest Leo uth Rome vordreuen wart, vnd dar webber hen quam.[1])

By Caroli Magni tiben worden de Romer dem Pawest Leoni enttyegen, vthwreuelliken hochmode, setteben sick Jegen

---
¹) Henr. p. 37. 38.

eme, wo woll he eines guden leuendes was, Steken em sine
ogen oth, snedden em sine tungen aff, vnd vordrewen em vth
Rome. Also toch de gude Pawest Carolo nha dorch de lande,
mit Caroli willen, dewile nu befse Pawest, siner tungen vnd
ogen berouet was, sunder orsake, schrybede he dach vnd nacht
to Gade dem Herrn, wo eme de Herr sine tungen vnd ogen
wedder gaff, Vnd dat Carolus sach, settede he alle sinen sin
darthen, dat he defsen Pawest wolde to Rome wedder inbrin-
gen, Alsus leth Carolus de friesen vorbaden, dat se mosten
mit dem Paweste tehen, vnd eme wedder to Rome bringen,
also worden de Freisen rede up de farth, vnd quemen to
Rome na Carolo, nemen de statt mitt gewalt in, vnd brachten den Pawest wedder an sinen ortt, hirmede wart defse
Pawest Carolo restituert to Rom, vnd Carolus gaff Leoni
de Keiserliken Kronen.

Wo Carolus den Freisen 4 priuilegia gaff.[1])

Hirna, vmb bedde willen freißschen Fursten, sampt eren
frunden, gaff Carolus de Keiser den Fursten 4 priuilegia, de
busse pawest alle consirmerde, vnd bestedigede ewich to holden.

Dat erste priuilegium ys, dat Carolus se alle Ebbelde.

Dat ander ys, dat se alle golt vnd suluer in eren landen mouten mogen.

Dat drudde, dat se in eren landen sunder stridt mogen
Ribbers maken golt to dragen.

Dat veerde, dat se vnder Beschermunge des Rikes sin to
ewigen tiden, Also, dat se nemant in eren landen mit gewalt
anferdigen sall vmb malcdictioni pape. Von busser histotien,
vindet man velle in Historia tripartita.

---

[1]) Henr. p. 88.

Van den Engerschen Krige vnd winninge.[1]

Dat Engersche Rike genck an by dem Rine, vnd wende wente op de Elue, Is auerst nu gedelet in twe dele, also van dem Ryne wente op de Weser, sint westphali, de Westphalinge genomet werden, Vnd van der Weser bett op de Elue ys der Saßen beholt, Ostphali geheten. Deße Saßen werden ock genomet Patroclj. Dat sint stene, so hart weren se an striden, vnd so böse thom gelouen to bringen, dat se Saxones genomet werden, dat sint stene, vmb erer hardicheit willen, Vnd ere orsprunck is van der Schaer des Konninges Alexandri Magni, Wente do Alexander doet was, worden se oth Macedonien lande mit gewalt vordreuen. Do quemen se an deße lande vnd vordreuen rth Westphalen lande mit gewalt de Freisen, vnd oth Saßen lande de Wenden, vnd besetten also de beiden lande. Deße Westphalinge vnd Saßen hadden einen Konning, geheten Wedekiug, de helt huess to Enger, wente Enger was do ein houet besser Lande, Also nu de tidt quam war twe Jar vor dem stride de in Wallant sich erhoeff, dat de Saßen Christen werden solden, vnd de Krich in Saßen lande ein eude nemmen solde, de woll 33 Jar geduret habbe, do geschach twe mall in einem Mante July, dat Carolus vnd Wedekinck tosamen quemen mit eren Schare to striden, Thom ersten by Gaddesmellen,[2] dar erhoff sick ein Morderlick stridt, dar velle boben bleuen to beyden siden, doch behelt Carolus den platz, Worumme he Gadde ein geloffte dede (op dat he em den segen geue) vnd winninge auer sine viende, do wolde Sunte Peter bowen eine Gades ehre, einen tempel, den erwich. hir na in densuluen Mant sterckede sick Konningk Wedekingk wedder, vnd Eschede Carolum to stride. Sus quemen se andermall tosamen op den Schlachforde, dar

---

[1] Henr. p. 30. [2] Thietmelle, Detmold.

rthoff fick de ander ftribt, Vnd Carolus vorschlug dar sine Viende mit groter macht, vnd folgede den vienden be eme den rugge togekeret hadden, yn welkerer flucht he ock Wedeking Enger affwan. Vnd Wedekingh wart so amechtig, dat he Carolo nicht lenger wedderstan konde.

Wo Carolus den Konninck Wedekingk van Enger halen leth tho sick, vnd wo se vnderrebinge tosamen hadden.[1]

Alse nu Konning Wedekinck betrachtede sin vorluß, vnd dat he Carolo nicht wedderstaen konde, gedachte he in sinen sinne, offt he nicht erfaren konde heimeliken den staet, vnd Sate Carolj, daroth he em mochte wedderstaen, vnd vorkleidede sick vp einen stillen Frigdach, vnd ginck sitten manck de Armen lude de by den wege seten vnd begereden de Almißen von Carolo, Alse he nu darmede satt, wart he vorspeet von Carolj Deiner einen, de touoren in den haue des Konninges Wedekinges gedenet habbe, vnd Wedekinck woll kende, by sinen glaßoge, vnd krummen vinger, vnd sedde dat Carolo an dat Wedekinck dar sete manck den Armen. To schickede Carolus hen, vnd leth Wedekinck opnemmen, vnd vor sick bringen, vnd sprack to em, Konninck Wedekinck, worume bistu hir by den Armen gekommen, he antwerde darop, Ick bin gekommen tho beseende Dinen staet vnd Volck, hiromme min leuent in Dinen henden steit, vnd dat vorsue na Dinen willen. Als Carolus Dith horede, wart he bewagen, stont op van sinem stole, vnd kußede Wedekinck, vnd leth em darna koninglike kleider andoen, vnd settede em by sick, alduß fellen twischen den beiden mannigerlei rede van den stribende, de se mallander gehatt hadden.

Darna befoell Carolus Wedekingk trin siner Ridder in

---

[1] Henr. p. 32. 33.

ere hobe, vnd dat se siner plegen solden vnd eme denen alse
einem Konninge tobehoret. Als nu de achte Dage na Paschen
vorby weren, leth Carolus Wedekind eschen, vnd by sick tor
taffeln setten. Do sprack Wedekingk, berichte mi doch Caroli,
watt de sake sy, dat du vnd din Volck des Frigdages vor
Paschen negest vorgangen, so bedrouet werest, vnd nu frolich,
dat mi doch lefflick was antoseende vnd wolgefel, Darvp antworde em Carolus alsus, Op den Dach der bedroffnisse, heff
Christus Jesus vnse salichmaker vor vns allen, den doet ge-
lebben, darvmp trore wy thor gedechtnisse, dat he vmme vnsent willen, moste so smeliken vnd vnschuldigen lieden vor vnse
sunde, Vnd in den groten Paschedage darna ys he wedder
vpgestaen van den Doden, Vnd mit siner froliken vperstan-
dinge, hefft he vns de porten des hemmels eröpent, de lange
was togeslatten vmme vnsent willen. An dußen Christum
Jesum, gades warhafftigen Naturliken Sonne, schaltu gelöuen,
de Jhet alleine, de by dat ewige leuent genen kau vnd will,
so du eme vortruwest, Vnd alse Konningk Wedekind an deße
worde fulborde, do befoell Carolus den Geistlichen de by em
weren, dat se Wedekind to sick nemen, vnd em vordan in den
Christlichen geloueu vnderviseden, so geborlich were, op dat he
gedopet, vnd ein Christen worde.

Alse nu deße gelerden den Konninck Wedekind vnderrich-
teden vnd lereden, also, dat he mit em thor Kercken genck, geschach idt op eine tidt, dat dar Misse geholden wart. Vnd
alse de Prester dat hillige Sacramente op börede, duchte
Wedekind, wo dat de Prester ein klein Kindt op börede vnd
lebbe idt wedder vor sick op dat Altar, belede Jdt darna in
drei dele, vnd ethe dat fleisch vnd drincke dat blodt vor den
Altare apentlich. Darna als Wedekind an Caroli taffelen satt,
satt de Prester ock darby, de de Misse geholden hadde. Sprack
Wedekind tho Carolo alsus, O Carole du gude Konningk,

worumme setteſtu einen Mörderer an dinen Diſch, de hutes Dages, als Ich geſeen hebbe, ein klein Kindt bobede, vnd att dat gantz heil op. Darop em Carolus antworde: Dat Kint dat du geſeen hefft, im ſchine des brodes ys Jeſus Chriſtus vnſe ſalichmaker, den du noch nicht erkenneſt, In deſſem is dy noet, dat du geloueſt, vnd dat tor ſalicheit diner ſeelen, als du dan ock berichtet biſt van den Geiſtliken vnd gelerden. Alſe Wedekinck hat horede, leth he ſick böpen, vnd wart darna ein guet Chriſten, full aller Doegede, vnd darna als twe Jar vorby weren, makede Carolus van Konninck Wedekinck einen Hertogen auer Enger vnd Weſtphalen, darhe ſin leuent Inne enbigede.

Wo Carolus den Doem to oßenbrugge ſtifftede, geiſtlike darin ſettede.[1]

Carolus was der löffte vnuorgetten, de he Gadde touoren gedaen habde, vnd ſtifftede in Weſtphalen de Kercken to oßenbrug, In dem Jare Chriſtj 771 ehe he Keiſer wart, vnd alſe de Kerke binnen 7 Jaren rede wart, do ſettede Carolus dar einen Biſchop, Wyho geheten, vnd einen Praueſt, einen Deken, vnd Canonike, in talle hundert perſonen, de Gade aldar Dages vnd nachts denen ſolden, vnd hebben des Jars ein itlich vor ſin vordeinſt decimen vam Lande, van Wiſchen, van holte, vnd van Weide, de Carolus gaff, ock 100 Marck geldes der Monte de genge was, Deſſe Kerken leth Carolus Wygen In de ehre Gades, vnd S. Petri dorch Egilfridium, Biſchop to Lübeke, thor tidt regerende.

Wo Carolus de Kerken to oßenbr. hefft mit hilligedom vorſorget.

Hyrna, do Carolus de Keiſerlike Kronen erlanget habbe

---

[1] Henr. p. 31.

to Rome, begauede he de Kerken to oßenb. mit hilligedom, funderliches, mit den Licham Crispini vnd Crispiniani, de he mede van Rome brachte, Do he Leonum quartum, vnd de Romeschen Kerken ouermals vorloset habbe, van ouerfalle des Konninges von Lumberdien Desiderio.

Van dem studio, oder Üniuersitet.[1]

Wider settede ock Carolus to oßenbrug ein studium vnd richtede dar ein Üniuersitet op, van twyerlei tungen, nemlich Grekesch vnd Latin, als men lesen mag in einem priuilegio, darup gegeuen dar he alsus redet, Wy hebben gesatet to oßenbrugge eine Schole, dar men twyer tunge sprake, inne vinden mag, des wy in Gades Barmherticheit vortruwen, dat darinne der Sprake, erfarne Klereke, nummer endrecken sollen, der orsaken, So der Romesche Keiser begerende were tor Ehe des Koninges Dochter van Greken, dat dan nin ander Ambustiat van den Fursten des Romeschen Rikes to der boschickinge solde gebruket werden omb vorkenntnis der tungen, dan alleine ein Bischop to oßenbrug.

Wo Carolus den Doem to Munster stifftede vnd beganede.[2]

Als nu dit geschehen was, gedachte Carolus, Westphalen Landt, solde sich nowe van einem Bischope regeren laten, vnd merkede woll, dat dat Volck hartt vnd webberstreuich was, darumme stifftede he twe Jar darna do de tempel to oßenbrug rede was, eine Kerke to Munster, in de ehre gades vnd S. Pawels oth der Kerken te Oßenbrugge, vnd settede dar ock einen Bischop, Pravest, Decken vnd Canonike, im talle 40 personen.

---

[1] Henr. p. 33.   [2] Henr. p. 32.

Wo Carolus Minden stifftede.

Darna stifftede Carolus oth der Kerken to ossenb. do de Doem to Munster rede was, einen Doem to Minden, in de ehre Gades, vnd Gorgonij vnd Dorothee,[1]) vnd settede dar och einen Bischop, Prauest, Deckan, vnd Canonike, im talte Seuenvntartig personen. Albus sint in der Kerken to ossenbrug. gebleuen, veerontwintig personen, der ehr vnd gloria sunderlich (to einem sprickworde to reden) min ys geworden, dar Minden den namen van beholden hefft.

Wo Carolus Bremen stifftede, vnd darna Paderborne transfererde.[2])

Als nu Carolus de drei stiffte vullenbracht hadde, duchte em dersuluen noch to weinig sin in Westphalen, dewile dat Landt withwelbig is, vnd stifftede noch op de Weser Bremen vnd Hertzfelde.[3]) Dewile nu Bremen defsen anderen stifften vngelegen, wardt idt darna transferert in Paderborn: dat idt veer stiffte sin solden. Desten 4 Bischopen, als Ossenbrug, Munster, Minden, vnd Paderborn beuoll Carolus, heerden to sin auer Westphalen Landt, vnd ein opsehent to hebben mit ereu Geistliken, op dat dat gemeine Volck by den Christen gelouen erholden worde, vnd we baraffelle, dat de wedder vormauet ofte gestraffet worde.

Wo Carolus Coruey stifftede.

Ock stifftede Carolus ein Munster in dem stiffte Ossenbrug to Meppen, Coruey geheten, Querst na der tidt konden sich de Bischop vnd Abbet nicht wol vordragen, vnd vmme des vnuordrages willen, wart Coruey transferert in dat stifft van Paderborne. Des hefft de Abbet van Coruey in dem

---
[1]) Henr. p. 87. [2]) Henr. p. 32. [3]) Herstelle. Henr.

ſtiffte van oſenbrug, noch grote herlicheit beholden, in Lehen=
waren, vnd gerechticheit auer de Geiſtliche vnd wertliche gu=
der. Den torn to Landrige¹) hebben de Biſchop von Oſen=
brug, de Abbet van Coruey vnd ein frowe van Mun=
belin (der de herſchop van der Dechte was) to hope geſtifftet,
vnd an denſuluen torn, noch ein Abbet van Coruey ſin Le=
henrecht ſitten, vnd ſo na by den torn ſitten, dat he den
torne rörde to der tidt.

Deſſe nabeſchreuen Kerken, gaen van dem Abbete to
Lehene: Meppen, Aſchendorp, Nöte,²) Eyſen,³) Borchlot,⁴)
Sogelen, Werlthe, Kopendorpe,⁵) Dißbecke, Sachem,⁶) Fre=
deren,⁷) Drenßdorp,⁸) vnd Emeßbecke.⁹)

Wo Carolus eine Kerken to Widenbrug bouwede hm ſtiffte Oſenbrug.

Noch ſtifftede Carolus eine Kerken to Widembrugge, in
de ehre Gades, vnd S. Egidij den Gott apenbarede eine heim=
like ſunde, de Carolus onder ſich hebbe ongedichtet, Hirna
ſtifftede Carolus Aten auer den Ain in der Wilteniſſe to der
tidt, vnd veele ander Kerken.

Wo de Hertoge van Enger Wedekinck de Kerken to Enger bowede, vnd ricklick begauede.

Alſe nu Hertoch Wedekinck, de olde Konningk van En=
ger ſach, dat Carolus ſo vele Kerken ſtifftede, gedachte he ock
eine gedechteniſſe natolaten to der ehre Gades, vnd leth eine
Kerke buwen to Enger, leth ſe wyen in de ehre Dionisy,
ſette darin Decken vnd Canönike, de barfuliueſt Gade lauen
ſolden, vnd begauede de ricklicken mit Praeſentien, gerechtighei=

¹) Landegge.   ²) Dile.   ³) Eſſen.   ⁴) Bokeloh bei Meppen.
⁵) Krapendorpe.   ⁶) Bachem, Bachum.   ⁷) d. i. Freren.   ⁸) Diſtrup.
⁹) Emſtek im Oldenburgiſchen.

ten, vnd guederen, vnd barna starff he in guben Olber herlichen, vor einen gueben Christen, vnd leth sick to Enger in sine Kercken begrauen, to ber tidt stonde idt to Enger woll, auerst nu is bat sprickwort welches bomals prognosticirt wart, waer geworben, Engen 10 Enger, vnd leßlich ein Rouekamp. Vnb ist wol ein rouekamp geworden, do sick bat Capittel van bar, to Heruorde transfererebe, vnb eren guben heren Wedekinck, seliger gebechtnisse auergeuen, by eme nicht lenger wonnen wolben, vnb sin hueß Jemmerliken vorfallen laten, als men vor ogen suet, Auerst de Rente de van em herkommen sint, hören se to siner gebechtnisse. Duser Wedekinck leth na einen Sonne, de hete Wolbardus, besulue toch na Rome van ynnicheit wegen, vnb batt den Pawest Leonem ben Veerden, bat he wolbe ben Licham Alexandri Canoniceren vnt em schencken. Dem geschach also, barmit toch he wedderumme vud leth bogeren bouwen bat Collegium Hartesfelde,[1]) vnb begnuebe bat rickliken mit guberen, bar to ben Licham Alexandri.

Wo Carolus bat Hertichbom Enger belebe na Wedekinges Dobe.

Alse nu Carolus vernam bat Wedekinck vorstorven was, vnd bat Hartichbom lebbig stont, do belede Carolus Magnus dith Hartichbom, in mannigerley hande vnd lande, van ben Ryne an, beth an de Weser, bat rike vnd lanbt also gebelet, bat se bem Romeschen Rike, nenen wedderstant bon solden, alse se ongebelet gedaen habben, wente velle höuebe staen buel in ein to bringen, vnb is od also geschen, na vthwisinge bes Landtfrebes van Westphalen be vorramet is, in bem Jare 1395. Vnd sint beße nafolgenbe be Fürsten, vnb Eddelinge

---
[1]) Wildeshausen. Henr. p. 37.

von Westphalen: Vorerst ein Archiepiscopus von Cöllen Churfurste des rikes van wegen sines landes, vp desse halue des rynes, dar dat Snerlant tohoret vor einen duersten, alse he sick ock schrifft ein Hertog van Westphalen, vnd Enger, dem folget ein Bischop van Oßenbrugge, ein Bischop von Munster, ein Bischop von Minden, ein Bischop von Pader= borne, ein Abbatt van Coruey, ein Graue van der Marke, ein Graue van Woldeige,¹) ein Graue van Tecklenborch, ein Graue van Bentheim, ein Graue van dem Rettberge, ein Graue van Enerstein, ein Eddelher van der Lippe, ein Eddelher van Depholt, ein Eddelher von Stenforde, ein Eddelher von Schomborch, ein Eddelher van Falckenberge.

Van Affallinge der westphelinge van den geloven, vnd wat Carolus dariegen anrichtede, mit gesetten.

Do de Westpheliuge segen, dat Carolus enwege was, vnd meineden he worde nicht wedder kommen, vellen se aff, van dem Christen gelouen, kerden sick wedder to den affgöden, worden erger als vorher, weute se frageden gar nichtes na den Bischoppen vnd ouericheit, de Carolus gesettet, vnd ge= geuen habbe, to leren, vormanen, vnd by den gelouen to er= holden, de ouericheit wart ock mit der tidt falt, dede do, alse nu, nam gelt, vnd leth dat volck beteyen, wolde kein boent mit em hebben, noch sick Jegen de halsstarken setten, vnd fruch= teden sick de eine vor den anderen, in sinen lande, Alse Ca= rolus ditß horede, quam he wedderummne vnd betrachtede wo he dat wehren mochte, vnd volck bi den Christen gelouen er= holden, vnd leth lange hoge Crutze setten in dat Felt, by de wege da men her geit und ridt, welche dat volck solde anseen, vnd des gecrutzigeden Christi darbi togedencken, vnd an den=

---

¹) Waldeck.

suluen gelöuen, Darto geboet he, dat men solde dat weyten
brodt in ein Crutze backen laten, vp den Disch, vp dat de
menschen alle tidt, se gingen, se stünden, se ethen se drunken,
dat teken des Crutzes int angesichte hadden, daran gedencken,
dat se geloueden an den gekrutzigeden Jesum, vnd nummer
oth erem herten queme, welcher vorgeschreuen nergen velle sint,
dan in westphalen lande, Dartho alse Dith noch nicht helpen
wolde, dat volck noch gelike böse vnd wreitt bleff, do satte
Carolus vor ein Itlich Darrp einen Junckherren, de kein Sase
gebaren was, de solden dat Volck mit Dwange by dem Chri=
sten geloueu erholden, daruan sint de eigen lude geworden,
de men nergen vindet dan in westphalen lande. Dusse Juncke-
ren, alse se thom lesten de lude bedwingen konden, vnd im
gelouen erholden, do behelpen se in Dienstbwange, vnd letten
sunst mit lanckheit der tidt einen herren bethemmen, dat se
doen vnd laten mochten, wat se wollen.

**Wo Carolus dat heimlike vnd freygerichte insettede, wartho
men datt gebruken sall, vnd we scheppen sin.**[1]

Thom latesten, alse Carolus sach, dat alle sine möye vnd
arbeit, flitb, vnd vorgenent, nicht helpen wolde, sunder de
menschen van Dage to Dage erger worden, nicht alleine im
gelouen sunder ock mit Ketterien, Morden, stelen, vnd ber=
geliken anderen bosen stucken, Wente Westphalen landt, was
so vull büsche, Alberte, vnd Broekede, alse wiltnisse plegen to
wesen, dar men ersten an raden vnd bouwen beginnet.

Do gedachte Carolus ein ander dar oth, Satte einen
Frig Greuen vnd gaff dem frye heimlike gerichte, gaff em ock
scheppen to hulpe, dat desulfften solden mit dem rechte be=
schutten, vnd boschermen den Christlichen gelouen, vnd dit ge=

---

[1] Henr. p. 30.

richte wart ock van Pawese confirmeret vnd bestediget, Also, dat dat weltlike swert, dat geistlike, vnd geistlik dat weltlike regeren, vnd dat eine dem anderen to hulpe kommen solde, welcker gerichte in den tiden, göttlich genomet wartt, do idt alleine den Ebbelingen Ribbern vnd Schilttbaren befallen was, vnd wartt recht geholden, na insaete des groten Keisers Caroli. Auerst na der tidt, dat idt an de Weltscheppen gekommen ys (dar wy de hueßlude mede meinen) so is nu dat gerichte den vorigen vngelick, wente se mißbruken dat in vellen puncten, Dit doen de heren so woll alse de Knechte. Derhaluen velle bösen lude vngerichtet bliuen, vnd ere boßheit jo lenger jo groter wert, O wo schön vnd sunerlick de garde Ziret steit, darinne dat böse krutt den guden boet kein vordreth. Sunst bleue dat Volck by dwange, vnd by dem hilligen gelouen, vnd worden dogenthafftige, de tonoren arch vnd böse weren, vnd leneben in fruchten.

Wo Carolus recht gaff den Sassen, westphalen, vnd den Swaben.

Hyrna, alse Carolus velle Lande bedwungen, vnd ock Sassen vnd Westphalen to dem Christen gelouen gebracht habbe, ock den groten schalt Konninck Herculis gefunden habbe, de auer lange Jaren begrauen was, darto veller groten Daben gedaen, vorede he teyn Dusent vorstendige auer de Elue, vnd belede de auer alle dudesche Lande, darvan men noch mannich weerdich darrp vindet im Lande to Sassen vnd Westphalen mit gerechticheit, So sint de Wesedeler alrerst gekommen, Darto gaff he ock den Swaben er recht, Alse dith alle geschen was, bogifftede he Westphalen mit dem Fryen gerichte, tho erem hogesten rechte to siner gedechtniße, Den Sassen auerst gaff he ein privilegium thogebruken, welcher privilegium genomet wertt ein Spiegell der Sassen, welker

Spiegell Her Erike van Ripengowe vth den Latine int Du=
besche hefft gebracht, vnd bedde willen Graue Hoyers van
Valkenstein.

Van Caroli Frowen, Kinderen, Dode, vnd van finer begreffnisse.

De Hoichgelauede Keyser Carolus, do habbe eine Frowen, de was geheten, de Schone Hillegardt vnd habben tosamen dre Söns, de eine hete Carolus, de andere Carolomandus, de brubbe Lodowicus, De ersten twe worden erschlagen in einen stribe, alsus behelt Lodowicus dat Laudt vnd Rike alleine na des Vaders Dode.

Alse nu Carolus doet was tweondseuentig Jar, Settede he sich to rowe, vnd gaff dat Imperium sinen Sonne Lodowicus ouer, de da was ein Hertoge van Aquitanien, dat he dat Romsche Ryke nha em regeren solde, wortt darna krand vnd starff in guden gelouen, quinto Calendas Februar. vnd leth sich begrauen to Aken, in siner Capellen, de he sich suluer darto habbe maken laten.

XIII.

Der Volksaberglaube im hannoverschen Westfalen (Landdrostei Osnabrück.)

Beschrieben von **Hermann Hartmann**, Dr. med. zu Linlorf.

---

1. Der Thieraberglaube.

„Der Volksaberglaube, sagt Bechstein, ist nichts anderes, als der in dieses Gewand geflüchtete Götterglaube, das durch Jahrhunderte mißkannte Erbe unserer heidnischen Vorfahren." Unter den vielen Gestalten, in welchen der Volksaberglaube sich zeigt, ist der Thieraberglaube unter den Landbewohnern Westfalens der am meisten verbreitete.

Es hat wohl kein Volk sich von jeher so eingehend mit den Geheimnissen der Natur, so liebevoll mit denen der Thierwelt beschäftigt, als das deutsche. So finden wir auch die letztere mit der Götterwelt aufs engste verknüpft. Das schnelle Roß ist dem Wuotan heilig und das ihm geheiligte Opferthier. Auf seinem heiligen, weißen Rosse, von seinen Jagdhunden, den ungezähmten Wölfen, umgeben, braust er in wilder Jagd als Hakelberend durch die Lüfte. Rothe Böcke ziehen Donars Donnerwagen. Der goldrothglänzende Hahn, die vor der Brust rothgefärbte Rauchschwalbe sind dem Donnergotte heilig. Auch der wenig beliebte Fuchs steht zu diesem

Gotte in Beziehung. Auf einem von Kühen gezogenen Wagen fährt die mütterliche Göttin der fruchtsprießenden Erde durchs Land, überall Ruhe und Frieden verkündend. Das Schwein, das fruchtbarste, üppigste Thier, ist dem Frô geheiligtes Opferthier und Katzen ziehen den Wagen seiner Schwester Freya, der Göttin der Fruchtbarkeit und Wollust, des Behagens und Friedens, der Venus des Mittelalters.

Fangen wir nun, indem wir den Thieraberglauben unter den Landbewohnern Westfalens verfolgen, mit dem Pferde an, so finden wir dieses Lieblingsthier des ackerbauenden Volkes in Sagen, Wappen, als Giebelbilder überall vertreten und in dem Thieraberglauben eine bedeutende Rolle spielen. In den osnabrück'schen Wittekindsagen läßt der Held seinem Pferde, einem schwarzen Hengste, die Hufeisen verkehrt unterlegen, um die ihn verfolgenden Feinde zu täuschen; und wie er dennoch bald durch Verrath gefangen worden wäre, rettete ihn sein treues Pferd durch einen kühnen Sprung über ein Verhau, mit welchem die Franken den Weg im Hon gesperrt hatten.[1]) Nach seiner Taufe schenkte ihm Carl der Große ein weißes Pferd, welches nun anstatt des früheren schwarzen ins sächsische Wappen aufgenommen wurde, und noch jetzt das Wappenthier der hannoversch-braunschweig'schen Lande ist. Es liegt in diesem Tausche ein tiefer ethischer Sinn. Da das Heidenthum die Nacht-, das Christenthum die Tagfarbe hat, so bedeutet die Verwandlung des schwarzen in ein weißes Wappenpferd, daß das Sachsenvolk aus der Nacht des Heidenthums

---

[1]) Die Worte, mit denen Wittekind sein Pferd ermuthigte, heißen:

„Hengsten spring aver
Krigst'en Spint Haver.
Springst du nig aver,
Fratet die und mie be Rawen."

zum Licht des Christenthums hindurchgedrungen war. Die Pferdeköpfe, in welche die hervorragenden Giebelbretter auf den westfälischen Bauernhäusern auslaufen, unterscheiden diese von den Wohnungen im alten Engerlande, auf welchen die Irmensäule thront, deren Vorbild, die dem Wuotan, nach Andern dem wilden Schlachtengotte Zio geweihte Säule bei dem Eresberge an der Diemel, unweit dem heutigen Stadtberge, Carl der Große im Jahre 772 zerstören ließ. Auf der Gränze des alten Westfalen- und Engerlandes stehen nicht selten beide auf demselben Hause, auf dem vordern Giebel die Irmensäule, auf dem hintern die Pferdeköpfe. Die Pferdeköpfe mögen dadurch auf die Giebel gekommen sein, daß die heidnischen Sachsen dieselben als Abwehr bösen Zaubers auf ihre Wohnungen pflanzten. Die Irmensäule dagegen erscheint vom christlichen Standpunkte aus betrachtet als ein mächtiger Zeigefinger, welcher nach dem Himmel zeigt; wie denn auch vor dem durch die heidnischen Götterzeichen geheiligten Giebel das christliche Monogramm: I N J, d. h. „Im Namen Jesu," steht. Unter den Geschenken, welche die alten sächsischen Provinzen des Königreichs Preußen bei Huldigungen darbringen, steht ein weißes Pferd obenan.

Im Thieraberglauben hat das Pferd eine Licht- und eine Schattenseite. Als edelstes Hausthier ist es Allem abgeneigt, was den Hausbewohnern Schaden bringen kann. Wenn Hexen oder Gespenster im Hause weilen, so zeigen die Pferde im Stalle dieses durch eine große Unruhe an. Eben so verrathen sie beim Fahren oder Reiten durch Spitzen der Ohren und Scheuen, wenn ihnen etwas Unruhiges aufstößt und sind weder durch Bitten, noch durch Gewalt zu bewegen, eine solche Stelle, auf welcher es nicht ruhig ist, zu betreten. Wenn Jemand im Hause sterben muß, so schütteln und klappen sie wiederholt mit den Ohren, als wollten sie ihre Miß-

billigung über das bevorstehende traurige Ereigniß ausdrücken.¹)
Den Hexen und dem Hexenwesen überaus abhold, haben sie
am meisten von ihnen zu leiden. Nachts werden sie von sol=
chen Unholden auf sausenden Nachtfahrten geritten. Man findet
sie dann am andern Morgen in Schweiß gebadet und mit
verwirrten Mähnen und Schwanze zitternd im Stalle stehen.
Wenn ein Pferd bei der Feldarbeit stätig wird, so ist dieses
einem bösen Zauber zuzuschreiben, dem man aber dadurch ab=
helfen kann, daß man mit dem Deichselhammer vor die Spitze
der Deichsel schlägt. Mit diesem Schlage trifft man den bös=
willigen Zauberer. Hiervon handelt folgende Sage:

„Auf einer Bauerndiele neben der Landstraße waren einst
Arbeiter mit Dreschen beschäftigt. Wie nun ein Frachtwagen
vorüberkommt, fangen auf einmal die Pferde an stätig zu
werden, so daß der Wagen trotz allem Schelten und Schla=
gen des Fuhrmanns nicht aus der Stelle kommt. Wie dieser
nun merkt, daß hier ein Zauber mit im Spiele ist, legt er
sich erst auf's Bitten, indem er zu wiederholten Malen ruft:
„Lasset los!" Wie aber sein Bitten nichts fruchtet, da nimmt
er den Deichselhammer und schlägt mit aller Gewalt vor die
Spitze der Wagendeichsel. Also gleich stürzt einer der Dresch=
leute vor die Stirn getroffen todt zur Erde nieder." —

Als Pferd des wilden Jägers wird es zur Spukgestalt:

„Ein Bauer, welcher Nachts durch den Berg ging, hörte
vor sich ein lautes Hallohrufen. Er wußte nicht, daß dieses

---

¹) Tacit. Germ. X. Eine Eigenthümlichkeit des Volkes ist es, sich
von Pferden weissagen und ermahnen zu lassen. Weiße, durch keine Arbeit
entweihte Rosse werden in heiligen Hainen unterhalten. Bei wichtigen
Angelegenheiten spannt man sie vor den heiligen Wagen, den der Priester
und der König begleiten und auf ihr Wiehern und Schnauben Acht ha=
ben, und keine Vorbedeutung findet mehr Glauben, nicht nur bei Gemei=
nen, sondern auch bei Vornehmen und Priestern, denn sich halten sie für
Diener, jene hingegen für Vertraute der Götter.

der wilde Jäger that, sondern meinte, es sei ein Wanderer, der sich verirrt habe und um Hülfe rufe. In dieser Meinung antwortete er auf den Ruf: ein „Gleich" und hatte sich damit die wilde Jagd auf den Hals geladen. Denn kaum hatte er das Wort gesprochen, als ein Pferd sich ihm hinten aufhockte, welches er trotz allem Sträuben durch den Berg tragen mußte."

Bei Feuersbrünsten erscheint oft ein Reuter auf einem weißen Pferde, welcher um das brennende Haus jagt und damit das Feuer abschließt. Die weiße Farbe des Wodanspferdes ist noch jetzt die Lieblingsfarbe des Landmanns.

Neben dem Wuotansrosse begegnet uns der dem Gotte heilige Wolf in der Gestalt des Werwolfes.[1] Menschen, welche einen Zauberriemen besitzen, können sich in Werwölfe verwandeln. Sie laufen als solche auf eine nahe Weide, holen sich ein Fohlen und verzehren dasselbe in der gierigen Weise des friedelosen Thieres, dessen Gestalt sie angenommen.

„Einst saßen zwei Arbeiter nach gethaner Arbeit und erwarteten das Mittagsessen, welches ihnen gebracht werden sollte. Von diesen war der eine in Besitz eines Zauberriemens. Dieses mochte der andere wissen und stellte sich schlafen. Alsogleich verwandelte sich der erste in einen Werwolf, lief zu einer nahen Weide und verzehrte eines der dort grasenden Fohlen. Als nun das Mittagsessen kam und der Fohlenfresser keinen Appetit hatte, ja sich über seinen Kameraden lustig machte, daß dieser einen solchen Hunger habe, antwortete ihm dieser: „Du kannst gut sprechen, ich habe auch kein Fohlen im Magen." Da sah er sich verrathen und entfernte sich mit wüthenden Blicken auf Nimmerwiederkehr."

---

[1] Das Wort bedeutet „Mannwolf", vom althochd. wer, Mann; agf. rerevulf; engl. Werewolf; griech. λυκάνθρωπος.

Den Wölfen reihen sich die Hunde an. Wie der Gott mit Wölfen, als seinen Jagdhunden, durch die Lüfte brauſt, so zieht mit seinen giffenden Hunden und lautem Halloh der wilde Jäger durch den nächtlichen Himmel. In den Harzsagen begegnet uns der manteltragende Gott, woher er den Namen Hakelberend hat, als Hackelberg, welcher mit seiner Plärrnonne auf seinen eigenen Wunsch in den höheren Regionen bis zum jüngsten Tage jagt. In Westfalen heißt der wilde Jäger Jol=, Jöl= und Jöjäger, welche Namen das gespenstige Toben des wilden Jagdzuges kennzeichnen sollen.

„Einstmals fiel aus solch einem Zuge, welcher mit vielem Gebrause und Gejöle über den Wildemann auf der Büscherheide nach der Babylonie zog (siehe Bechsteins Sagenbuch No. 377) ein Hund vor der Einfahrtsthüre nieder. Die Bauersleute nahmen ihn mitleidig auf und setzten ihm zu fressen vor. Er hat aber nichts angerührt, sondern immerfort gegifft. Nach einigen Tagen ist er wieder abgeholt worden."

„Einstmals hörte der Bauer auf Siemeringshofe zu Langen, wie er Nachts vor seiner Hausthüre stand, den Zug mit gewaltigem Halloh der Jäger und Gekläffe der Hunde über sein Haus ziehen. In seinem Uebermuthe rief er dem Zuge nach: „Givt mi affl!" Kaum hatte er die Worte gesprochen, als ein dunkler Gegenstand ihm blitzschnell vor die Füße fiel. Entsetzt wich er ins Haus und schloß die Thüre hinter sich zu. Als er am andern Morgen seinen Geldschrank öffnete, erblickte er darin zu seinem größten Schrecken eine abgehauene Mohrenhand, seinen Antheil an der Jagdbeute. So viel sich nun auch der Bauer es hat kosten lassen, die Hand durch Bannen, Versenden, Verbrennen und Vergraben los zu werden, sie kehrte immer wieder auf Siemerings Erbe zurück und seit der Zeit war Sterbgang im Hause. Wenn die Hand sich rührte, mußte Einer im Hause sterben."

Das treue Thier muß in dem Volksaberglauben meist als verkappter Höllengeist umherschleichen. Solchen Menschen, welche mit dem Bösen einen Pakt geschlossen haben, erscheint dieser meistens in der Gestalt eines feurigen Hundes und bringt ihnen Schätze. Nachdem er eine Zeit lang bei ihnen verweilt, auch wohl gefressen hat, fährt er als ein glühender Bindebaum wieder zum Dache hinaus. Sieht ein anderer einen solchen Drachen irgendwo einfahren und springt rasch hinzu und hängt einen Thürflügel, oder auch nur die Hofpforte um, so brennt selbiges Haus auf der Stelle auf und der Drache in ihm. Man kann dem Drachen seinen Schatz, welchen er seinem Günstlinge bringen will, auch abjagen; nur muß man Obacht geben, daß man dabei nicht zu Schaden kommt.

"Einstmals zog ein Drache über Weidenköpfe hin und man zwang ihn, seinen Schatz fallen zu lassen. Wie man hinzutrat, um nachzusehen, fand man alle Zweige voller Sahne hängen. Diese hat er seinem Günstling bringen wollen, damit der hat buttern können."

"Ein Pastor, welcher arm nach Achelrien kam, wurde in kurzer Zeit mächtig reich. Das kam daher, daß ihn ein Drache, welcher durch den Schornstein zu fahren pflegte, Schätze brachte, die er jedesmal in einem Topfe, welcher auf dem Herd stand, vorfand. Einstmals wollte der Pastor seine Neugierde befriedigen und zusehen, wie der Drache das mache; denn dieses durfte er nicht. Da spie ihm der Drache zwei feurige Kugeln in die Brust, und man fand am andern Morgen den Pastoren todt mit gebrochenem Genick in seiner Wohnung liegen."

Auch solche Menschen, welche einen bösen Lebenswandel

geführt haben, müssen nach ihrem Tode in der Gestalt eines Hundes geisten. So der ungerechte Schulte zu Nortrup:

„Der Schulte zu Nortrup¹) ließ aus Arglist die Freischeine zweier Jungfrauen, welche der Pastor zu Ankum als seine Mägde in Anspruch nahm und diese ihm, seinen Schutz anrufend, vorzeigten, ins Feuer fallen, so daß sie nun dienen mußten. Von der Zeit an siechte der ungerechte Mann, und wie er bald darauf starb, ging er in seinem Hause als schwarzer Hund spuken, bis es einem Mönche gelang, ihn zu bannen. Dieser bannte ihn in einen Kasten und ließ ihn wegfahren. Wie der Geist nun sah, daß er vom Hofe weg mußte, machte er sich immer schwerer, so daß ihn die Pferde zuletzt nicht mehr ziehen konnten und ihn auf einer Wiese, Seelhorst geheißen, lassen mußten. Auf sein flehentliches Bitten erlaubte ihm der Mönch alle Jahre einen Hahnentritt seinem Hofe näher kommen zu dürfen." — Wo Hunde heulen, muß bald Jemand sterben.

Wir gehen jetzt zu den Thieren über, welche dem Gotte Donar heilig waren. Von den Böcken wissen wir nicht viel zu berichten. Sie dienen den Hexen zu ihren Nachtfahrten.

„Einst fuhr einem Bauer aus Lintorf, welcher Weiden gestohlen hatte, auf dem Rückwege ein Bock zwischen die Beine und er mußte mit demselben eine unfreiwillige Luftfahrt machen. Der hat einen solchen Schrecken davon bekommen, daß er nie wieder Weiden gestohlen hat."

Vom Hahn²) werden wir später bei den Festbräuchen

---

¹) An den Schultenhof zu Nortrup war die Holzgrafschaft der Nortruper Mark geknüpft. Hier erscheint der Schulte zugleich als unterster Cloveichter oder Freie (siehe Mittheil. des hist. Vereins zu Osnabrück, Band III, S. 232.).

²) Das Krähen des Götterhahnes, des Gullinkambi (Goldkamm), verkündet den Asen den Beginn des Kampfes, welcher mit dem Untergange der Weltordnung endigt.

sprechen und sehen, daß er bei den Frühlings= (Fastnachts=) Spielen eine wichtige Rolle spielt. Auch haben wir in der Sage vom ungerechten Schulten zu Nortrup vernommen, daß dieser jedes Jahr um einen Hahnentritt seinem Hofe näher kommen durfte. Die figürliche Redensart, Jemanden einen rothen Hahn aufs Dach setzen, weist ebenfalls auf Donar hin. Bekannt ist, daß mit dem ersten Hahnenschrei die Macht des Bösen ein Ende nimmt. So das böse nächtliche Walten des Teufels, welcher mit dem Süntelsteine die Thür der neugebauten Brenner Kirche schließen wollte. Er hatte diesen mit einer Kette auf seinem Rücken geschnallt und es so eilig, daß er vor Hitze schwitzte und der Stein an zu schmelzen fing; dennoch kam er nicht zeitig genug. Denn wie er eben auf dem Denner Berge angelangt war, fing ein Hahn im Thale an zu krähen. Da mußte er seinen böswilligen Vorsatz aufgeben und den Stein liegen lassen. An demselben kann man noch jetzt die Spuren der Kette und den Abdruck des Teufelrückens wahrnehmen.

Der Fuchs ist dem Volke als ein listiges Thier bekannt — so listig as en Voß — und einer der Haupthelden im Thierepos. Das rothe Haar — die Bartfarbe des Gottes Donar — ist weder an Pferden beliebt, noch bei Menschen gern gesehen, obgleich zur Kaiserzeit das rothe Haar deutscher Frauen bei den römischen Damen zum Modeartikel geworden war. Vom Pferdefuchs sagt man: en Voß ohne Tücke, dat is 'n Glücke, und vor einem rothhaarigen Menschen warnt man mit den Worten: Truwe keuen Voß. Die dem Donar und der Göttin Ostera geweihten rothen und gelben Ostereier, welche am Ostermorgen von den Kindern gefunden werden, hat der Fuchs gelegt.

Von der Schwalbe, diesem beliebten Hausgaste, giebt es zwei Sorten, die Stein= und die Rauchschwalbe. Jene wählt zum Bau ihres Schlammnestes eine der vielen Vorsprünge am vorderen Giebel der Bauernhäuser, welcher auf den Hof sieht, wenn dieser der Sonne zugekehrt ist. Am hinteren Giebel würde der vielen Obstbäume wegen ihr Flug behindert sein. Außerdem hat sie, wenn sie am vordern Giebel baut, den Vorzug, daß die auf dem Misthaufen und über den Tümpeln, welche sich hier befinden, umherschwärmenden Fliegen und Mücken ihr reichliche Nahrung bieten. Die Rauchschwalbe, welche am Halse roth und der eigentliche gottgeweihte Vogel ist, baut in den Häusern selbst. Sie wählt hier einen der vielen Balken auf der geräumigen Diele, um an diesen ihr Nest zu kleben. Entweder bleibt sie vorn bei den Pferdeställen, wo sie durch die immer offenstehende Oberthür ihre Aus- und Einflucht leicht bewerkstelligen kann, oder sie wählt eine Stelle oben im Hause in der Nähe des Herdes. Hier halten sich im Unterschlage, dem Raume neben der einen Seitenthüre, wo im Sommer gegessen wird, unzählige Fliegen auf. Sie verläßt dann nur selten das Haus, erhascht ihre Beute, indem sie in einem weiten Bogen über die Herdstelle fliegt und ruht auf einem der vielen Pflöcke aus, die überall an den Balken und Stützen vorstehen. Da sie gern gesehene Hausgäste sind, so erleichtert man ihnen den Nestbau dadurch, daß man überall kleine Brettchen anschlägt, welche für ihre Nester eine sichere Unterlage bilden. Hierbei hütet man sich aber wohlweislich, ein solches an den Leichenbalken, den dritten von oben, so genannt, weil unter demselben bei Begräbnissen der Sarg zu stehen kommt, zu befestigen. Denn wenn an diesem ein Nest gebaut wird, so muß bald einer der Hausbewohner sterben, und es kommt nicht ganz selten vor, daß bei einer Leichenfeier die Leiche der thätigen Hausfrau mit den jetzt ruhenden gefalteten Händen unter dem Leichenbalken steht, während die Schwalbe über ihr ihren Jungen unermüdet das Futter zum

Neſte bringt, wahrlich für die nachbleibenden trauernden Kinder im Hinweis auf Gottes Vaterliebe oft ein beſſerer Troſt, als manche Predigt. Wenn einmal muthwilliger Weiſe ein Neſt zerſtört worden iſt, ſo niſtet in ſelbigem Hauſe nie eine Schwalbe wieder, wie viele Brettchen man auch anſchlagen mag, um ſie zum Neſtbau zu verlocken. Das bedeutet dann Unglück. Wo die Schwalbe baut, da ſchützt ihr Weilen vor dem Einſchlagen des Gewitters und deshalb hütet man ſich, ſie zu beleidigen.

Da wir nun einmal bei der Schwalbe verweilen, ſo wollen wir zugleich den andern Hausfreund, den beliebten Frühlingsboten, den Storch, erwähnen. Dieſer wählt vorzugsweiſe die Firſte des weſtfäliſchen Bauernhauſes, um darauf ſein Neſt zu bauen, und ſeine Erſcheinung, wie er auf einem Beine, ein Bild der behaglichſten Ruhe, oben daſteht, gehört unbedingt mit dazu, um die gemüthliche Vorſtellung eines weſtfäliſchen Bauernhauſes, namentlich in den Brüchen, zu vervollſtändigen. Die einſame Lage deſſelben, welches in ſeiner ſtattlichen Würde von alten Eichen umgeben daliegt, ſchützt ihn vor unbeliebten Störungen. Vor dem Gehöfte findet er in den Feldern reichliche Nahrung und hinter demſelben dehnen ſich Wieſenteppiche, zum gravitätiſchen Luſtwandeln einladend, aus. Der anfangs etwas ſchwerfällige Flug hebt ihn über die hohen Eichenkronen hinweg und dann wird derſelbe durch nichts mehr behindert. Von den Hausbewohnern wird er beim Kommen mit Freuden empfangen, und die lieben Kleinen, die er ja alle kennt, denn er hat ſie ja ſelbſt gebracht, jubeln ihm lärmend entgegen. So bezieht er mit ſeiner Gattin das alte Neſt und ſteht wie beſchützend neben den verlaſſenen Penaten, den Giebelbildern. Wo er ſich ſehen läßt, ſingen die Kleinen, von einem Bein auf das andere hüpfend:

„Stork, stork, langebeen,
Häst dien vaar (Vater) wol hangen sehn?
Tüsken de glönigen tangen (zwischen den rothen Beinen)
Süste din vaar wol hangen.
Da hängt din vaar, da hängt din vaar."

Ober:

„Stork, stork, langebeen,
Wan wull du wier ut dem lande tehn?
Wen de roggen riepet,
Wen de wagen (Erntewagen) quiek segt." —

Ober:

„Stork, stork, steene (Steine),
Mit de langen beene,
Heff en rohet (rothes) röck'sken an,
De mie an die (een brörken or süsterken, ein Brüderchen
oder Schwesterchen) bringen sall."

Er selbst, der liebe Gast, bezahlt für die Herberge im voraus. Das erste Jahr wirft er eine Feder, das andere ein Ei und das dritte, ein zweiter Abraham, ein Junges herunter. Wenn Störche im nächsten Frühjahr ihr Nest nicht wieder auffuchen, so gilt dieses als eine böse auf Sterben gerichtete Vorbedeutung. Der Storch ist in dem heidnischen Mythus der Frau Holle heilig. Diese wohnt in Teichen und Brunnen mit den neugeborenen Kindern. Von ihr bekommt der Storch (der Kinderbringer nach Grimm) die Kleinen und bringt sie den Müttern.

Eine noch größere, fast rührende Aufmerksamkeit wird den Bienen erzeigt. Man rechnet diese klugen, fleißigen Thiere, deren geordnetes Staatshauswesen mit Recht so viele Bewunderung erregt, zu den Hausbewohnern. Es ist nämlich alte Sitte, daß beim Absterben eines Hausgenossen alle Hausbewohner, junge und alte, wach sein müssen. So werden denn mit den übrigen auch die Bienen geweckt, indem Einer nach dem Bienenhause geht, an jeden einzelnen Korb anklopft und allen von dem bevorstehenden Trauerfalle Anzeige macht. — Kühe zogen den Wagen der mütterlichen Göttin der Erde, wenn sie Ruhe und Frieden verkündend über das Land fuhr. Diese nützlichsten Hausthiere sind vor allem dem Zauberwesen böser, neidischer Menschen ausgesetzt; und unzählbar sind die Mittel, um sie gegen solches zu schützen. Man läßt etwas Stahl in die Hörner legen, legt Erlenknotten in ein in den Grundbalken, über welchen sie hinwegschreiten müssen, gebohrtes Loch, oder legt eine Barthe vor denselben. Neugeborene Kälber, auch Fohlen und Schweine, treibt man, um sie gegen Zauber zu schützen, durch ein rothes Stück Garn. Erinnert uns dieses nicht an die reinigende Kraft des Feuers (Nothfeuer)? Hat der Zauber dennoch gewirkt, was man daran bemerkt, daß die Kühe die Milch nicht lassen wollen, daß sie Blut harnen, daß die Butter nicht kommen will, so hat man auch dagegen die verschiedensten Mittel. Das einfachste ist, daß man vor Sonnenaufgang von dem Felde desjenigen, welchen man in Verdacht hat, ein wenig Futter holt und der Kuh eingiebt. Damit ist der Zauber gehoben. Wenn die Butter nicht kommen will, so nimmt man von dem Hause des vermeintlichen Zauberers vor Sonnenaufgang oder nach Sonnenuntergang, ohne ein Wort zu sprechen, ein wenig Stroh und legt dieses kreuzweise unter das Butterfaß. Nur rothe Kühe gehen spuken:

„Einstmals traf ein Schäfer zu wiederholten Malen, wenn er Nachts zur Hürde ging, eine rothe Kuh mit zwei rothen Kälbern auf derselben Stelle im Wege liegen. Auf Anrathen ließ er ein kleines silbernes Kreuz in seine Schippe setzen und schlug damit das nächste Mal auf Kuh und Kälber. Da verwandelten sich diese in eine ihm bekannte Frau und deren Töchter."

Man hat auch Mittel, die Hexen, welche einem Vieh meistens durch ihren Besicht Schaden zugefügt haben, ins Haus zu zwingen, wo sie denn den Zauber wieder umthun müssen. Doch damit wären wir bei den Hexen angelangt, welche wir baldigst ausführlicher behandeln werden.

Dem Frô war das Schwein heiligstes Opferthier. In dem vorigen Abschnitte, die Festzüge behandelnd, haben wir gesehen, daß am St. Nicolaustage die Hausfreunde von weit und breit nach Ankum eilten, um die delicaten gebratenen Mettwürste zu essen. Mit dem Nicolaustage beginnen die Winterfeste, welche am 6. Januar, dem heil. Dreikönigstage, endigen. Im scandinavischen Norden wurden dem Freyr (unserm Frô) Eber geschlachtet, und an diese heidnische Opferung des Ebers erinnern die Schmausereien, welche am St. Nicolausfeste bei uns noch vor kurzem stattfanden und aus dem delicatesten Schweinegerichte, gebratenen Mettwürsten, bestanden. Auch Schweine haben von dem Unwesen der Hexen zu leiden. Wenn ein solches behext worden ist, so fließt beim Schlachten Wasser anstatt des Blutes und kann das arme Thier nicht zum Absterben kommen. Doch nun zu den Hexen!

Obgleich es längst keine Hexenprocesse mehr giebt, so ist doch der Hexenglaube bei den westfälischen Landleuten noch fest eingewurzelt. Es giebt wohl kein Dorf, in welchem man nicht solche aufzuweisen vermag. Diese erscheinen nun insgemein in Katzengestalt den reinlichen und eitelen Thieren, welche den Wagen der Göttin Freya, der Göttin des Behagens und der Wollust, der Venus des Mittelalters, ziehen. Man sieht sie auf Gaffeln, Besenstielen, Sieben und anderem Hausgeräth über Hecken und Zäune hinweg nach ihrem Tanzplatze eilen. Bei dem Ausroden einer Hecke, welche eine als Hexentanzplatz bekannte Wiese umgab, fand man verschiedene Leuchter, welche bei ihren Tanzbelustigungen gedient hatten.

„Einstmals mußten die Bauersleute auf der Rumpes=
horst bei Wittlage (die Burg Rumpeshorst wurde um
1340 zerstört, siehe Stüve, Geschichte des Hochstifts Osnabrück
p. 190) vor einer Unzahl Katzen, welche sie überfallen hatten,
flüchten. Ein Bauer aus dem nahen Dorfe erbot sich, sie zu
bannen. Er ging nach dem Hause, machte um die Herdstelle
einen Kreis mit Kreide und setzte sich in demselben an dem
großen Kessel nieder, um Wasser zu kochen. Die Katzen kamen
neugierig herbei, konnten aber nicht in den Kreis kommen.
Die erste lud der Bauer mit den Worten ein: „Lieb Kätzlein,
setz' dich hier!" Diese sagte unter vielen wunderlichen Ver=
beugungen zu einer andern Katze:

„Lieb Kätzlein, setz' dich hier,
Spricht Hinrich Volbert zu mir,"

und setzte sich an den Kreis. Nachdem diese Einladung so
weiter bis an die letzte Katze gekommen war und sie alle um
den Kreis herum saßen und unterdeß das Wasser kochte,
schöpfte der Bauer von demselben und begoß damit die Katzen.
Diese flohen nun heulend davon. Und am andern Morgen
hatten fast alle alten Weiber im selbigen Dorfe Brand=
wunden."

Auch als Truden, Nachtmahren geheißen, schleichen
große schwarze Katzen an die Schlafenden heran, um diese zu
quälen. Man braucht aber nur den Namen Jesus auszurufen,
um sie zu verscheuchen.

Auch in Hasengestalt treiben die Unholden ihr Unwesen.
„Einstmals kommen einem Jäger auf dem Anstande sieben (!)
Hasen, die sich in den wunderlichsten Sprüngen auf dem jun=
gen Klee umhertummeln. Da merkte er, daß es Hexen waren
und machte sich eilends davon. Ein anderer, welcher beherzter
war, versuchte ihnen erst mit Blei beizukommen. Wie dieses

aber nicht anschlagen wollte, nahm er seine silbernen Ohrringe aus den Ohren, zerdrückte, lud sie und schoß. Da verwandelten sich die Hasen in junge Mädchen."

„Der Herr von Langen befand sich einstmals mit seinen Freunden auf der Jagd. Nach langem, vergeblichen Suchen fanden die Hunde einen großen Hasen, welchen sie bis in die Nähe eines Bauernhofes verfolgten. Hier rief ein kleiner Junge hinter der Hecke hervor: „Moor loopt, die Langensken Hunde sind achter pul!" Der Hase schlüpfte rasch durch das Hühnerloch ins Haus, und als die Jäger gleich darauf eintraten, fanden sie ein altes Mütterchen, welches athemlos am Herde saß."

Böse Geister, welche gebannt worden sind, kommen alle Jahre einen Hasensprung dem Orte wieder näher, an welchem sie früher gehauset haben, so der Böse an dem Bersenbrücker Bache. Dieser wollte nicht leiden, daß die Nonnen des Bersenbrücker Klosters ein Stauwerk in dem Bache anlegten, um einen Mühlenteich herzustellen. Da er dieses mehre Male zerstörte, mußte ein Pater denselben bannen.

Es ist eine bekannte Sache im Volksaberglauben, daß die Hexenmeister reich werden, wenn sie auch bei dem Umgange mit dem bösen Drachen, wie der Pastor zu Achelrien, für ihr Leben Gefahr laufen und jedenfalls für ihr Seelenheil schlecht gesorgt haben. Die Hexen dagegen bleiben arm und werden noch dazu überall geschunden und verspottet. Es muß bei ihnen also der Reiz nur in der Macht, Böses verüben zu können, liegen.

Zuletzt noch wollen wir die Thiere nennen, welche im Volksaberglauben ebenfalls eine Rolle spielen. Die Sage vom Specht, daß er die Springwurz aufzufinden weiß, ist auch in Westfalen zu Hause. Man breitet unter dem Baume, worin ein Spechtnest sich befindet, ein rothes Taschentuch aus, um die Springwurz aufzufangen. Es wird den Lesern bekannt sein, daß der Specht das vorher absichtlich zugekeilte Nest mit der herbeigeholten Springwurz zu öffnen kommt, sie aber fallen läßt, wenn er unter dem Baume das rothe Taschentuch erblickt. Mit dieser nun kann man Berge, verschlossene Thüren öffnen, um die in und hinter denselben verborgenen Schätze zu heben.

„In der Sage von der Babylonie bei Lübbecke, im Regierungsbezirk Minden, in welchen Berg sich Wittekind nach der Schlacht auf dem Wiltenfelde mit allen seinen Wappnern verwünschte, mußte sich ein Schäfer durch eine Springwurz den Weg in den Berg zu bahnen. Er fand in einem durch einen Karfunkel erleuchteten Saale sieben Töpfe mit Gold und sieben Töpfe mit Silber und zwei weißgekleidete Jungfrauen, welche ihn freundlich einluden, zuzugreifen, ihn aber wiederholt ermahnten, das Beste nicht zu vergessen. Er wühlte nun immer eifriger in den Schätzen, um noch besseres zu finden. Wie er alle Taschen gefüllt hatte, verließ er den Saal, ließ aber das Beste, nämlich die Springwurz, das Mittel, um wiederkehren zu können, darin zurück. Wie er nun durch die Thür ins Freie ging, wurde diese so heftig hinter ihm zugeschlagen, daß ihm beide Fersen verwundet wurden. Diese haben aber nie wieder heilen wollen."

Die Elster ist ein Unglücksvogel; wo die Elster schreit, giebt es bald Streit unter den Nachbaren oder einen Sterbefall unter dem Vieh; ebenso, wenn Hühner schreien. In die Kategorie der Unglücksvögel gehört auch der kleine Kauz, Leichhuhn genannt. Wo er gegen die erleuchteten Scheiben der Krankenstube schlägt, muß der Kranke bald sterben. Wer das Herz eines Käuzchens, ohne es zu wissen, bei sich trägt, hat Glück im Gewinnen, sei es beim Kartenspiel, Würfeln oder Verloosen. Noch ist hier der Holzwurm, welcher Todtenuhr heißt, zu nennen. Wenn die Todtenuhr geht, muß Jemand im Hause sterben. —

Zuletzt noch müssen wir die Schnaken erwähnen, welche in doppelter Eigenschaft, als gute und böse Hausgeister, vorkommen. Es sind Schlangen, welche in den Viehställen hausen. Die guten sind zufriedengestellt, wenn die Mägde sie aus den Milcheimern trinken lassen und bringen dem Hause Glück und Segen. Wenn die Mägde darauf vergessen, sie zu tränken, so stoßen sie die Milcheimer um. Die bösen Schnaken gehören zu den Drachen. Sie tragen goldne Kronen, welche sie ab und an fallen lassen. Die Hauswirthe lesen diese auf, werden reich, haben aber für ihr Seelenheil schlecht gesorgt.

Auf den Weltuntergang,[1]) das Ende aller Dinge, hat zu guter letzt noch ein Spruch Bezug, welcher also lautet:

"Kiewit,
"Wo bliv ik,
"Wenn de welt vergeht,
"Un nix mehr steht?!"

2. Volksaberglaube.

Was mir von sonstigem Aberglauben der westfälischen Landleute bekannt ist, will ich hier aufführen; muß aber dabei bemerken, daß dieses reichhaltige Capitel damit noch keineswegs erschöpft ist.

Abergläubische auf Leben und Sterben gerichtete Beziehungen sind außer den im Thieraberglauben angegebenen äußerst mannigfaltig. Wenn Kinder begraben spielen, wenn das Kleppen mit dem Schlagen der Thurmuhr zusammenfällt,

---

[1]) Es geht nach dem scandinavischen Mythus das Göttergeschlecht im Bruderkriege mit der Welt zu Grunde und eine neue entsteht, wo ein ewiger Sommer und Friede herrscht.

oder die Glocken einen ungewöhnlich hellen Klang haben, so muß im Orte bald Jemand sterben. Wenn die Träger, welche die Bahre nach dem Leichenhause holen, diese, um sich auszuruhen, vor einem andern Hause niedersetzen, wenn aus demselben ein gespenstiger Leichenzug hervorkommt, wenn man auf der Hausflur über einen unsichtbaren Gegenstand, einen Sarg, stolpert, wenn man die auf dem Boden befindlichen Sargbretter klappern hört und ein Huhn einen Strohhalm quer über dem Schwanze tragen sieht, so kann man aus diesen Anzeichen schließen, daß in dem Hause bald Jemand sterben muß. Wenn in dem Hause, in welchem ein Kranker sich befindet, die Hausuhr plötzlich stehen bleibt, so wird jener nicht wieder genesen; eben so wenig, wenn einem andern Familienmitgliede unter einem Nagel eine Blume wächst. Mit dem Verschwinden oder Zurückwachsen der Blume wird auch dem Kranken das Leben schwinden. Bekannt ist, daß die Zahl dreizehn bei Tischgesellschaften Unglück bringt. Von den dreizehn Personen muß derjenige noch im Verlauf des Jahres sterben, welcher dem Spiegel gegenüber sitzt. Ein Kind, welches eine blaue Färbung an der Nasenwurzel hat, ist fege (niedersächs.), d. h. ein solches wird nicht lange mehr leben, da es, wie man zu sagen pflegt, seinen Sarg schon auf der Nase trägt. Ein Säugling, welcher außergewöhnlich früh lacht, lacht sich in den Himmel. Wenn der Maulwurf in einem Acker große Haufen wirft, so kann sich der Besitzer desselben auf seinen baldigen Tod gefaßt machen. Eben so wird, wenn auf der Diele oder in einer Kammer der Maulwurf wirft, in demselbigen Hause bald Jemand sterben. Unter den Spinnern gilt die Regel, daß derjenige, welcher an einem Sonnabend rein abgesponnen, die Spule leer, das Wind und das Stück voll hat, bald sterben muß. Das am Johannismorgen vor Sonnenaufgang geschnittene und unter den

Balken gesteckte Donnerkraut wird welken, sobald der, dem es gilt, fegt ist. Wenn man den Storch zum ersten Male stehend erblickt, so wird man nicht lange mehr leben, wenn man ihn aber fliegen sieht, so kann man über die Dauer seines Lebens beruhigt sein. Auch ist die Person, welche, indem man gerade von ihr spricht, in das Zimmer tritt, nicht fegt. Ebenso werden zwei Personen, welche zu gleicher Zeit denselben Gedanken aussprechen, noch ein Jahr zusammen leben. Wenn Jemand den Kuckuck zum ersten Male hört und die Rufe desselben zählt, so kann er aus der Zahl derselben schließen, wie lange er noch zu leben hat. Trägt er zugleich Geld in der Tasche, so wird ihm dieses das ganze Jahr hindurch nicht ausgehen. Endlich wird man noch so viele Jahre leben, als man am Osterabend Osterfeuer erblickt.

Unter den sogenannten Elementen hat das Wasser, welches am Ostermorgen früh geschöpft wird, eine heilende Kraft. Das Nothfeuer ist als solches in Westfalen nicht bekannt; dagegen treibt man junges Vieh durch ein rothes Stück Garn, welche Procedur ebenfalls eine reinigende Kraft auf jenes ausübt. Wenn man eine Sternschnuppe fallen sieht, soll man rasch ein Vaterunser beten. Auch wird der Wunsch (Gott Wuotan, der Segenspender, heißt auch schlichtweg „Wunsch"), welchen man in diesem Augenblicke denkt, gewährt. Fenerkugeln sind Drachen, welche in irgend ein Haus niederfahren, um ihren Günstlingen Schätze zu bringen. Beim Abbrennen der Osterfeuer sorgt man durch Schlagen auf das Feuer und Umhertragen der Brände dafür, daß die Funken weit über die angränzenden Aecker fliegen, um diese dadurch fruchtbar zu machen (Gott Donar, welchem die Osterfeuer angezündet wurden, macht die Erde fruchtbar, indem er Donner und Blitz, Winde und Regen mit heiterem Wetter abwechseln läßt.) Als Donnerkeil (Donars Hammer) fährt der Blitz nieder, und jener aufbewahrt schützt wiederum vor dem Einschlagen des Gewitters. Man legt, sobald ein solches im Anzuge ist, was man auch daran, daß der Stein schwitzt, erkennen kann, den Donnerkeil neben eine geweihte Kerze auf den Tisch. Brennende Kohlen zeigen einen Schatz an, ebenso die Mistel, bekannt in dem scandinavischen Mythus als die Pflanze, welche die Ursache von Balder's Tode wurde. Es liegt unter dem Baume, auf welchem eine Mistel angetroffen wird, und auch da, wo die wirre durcheinander verschlungenen Zweige ein Krönken (Krönchen) bilden, ein Schatz begraben. Als Feuermänner müssen diejenigen nach ihrem Tode geisten, welche in ihrem Leben Grenzsteine verrückt haben:

„Einstmals spukte ein solcher Feuersmann auf der Nemesloh an dem Heerwege, welcher von Osnabrück nach Minden führt, und rief immerfort: „Wo soll ich ihn lassen?" Hiermit meinte er den Grenzstein, welchen er bei seinen Lebzeiten verrückt halte und jetzt nach seinem Tode tragen mußte. Ein Fuhrmann, welcher einst vorüberfuhr und diesen Ruf hörte, antwortete: „Wo du ihn hergeholt hast!" und damit war der Feuermann erlöst."

Die Luft, der gedachte Raum zwischen Himmel und Erde, ist der Aufenthaltsort der Seelen solcher Kinder, welche ungetauft gestorben sind. Bei hellem Sonnenschein kann man sie als Sonnenstäubchen in der Luft tanzen sehen. Auch den Glocken, so lange sie nicht getauft wurden, widerfuhr von dem Bösen manches Unheil:

„So entführte er die Glocken von dem neugebauten Thurme zu Damme und fuhr damit in die „deipen Pöhle" zwischen Hunteburg und Börden. Seit der Zeit lassen die Leute die Glocken taufen. Am heiligen Christfest, wenn die Glocken zur Kasuchte, d. h. dem Frühgottesdienst am Weihnachtsmorgen von Kerzen und Uchte (Morgenfrühe) läuten, dann läutet der Teufel, um die Christen zu verhöhnen, mit seinen Glocken in den „beipen Pohlen!"

Was die Erde anbetrifft, so ist der grausame Rasen=
zauber hierher zu ziehen. Wenn man den Fußstapf eines Diebes, der sich in den nassen Rasen abgedrückt hat, aus=
schneidet und ins Wasser hängt, so muß der Dieb binnen drei Tagen sterben.

Unter den Himmelskörpern spielt der Mond im Aber=
glauben eine bedeutende Rolle. Seine interessanten Beziehun=
gen zu den Eingeweidewürmern sind bekannt. Wenn zwischen Neumond und erstem Viertel die ganze Mondscheibe deutlich zu sehen ist, oder, wie der Landmann sich ausdrückt, „to bull schiut," so ereignet sich bald ein Unglück. In den Bannen, d. i. die Zeit zwischen Vollmond und Neumond, ist gut säen. Wenn das zuletzt geborene Kind im Waffen (Wachsen des Mondes) geboren ist, so wird das folgende ein Mädchen, wenn in den Bannen, so wird es ein Knabe werden. Der Name ist nicht schwierig vom ags. und altsächs. ran, welches abnehmen bedeutet, herzuleiten. Man ist hier versucht, an die Bauen, die mütterlichen Göttinnen der Erde und die Ge=
schwister Frö und Freya, die Gottheiten der Fruchtbarkeit und des Ackersegens, zu denken.

Auf die Wochentage und Jahreszeiten haben folgende Regeln und abergläubische Bedenken Bezug. Unter den Wochen=
tagen ist der Sonntag denen, die an diesem Tage geboren werden, Glück bringend. Wenn das Sonntagskind unter der Kirchzeit geboren ist, so muß es die sehr unangenehme Eigen=
schaft, Leichenzüge, Hausbrände, sogenannte Vorgeschichten sehen zu können, mit in den Kauf nehmen. Wenn ein solches Sonntagskind auf dem Kirchwege geht und einen gespenstigen Leichenzug kommen steht, so weicht es vorsichtig aus. Die=

jenigen, welche mit ihm überweg gehen und seine Warnung, auf die Seite zu treten, verlachen, fallen unsanft auf die Nase. Und damit hat es folgende Bewandtniß. Erst treten Jene auf die Deichsel, gehen über diese bis auf den Wagen, schreiten über den Sarg hinweg und, wenn sie an das Ende des Wagenbrettes gekommen sind, müssen sie fallen. Wenn man an einem Sonntage in der Kirche durch einen Kranz von Heberich sieht, kann man die unter den Kirchleuten sitzenden Hexen daran erkennen, daß sie dem Altare den Rücken zukehren.

Montag und Freitag sind Unglückstage. An ihnen soll man nicht auf Reisen gehen. „Montag wird nicht wochenalt." Auch die Schulen auf dem Lande fangen alter Sitte gemäß nicht am Montage, sondern erst am Dienstage an.

Dienstag und Donnerstag (Donars Tag; Donar der Beschützer der Menschheit) sind Glück bringende Tage. An ihnen werden meistens die Hochzeiten geschlossen. Wenn aber bei der Copulation ein Ring auf die Erde fällt, so wird die Ehe eine unglückliche werden. Wer bei dem über den in=
einandergelegten Händen ausgesprochenen Segen die seinige oben hält oder seinen Fuß auf den des ihm in diesem Augen=
blicke gegebenen Ehegenossen zu setzen weiß, wird im Hause das Regiment führen.

Am Mittwoch gehen die Dienstboten nicht gern zu, treten an diesem Tage ungern ihren Dienst an, weil sie, wenn sie dieses thun, nicht lange bei ihrer Herrschaft bleiben werden.

Am Sonnabend Abend, besonders am Christ= und Neujahrsabend, muß Alles rein abgesponnen werden. Auch die gespenstige Mohrenhand in Siemerings Hause zu Langen (siehe Volksaberglaube I) hat nicht gelitten, daß die Mägde am Sonnabend Abend gesponnen haben.

Von den Witterungsregeln will ich nur einige anführen. Wenn im Winter viel Schnee fällt, so giebt es ein gutes Flachsjahr. Der Flachs wird so lang werden, wie die an den Häusern hängenden Eiszapfen es sind. Diese Regel wird für uns bedeutsam, wenn wir uns erinnern, daß die Göttin der Erde in der Gestalt der Frau Holle die Beschützerin des Flachses und Spinnens ist. Denn von ihr sagt man, daß, wenn es schneit, Frau Holle ihr Bett macht, und daß die niederfallenden Schneeflocken die beim Schlagen der Betten umherfliegenden Bettfedern der Frau Holle sind.

„Lichtmessen hell und klar, giebt ein gutes Roggenjahr."

Wer Fastabend spinnt, den stechen im Sommer die Mücken.

„Märzenstaub ist Goldes werth."

Stillen Freitags Regen ist lavelaust (labelos), d. h. wenn es stillen Freitag regnet, so wird es den ganzen Sommer hindurch regnen, dieser aber keinen Nutzen bringen. In der Charwoche soll man keinen Flachs säen.

Wenn Christus im Grabe naßregnet, so giebt es einen nassen Sommer; wenn Christus im Grabe die Füße frieren, so wird es noch sechs Wochen hindurch frieren; ebenso wird der Wind, welcher an dem Morgen, an welchem Christus auferstanden ist, weht, noch sechs Wochen wehen.

In den Märzenbannen muß das gesäet werden, was nicht faulen soll. Märzenbier wahrt, hält sich lange. In den Märzenbannen gewaschenes Zeug bekommt nicht leicht Ungeziefer.

Wer im Pfingsten arbeitet, über dem hält ein Gewitter. Ebenso über dem, welcher Johanni arbeitet. Wenn Johanni ein heißer Tag ist, so giebt es einen kalten Winter. Am

Johannimorgen vor Sonnenaufgang muß man das Donner=
kraut schneiden und unter die Decke stecken.

Wenn es Jacobi regnet, so fallen die Eicheln leicht ab.
Wenn der Eichapfel eine Fliege enthält, so bedeutet dieses
Krieg, wenn einen Wurm, theure Zeiten, wenn eine Spinne,
pestartige Seuchen.

Wird Martini der Kohl naß, dann verfriert er.

Schwarze Weihnachten, weiße Ostern. In der Christ=
nacht wird alles Wasser zu Wein und der Hopfen kommt
fingerlang aus der Erde. Die Hühner stehen auf einem Bein.
Wer in der Christnacht unter den vorher reingefegten Tisch
sieht, wird entweder Weizen= oder Roggenkörner, je nachdem
Weizen oder Roggen im nächsten Jahr besser geräth, darunter
liegen sehen. In den Zwölften von Weihnachten bis zum
h. Dreikönigstage soll man keine grobe Arbeit verrichten, so
nicht ausmisten, sonst hat man Unglück mit den Kälbern.
Man soll kein Stroh vom Boden ziehen, sonst fällt leicht ein
Kind mit herunter. Die Witterung in den Zwölften bestimmt
die Witterung der einzelnen Monate im folgenden Jahre.

Neujahrsabend muß Alles rein abgesponnen und ein
neuer Wocken aufgesteckt werden, das bedeutet Glück zum neuen
Jahre. Prost Neujahr! —

XIV.
Literatur.

Lippische Regesten. Aus gedruckten und ungedruckten Quellen bearbeitet von O. Preuß und A. Falkmann. Erstes Heft. Vom Jahre 783 bis zum Jahre 1300. Lemgo und Detmold. Meyer'sche Hofbuchhandlung, 1860.

Die Herren Preuß und Falkmann haben sich durch die Bearbeitung und Herausgabe dieser Regesten ein großes und bleibendes Verdienst um die Geschichte, nicht des Lippischen Landes allein, sondern Westfalens überhaupt, erworben. Die Lippischen Lande erhalten dadurch zuerst eine feste Grundlage, auf welcher allein es möglich ist, eine Landesgeschichte zu bearbeiten. Dies war bisher nicht möglich, weil das urkundliche Material fast gänzlich fehlte, dessen Herbeischaffung und Zusammenstellung die Herausgeber eben übernommen und auf durchaus befriedigende Weise bis zum Jahre 1300 durchgeführt haben. Leicht war aber ihre Aufgabe nicht, da für die ältere Zeit die Landesarchive selbst sehr dürftig und lückenhaft sind. Sie mußten also aus den Urkunden-Werken der benachbarten Territorien und aus deren Archiven zusammensuchen, was irgend für die Lippische Geschichte Werth zu haben schien, und das haben sie mit großem Fleiß und vollständiger Kenntniß des Materials gethan. Nur auf eine un=

bedeutende Auslassung will ich die Herren Herausgeber aufmerksam machen. Unter 270 führen sie eine Urkunde des B. Bruno von Osnabrück vom J. 1252 an, nach welcher das Kloster Iburg die Vogtei über die Curtis in Hobeleshusen und deren Zubehör von den Edelherrn von Blankena erwirbt. Sie bemerken dabei, daß Hodeleshusen das Dorf Hölsen im Amte Schötmar sei und daß die dortigen Güter des Klosters Iburg im Jahre 1528 Seitens der Lippischen Landesherrschaft vom Abte zu Iburg angekauft wurden. Uebersehen haben sie dabei, daß diese Vogtei zuerst schon im Jahre 1223 von den Herren von Blankena abgetreten wurde. Mös. Urk. 126. Erworben waren diese Güter schon von dem Stifter des Klosters, dem Bischofe Benno II. von Suuanekinna nobili Sanctimoniali ejusque heredibus. Mös. U. Anh. 247. Diese nobilis Sanctimonialis gehörte also wahrscheinlich dem Geschlechte der Blankena an, welches die Vogtei für sich behielt.

Zu bedauern ist es, daß die Herren P. und F. nicht einen Codex diplomaticus haben beigeben können, weil sie für die Kosten eines solchen keine Deckung finden konnten. Sollte nicht die Fürstliche Landesregierung oder der Landtag, der bis jetzt nur einen Zuschuß zu den Druckkosten bewilligt hat, gern die Mehrkosten eines so verdienstlichen Werkes übernehmen, die doch schließlich dem eignen Lande wieder zu Gute kommen? Im Königreiche Hannover wenigstens hat die Regierung für derartige Zwecke offene Hand; Zeugen sind die Hodenbergschen Urkundenbücher, die nicht ohne Zuschuß der Regierung gedruckt sind, und die Welfenurkunden, von denen H. Sudendorf jetzt schon den dritten stattlichen Quartanten herausgegeben hat. Auch für die Verbreitung solcher wissenschaftlichen Werke sorgt unsere Regierung auf die liberalste Weise, da sie Vereine und (Schul-) Bibliotheken mit denselben ausrüstet.

Die 439 nach einer Mooyerschen Abschrift ausgezogene Urkunde enthält in der Henselerschen Copie, die vor mir liegt, den bemerkten Schreibfehler nicht, sondern es heißt Domino C. osnabrugensi Episcopo. Das G rührt also von Mooyer her, der seine Abschrift der Henselerschen Sammlung entnommen hat.

Ein anderer Schreibfehler findet sich in der Bemerkung zu 445, wo Lienen östlich von Iburg gesetzt wird, da es doch westlich davon liegt. D. M.

www.ingramcontent.com/pod-product-compliance
Lightning Source LLC
Chambersburg PA
CBHW030603300426
44111CB00009B/1084